高等院校学前教育专业教材

U0685634

幼儿教育政策法规

You'er Jiaoyu Zhengce Fagui

（第2版）

主　编　杨莉君

副主编　杨　希　阳艳波

编写者　杨莉君　杨　希　阳艳波

　　　　胡玲燕　谌　雅　罗叶琦

　　　　陈荣荣　张　娟　汪鑫鑫

　　　　王　叶　杨嘉蔚　侯晓蔷

中国教育出版传媒集团

高等教育出版社·北京

内容提要

　　本书在明确"教育政策""教育法律""教育法规"的概念和梳理新中国成立以来我国学前教育政策法规发展历史的基础上，分模块介绍了与学前教育事业发展、儿童与教师、幼儿园的保育与教育、幼儿园的安全管理等密切相关的政策法规，并结合案例进行具体分析，具有较强的针对性和实用性。本书提供了丰富的拓展资源，扫描二维码即可查看，为学习者更全面、深入地学习和理解学前教育政策法规提供指引。

　　本书旨在为高等院校学前教育专业学生、学前教育一线的行政人员、园长及教师理解和运用学前教育相关政策法规提供帮助和支持，提高其依法治教和依法执教的能力。

图书在版编目（CIP）数据

幼儿教育政策法规 / 杨莉君主编. -- 2 版.

北京 ： 高等教育出版社，2024. 8. -- ISBN 978-7-04-062413-7

Ⅰ. D922.16

中国国家版本馆CIP数据核字第20240PM554号

策划编辑	刘晓静	责任编辑	刘晓静	封面设计	王 琰	版式设计 于 婕
责任绘图	裴一丹	责任校对	张 薇	责任印制	刁 毅	

出版发行	高等教育出版社	网　　址	http://www.hep.edu.cn
社　　址	北京市西城区德外大街 4 号		http://www.hep.com.cn
邮政编码	100120	网上订购	http://www.hepmall.com.cn
印　　刷	中农印务有限公司		http://www.hepmall.com
开　　本	787 mm×1092 mm　1/16		http://www.hepmall.cn
印　　张	19.75	版　　次	2015 年 10 月第 1 版
字　　数	380千字		2024 年 8 月第 2 版
购书热线	010-58581118	印　　次	2024 年 8 月第 1 次印刷
咨询电话	400-810-0598	定　　价	45.00 元

前　言

　　学前教育^①是终身学习的开端，是国民教育体系的重要组成部分，关系着亿万儿童的健康成长与社会和谐发展。十八大以来，为实现"办好学前教育"的目标，党中央和国务院高度重视学前教育发展，作出了一系列重大决策，连续出台政策法规文件，加大财政投入和资源建设力度，"入园难"问题得到有效缓解，学前教育从解决有无问题转向高质量发展。高质量的学前教育也是十九大报告提出的"幼有所育"目标的重要内涵。

　　提高学前教育质量，实现"幼有所育"，必须坚持规范办园、依法执教、科学保教。目前，我国已建立较为完善的学前教育政策法规体系，为学前教育优质发展提供科学指引和基本保障。教育大计，教师为本。优质的幼儿园教师队伍是高质量学前教育的关键。规范办园、依法执教的落实关键在于一线保教人员能否正确理解和把握学前教育相关政策法规文件，并在学前教育实践中自觉遵守和运用。《幼儿园园长专业标准》《幼儿园教师专业标准（试行）》分别将掌握和遵守国家相关政策、法律、法规作为对幼儿园园长和教师的基本要求，《教师教育课程标准（试行）》将"幼儿教育政策法规"列入幼儿园职前教师教育课程，对相关政策法规的理解和掌握也是幼儿园教师资格考试的重要内容。为此，我们结合多年授课及课程建设的经验，编写了这本《幼儿教育政策法规》，希望为高校学前教育专业学生学习本门课程提供帮助，也为幼教一线的行政人员、园长及教师在实践中理解和运用学前教育相关政策法规提供支持。

　　《幼儿教育政策法规》一书自 2015 年出版以来，得到广大师生和读者的一致好评，也收获了一些有益的建议。本人主讲的同名课程"幼儿教育政策法规"也在 2017 年被认定为国家级教师教育精品资源共享课程。随着学前教育事业的不断发展，学前教育领域的政策法规也在不断建设之中，我国对《幼儿园工作规程》等文件进行了修订，并于 2018 年颁布了《中共中央　国务院关于学前教育

---

① 本书多使用"学前教育"，与"幼儿教育"不作区分。

深化改革规范发展的若干意见》《幼儿园保育教育质量评估指南》等新的政策法规文件。为充分反映学前教育政策法规体系的调整和变化，我们对《幼儿教育政策法规》一书进行了修订。此次修订以党的二十大精神为指导，增加了 2015 年以后修订和颁布的相关政策法律法规，并对原有内容进行了优化。

在绪论之外，本书从我国现行的诸多教育政策、法律和法规中选择了与学前教育实践工作密切相关的部分法律、法规，并进行梳理分类，分为学前教育事业发展、儿童与教师、幼儿园的保育与教育、幼儿园的安全管理四个模块，共十三章。绪论明确了教育政策、教育法律和教育法规的概念及三者的关系；介绍了我国现有教育政策、教育法律、教育法规的体系并重点梳理新中国成立以来我国学前教育政策法规的建立与形成过程，《国家中长期教育改革和发展规划纲要（2010—2020 年）》和《国务院关于当前发展学前教育的若干意见》颁布以来党和政府为解决"入园难""入园贵"问题做出的努力，尤其是十九大以来学前教育在"幼有所育"方面取得的巨大成就。模块一（1—4 章）通过介绍对学前教育事业发展具有直接指导作用的《幼儿园管理条例》《幼儿园工作规程》《国务院关于当前发展学前教育的若干意见》《中共中央　国务院关于学前教育深化改革规范发展的若干意见》四个政策法规文件，明确了我国学前教育的性质、地位、学前教育的发展任务等基本问题。模块二（5—8 章）主要介绍涉及幼儿保护和幼儿园教师、园长权利、职责的《儿童权利公约》《中华人民共和国未成年人保护法》《幼儿园教师专业标准（试行）》《幼儿园园长专业标准》，具体阐述幼儿应享有的基本权利、对未成年人的法律保护和对幼儿园教师、园长的专业要求。模块三（9—12 章）介绍了具体指导幼儿园的保育与教育工作的《幼儿园教育指导纲要（试行）》《3—6 岁儿童学习与发展指南》《托儿所幼儿园卫生保健工作规范》《幼儿园保育教育质量评估指南》，明确了幼儿园保育教育工作的具体实施要求。模块四（13 章）在对《中小学幼儿园安全管理办法》的主要内容进行解读的基础上，列举幼儿园典型的安全事故，依据相关法律法规分析其涉及的法律责任，引导学习者依法开展园所安全教育工作。上述四个模块在对政策法规文件内容进行解读的过程中，均结合具体案例进行分析，以帮助学习者在实践中理解和运用上述政策法规文件。

本书的编写具有以下特点：

一是资料全面，内容新颖。本书系统阐述了我国现有的与学前教育密切相关的政策法规文件，不仅对当前学前教育的主要政策、法规、文件进行了深入的解读，而且努力反映当前国内外相关领域研究与实践的新成果与新趋势，以期为学习者全面地理解和运用学前教育政策法规文件提供多元的视角和思路。

二是案例促进文本理解。为了帮助学习者提高运用学前教育政策法规的能力，本书在解读相关政策法规文本之前均以案例导入，帮助学习者更好地理解该政策法规出台的背景和意义。同时，在对政策法规进行文本介绍和解读的过程中，呈现幼教实践中的相关典型案例并进行分析，突出重点，增强本书的针对性和实用性。

三是拓展资源引领深入学习。每个学前教育政策法规的产生都不是凭空而来的，都与其他政策法规有着千丝万缕的联系，因此，对学前教育政策法规的学习不应是孤立的。本书在每章末设有"拓展阅读导航"板块，列举与其相关的政策法规和图书信息，为学习者深入理解该政策法规提供帮助。

四是引导学习过程中的反思。为了提高学习者的反思意识和对相关学前教育政策法规的实践运用能力，本书设置了"议一议"板块，引导学习者对相关案例、观点进行讨论，在讨论与反思中加深对相关政策法规内容的理解。

五是纸质文本与数字化资源有机结合。为了让读者获得视、听等多方面的学习体验，本书除纸质文本内容外，还提供了丰富的数字化资源。学习者在阅读本书的过程中，只需扫描二维码打开相应资源，即可学习。

参加本次修订工作的人员及分工如下：绪论（杨希），第一章（杨希），第二章（阳艳波、陈荣荣），第三章、第四章（杨莉君、谌雅），第五章（侯晓蔷），第六章（杨莉君、汪鑫鑫），第七章（杨莉君、罗叶琦），第八章（王叶），第九章（胡玲燕、张娟），第十章（张娟、汪鑫鑫），第十一章（张娟、杨嘉蔚），第十二章（杨嘉蔚），第十三章（张娟、汪鑫鑫）。同时，本书在编写的过程中，参考了许多专家、学者的著作，在此致以衷心的感谢！高等教育出版社对本书的出版给予了大力的支持，在此表示深深的谢意！

需要指出的是，教育的发展永无止境，对学前教育政策法规的研究亦无终点，我国学前教育的相关政策与法规众多，本书仅选取了其中与学前教育实践联系紧密的一部分进行梳理和解读，且书中观点只是我们这一阶段研究的概括和总结。由于时间仓促，水平有限，本书难免存在一些欠缺。热忱希望广大专家、学者、学前教育工作者和其他读者对书中的问题不吝指正，提出宝贵的意见与建议。同时也希望有更多的人关注学前教育政策法规的研究，通过研究进一步完善我国学前教育政策法规。

杨莉君

2024 年 2 月于长沙

目　　录

模块二　儿童与教师

模块三　幼儿园的保育与教育

模块四 幼儿园的安全管理

绪论　　　　　　　# 学前教育政策法规概述

【导语】

　　新中国成立以来，我国陆续制定了一系列保障儿童健康成长的政策、规范幼儿园办园行为的法律、法规。这些政策、法律、法规是规范幼儿园保育、教育工作的准绳，同时也是处理相关意外事故的依据。但是，在现实生活中，不少学前教育工作者法律意识淡薄，几乎没有认真学习过这些政策、法律、法规，因而在遇到相关问题时，常常不知所措，甚至出现一些违规、违法行为。依法办园、依法治教、依法执教是社会发展的必然要求，也是依法治国基本方略在学前教育领域的具体体现。学前教育工作者通过学习和了解学前教育相关的政策、法律、法规，有利于规范学前教育管理活动，协调教育关系，指导教育活动，解决教育矛盾，保护幼儿园、教师和幼儿的合法权益，促进学前教育事业科学发展。

【学习目标】

- 理解教育政策、教育法律、教育法规的概念及其体系。
- 了解我国学前教育政策法规的发展历程。
- 明确我国学前教育政策法规的作用。

2012 年颁布的《幼儿园教师专业标准（试行）》从专业理念与师德、专业知识、专业能力三个维度对幼儿园教师提出了 62 条具体要求。第 1 条要求即为"贯彻党和国家教育方针政策，遵守教育法律法规"。绪论主要介绍教育政策、教育法律、教育法规的概念，梳理我国教育政策、教育法律法规的体系以及新中国成立以来与学前教育相关的政策法规，介绍政策法规的作用，使学习者对党和国家教育政策、教育法律法规形成较全面的了解。

第一节　教育政策、教育法律、教育法规

教育政策、教育法律、教育法规之间既有区别，又有联系。本节主要明确教育政策、教育法律、教育法规的概念及三者的关系，并介绍我国教育政策、教育法律、教育法规的体系。

一、教育政策、教育法律、教育法规的概念

（一）教育政策

政策一般指国家和政党的政策，是国家和政党为了实现特定目标而制定的，用来调控社会行为和发展方向的规范和准则。按照政策规定问题的范围大小，政策可分为总政策、基本政策和具体政策。[①] 总政策是指国家和政党在一定历史阶段内为实现一定的任务而制定的指导全局的总的原则。它是带有全局性的，考虑长远利益的政策，是政治利益和经济利益的最集中、最根本的体现。基本政策是指国家和政党在一些重要的工作方面所贯彻的政策。它是在一些关系全局的重大问题上带有根本性质的行为准则，是总政策在某一方面或某个领域的具体化。具体政策是针对某一具体问题而制定的具体原则、具体措施、界限性规定以及实施细则等，是基本政策的具体化或延续。总政策、基本政策的落实，最终要靠具体政策来完成。[②]

教育政策是国家和政党为实现一定历史时期的教育任务而制定的行动准则，是国家和政党基本政策的一个重要组成部分。教育政策是一定历史时期的产物，它决定着国家和政党在教育方面的工作方向和措施。不同的国家和政党，在不同历史时期有着不同的教育政策。

（二）教育法律

法是由国家制定或认可，并以国家强制力保证其实施的行为规范的总和。法律的含义有广义和狭义之分，广义的法律是指法的整体，包括法律、有法

① 李龙. 法理学［M］. 武汉：武汉大学出版社，2011：10.
② 张维平. 教育法学基础［M］. 沈阳：辽宁大学出版社，2008：3.

律效力的解释及行政机关为执行法律而制定的规范性文件，与"法"在外延和内涵上相一致，可以互相通用，是同一概念的不同表达方式；狭义的法律则专指拥有立法权的国家机关依照立法程序制定的规范性文件，即特定意义上的法律。

在我国现代法律制度中，法律也有广义、狭义两层含义，广义的法律包括：

（1）全国人民代表大会及其常务委员会制定的法律，即狭义的法律；

（2）国务院根据宪法和法律制定的行政法规；

（3）省、自治区、直辖市的人民代表大会及其常务委员会根据本行政区域的具体情况和实际需要，在不与宪法、法律、行政法规相抵触的前提下，制定的地方性法规；

（4）民族自治地方的人民代表大会依照当地民族的政治、经济和文化的特点，制定的自治条例和单行条例；

（5）国务院各部、委员会、中国人民银行、审计署和具有行政管理职能的直属机构，根据法律和国务院的行政法规、决定、命令，在本部门的权限范围内制定的规章。

狭义的法律包括全国人民代表大会及其常务委员会制定的规范性法律文件，其中由全国人民代表大会制定的法律称为基本法律，由全国人民代表大会常务委员会制定的法律称为其他法律或一般法律。

与法律相一致，根据制定教育法律的主体权限与性质的不同，教育法律也有广义和狭义之分。广义的教育法律是指国家制定或认可的、由国家强制力保证实施的调整教育活动中各种社会关系的规范性文件的总和，包括国家立法机关、地方立法机关和政府部门制定和颁布的各种教育法律、法规、规章、决定、命令等。狭义的教育法律仅指拥有立法权的国家权力机关依照立法程序制定和颁布的有关教育领域的规范性文件，在我国是指全国人民代表大会及其常务委员会制定的教育法律，如全国人民代表大会制定的《中华人民共和国教育法》，它是我国教育法的主要渊源，国务院及其各部委、地方权力机关等制定的教育法规、规章、规定等都不得与其相抵触。

（三）教育法规

法规泛指由国家制定和发布的规范性文件的总称，如"法规汇编"既包括宪法和法律，也包括行政法规、地方性法规和规章。有时，法规专指某国家机关特定的规范性文件，即专指从属于法律范畴的行政法规和地方性法规。

教育法规是有关教育方面的法、法令、条例、规则、规章等规范性文件的总称，也是对人们的教育行为具有法律约束力的行为规范。[1]

---

[1]　李晓燕.教育法学［M］.北京：高等教育出版社，2001：9.

（四）教育政策与教育法律、教育法规之间的关系

教育政策与教育法律、教育法规之间既有联系也有区别。

1. 联系

在我国，教育政策与教育法律、教育法规都以宪法为依据，都是党和国家在教育方面意志的表现，三者都是上层建筑的重要组成部分，都集中反映了人民群众对教育的要求，都是教育规律的反映。三者的目的都是调整和规范教育活动和教育关系，调整和规范教育主体的权利和义务，促进教育事业健康有序地发展。

2. 区别

（1）制定主体不同

教育政策的制定者既可以是政党，也可以是国家机关和政府部门，此外各级政府可以根据上级政策和有关法律、法规制定一系列具体的教育政策。教育法律由全国人民代表大会及其常务委员会制定。教育法规可由国务院及其各部、委员会、直属机构制定，也可由省、自治区、直辖市或设区的市的人民代表大会及其常务委员会和人民政府制定。

（2）表现形式不同

教育政策通常以决议、决定、纲要、通知、意见、指示等文件形式出现，如《中共中央关于教育体制改革的决定》《中国教育改革与发展纲要》，而教育法律法规则以法律条款规范性文件的形式表现。在表述形式上，政策文件注重原则性和导向性的要求，写明某项政策的背景、理由及原则性的要求；而法律法规则注重条款的规范性、确定性，且通常包含处罚的规定，政策文件一般不具体规定处罚性条款。

（3）实施方式不同

教育政策主要依靠号召、宣传、动员、政党的纪律等来执行实施。教育法律法规的实施，则具有普遍的约束力，要求任何机关、团体、企业事业单位和公民都必须遵守。如果发生违法的行为，则通过行政执法机关、司法机关等以国家的强制力通过依法对违法者进行制裁来保证法律的实施。

（4）作用不同

政策对国家、政党和社会生活具有指导性、调控性和灵活性的作用，而法律法规则具有规范性、强制性和稳定性的作用。在实际工作中，我们不能把二者对立起来，而应当把二者有机地结合起来：既要充分发挥法律法规的规范作用，也要充分发挥政策的指导作用；既不能以政策排斥法律法规，也不能以法律法规完全替代政策。[①]

① 李连宁，孙葆森. 教育法制概论［M］. 北京：教育科学出版社，1997：6.

二、我国的教育政策体系和教育法律法规体系

（一）教育政策体系

国家教育政策体系由影响国家教育改革和发展的一系列基本教育政策组成。在我国，教育政策体系包括教育质量政策、教育体制政策、教育经费政策、教师政策四部分。

1. 教育质量政策

教育质量政策所要解决的是人才培养质量标准的问题。国家要制定最基本的学生培养的质量标准以及实现这些标准的基本要求，对学生的有关问题和学校课程的标准、体系、结构及课程的实施等方面作出政策规范。

2. 教育体制政策

教育体制政策要解决的是各级各类教育发展的问题。国家要制定政策规范处理各级各类教育之间的关系，以及处理各级各类教育管理之间的关系。从各级教育来看，教育体制政策要处理好学前教育、初等教育、中等教育、高等教育之间的关系；从各类教育来看，教育体制政策要调整好普通教育与职业教育，儿童教育与成人教育，学校教育与家庭教育、社区教育，私立教育与公立教育之间的关系；从教育管理的关系来看，教育体制政策要处理好中央与地方、政府与教育行政部门以及教育行政部门之间、政府与学校以及学校之间的关系。

3. 教育经费政策

教育经费政策要解决如何筹措教育经费、如何分配教育经费以及如何使用教育经费的问题。在如何筹措教育经费方面，要解决好政府主渠道和其他渠道之间的关系；在政府主渠道中，又要处理好中央与地方的关系。在如何分配教育经费方面，要处理好各级各类教育经费分配之间的关系。在如何使用教育经费方面，要处理好经费使用的合理性和有效性的问题。

4. 教师政策

教师政策要解决如何建设数量充足的高素质专业化教师队伍的问题。因此，要处理好教师资格、教师待遇等问题。不能只对教师的资格作出严格要求而不提高教师的待遇，这样可能会导致教师数量不足；也不能只谈提高教师待遇，而不对教师资格作出严格规定，这样可能会导致教师质量的下降。

（二）教育法律法规体系

由于教育法律法规的制定主体不同，形成了不同层次的教育法律法规。根据我国现行的教育立法主体地位的不同以及法律形式的不同，教育法律法规可以划分为不同的层次；根据法律法规内容的不同，教育法律法规可以划分为不同的部门法。我国现有的教育法律法规体系由纵向六个层次和横向六个部门法构成。

1. 纵向层次

纵向层次的教育法律法规体系即同一类型的法有不同部门的立法。不同层次的教育法律法规组成的等级有序的纵向关系，表现出一个国家的教育法律法规由哪些层次的教育法律法规组成以及各层次之间的从属关系。从我国目前的立法体制看，我国教育法律法规体系主要有以下六个纵向层次：

第一个层次是《中华人民共和国宪法》对教育的规定。《中华人民共和国宪法》是我国的根本大法，其中关于教育的条款对我国教育事业的方针、政策、教育方法、公民受教育的权利和义务都做了明确规定。它是制定各种教育法律法规的依据，也是我国教育工作的最高法律依据。

第二个层次是由全国人民代表大会制定的法律——《中华人民共和国教育法》。它是以宪法为依据制定的基本法律，主要规定我国教育的基本性质、地位、任务、基本法律原则和基本教育制度等。《中华人民共和国教育法》是全部教育法规的"母法"，是协调教育部门内部以及与其他社会部门相互关系的基本准则，也是制定教育部门其他法律法规的依据。

第三个层次是由全国人民代表大会常务委员会制定的法律——教育部门法。它主要调整各个教育部门的内外部关系。根据规范内容的不同以及我国的具体国情和实际需要，目前有《中华人民共和国义务教育法》《中华人民共和国职业教育法》《中华人民共和国高等教育法》《中华人民共和国学位条例》《中华人民共和国教师法》《中华人民共和国民办教育促进法》。

第四个层次是由国务院制定的行政法规——教育行政法规。它主要是为实施教育法和各单行法而制定的规范性文件。此外，它解决较为具体的、教育法和单行法未予规范的问题，并有相应的宪法和法律授权，也可由行政法规加以调整。如《国务院关于贯彻实施〈中华人民共和国教师法〉若干问题的通知》。

第五个层次是由省、自治区、直辖市的权力机关及其常务委员会制定的地方性法规、自治条例、单行条例、政府规章——地方性教育法规。其中地方性法规是由省、直辖市和有地方立法权的人民代表大会及其常务委员会为执行国家有关教育的法律、行政法规，根据本行政区域的实际需要而制定的规范性文件，如《湖南省实施〈中华人民共和国义务教育法〉办法》。自治条例、单行条例则是民族自治地方的人民代表大会依照当地民族的政治、经济和文化的特点而制定的规范性文件。政府规章是省、自治区、直辖市和设区的市、自治州的人民政府，依据法律、行政法规和本省、自治区、直辖市的地方性法规制定的规章。地方性法规和自治条例、单行条例、政府规章规范着各地政治、经济和文化等各方面的活动，其中有关教育活动的法律规范是教育法体系的重要组成部分。

第六个层次是由国务院各部委制定的政府规章——教育规章。政府规章的制定主要依照法律和行政法规，并且可以因实际工作的需要而决定其内容。如由卫生部和教育部共同制定的《托儿所幼儿园卫生保健管理办法》。此外，省、自治区、直辖市及省、自治区人民政府所在地和经国务院批准的较大的市人民政府根据行政需要而制定的规章，也是这一层次不可缺少的内容。由于各地实际情况的差异，这一层次的法律规范也就因地而异。

2. 横向分类

横向分类的教育法律法规体系即由某一国家机关制定的同一层级的属于不同类别的法律法规。从我国目前颁布的由全国人民代表大会常务委员会制定的单行教育法律来看，我国教育法律法规体系的横向分类主要包括《中华人民共和国义务教育法》《中华人民共和国职业教育法》《中华人民共和国高等教育法》《中华人民共和国教师法》《中华人民共和国学位条例》《中华人民共和国民办教育促进法》等六大部门法律。

（1）义务教育法。义务教育法是调整实施义务教育而产生的各种社会关系的部门法。我国已经颁布施行的《中华人民共和国义务教育法》就是这样的一部单行法，它对九年义务教育中的重要关系和问题进行调整和规范。我国已于1986年4月12日通过了《中华人民共和国义务教育法》，于2006年进行修订，并于2015年和2018年分别进行第一次和第二次修正。

（2）职业教育法。职业教育法是以实施职业教育涉及的社会关系为调整对象、范围的部门法。职业教育是国家教育事业的重要组成部分，是促进经济、社会发展和劳动就业的重要途径。在我国，职业教育包括各级各类职业学校教育和各种形式的职业培训。我国已于1996年5月15日通过了《中华人民共和国职业教育法》，并于2022年进行修订。

（3）高等教育法。高等教育法是以高等教育部门的内外部关系为调整范围的部门法。我国高等教育通常包括专科教育、本科教育和研究生教育等不同层次，这些都应纳入高等教育法的调整范围。我国已于1998年8月29日通过了《中华人民共和国高等教育法》，并于2015年进行修正，为高等教育的发展提供了重要的法律依据。

（4）教师法。教师法是调整教育教学活动中以教师为一方而产生的社会关系的部门法。我国教师法调整的主要问题有教师的地位、待遇、权利、义务、任职资格、职务评定、评价考核、进修提高以及师资培训等方面的内容。我国已于1993年10月31日通过了《中华人民共和国教师法》，并于2009年进行修正。教师是履行教育教学职责的专业人员，承担教书育人、培养社会主义事业建设者和接班人、提高民族素质的使命。同时，教师问题涉及各个教育部门的一些普遍性问题，因此教师法与其他部门法也会有一定的交叉和重复。

（5）学位条例。学位条例是规范各类学位授予，促进我国科学专门人才培养的部门法。我国已于 1980 年 2 月 12 日通过了《中华人民共和国学位条例》，并于 2004 年进行修正。《中华人民共和国学位条例》规定我国的学位分为学士、硕士、博士三级，明确了各级学位获得的基本要求、学位授予工作、学位论文答辩的负责单位和机构，为各门学科学术水平的提高和教育、科学事业的发展提供了保障。

（6）民办教育促进法。民办教育促进法是调整社会力量办学领域内外部关系的部门法。近年来我国各种社会力量举办的教育机构已有很大的发展，基本形成了从幼儿园到高等学校的民办教育体系。在民办教育领域中，举办者、办学者和管理者的关系，政府与学校的关系，学校与学生的关系以及家长与教师的关系，都明显地区别于公办教育领域。民办教育促进法调整的主要问题是民办学校的设置、学校的组织与活动、教师与受教育者、学校资产与管理等方面的内容。我国已于 2002 年 12 月 28 日通过了《中华人民共和国民办教育促进法》，并于 2013 年、2016 年、2018 年进行三次修正，对民办学校的办学设备设施、经费、组织章程、产权关系等一系列不同于公办学校的地方进行了有效的调整，为促进民办学校向良性环境的方向发展指明了道路。

议一议

从我国教育法律的横向分类来看，你认为还缺少哪些方面的教育法律？

第二节　学前教育政策法规的发展与作用

新中国成立以来，在学前教育领域，我国陆续制定和颁布了一系列政策法规，为保障和促进学前教育事业发展起到了重要作用。本节主要对新中国成立以来我国学前教育政策法规的各个发展阶段进行梳理，并讨论我国学前教育政策法规的作用。

一、我国学前教育政策法规的发展

（一）社会主义改造时期的学前教育政策法规（1949—1956 年）

1949 年 10 月 1 日中华人民共和国成立，从根本上改变了旧中国半殖民地半封建社会的性质，学前教育也发生了革命性的变化和历史性的转折。学前教育成为工农大众文化教育事业的一个重要组成部分，开始担负起为工农大众服务的重任，学前教育进入建设与稳步发展的阶段。

1. 设置专门机构领导学前教育事业

1949 年 11 月，中央人民政府教育部成立，在初等教育司内设置幼儿教育处。1952 年 11 月，幼儿教育处由原来的司属处调整为部的一个直属单位。学前教育事业在教育部直接领导下迅速发展。

2. 明确幼儿园的双重任务

1952 年 3 月中央人民政府颁布的《幼儿园暂行规程（草案）》明文规定："幼儿园的任务是：根据新民主主义教育方针教育幼儿，使他们的身心在入小学前获得健全的发育；同时减轻母亲对幼儿的负担，以便母亲有时间参加政治生活、生产劳动、文化教育活动等。"据此，新中国幼儿园必须承担教育幼儿和便利妇女参加社会主义建设的双重任务。

3. 改造旧学前教育与建设新民主主义学前教育并进

（1）接受外国在我国设立的婴幼儿慈善机构

1950 年 12 月和 1951 年 1 月，政务院相继颁布《关于处理接受美国津贴的文化教育机关及宗教团体登记条例》和《接受外国津贴及外资经营之文化教育救济机关及宗教团体登记条例》。1951 年 1 月，教育部颁布《关于处理接受美国津贴的教会学校及其他教育机关的指示》。教育部、内务部、全国妇联为此从 1951 年开始，共同领导了对外国在我国设立的孤儿院、慈幼院、育婴堂等"慈善机构"的接受工作。这次接受工作最终将两百余所外国"慈善机构"中的"幸存者"拯救出来。

（2）学习苏联学前教育经验，继承老解放区学前教育工作精神

从 1950 年下半年开始，教育部指定北京市六一、北海和分司厅三所幼儿园（院）为学习苏联的实验基地。翌年，又增加中央军委保育院和北师大二附小幼儿园两所实验园。苏联专家每周一次轮流到这些幼儿园观摩和分析教育活动，全国各地经常派人到这些幼儿园参观学习。1950 年 9 月，教育部正式通知全国幼教工作者学习《苏联幼儿园教养员工作指南》和《我的儿童教育工作》等书，各地幼儿园进一步广泛深入地向苏联学习。

（3）制定政策性文件，指导学前教育事业

1951 年 6 月，教育部幼儿教育处处长张逸园在《人民教育》杂志发表《对幼稚教育工作的几点意见》，提出"新的幼稚园教学原则"是"全面发展"，"是培养学龄前儿童在生理上、意识上、行动上得到正确的成长、发展和变化，使他们的身体、智力、道德习惯及爱美观点等得到全面的发展"，这在一定程度上对幼儿体、智、德、美诸方面全面发展教育方针的确立起了奠基作用。同时，借助苏联学前教育理论和老解放区某些经验，教育部制定了以下政策性文件：

1952 年 3 月颁布的《幼儿园暂行规程（草案）》对幼儿园的任务、目标、学制、设置、领导、教养原则、教养活动项目、组织会议制度、经费、设备等，分成七章作出规定。

1952 年 7 月颁布的《幼儿园暂行教学纲要（草案）》本着使幼儿获得全面发

展的教养原则，对不同年龄班幼儿的年龄特点和教育要点做了阐述和规定，并对六类教学（体育、语言、认识环境、图画手工、音乐、计算）的目标、教材大纲、教学要点和设备要点做了规定，使学前教育有了更加明确的目的、计划和学科教学思想，但同时也为单一的学科课程定下了实践模式。

4. 明确托儿所和幼儿园的领导关系，加强托幼干部的培训

新中国成立之初，托儿所、幼儿园的称呼没有明确的区分标准，托幼机构领导关系不明，影响了托幼事业的发展。

1956年2月，教育部、卫生部、内务部颁布《关于托儿所幼儿园几个问题的联合通知》，对托儿所、幼儿园的领导问题做了明确具体的规定："托儿所和幼儿园应依儿童的年龄来划分，即收三周岁以下的儿童者为托儿所，收三至六周岁的儿童者为幼儿园。""有关方针、政策、规章、制度、法令、教育计划、教育内容、教育方法、儿童保健等业务，在托儿所的方面，则统一由卫生行政部门领导；幼儿园内的托儿班由卫生行政部门进行业务指导；幼儿园统一由教育行政部门领导，托儿所内的幼儿班由教育行政部门进行业务指导，主办单位应向当地卫生行政部门、教育行政部门报告工作。至于民政部门所办的救济性质的托儿所、幼儿园仍由民政部门主管，但其业务亦应分别由卫生、教育行政部门领导。"

5. 依据"两条腿走路"的方针发展学前教育事业

宋庆龄于1949年7月创办了中国福利会幼儿园。1951年11月，中国人民保卫儿童全国委员会成立，宋庆龄任主席。中国人民保卫儿童全国委员会与教育部、全国妇联、卫生部等单位密切联系，积极发展学前教育事业。

（1）接办私立幼儿园

根据1952年9月教育部《关于接办私立中小学的指示》精神，某些私立幼儿园，如陈鹤琴主办的南京鼓楼幼儿园、刘文兰主办的重庆景德幼儿园等，由私立改为公立。

（2）依据"两条腿走路"的方针发展幼儿园

《关于托儿所幼儿园几个问题的联合通知》指出："托儿所、幼儿园的发展，必须更好地依靠群众，配合群众团体——妇联、工会，动员多方面的人力、物力来进行……托儿所、幼儿园应贯彻整顿、巩固、稳步发展并以工厂、机关、团体、群众自办为主的方针……发展重点应放在工业地区和大、中城市。至于农村，应根据需要与自愿的原则，提倡农业生产合作社或互助组办理季节性的托儿所和幼儿园。"

1956年3月，教育部、教育工会全国委员会联合发出《关于中小学、师范学校的托儿所工作的指示》，指出"在教育工会组织的积极协助下，依靠群众，举办各种类型的托儿所"的必要性，并要求"积极改进其工作，使之巩固、

发展"。

6. 注重学前教育师资培养

（1）培养幼儿园师资

1952年7月颁布的《师范学校暂行规程（草案）》规定了"培养幼儿教育的师资"是师范学校的任务之一。幼儿园师资培养工作在新中国成立之初便有了法规保证。

1956年5月、6月，教育部先后颁布《幼儿师范学校教学计划》《初级幼儿师范学校的教学计划》。

1956年6月，教育部发出《关于大力培养小学教师和幼儿园教养员的指示》，提出"今后必须在'又多、又快、又好、又省'的方针下，及时地完成培养小学教师和幼儿园教养员的任务"，指出"幼儿教育紧跟着社会主义工业化和农业合作化事业的迅速前进，也将有很大的发展，因此，今后有关幼儿园师资的培养供应，也必须采取更为切实有效的步骤"，并对大量培养幼儿园教养员所应采取的具体措施作了指示。

政府对幼儿园师资培养的重视和切合实际需要的多种政策，使正规幼儿师范学校与各种培训相结合的手段产生了良好的社会效益。

（2）发展高等师范院校学前教育专业

1952年7月，教育部颁布《关于高等师范学校的规定》，指出教育系要分设学前教育组，培养中等幼儿师范学校的教师。根据同年教育部有关"高等学校院系调整计划"的精神，将分散于一些高校的相关专业，适当合并，以集中力量形成幼儿师范学校师资培养基地。

（3）关心幼儿园教职员工生活

1956年6月，《中华人民共和国教育部关于中小学、幼儿园教职员工退休、退职、病假期间待遇所需经费开支问题回复福建省教育厅的公函》明确指出，幼儿园教职员工退休、退职、病假期间待遇，参照国家机关工作人员有关规定执行，所需经费按内务部、财政部、国务院人事局联合通知中各项规定执行。幼儿园教职员工有了与国家机关干部同等的生活待遇和保障。

7. 不断提高学前教育质量

1956年11月，教育部颁布《关于幼儿园幼儿的作息制度和各项活动的规定》，要求幼儿园"严格执行"，以利于"贯彻全面发展的幼儿教育方针"。该规定中的某些具体要求至今仍应是幼儿园努力遵守的。但是由于当时将"作业"阐释为"在同一时间内对全班幼儿进行教学或复习"，较少注意顺应儿童个体差异选择不同的教学组织形式，以致幼儿园在较长时间内存在"偏重课堂教学"和"千园一面"的现象。

1956年11月，教育部颁布《关于组织幼儿教育义务视导员进行视导工作的办法》，提出要"广泛地组织有经验的幼儿园园长和教师担任义务视导员，在教育行政部门幼教科（或组）的领导下，进行视导工作"，义务视导员"有责任传播优良的工作经验，帮助各园提高工作质量"。这在当时不失为一种提高学前教育质量的有效措施。

（二）社会主义全面建设时期的学前教育政策法规（1957—1966 年）

进入社会主义全面建设时期，我国学前教育事业在经历了发展"大跃进"后，在一定程度上有所恢复，具体表现在以下方面：

1. 农村学前教育机构发展"大跃进"

1958 年 9 月，中共中央、国务院在《关于教育工作的指示》中提出全国应在三年到五年的时间内基本完成"使学龄前儿童大多数都能入托儿所、幼儿园的任务"。1958 年 12 月，中共八届六中全会通过的《关于人民公社若干问题的决议》还提出，公社"要办好托儿所和幼儿园，使每一个孩子比在家里生活得好，教育得好……父母可以决定孩子是否需要寄宿……公社必须大量培养托儿所和幼儿园合格的保育员和教养员"。

在当时强调数量发展的形势下，在农村纷纷出现"三天托儿化""一夜托儿化""实行寄宿制，消灭三大差别"等口号和行动，但大多数只顾将全村幼儿集中同吃、同住，不顾中央指示中"要办好托儿所和幼儿园"的质量要求。全国幼教机构由 1957 年的 16 400 处猛增至 1958 年的 695 300 处，1960 年又增至 785 000 所，入园幼儿增至 29 331 000 人（1959 年为 2 172 200 人）。这样的发展速度大大超越了我国当时农村经济发展水平，违背了学前教育事业发展的客观规律。在这种情况下，教育部对部分地区适应现实条件和学前教育特点的较为理智的措施颇为重视，并将有关文件原文转发至全国各地，力图对发展失控地区能有积极影响。1958 年 7 月教育部《转发江苏等省关于办农村幼儿园的四个文件的通知》是当时具有代表性的一个文件。但是这类文件未能从根本上改变农村学前教育机构发展失控的状况。

2. 学前教育起步，逐渐恢复正常秩序

（1）幼儿师范学校重新受到重视

"大跃进"时期不仅幼儿园数量猛增，幼儿园师资培养也畸形发展。幼儿师范学校数量急剧增加，各级各类的短训班也大量涌现。1961 年 10 月，教育部召开全国师范工作会议。1962 年 1 月《教育部党组关于全国师范教育会议的报告》明确指出，要重视幼儿园师资培养。该报告提到"三年制的幼儿师范，主要是培养大、中城市重点幼儿园的教养员，目前不能多办"，"应该多办初级幼儿师范，招收相当于高小毕业程度的青年，培养成为城镇和农村幼儿园内教养员，学习时间的长短，可以因地制宜"。经过调整整顿，幼儿园师资培养走上了有序发展的轨道。

（2）地方教育行政部门采取措施恢复幼儿园工作秩序

为促使幼儿园教育工作尽快趋向稳定，从 1962 年开始，一些地方教育行政部门采取了积极措施。例如，北京市制定了《培养幼儿卫生习惯和独立生活能力》的常规，上海市制定了《幼儿园工作条例 30 条》和《幼儿园品德教育提纲》，江苏省常州市制定了《幼儿园工作条例》等。

3. 全国学前教育领导力量削弱

在恢复整顿时期，教育部精简机构，幼儿教育处被撤销，仅保留 1 名干部在普通教育司综合处处理有关日常事务。此后相当长的一段时间内，教育部基本上没有对学前教育工作下发文件指示，学前教育的发展与提高受到影响。

（三）"文化大革命"时期的学前教育政策法规（1966—1976 年）

"文化大革命"时期，国民经济几乎崩溃，国家各个方面都遭受了重创，学前教育也不例外，受到严重破坏，没有颁布相关政策法规。

（四）改革开放初期的学前教育政策法规（1977—1986 年）

1978 年 12 月，党的十一届三中全会召开，改革开放给中国的学前教育事业带来了新的发展。

1. 党和政府加强对学前教育的领导

1978 年，教育部在普通教育司设立幼教特教处，失去国家机关专职领导十几年之久的学前教育事业又有了行政领导机构。一些省（自治区、直辖市）的教育厅也陆续恢复或新建了学前教育行政领导机构和教研机构，配备了专职或兼职的学前教育行政干部和教研人员，开始形成自上而下的统一领导、分级管理的领导管理体制，加强了对托幼工作的领导。

1979 年 6 月，五届人大二次会议通过的《政府工作报告》指出："要十分重视发展托儿所、幼儿园，加强学前教育。"同年 7 月，国务院召开全国托幼工作会议，并通过了《全国托幼工作会议纪要》。会议决定，由国务院设立"托幼工作领导小组"，由教育部、卫生部、计委、建委、农委、财政部、商业部、民政部、劳动总局、城建总局、全国总工会、全国妇联、中国人民保卫儿童全国委员会 13 个部门组成，办事机构设在全国妇联。此外，会议还提出了以下具体要求：积极解决托幼工作的经费和保教人员工资、劳动保险、福利待遇问题；坚持"两条腿走路"的方针，恢复、发展、整顿、提高各类托幼组织；建设一支又红又专的保教队伍；努力提高保教质量；等等。这次会议在我国学前教育史上非常重要，它把学前教育纳入政府的重要议事日程，确定了学前教育事业的发展方针，首次确立了由政府牵头、各部门共同管理的学前教育管理体制。

2. 迅速恢复和规范各地的学前教育

针对幼教机构较多集中于城市，受"文化大革命"影响较大的现实，教育部于 1979 年 11 月颁布《城市幼儿园工作条例（试行草案）》，对学前教育的方针、目标、内容和制度做了详细的规定。1980 年 11 月，卫生部颁布《城市托儿所工作条例（试行草案）》，内容包括：总则、婴幼儿卫生保健工作、婴幼儿的教养工作、组织、编制及工作人员职责、房屋和设备等。这两个文件对婴幼儿教育的方针、目标、内容和制度做了详细规定，有助于城市的托幼工作者把握方向、明辨是非，较为迅速地恢复托幼机构的正常工作秩序。

1981 年 6 月，卫生部颁布《三岁前小儿教养大纲（草案）》，这是新中国成立后首次就 0—3 岁儿童的集体教育工作作出明确规范，在提高托儿所的保教质量方面发挥了重要的指导作用。1981 年 10 月，教育部颁布《幼儿园教育纲要（试行草案）》，作为各类幼儿园进行教育工作的依据，要求各地各园结合实际试行。《幼儿园教育纲要（试行草案）》是我国改革开放以后第一个幼儿园课程标准，它继承了《幼儿园暂行规程（草案）》《幼儿园暂行教学纲要（草案）》的基本思想，吸收了国内外幼儿生理学、心理学理论，科学依据更加鲜明。在颁布《幼儿园教育纲要（试行草案）》的同时，教育部组织编写了幼儿园教材，共 7 类 9 册。这是新中国成立以来第一次全国"统编"幼儿园教材，为保证实施《幼儿园教育纲要（试行草案）》，提高教育质量提供了必要条件。

根据我国农村人口占总人口 80% 以上的国情，针对当时农村学前教育工作在不少地方尚未受到重视、事业发展缓慢的情况，教育部先后颁布两个政策性文件：1983 年 9 月颁布的《关于发展农村幼儿教育的几点意见》，对发展农村学前教育起到了积极的指导作用；1986 年 6 月颁布的《关于进一步办好幼儿学前班意见》，首先肯定了创始于 1979 年湖南桃江县的学前一年教育的做法，并提出进一步改进意见，要求各省、自治区、直辖市教育部门组织编写学前班的教师教学用书，以提高学前班教育质量。实践证明，在我国各地经济、文化、教育发展很不平衡、大部分地区学前教育发展尚不够发达的情况下，农村学前班是一种行之有效的形式。

3. 加强幼儿师范质量管理

1978 年 10 月，教育部颁布《关于加强和发展师范教育的意见》，要求"认真办好现有师范学院（师范大学）"，"努力办好中等师范学校"，"积极办好幼儿师范学校，为幼儿教育培养骨干师资"。原来曾开设学前教育专业的高等师范院校在 1978 年至 1979 年间先后恢复学前教育专业的招生。

1980 年 8 月，教育部颁布《关于办好中等师范教育的意见（试行草案）》，将"积极办好幼儿师范教育"作为一个单独部分加以阐述，指出"幼儿教育是整个学校教育的基础"，"要做好幼儿师范学校的发展规划。各省、市、自治区在 1982 年前，至少要办好一所幼儿师范学校，并列为省级重点学校"，"1985 年前，在原来的大行政区范围内，应有一所高等师范院校开设学前教育专业"。全国通用的幼儿师范学校的专业教材，由教育部审定出版。1980 年 10 月，教育部下发《关于印发中等师范学校教学计划（试行草案）和幼儿师范学校教学计划（试行草案）的通知》。各地区在积极创办幼儿师范学校或幼师班的同时，加强了对幼儿师范学校的教学管理，提高了教育质量。

1985年5月，教育部颁布《幼儿师范学校教学计划》，对幼儿师范学校的课程进行调整，增加了教育课和教育实习时间。同时，该文件指出，为适应各地的需求，各省、市、自治区可根据本地区实际情况对幼儿师范学校教学计划进行适当调整，允许有条件、有基础的学校自行拟定教学计划。这是新中国成立以来教育部首次对中等幼儿师范学校的课程设置放权。

（五）20世纪80年代末至90年代末的学前教育政策法规（1987—1999年）

20世纪80年代后期，在教育体制改革的大背景下，学前教育的管理体制进行了重大变革。学前教育重新纳入国家教育行政管理体系，制订了一系列学前教育法规、政策，加强了对我国学前教育工作的科学管理，推动了学前教育事业的持续快速发展。

1. 改革学前教育管理体制

1987年10月，国务院办公厅转发国家教委等8个部门《关于明确幼儿教育事业领导管理职责分工的请示》的通知，确定了学前教育实行"地方负责，分级管理和各有关部门分工负责"的原则，明确规定了教育、卫生、计划、财政、劳动人事、城乡建设环境保护、轻工、纺织、商业等部门对学前教育工作的职责。据此文件精神，相关部门根据各自分工制订文件，引导托幼机构工作逐步走向科学化、规范化，以达到为幼儿奠定良好素质基础的目的。例如，卫生部制订《托儿所、幼儿园卫生保健制度》，城乡建设环境保护部和国家教委制订《托儿所、幼儿园建筑设计规范》，劳动人事部和国家教委颁布《全日制、寄宿制幼儿园编制标准（试行）》等。1989年8月，经国务院批准的《幼儿园管理条例》又以法规形式将"地方负责、分级管理和各有关部门分工负责"的原则确立下来。

2. 颁布学前教育行政法规，推动学前教育法治化和科学化

1988年8月，国务院办公厅转发国家教委等8个部门《关于加强幼儿教育工作的意见》。1989年8月，国务院批准新中国成立后的第一个学前教育行政法规《幼儿园管理条例》，对幼儿园的基本条件、行政管理、保教工作等做了规定。特别要强调的是，《幼儿园管理条例》首次以教育法规形式提出"国家实行幼儿园登记注册制度""各级教育行政部门应当负责监督、评估和指导幼儿园的保育教育工作"。从此，学前教育的评估工作在全国展开。各省（市）依照中央颁布的各项法规、制度，制订了适合本地的评估标准。

1989年6月，国家教委根据《中共中央关于教育体制改革的决定》中"要改革同社会主义现代化不相适应的教育思想、教育内容、教育方法……使基础教育得到切实的加强"的精神，颁布《幼儿园工作规程（试行）》，在重申1981年

《幼儿园教育纲要（试行草案）》基本精神的基础上，全面、系统地对幼儿园的各项保教工作作出了规定，明确了国家对幼儿园的基本要求和管理的基本原则，突出了促使学前教育现代化的教育原则。随着学前教育事业的不断发展，为适应新形势下学前教育出现的一系列问题，我国对《幼儿园工作规程（试行）》进行修订，1996 年 3 月 9 日颁布《幼儿园工作规程》，自 1996 年 6 月 1 日起施行，后于 2016 年修订。

《幼儿园管理条例》和《幼儿园工作规程（试行）》这两个法规性文件，标志着我国学前教育迈向法治化的新里程，推动了学前教育的全面改革。为保证两个法规落到实处，各级政府和教育部门从本地实际出发，制定了地方性行政法规和实施细则，在加强科学管理，转变教育观念，全面提高教育质量方面取得显著成效。从此，我国在学前教育事业的管理上迈上了"依法治教"的道路。

3. 重视儿童权利和保护

进入 20 世纪 90 年代，国家加大了对学前教育事业发展的改革力度。在世界儿童问题首脑会议上签署了《儿童生存、保护和发展的世界宣言》和《执行九十年代儿童生存、保护和发展世界宣言行动计划》之后，我国政府又签署了联合国制订的《儿童权利公约》（详见第六章）。1991 年 9 月通过的《中华人民共和国未成年人保护法》和 1994 年 10 月通过的《中华人民共和国母婴保健法》，为保障儿童的权利、健康和发展，提高人口素质提供了法律保障。

4. 规范企业办园

随着我国经济体制改革的日益深入和社会主义市场经济体制的建立，学前教育工作面临一些新情况和新问题。特别是在当时企业转换经营机制过程中，为保证学前教育事业的健康发展，1995 年 9 月，国家教委等 8 个部门联合下发《关于企业办幼儿园的若干意见》，强调"学前教育关系到千家万户，国家、集体、企事业和公民个人对该项事业的发展都承担着义不容辞的责任和义务"，提出要坚持依靠社会力量发展学前教育的方针，有条件的企业应继续办好幼儿园；要深化改革，积极稳妥地推进学前教育逐步走向社会化；各级政府和教育行政部门要加强对企业办园的业务指导；在城市规划建设中要安排好幼儿园规划和建设；要加强社区对学前教育的扶持与管理。

5. 规划学前教育发展目标

为认真贯彻《中华人民共和国教育法》《中华人民共和国教师法》《幼儿园管理条例》《幼儿园工作规程》，1997 年 7 月，国家教委下发《全国学前教育事业"九五"发展目标实施意见》，提出这一时期我国学前教育事业的发展要为形成具有中国特色的、面向 21 世纪的社会主义教育体系的框架奠定坚实的基础；要求 2000 年全国学前三年幼儿入园（含学前班）率达到 45% 以上，大中城市基本解决适龄幼儿入园问题，农村学前一年幼儿入园（班）率达到 60% 以上，并按普及九年义务教育情况和经济发展水平提出分区实施要求，就各省（自治区、直辖市）学前教育事业"九五"发展提出了明确的指标。该意见勾画了"九五"期间学前教育事业发展的蓝图，指明了这一时期学前教育的多元化、社会化发展前景。

6. 学前教育师资素质的重要性被提到新的高度

面对 21 世纪人才培养对学前教育事业发展提出的要求和挑战，幼儿园教师素质的重要性被提到新的高度。1993 年 10 月通过的《中华人民共和国教师法》，从教师的权利和义务、资格和任用、培养和培训、考核、待遇、奖励、法律责任等方面对包括幼儿园教师在内的教师队伍建设提出了全面的要求。其中，在师资素质方面，要求"取得幼儿园教师资格应该具备幼儿师范学校毕业及其以上学历"。

1995 年 1 月，国家教委颁布《三年制中等幼儿师范学校教学方案（试行）》，提出了幼儿师范学校的培养目标与规格。

1996 年 1 月，国家教委先后下发《关于开展幼儿园园长岗位培训工作的意见》《全国幼儿园园长任职资格、职责和岗位要求（试行）的通知》，要求"采取多种形式开展培训工作，争取用五年左右的时间将全国幼儿园园长轮训一遍"。

（六）21 世纪的学前教育政策法规（2000 年至今）

随着现代社会政治、经济、文化的发展和终身教育理念、可持续发展教育观、以人为本教育原则的提出，进入 21 世纪以后，人民群众对学前教育在数量和质量两方面的需求不断提高，为解决日益增长的学前教育需求和学前教育资源不足的矛盾，我国出台了一系列政策法规，规范和促进学前教育的发展。

1. 着力解决"入园难""入园贵"问题

改革开放以来，我国学前教育取得了长足发展，但总体水平还不高，地区之间、城乡之间发展不平衡，与经济、社会、教育的发展以及人民群众日益增长的需求不相适应。为进一步推动学前教育的改革与发展，2003 年 1 月，教育部、中央编办等 10 部门联合发布《关于幼儿教育改革与发展的指导意见》，提出了 2003—2007 年学前教育改革的总目标，并从完善管理体制和机制、加强管理、实施素质教育、加强师资队伍建设、加强领导等方面提出了具体措施。

2007 年 10 月，党的十七大报告提出要把"重视学前教育"作为优先发展教育、建设人力资源强国的重要举措之一。为落实这一精神，2008 年 5 月，教育部成立调研组，在全国范围进行学前教育专项调研。调研发现，大城市普遍存在学前教育需求与供给严重失衡的问题，"入园难"问题日益凸显，学前教育城乡差距显著。

2010 年 7 月，中共中央、国务院印发《国家中长期教育改革和发展规划纲要（2010—2020年）》，首次将"学前教育"单列一章，强调学前教育的重要性，并确定了学前教育的发展目标：基本普及学前教育、明确政府职责、重点发展农村学前教育。为贯彻落实上述要求，积极发展学前教育，着力解决"入园难"问题，满足适龄儿童入园需求，促进学前教育事业科学发展，国务院办公厅于2010年11月颁布《国务院关于当前发展学前教育的若干意见》，提出了加快推进学前教育发展的十条政策措施，为学前教育事业的有序发展提供了保障。

2017年10月，习近平总书记在中国共产党第十九次全国代表大会报告中强调优先发展教育事业，办好学前教育，实现"幼有所育"。为进一步完善学前教育公共服务体系，切实办好新时代学前教育，更好实现幼有所育，2018年11月，中共中央、国务院出台《关于学前教育深化改革规范发展的若干意见》，强调要以习近平新时代中国特色社会主义思想为指导，全面贯彻党的十九大精神和党的教育方针，认真落实立德树人根本任务，遵循学前教育规律，牢牢把握学前教育正确发展方向，完善学前教育体制机制，健全学前教育政策保障体系，推进学前教育普及普惠安全优质发展，满足人民群众对"幼有所育"的美好期盼，为培养德智体美劳全面发展的社会主义建设者和接班人奠定坚实基础。

2. 规范办园行为

为实现"基本普及学前教育"的目标，《国务院关于当前发展学前教育的若干意见》指出，要多种形式扩大学前教育资源，提供"广覆盖、保基本"的学前教育公共服务。为了加强幼儿园的科学管理，规范办园行为，教育部对《幼儿园工作规程》进行修订，并自2016年3月1日起施行。新修订的《幼儿园工作规程》从幼儿的入园和编班、幼儿园的安全、卫生保健、教育、园舍设备、教职工、经费等方面对幼儿园的办园行为进行规范。2017年4月，教育部颁布《幼儿园办园行为督导评估办法》，规定从办园条件、安全卫生、保育教育、教职工队伍和内部管理五个方面开展督导评估。

在具体的办园行为上，我国先后出台一些相关文件进行规范。例如，在收费管理方面，2011年12月，国家发展改革委、教育部、财政部联合印发《幼儿园收费管理暂行办法》，对幼儿园的收费项目和收费标准进行规范。在卫生保健工作方面，卫生部、教育部先后于2010年3月和2012年5月出台《托儿所幼儿园卫生保健管理办法》和《托儿所幼儿园卫生保健工作规范》，明确托儿所和幼儿园的卫生保健工作职责、卫生保健工作内容与要求、新设立托幼机构招生前卫生评价等内容。在安全管理方面，我国先后出台《中小学安全管理办法》《关于加强农村中小学生幼儿上下学乘车安全工作的通知》《校车安全管理条例》等文件。在园舍设施方面，住房和城乡建设部于2016年4月颁布《托儿所、幼儿园建筑设计规范》；2019年1月，教育部、住房和城乡建设部颁布《幼儿园标准设计样图》，对幼儿园建设规模、建筑标准等提出具体要求。

3. 引导科学保教

为调整和改革包括学前教育在内的基础教育的课程体系、结构、内容，建构符合素质教育要求的新的基础教育课程体系，2001 年 6 月，教育部颁布的《基础教育课程改革纲要（试行）》提出："幼儿园教育要根据幼儿身心发展的特点和教育规律，坚持保教结合和以游戏为基本活动的原则，与家庭和社区密切配合，培养幼儿良好的行为习惯，保护和启发幼儿的好奇心和求知欲，促进幼儿身心全面和谐发展。"为了推进幼儿园实施素质教育，全面提高幼儿园教育质量，教育部于 2001 年 7 月颁布《幼儿园教育指导纲要（试行）》，明确提出幼儿园教育应有的核心价值追求，倡导尊重幼儿，保障幼儿权利，促进幼儿全面和谐发展的儿童观。

2012 年 10 月，教育部颁布《3—6 岁儿童学习与发展指南》，基于 3—6 岁儿童的身心发展规律与学习特点，在对我国幼儿学习与发展状况进行调查研究的基础上研制了一整套比较科学、明确、具体的目标与教育建议，体现了国家对我国 3—6 岁儿童学习与发展的方向引导和质量要求，旨在引导幼儿园教师和家长树立正确的教育观念，了解 3—6 岁儿童学习与发展的基本规律和特点，建立对幼儿发展的合理期望。

随着《幼儿园教育指导纲要（试行）》和《3—6 岁儿童学习与发展指南》的实施，各地坚持发展与质量并重，幼儿园保育教育水平不断提高。但仍有一些幼儿园违背幼儿身心发展规律和认知特点，提前教授小学内容、强化知识技能训练，"小学化"倾向比较严重。为深入贯彻落实《幼儿园教育指导纲要（试行）》和《3—6 岁儿童学习与发展指南》，推进幼儿园科学保教，2018 年 7 月，教育部办公厅发布《关于开展幼儿园"小学化"专项治理工作的通知》，为克服学前教育"小学化"倾向提供具体方法和建议。

同时，为深入贯彻全国教育大会精神，加快建立健全教育评价制度，促进学前教育高质量发展，根据中共中央、国务院《关于学前教育深化改革规范发展的若干意见》和《深化新时代教育评价改革总体方案》精神，2022 年 2 月，教育部颁布《幼儿园保育教育质量评估指南》，聚焦幼儿园保育教育过程及影响保育教育质量的关键要素，围绕办园方向、保育与安全、教育过程、环境创设、教师队伍五个方面提出了 15 项关键指标和 48 个考查要点，旨在引导幼儿园全面贯彻党的教育方针，落实立德树人根本任务，尊重幼儿年龄特点和发展规律，坚持保育教育结合，以游戏为基本活动，不断提高幼儿园办园水平和保教质量。

4. 促进教师专业化发展

2005 年 3 月，教育部印发《关于规范小学和幼儿园教师培养工作的通知》，就加强对小学和幼儿园教师培养的统筹管理、加强师资培训的规划与组织、建立健全师资培训工作的保障体系等作了指导说明。

2011 年 10 月，教育部颁布《教师教育课程标准（试行）》，进一步深化教师教育改革，规范和引导教师教育课程与教学，培养造就高素质专业化教师队伍，提高教师专业素质。在幼儿教育领域则表现为更加重视理解幼儿、教育幼儿的知识与能力。

2012 年 2 月，教育部颁布《幼儿园教师专业标准（试行）》，确立了幼儿为本、师德为先、能力为重、终身学习的基本理念，从专业理念与师德、专业知识、专业能力三个方面对幼儿园教师的专业发展提出要求。《幼儿园教师专业标准（试行）》是幼儿园教师开展保教活动的基本规范，是引领幼儿园教师专业发展的基本准则，是幼儿园教师培养、准入、培训、考核等工作的重要依据，体现了国家对合格幼儿园教师专业素质的基本要求。

2012 年 8 月，为深入实施科教兴国战略和人才强国战略，进一步加强教师队伍建设，国务院发布《国务院关于加强教师队伍建设的意见》，提出了加强教师队伍建设的总体目标，即"到 2020 年，形成一支师德高尚、业务精湛、结构合理、充满活力的高素质专业化教师队伍"，将"幼儿园教师队伍建设要以补足配齐为重点，切实加强幼儿园教师培养培训，严格实施幼儿园教师资格制度，依法落实幼儿园教师地位待遇"作为加强教师队伍建设的重点任务之一。同年 9 月，教育部、中央编办、财政部、人力资源社会保障部联合发布《关于加强幼儿园教师队伍建设的意见》，指出"幼儿园教师承担着保育和教育的双重职能，关系到亿万儿童的健康成长，关系到学前教育事业的健康发展"，对大力加强幼儿园教师队伍建设提出了以下八条意见：明确幼儿园教师队伍建设的目标；补足配齐幼儿园教师；完善幼儿园教师资格制度；建立幼儿园园长任职资格制度；完善幼儿园教师职务（职称）评聘制度；提高幼儿园教师培养培训质量；建立幼儿园教师待遇保障机制；确保各项政策措施落实到位。

2015 年 1 月，教育部颁布《幼儿园园长专业标准》，明确了园长的办学理念，从规划幼儿园发展、营造育人文化、领导保育教育、引领教师成长、优化内部管理、调适外部环境等维度对园长的专业要求等作出具体规定，以促进幼儿园园长专业发展，建设高素质幼儿园园长队伍，深入推进学前教育改革与发展。

5. 大力发展农村学前教育

2003 年 9 月，国务院发布《关于进一步加强农村教育工作的决定》，明确了农村教育在全面建设小康社会的重要地位，将农村教育作为教育工作的重中之重，并指出要发展农村幼儿教育。

2010 年 7 月出台的《国家中长期教育改革和发展规划纲要（2010—2020年）》将"重点发展农村学前教育"作为学前教育发展的目标之一。据此，《国务院关于当前发展学前教育的若干意见》强调要"努力扩大农村学前教育资源""地方各级政府要安排专门资金，重点建设农村幼儿园……逐步完善县、乡、村学前教育网络"。

2018 年 11 月出台的《中共中央　国务院关于学前教育深化改革规范发展的若干意见》再次明确要"大力发展农村学前教育，每个乡镇原则上至少办好一所公办中心园，大村独立建园或设分园，小村联合办园，人口分散地区根据实际情况可举办流动幼儿园、季节班等，配备专职巡回指导教师，完善县乡村三级学前教育公共服务网络"。

6. 重视 0—3 岁婴幼儿早期照护服务发展

随着全面开放二孩生育政策的实施，0—3 岁婴幼儿的照顾和教育需求日益增长，为实现"幼有所育"，促进婴幼儿照护服务发展，2019 年 4 月，国务院办公厅发布《关于促进 3 岁以下婴幼儿照护服务发展的指导意见》，提出要建立完善促进婴幼儿照护服务发展的政策法规体系、标准规范体系和服务供给体系，充分调动社会力量的积极性，多种形式开展婴幼儿照护服务，并从基本原则、主要任务、保障措施、组织实施方面进行规定，明确促进 3 岁以下婴幼儿照护服务发展工作的部门职责分工。2021 年 3 月，《中华人民共和国国民经济和社会发展第十四个五年规划和 2035 年远景目标纲要》发布，明确将健全婴儿发展政策作为应对人口老龄化国家战略之一，要求"推进婴幼儿照护服务专业化、规范化发展，提高保育保教质量和水平"。

为规范社会化婴幼儿照护服务机构，促进托育服务优质发展，2019 年 10 月，国家卫生健康委颁布《托育机构设置标准（试行）》《托育机构管理规范（试行）》，分别对托育机构的设计要求、场地设施、人员规模、备案管理、收托管理、保育管理、健康管理、人员管理等方面进行规定。同年 12 月，《托育机构登记和备案办法（试行）》出台，明确托育机构的登记和备案管理。为指导托育机构为 3 岁以下婴幼儿提供科学、规范的照护服务，促进婴幼儿健康成长，2021 年 1 月，国家卫生健康委颁布《托育机构保育指导大纲（试行）》，要求托育机构遵循"尊重儿童、安全健康、积极回应、科学规范"的原则，通过"创设适宜环境，合理安排一日生活和活动，提供生活照料、安全看护、平衡膳食和早期学习机会，促进婴幼儿身体和心理的全面发展"；指出托育机构保育重点应当包括营养与喂养、睡眠、生活与卫生习惯、动作、语言、认知、情感与社会性等方面，并明确了上述各方面的保育目标、保育要点和指导建议。同月，国家卫生健康委颁布《托育机构婴幼儿伤害预防指南（试行）》，要求托育机构最大限度地保护婴幼儿的安全健康，切实做好伤害防控工作，建立伤害防控监控制度，制定伤害防控应急预案，并为 3 岁以下婴幼儿常见伤害的预防和紧急处置提供指导。2023 年 10 月，国家卫生健康委颁布《托育机构质量评估标准》，规定了托育机构的办托条件、托育队伍、保育照护、卫生保健、养育支持、安全保障、机构管理等评估内容。

二、我国学前教育政策法规的作用

学前教育作为学校教育及个体终身可持续发展的奠基阶段，在整个教育体系中有特殊的地位和作用。学前教育政策法规作为教育政策法规的组成部分，它的贯彻实施对促进社会主义教育事业的发展，尤其是基础教育事业的发展，提高全民族的素质，培养社会主义现代化建设的合格人才以及学前教育管理的科学化、规范化和法治化具有重要的意义和价值。随着《幼儿园管理条例》《幼儿园工作规程》《幼儿园教育指导纲要（试行）》和《3—6岁儿童学习与发展指南》及其他政策法规的颁布和实施，我国的学前教育事业正呈现出欣欣向荣的良好发展态势。具体而言，学前教育政策法规的作用主要体现在以下几个方面：

（一）保障作用

首先，学前教育政策法规能够保障幼儿学习的权利和被尊重的权利。如《幼儿园教育指导纲要（试行）》总则第五条规定："幼儿园教育应尊重幼儿的人格和权利，尊重幼儿身心发展的规律和学习特点，以游戏为基本活动，保教并重，关注个别差异，促进每个幼儿富有个性的发展。"

其次，学前教育政策法规也对保教工作人员，幼儿园及家长的权益作出了相关规定，能保障他们的合法权益。

最后，学前教育政策法规能保障和促进学前教育事业的发展，提高学前教育工作的效率。制定学前教育政策法规的目的在于促进幼儿教育事业的发展。学前教育政策法规对学前教育的地位、基本制度、管理体制、师资、教育投入与条件保障等都做了明确规定，为学前教育事业的发展创造一个良好的外部环境，同时学前教育政策法规对学前教育活动的组织和实施都有明确规定，幼儿园和各级行政部门按照学前教育政策法规进行管理，可以避免工作中的随意性和盲目性，因而对学前教育事业的发展有着巨大的保障和促进作用，有利于提高学前教育工作的效率。

（二）指引作用

学前教育政策法规作为教育政策法规的组成部分，指引人们按照国家对学前教育发展的目的和要求开展教育活动，是国家以政策法规的形式向各种社会团体和个人宣布的关于学前教育的规定和指示，并明确要求各有关机关、团体和个人必须执行这些条款。它明确规定哪些是教育行政部门赞成和鼓励的，是可以做的，哪些是教育行政部门规定必须做的、禁止做的或不该做的，这反映了学前教育的价值取向和政策指引。一方面，学前教育政策法规能够从正面或者积极方面指引人们按照规定可以做的方面去做。如《幼儿园教育指导纲要（试行）》总则第四条规定："幼儿园应为幼儿提供健康、丰富的生活和活动环境，满足他们多方面的需要，使他们在快乐的童年生活中获得有益于身心发展的经验。"第五条规定:"幼儿园教育应尊重幼儿的人格和权利,尊重幼儿身心发展的规律和学习特点,以游戏为基本活动,保教并重,关注个别差异,促进每个幼儿富有个性的发展。"另一方面,学前教育政策法规能够指引人们不能做什么和不该做什么。如《幼儿园管理条例》第二十八条规定:"具有下列情形之一的单位或者个人,由教育行政部门建议有关部门对责任人员给予行政处分:(一)体罚或变相体罚幼儿的;(二)使用有毒、有害物质制作教具、玩具的;(三)克扣、挪用幼儿园经费的;(四)侵占、破坏幼儿园园舍、设备的;(五)干扰幼儿园正常工作秩序的;(六)在幼儿园周围设置有危险、有污染或者影响幼儿园采光的建筑和设施的。前款所列情形,情节严重,构成犯罪的,由司法机关依法追究刑事责任。"

（三）教育作用

学前教育政策法规的颁布实质是要教育和规范人们学习、遵守学前教育政策法规的规定,并运用它来保护自己的权益和儿童的权利。首先,学前教育工作者通过对学前教育政策法规的学习,将其中的行为规范内化为教育思想意识并转化为教育行为,这一过程就是学前教育法规的教育作用的体现。其次,学前教育政策法规对合法教育行为的保护和鼓励,对学前教育工作者有示范和激励作用;对不合法行为的制裁和惩罚,对学前教育工作者有警告、提醒作用。这两种方式都发挥了学前教育法规的教育作用。

（四）评价作用

学前教育政策法规作为一种普遍的教育行为标准,具有判断、衡量人们教育行为的作用。学前教育政策法规的评价作用体现在:一方面,学前教育政策法规对办园、管理和评估等评价具有客观性。它明确规定了哪些是可以做的,哪些是不可以做的,这些标准对所有人和所有机构均适用。例如,《幼儿园管理条例》是我国举办、管理和评估幼儿园的基本依据,它明确规定了幼儿园的任务、管理体制和原则,举办幼儿园的条件、保教工作的目标和原则,以及法律责任和执法、监督等,因而它是任何个人、机关团体办园的一个评价标准,不会因人而异。另一方面,学前教育政策法规是对学前教育工作者的教育行为以及教育质量进行评价的依据。教师、保育工作者的教育行为要符合《幼儿园工作规程》《幼儿园管理条例》《幼儿园教育指导纲要（试行）》等的有关规定。如《幼儿园教育指导纲要（试行）》第四部分专门对幼儿园教育工作评价的相关理念、细则、标准等作了全方位的阐述。

【理解·反思·探究】

1. 简述教育法律、教育法规、教育政策之间的关系。

2. 结合中国教育史谈谈我国学前教育政策法规的发展阶段。

3. 21 世纪我国学前教育政策法规的发展出现了哪些新的特点？

4. 简述我国学前教育政策法规的作用。

【拓展阅读导航】

● 相关政策法律

1.《中华人民共和国立法法》

2.《国家中长期教育改革和发展规划纲要（2010—2020 年）》

● 相关文献

1. 张乐天. 教育政策法规的理论与实践［M］. 4 版. 上海：华东师范大学出版社，2020.

该书对教育政策与教育法规的基本理论问题进行了分析和阐述，并从实践的角度回顾了新中国成立以来教育政策法规的历史沿革，附录部分包括若干重要政策法规。

2. 洪秀敏，等. 中国教育改革开放 40 年：学前教育卷［M］. 北京：北京师范大学出版社，2019.

该书系统回顾了改革开放以来中国学前教育的发展与变革，主要包括：学前教育事业发展与改革变革；政府职能与学前教育管理体制变革；学前儿童研究进展与展望；幼儿教师专业发展与教师教育变革；幼儿园课程改革与发展；0—3 岁早期教育服务的政策与实践；幼儿园、家庭、社区协同共育的发展与展望；农村学前教育的发展与展望；民办学前教育的发展与展望。

模块一

学前教育事业发展

第一章　　　《幼儿园管理条例》

【导语】

　　改革开放以来，我国学前教育事业迅速发展，幼儿园的数量逐年增加，办园形式呈现出多样化趋势，但是也出现了许多问题，幼儿园在管理上缺乏可以遵循的标准，迫切需要出台相关文件来规范幼儿园的管理。为了促进学前教育事业的健康发展，1989 年我国制定并颁布了《幼儿园管理条例》(本章可简称《条例》)，并自 1990 年 2 月 1 日起施行。

　　本章主要引导学习者理解《条例》的各种规定，并能结合实际运用。

【学习目标】

- 了解《条例》颁布的背景、意义及主要内容。
- 理解《条例》对举办幼儿园的基本条件与审批程序、幼儿园的保育教育工作、幼儿园的园务管理和奖惩制度等方面的规定，并能结合实际运用。

　　李红是一位三岁孩子的母亲，自从怀孕就辞去了工作，一直在家带孩子，平时经常看一些教育方面的书籍。现在孩子到了上幼儿园的年龄，她自己也面临着再就业的问题。想到自己很喜欢孩子，这几年也积累了不少育儿的知识和经验，于是她产生了办一家幼儿园的想法，并得到了家人的支持。但是她对开办幼儿园需要哪些证件、手续并不了解，也不清楚国家对幼儿园园址、场地、设备、师资等具体的要求。有人建议她先去看看《幼儿园管理条例》，这让她找到了开办幼儿园的方向。

　　《幼儿园管理条例》是我国第一部学前教育法规，通过对《幼儿园管理条例》的学习，可以掌握国家对幼儿园办园的基本条件、审批程序、保教工作、园务管理和奖惩制度等方面的规定，从而实现依法办园、依法执教。

第一节　《幼儿园管理条例》概述

　　为了加强幼儿园的管理，促进学前教育事业的发展，1989 年 9 月 11 日，国家教育委员会发布《幼儿园管理条例》。《条例》是遵循我国宪法的精神，根据党的教育方针制度，对全国幼儿园进行宏观管理和指导的行政法规。[①]

一、《幼儿园管理条例》颁布的背景

　　改革开放以后，我国学前教育事业迅速恢复并发展，幼儿园的类型和数量均有较大增加。在类型方面，从办园主体来看，有教育部门办园，机关、厂矿、学校、团体等企事业单位办园，城镇街道、乡、村集体办园和个体办园；从收托形式来看，有全日制幼儿园、寄宿制幼儿园、学前班、混合班、季节性幼儿班。在数量方面，根据统计，1989 年全国幼儿园达 17.26 万所，入园幼儿达 1 847.66 万人。

　　但是，幼教机构形式的多样性以及幼儿园数和入园幼儿数的迅速增长在促进我国幼教事业发展的同时也带来了一系列问题。如在审批方面，有的集体或个人不经有关部门登记注册就私自办园；在办园条件方面，某些幼儿园的园舍、环境和设施并不符合国家的卫生标准和安全标准；在保教工作方面，出现了重保不重教、重教不重保、忽视游戏活动以及体罚与变相体罚幼儿等现象；在师资方面，有些幼儿园教师并未经过专门的培训和考核就上岗；在行政管理方面，各级行政

[①]《中华人民共和国立法法》第七十二条规定：国务院根据宪法和法律，制定行政法规。第七十三条规定：国务院有关部门认为需要制定行政法规的，应当向国务院报请立项。第七十四条规定：行政法规由国务院有关部门或者国务院法制机构具体负责起草。《幼儿园管理条例》经国务院批准，由国家教育委员会制定，按照《中华人民共和国立法法》的相关规定，属于行政法规。

管理部门对自己的责任不够明确；在收费方面，某些幼儿园存在乱收费等现象；在财务管理方面，某些单位和个人存在克扣、挪用幼儿园经费等现象。幼儿园在管理上缺乏可以遵循的标准，迫切需要国家出台相关文件来规范幼儿园的管理。1989 年国家以法规的形式制定并颁布了《幼儿园管理条例》，并于 1990 年 2 月 1日起施行。

二、《幼儿园管理条例》的意义

《条例》是经国务院批准颁布的第一个学前教育法规。它明确了幼儿园的任务、管理体制与原则，举办幼儿园的条件、保教工作的目标和原则，以及法律责任和执法、监督等，是我国举办、管理和评估幼儿园的基本依据。《条例》的发布使幼儿园在任务、举办条件和审批程序、保教工作、行政事务、奖励和处罚等方面都有法可依、有章可循。可以说，《条例》的发布推动了中国学前教育事业的健康发展和管理工作的科学化，促进了中国学前教育的法治化进程。

第二节 《幼儿园管理条例》的主要内容

☞链接:《幼儿园管理条例》

《条例》作为国务院批准颁布的学前教育法规，指导着我国幼儿园的各项工作，贯彻落实《条例》是我国各级政府和幼儿园管理者的一项重要任务。因此，每一位幼儿园管理者、教师有必要了解《条例》的具体内容。

《条例》分为六章，共三十二条：总则、举办幼儿园的基本条件和审批程序、幼儿园的保育和教育工作、幼儿园的行政事务、奖励与处罚、附则。

一、总则

第一条说明制定《条例》的目的：加强幼儿园的管理，促进学前教育事业的发展。《条例》是针对幼儿园的管理问题而制定颁布的。国家为了使幼儿园的管理有章可循，推动幼儿园管理的科学化和法治化进程，使学前教育事业朝着健康、正确的方向发展，制定了此《条例》。

第二条说明《条例》适用对象：招收三周岁以上学龄前幼儿，对其进行保育和教育的幼儿园。不论是公办幼儿园还是民办幼儿园，凡招收三周岁以上学龄前幼儿的幼儿园，都适用于此《条例》，必须遵循此《条例》。同时，幼儿园应根据幼儿生理和心理的发展特点，对招收的幼儿进行保育和教育。

第三条说明幼儿园保育和教育工作的一个重要任务，即促进幼儿在体、智、德、美诸方面和谐发展。这体现了以幼儿可持续发展为本的教育追求，是幼儿园教育改革的根本目的，也是检验和评估幼儿园工作的根本标准。

第四条说明幼儿园应遵循因地制宜的原则。我国地域辽阔,各地区的社会经济发展状况、人口数量、师资情况以及文化风俗等都存在差异,因此,地方各级人民政府应当根据本地区的具体情况制订幼儿园的发展规划(包括幼儿园设置的布局方案)。地方各级人民政府,特别是经济不发达的地区可根据本地区的具体情况来制定措施,除了发展正规化的幼儿园外,还可以尝试非正规化的学前教育形式,如游戏小组、幼儿活动站、巡回辅导站、流动幼儿园等,以解决当地幼儿的受教育问题。

第五条明确学前教育事业发展的方针:地方各级人民政府可以依据本条例举办幼儿园,并鼓励和支持企业事业单位、社会团体、居民委员会、村民委员会和公民举办幼儿园或捐资助园。这一规定体现了坚持"两条腿走路"的学前教育事业发展方针。"两条腿走路"是指国家教育部门办园与社会多方面力量办园(包括单位部门办园、集体与个体民众办园),公办与民办两条途径并行。发展我国的学前教育事业要适应社会和经济发展的多样化需求,坚持多渠道办园,不仅地方政府要举办,还要动员和依靠各部门、各单位、群众团体及公民个人等社会力量来兴办;不仅要有全民性质的以及大量集体性质的幼儿园,还可以有个人办的个体幼儿园。

第六条确立幼儿园的管理体制为"地方负责,分级管理"和"各有关部门分工负责"。这一管理体制的特征主要有:第一,地方负责,学前教育事业管理地方化。地方负责即地方政府负责,强调地方各级人民政府必须要把学前教育作为基础教育的重要一环来抓,既要贯彻国家有关学前教育的方针政策、规章制度,又要对地方学前教育事业发展做出合理规划和布局方案,管理好当地各类幼儿园。第二,分级管理,教育部门发挥主管主导作用。教育行政部门是政府管理各类教育的职能部门,承担当地政府对有关学前教育决策的参谋者及贯彻执行的组织者的角色。本条还明确了中央与地方两级管理的职责:国家教育委员会(现教育部)主管全国的幼儿园管理工作。国家教育委员会的主要职责是决策,确定国家关于学前教育的大政方针,实施宏观管理,国家教育委员会的有关司处,按照"统一领导,分级负责"的原则,统一管理全国学前教育事业;"地方各级人民政府的教育行政部门,主管本行政辖区内的幼儿园管理工作"。地方各级教育行政机构在地方各级人民政府统一领导下,行使管理教育的权力。第三,分工负责,学前教育事业管理社会化。本条还指出,幼儿园的管理还需"各有关部门分工负责"。学前教育事业本身涉及卫生、福利、文化、经济等诸多领域,因而必须依靠和动员全社会的关心、支持和参与。例如,幼儿园的人事编制、房舍设备、卫生保健、教育和生活用品等各方面均需得到有关部门的支持。因此,除地方各级政府及其教育部门负责管理外,还需"有关部门分工负责"。

二、举办幼儿园的基本条件与审批程序

《条例》第二章对举办幼儿园的基本条件和审批程序进行了一系列规定，包括对幼儿园园舍、设施、工作人员和经费的要求以及对幼儿园实行登记注册的规定。

（一）举办幼儿园的基本条件

1. 场地设备

《条例》第七条规定："举办幼儿园必须将幼儿园设置在安全区域内。严禁在污染区和危险区内设置幼儿园。"第八条规定："举办幼儿园必须具有与保育、教育的要求相适应的园舍和设施。幼儿园的园舍和设施必须符合国家的卫生标准和安全标准。"房屋、场地、设备等是办园最基本的物质条件，也是保证幼儿健康发展的必要条件，没有这些基本条件是不能举办幼儿园的。

幼儿园应依据《条例》规定，按照幼儿生长发育的需要，根据安全、卫生和教育的要求来设置环境、修建房舍、安装设备及购置用具等。幼儿园应根据本地区实际情况逐步改善办园条件，注重发挥现有条件的实际效用，发挥幼儿园的自主性，充分调动全园教职工的积极性，因地制宜地创造条件。

2. 人员

《条例》第九条说明了对保育、幼儿教育、医务和其他工作人员的基本要求和条件。幼儿园园长、教师、医师、保健员、保育员和其他工作人员都应接受过相关的专业训练，或经过了有关行政部门的考核，获得资格后方可上岗。园长、教师和保育员应有相应的专业知识（幼儿心理学、学前教育学、家庭教育学等）、专业技能（幼儿园教师应具备的教学等能力）、专业伦理（热爱学前教育事业、爱护幼儿等）。需要特别注意的是，慢性传染病、精神病患者，不得在幼儿园工作。

☞链接：《幼儿园玩教具配备目录》

3. 经费

《条例》第十条对举办幼儿园的经费提出了要求："举办幼儿园的单位或者个人必须具有进行保育、教育以及维修或扩建、改建幼儿园的园舍与设施的经费来源。"我国公办幼儿园的经费主要来源于国家、政府或单位拨款、家长交纳的保教费和伙食费、社会捐助以及幼儿园自创收入等。而民办幼儿园的经费则主要来源于举办者投入、家长交纳的保教费和伙食费、社会捐助以及幼儿园自创收入等。举办幼儿园的单位或个人必须确保有一定的经费用于幼儿园的保育和教育，用于幼儿园园舍和设施的维修或扩建、改建以及用于幼儿园设施的改进和添加。

（二）举办幼儿园的审批程序

《条例》第十一条、十二条说明了幼儿园的设置和审批手续。为了便于宏观管理和指导，第十一条明确规定："国家实行幼儿园登记注册制度，未经登记注册，任何单位和个人不得举办幼儿园。"第十二条对城市和农村幼儿园的设置和审批做了明确规定："城市幼儿园的举办、停办，由所在区、不设区的市级人民政府教育

行政部门登记注册。农村幼儿园的举办、停办，由所在乡、镇人民政府登记注册，并报县人民政府教育行政部门备案。"政府和教育主管部门对各级各类幼儿园的举办有严格的审批程序，符合办园条件和要求的幼儿园才能登记注册，否则不能登记注册举办幼儿园。

三、幼儿园的保育教育工作

《条例》第三章对幼儿园的保育和教育工作进行了一系列的规定，要求幼儿园要贯彻"保教结合"原则，促进幼儿全面和谐发展；要遵守教育行政部门对幼儿园的招生编班作出的规定；要以游戏为基本活动形式；严禁体罚和变相体罚幼儿；要做好安全卫生保健工作。

（一）贯彻保教结合原则，促进幼儿全面和谐发展

《条例》第十三条指出："幼儿园应当贯彻保育与教育相结合的原则，创设与幼儿的教育和发展相适应的和谐环境，引导幼儿个性的健康发展。幼儿园应当保障幼儿的身体健康，培养幼儿的良好生活、卫生习惯；促进幼儿的智力发展；培养幼儿热爱祖国的情感以及良好的品德行为。"从中可以看出，《条例》重视保教结合，注重个性与体、智、德、美等各方面的和谐发展。

1. 贯彻保教结合原则

《条例》将"保教结合"作为幼儿园教育工作的基本原则。"保教结合"是一个整体的概念，"保"与"教"既有区别，又有联系，它们相互结合、相互渗透，构成不可分割的统一体。幼儿园应始终坚持"保教结合"的原则，并将其渗透到幼儿园教育的各个环节。

一方面，保教结合是幼儿健康、全面发展的必要前提。如果只强调保育，那么幼儿园就失去了它作为学前教育的主要实施途径的意义；如果只强调教育，那么幼儿的健康与和谐发展就无从谈起，只有在保证了幼儿的基本生理需要得到满足的基础上，对他们实施全面发展的教育才成为可能。

另一方面，保教结合是学前教育工作者（教师和保育员）之间加强交流合作与学习的基本途径。教师不能只"教"不"保"，保育员不能只"保"不"教"。保、教不可分，过分地强调任何一方都是不可取的，教师和保育员应通过合作，形成一个平等、合作的集体，共同制订幼儿的保教计划，探讨和总结如何将保育和教育结合起来。

2. 促进幼儿体、智、德、美全面和谐发展，引导幼儿个性健康全面发展

从《条例》中可看出，幼儿园体育的任务是：保障幼儿的身体健康。幼儿身体各部分器官与系统正处于生长发育过程中，尚未发育完善，比较娇嫩柔弱，对环境的适应能力和对疾病的抵抗能力都较差，他们缺乏生活经验与安全知识，自我保护的能力差。因此，保障幼儿的身体健康是幼儿体育的重要任务。同时要注意培养

幼儿的良好生活、卫生习惯，它不仅能促进幼儿的身体健康，也有利于幼儿的社会适应。

《条例》指出，幼儿园要促进幼儿的智力发展，这是智育的基本任务之一。幼儿的智力是在他们认识周围环境、与周围环境相互作用的过程中得到发展的。有目的、有计划的练习可以促进幼儿智力的良好发展，增进幼儿对环境的认识，丰富幼儿的知识经验。如幼儿认识周围环境事物，学习运用语言与人交往，掌握社会行为规则与道德规范的基本条件等。

《条例》对幼儿德育提出的任务是："培养幼儿热爱祖国的情感以及良好的品德行为。"培养幼儿热爱祖国的情感是由近及远的，从增进幼儿对周围环境的认识，培养幼儿关心和热爱周围的人们、周围的生活和家乡开始，萌发幼儿爱家乡、爱祖国的情感。培养良好的品德行为主要包括：文明礼貌教育行为，友爱行为，集体生活教育，培养幼儿诚实、勇敢的品质，培养幼儿活泼、开朗的性格等。

幼儿体、智、德、美是紧密联系、相互依存和相互作用的统一体，幼儿园应促进幼儿全面和谐地发展，不可有所偏废。在注重全面发展的同时，幼儿园教师要尊重幼儿之间存在的个体差异，创设合适的环境和自由的空间，引导幼儿个性健康、和谐地发展。

（二）游戏应成为幼儿园的基本活动形式

《条例》第十六条规定，"幼儿园应当以游戏为基本活动形式"，突出了游戏在幼儿园活动中的重要地位。

对于《条例》的这一规定，我们可从以下几个方面来加以理解：

（1）游戏是以幼儿为主导的、基本的活动，能促进幼儿身心的全面发展。

（2）游戏是促进幼儿身心发展的最好活动形式，是对幼儿进行教育的基本途径。

（3）游戏是幼儿主动学习的重要方式。教师不能把游戏和学习、劳动等活动对立起来，必须有意识地把这些活动有机地结合起来，使它们成为相辅相成的教育手段。寓教育于游戏之中，是学前教育的一条重要原则。

（4）游戏是幼儿自我表现的良好形式，也是教师了解幼儿对周围现实生活反应的途径。

（5）幼儿虽然在游戏中能自然地获得一些知识经验，但只有在成人的支持、帮助与引导下，他们才能获得更多的游戏经验以及生活经验。教师要充分运用游戏并发挥游戏的自身价值和教育价值。

幼儿园以游戏为基本活动是对幼儿游戏权和发展权的保障。游戏是有益于幼儿身心发展和主体性发展的活动，对幼儿的发展起着巨大的作用，在游戏中孕育着发展的所有趋向。从这一角度来说，对幼儿游戏权的保障也正是对幼儿发展权的保障。因此，为了使幼儿能够在幼儿园中主动愉快地学习和生活，幼儿园就必须保障幼儿的游戏权，坚持以游戏为基本活动。

（三）尊重幼儿的权利，严禁体罚幼儿和变相体罚幼儿

《条例》第十七条规定："严禁体罚和变相体罚幼儿。"这一规定体现了对幼儿权利的维护和尊重。在这里，我们需要分清楚"体罚"和"惩罚"的概念。体罚一般是指教师用罚站、罚跪、打手心等方式来处罚幼儿。惩罚是通过使受罚者感到某种不愉快而改变行为和发展的有计划活动。体罚是对幼儿身心的伤害，惩罚是一种教育手段。

由于幼儿园教师素质参差不齐，在实践中，存在少数教师体罚幼儿、虐待幼儿的现象。这样的现象容易使幼儿产生心理阴影，产生害怕教师、害怕和同伴相处、害怕上幼儿园等不良情绪，影响其自尊心、自信心的建立，对幼儿的生理和心理都是极大的伤害。为了幼儿的身心健康发展，幼儿园教师首先应树立正确的儿童观和教育观，平等对待有着独立人格和尊严的幼儿，维护幼儿的权利以免其身心受到伤害。其次应该明白体罚和惩罚的界限。在尊重幼儿的基础上能够运用多种有效的途径和方式教育幼儿，而不能采用体罚和变相体罚的方式来惩罚幼儿。

（四）幼儿园的安全卫生保健制度

《条例》第十八条至二十一条对幼儿园的安全卫生保健工作进行了一系列的规定，分别为：幼儿园应当建立卫生保健制度，防止发生食物中毒和传染病的流行；幼儿园应当建立安全防护制度，严禁在幼儿园内设置威胁幼儿安全的危险建筑物和设施，严禁使用有毒、有害物质制作教具、玩具；幼儿园发生食物中毒、传染病流行时，举办幼儿园的单位或者个人应当立即采取紧急救护措施，并及时报告当地教育行政部门或卫生行政部门；幼儿园的园舍和设施有可能发生危险时，举办幼儿园的单位或个人应当采取措施，排除险情，防止事故发生。《条例》十分重视幼儿园卫生保健、安全工作的管理，幼儿园应认真细致地做好卫生保健、安全工作。

根据《条例》的精神，在卫生保健工作方面，幼儿园首先要贯彻"预防为主"的方针，并建立健全卫生保健制度。幼儿园应建立的卫生保健制度大致包括：幼儿生活制度、幼儿饮食制度、体格锻炼制度、防病工作制度、健康检查制度等。卫生保健制度的制定与执行应与其他相关的制度配合进行，如与岗位责任制的建立结合起来，使有关人员明确在完成卫生保健工作中本岗位应承担的任务和职责。在具体进行卫生保健工作时，幼儿园及教师应认真遵守卫生保健制度并积极配合做好相关的保健工作。如在传染病流行的季节，应注意做好预防和隔离的措施，防止传染病的流行等。其次，坚持贯彻保教结合、保教并重的原则，注意积极的体格锻炼，进行健康教育，保证幼儿的身体健康，促进其生长发育。

依据《条例》的精神，为了落实幼儿园的安全管理工作，幼儿园可以采取如下措施：

（1）幼儿园的园舍建筑和设施应符合国家卫生安全标准。幼儿园的园舍建筑和设施应从幼儿的角度出发，其建筑用房不宜过高，楼梯、窗户都要有护栏；家具、设备等无论何种质地，边角都要做好安全保护措施；幼儿所使用的教具和玩具都应符合国家规定的安全卫生标准。

（2）建立健全各项安全制度。幼儿园应建立健全各项安全制度，明确规定各个岗位安全工作的内容，严格执行。

（3）随时督促和定期检查。幼儿园要设专人负责对全园环境、设备、房舍、场地、大型玩具以及防火、防电设备、交通安全等进行定期检查。幼儿园园长和其他管理人员必须对制度执行情况进行定期检查和经常性督促指导。

（4）组织全体教职工进行安全教育，加强教职工的安全防范意识和常识。幼儿园应定时对园所教职工进行安全防范意识的培训，如火灾等意外事故应对的演练，增强教职工安全防范常识。教职工发现不安全的因素应随时报告或采取措施加以解决。如果幼儿园的园舍、建筑物和设施有可能发生危险，幼儿园应立即采取措施，进行维修或处理，及时排除险情，防止事故发生。

▶【案例 1-1】
幼儿园卫生设施不符合国家标准受处罚

某县中心小学附设幼儿园，因幼儿厕所年久失修，改用中心小学外面的厕所。该园幼儿家长向县教育局反映，要求修好幼儿厕所。县教育局要求幼儿园尽快修好幼儿厕所，但该幼儿园给出种种理由，迟迟不予修缮。为了保证幼儿的安全与健康，县教育局果断地作出了"限期整顿，整顿完成之前停止招生"的行政处罚规定。

案例分析：举办幼儿园，应具备良好的标准卫生条件和确保幼儿安全的必备设施。然而，案例中的幼儿园将为小学生设计的公共厕所供幼儿使用，违反了《条例》第八条规定的幼儿园的园舍和设施必须符合国家的卫生标准和安全标准，妨害了幼儿的安全与健康。根据《条例》第二十七条第二款，园舍、设施不符合国家卫生标准、安全标准，妨害幼儿身体健康或者威胁幼儿生命安全的，由教育行政部门视情节轻重，给予限期整顿、停止招生、停止办园的行政处罚。因此，县教育局对该幼儿园的处罚是正确的。

四、幼儿园的园务管理

《条例》第四章对幼儿园的园务管理各方面进行了一系列的规定，具体包括园长负责制、幼儿园收费和财务管理、对幼儿园园舍环境的要求等。

（一）园长负责制

《条例》第二十三条规定："幼儿园园长负责幼儿园的工作。幼儿园园长由举办幼儿园的单位或个人聘任，并向幼儿园的登记注册机关备案。幼儿园的教师、医师、保健员和其他工作人员，由幼儿园园长聘任，也可由举办幼儿园的单位或个人聘任。"由此可看出，《条例》规定幼儿园要实行园长负责制，并指出了幼儿园园长、教职员工的聘任方式。

园长负责制是指幼儿园在上级宏观领导下，以园长全面负责为核心，同党支部保证监督、教职工民主管理有机结合，为实现幼儿园的工作目标、充分发挥领导职能的三位一体的管理新格局。园长负责制有着特定的内涵，它是以园长责任和职权为主的园内管理体制之一，包括上级领导、园长负责、党支部政治核心和保证监督、教职工民主参与管理。这四个部分既相互联系又有所区别，目的是建立起统一高效的园内指挥系统。园长负责制明确了园长对幼儿园工作有最高行政权，对园务管理起领导作用；园长作为幼儿园的法人代表，对外代表幼儿园，对内统一指挥和领导幼儿园工作。

▶【案例1-2】

手机该不该带进班

午睡时间，小朋友们都睡着后，王老师坐在那里觉得无聊，就把手机拿出来，塞上耳机听音乐或者发短信，这样不会犯困。她的这一行为很快被保健老师在巡查时发现了，认为王老师没有履行工作职责，巡视、观察都不够到位，影响了幼儿的午睡质量。

园长知道这一现象后，心想：玩手机虽是个别教师，但如果不管就会蔓延开，怎么保证教师的操作规范和幼儿园的保教质量？干脆下令不允许把手机带进活动室！可是又一想，这样强硬的命令会不会引起教师们的反感呢？怎样才能使大家口服心服？看来得补充一下教师的进班制度。但这个制度怎么定，该怎样实施，不能由园长一人说了算，得听听大家的意见。教师的问题最好由教师自己来解决。

根据幼儿园"即时提案"制度（即随时可以向幼儿园提出议案，议案由民主管理小组讨论决定后在教职工代表大会上由园长做出答复），园长向工会递交了"关于带班时是否适合带手机，怎样使用手机"的议案。工会接到这个议案后，非常重视，首先民主管理小组成员进行了全面调查，了解教师使用手机的情况，听取教师对如何合理使用手机的意见，然后召开小组会议，把调查、了解到的情况作了反馈、汇总。小组成员经过反复商议,最后提出的方案是:教师进班不带手机;门房提供便条,家长有事可向班主任留条,也可以打空班教师电话或幼儿园门房电话由他们转告班主任;教师、家长如有急事,直接打门房电话或园长室电话,由接听人员传达。这个方案在教职工代表大会上由工会主席宣布,经过全体教职工审议并举手表决一致通过,成为幼儿园进班制度中的补充条例。[①]

案例分析:一个小小的手机问题的处理,可以看出这个幼儿园实行的是园长全面负责与教职工民主管理有机结合的管理体制。首先,从管理角度来讲,教师在带班中不管出于什么原因,使用手机总是不妥的,这是由幼儿园工作的特性所决定的,教师在班级里要对二三十名幼儿的安全、健康、教育负责,不允许有丝毫疏忽、大意。其次,从民主管理的角度来讲,如何产生、推行新制度,应避免园长一人说了算,需要有相应制度的制约。

(二)幼儿园收费及财务管理

《条例》第二十四条规定:"幼儿园可以依据本省、自治区、直辖市人民政府制定的收费标准,向幼儿家长收取保育费、教育费。幼儿园应当加强财务管理,合理使用各项经费,任何单位和个人不得克扣、挪用幼儿园经费。"

在幼儿园收费方面,要注意以下几点:

1. 确定收费标准,实行按成本收费

☞链接:《幼儿园收费管理暂行办法》

幼儿园收费标准由省、自治区、直辖市或地(市)级教育行政部门会同物价、财政等有关部门按教育成本,如人员工资、固定资产、设备折旧等进行核算后,分级分类确定,表1-1是《长沙市公办幼儿园保教费和住宿费最高限价标准》规定的公办幼儿园收费标准,它既考虑了不同类别、不同条件幼儿园的实际情况,又兼顾家长的经济承受能力。收费标准一经确定,幼儿园就必须严格执行,不得擅自乱收费。

表1-1　长沙市公办幼儿园保教费和住宿费最高限价标准

单位:　元/生·月

幼儿园等级	保教费	住宿费
一级幼儿园	700	260
二级幼儿园	600	230
三级幼儿园	500	200

[①] 何幼华,郭宗莉,黄铮.园长的故事:幼儿园领导与管理案例[M].上海教育出版社,2010:58.

续表

幼儿园等级	保教费	住宿费
四级幼儿园	450	180
简易园	200	

说明：建档立卡贫困户幼儿入园减半收取保教费。

2. 规定收费项目，禁止乱收费

《条例》第二十四条规定："幼儿园可以依据本省、自治区、直辖市人民政府制定的收费标准，向幼儿家长收取保育费、教育费。"《幼儿园收费管理暂行办法》规定："幼儿园除收取保教费、住宿费及省级人民政府批准的服务性收费、代收费外，不得再向幼儿家长收取其他费用。""幼儿园不得在保教费外以开办实验班、特色班、兴趣班、课后培训班和亲子班等特色教育为名向幼儿家长另行收取费用，不得以任何名义向幼儿家长收取与入园挂钩的赞助费、捐资助学费、建校费、教育成本补偿费等费用。"

▶【案例1-3】

一张幼儿园收费单

时间：2020年　　幼儿园：C市××幼儿园

一次性捐款：8 000元

专项教育费：4 500元/月

代收毛巾费：20元/学期（无收据）

代收水费：10元/月（无收据）

综合实验教育费：120元/月

各种兴趣班收费：英语学习班520元/学期；美术学习班520元/学期；美术创作班520元/学期；珠心算520元/学期；拼音教学520元/学期（开具外单位收据，不是该市幼儿园收费专用收据，无C市财政局专用章，以上收费项目授课时间均在幼儿园正常教学时间内。）

案例分析：这是C市××幼儿园2020年的收费单，其中兴趣班收费是典型的"以培养幼儿某种专项技能为由，另外收取费用"，是有悖于《条例》和《幼儿园收费管理暂行办法》的收费；一次性捐款如果与入园挂钩，也违反了上述规定。

3. 严格经费管理，严禁克扣、挪用经费

各类幼儿园的经费管理使用办法由省、自治区、直辖市教育行政部门会同有关部门制定。幼儿园必须建立和健全财务管理制度，如各项经费入账制度、报销制度、财务和出纳制度、财产分类制度等。幼儿园还必须加强财务监督，严格管理幼儿园经费。幼儿园的经费必须在规定的使用范围内合理开支，坚持专款专用，任何单位和个人不得克扣、挪用幼儿园经费。由集体或公民个人设置的幼儿园筹措的经费开支，应保证保育和教育的需要，用一定比例改善办园条件，可提留一定比例的幼儿园基金，幼儿园应建立经费预算和决算审核制度，严格执行有关财务制度。园务委员会或教职工大会对经费的预算、决算要进行审议，财务和审计部门也对之进行监督检查。

（三）对幼儿园园舍环境的要求

《条例》第二十五条规定："任何单位和个人，不得侵占和破坏幼儿园园舍和设施，不得在幼儿园周围设置有危险、有污染或影响幼儿园采光的建筑和设施，不得干扰幼儿园正常的工作秩序。"

幼儿园应建在清洁、安全、安静、无污染的地区，在选址时应考虑影响幼儿生长发育的各种因素，包括大自然在内的周围环境，一般应设在居民区，远离铁路、工厂区等。房屋应离开街道一段距离，避免噪声的干扰。基地应选择地势平坦、场地干燥结实、易于排水的地段。幼儿园对园舍的特殊要求决定了幼儿园的园舍一经确定，任何单位或个人不得对其进行侵占和破坏，也不得在其周围设置有危险、有污染和影响其采光的建筑和设施，以免影响幼儿的身体健康，干扰幼儿园的正常工作秩序。

五、幼儿园的奖惩制度

这一部分将前面四章中所讲的一些对幼儿园管理的要求以法规条文的形式将其规范下来。它主要包括奖励和处罚两部分。

（一）奖励

《条例》第二十六条规定：凡是"改善幼儿园的办园条件成绩显著的；保育、教育工作成绩显著的；幼儿园管理工作成绩显著的"单位或者个人，由教育行政部门和有关部门予以奖励。也就是说这三方面是一个单位或个人是否应该获得奖励的标准。

1. 幼儿园的办园条件

这里的办园条件除了幼儿园的设置地域必须安全，园舍和设施必须符合国家的卫生标准及安全标准等规定以外，还可从硬件设施和软件设施两个方面来考虑改善。

（1）幼儿园的硬件设施：园内应设置基本的活动室、寝室、厕所、盥洗室、办公室、职工厕所、厨房等。有条件的幼儿园还可设保健室、艺术室、体育活动室和家长接待室、教师集体备课室。寄宿制幼儿园还要设隔离室、浴室、洗衣间和教职工值班室。幼儿园的园舍还应包括户外活动场地、沙地、动物饲养角和植物园地等。幼儿活动的场地要有阳光，有足够的场地，人均面积应达到 $3m^2$，并保证有一定比例的绿化面积。幼儿园还应设置电话、取暖和通风等装置。

（2）幼儿园的软件设施：包括幼儿园的办园理念、健全的管理机制、师资力量、丰富的园内资源、幼儿园的园所文化等。

幼儿园应根据本园的实际情况努力改善办园条件，凡在这方面成绩显著的单位或个人，教育行政部门和有关部门应给予相应的奖励。

2. 幼儿园的保育、教育工作

幼儿园是对 3 岁以上的学龄前幼儿实施保育和教育的机构。所以，保育、教育工作的成绩成为是否予以奖励的一个非常重要的衡量标准。

（1）幼儿园的保育工作

幼儿园保育工作的主要目标是保证幼儿安全、照顾好幼儿的一日生活、促进幼儿身体正常发育、增强幼儿的体质、培养幼儿良好的生活卫生习惯等。具体内容主要有：实行房屋、设备、消防、交通等安全防护和检查制度；实行食品、药品管理制度和幼儿接送制度；实行合理的幼儿一日生活作息制度；实行幼儿健康检查制度，建立幼儿健康卡或档案，即每年体检一次，每半年测量身高一次，每季度量体重、测视力一次；为儿童提供合理膳食，编制幼儿营养平衡食谱，计算幼儿量和营养素摄入量；培养幼儿饮水以及良好的大小便习惯，不得限制幼儿大、小便的次数、时间等。

（2）幼儿园的教育工作

幼儿园教育工作的主要原则有：体、智、德、美诸方面相互渗透、相互结合；遵循幼儿身心发展规律，注意幼儿年龄特征和个别差异，使幼儿个性健康发展；面向全体幼儿，坚持积极鼓励、启发诱导的正面教育；合理组织各方面教育内容，并渗透于幼儿一日生活的各项活动中，以游戏为基本活动；创设与教育相适应的良好环境，为幼儿提供活动和表现能力的机会和条件。

幼儿园的一日活动应动静交替，保证幼儿愉快的、有益的自由活动。幼儿园的教育活动是有目的、有计划地引导幼儿主动活动的多种形式的活动，学前教育内容应根据教育目的、幼儿的实际水平和兴趣有计划地组织和选择。在教育中，要充分利用环境，以积极运用感官为原则，采取集体与个别活动相结合的形式进行。

保育和教育工作是幼儿园工作的重点，可以充分体现整个幼儿园的办园质量、水平。在这方面成绩显著的单位或个人，教育行政部门和有关部门应给予相应的奖励。

3. 幼儿园的管理工作

幼儿园的管理工作主要由幼儿园园长和幼儿园的领导团体负责。

（1）幼儿园园长

幼儿园应实行园长负责制，园长在教育行政部门和设置者领导下，负责领导全园工作。园长对外要代表幼儿园，对内要全面负责幼儿园的教育、保育和行政管理工作，实行统一领导。

（2）幼儿园领导团体

幼儿园的领导团体包括园长和在园长领导之下的分管各项工作的副园长（主要有业务副园长、财务副园长、总务副园长等）。幼儿园领导团体应在园长的领导下建立完善的教育研究、业务档案、财务管理、园务会议、人员奖励、安全管理等各项制度。幼儿园应将实行园长负责制和发挥幼儿园领导团体作用结合起来，提高整个幼儿园领导团体的威信以及管理能力。

幼儿园管理工作的好坏直接影响着幼儿园各项工作的实施。因此，幼儿园应提高管理效率，做好各项管理工作，采取科学的管理方式。凡在幼儿园管理工作方面成绩显著的，教育行政部门和有关部门应给予相应的奖励。

（二）处罚

《条例》对幼儿园的审批、园舍、教育教学、玩教具、经费等方面作了一系列的规定。《条例》第二十七、二十八条指出，凡属违反《条例》中这些规定的，都应予以处罚。处罚的方式主要有：行政处罚、行政处分、追究刑事责任。

行政处罚是行政机关对违反行政管理法律、法规、规章的公民、法人和其他组织所给予的一种法律制裁。行政处分是依据法律、法规、规章、规章性文件和单位的有关规定，由国家机关、企事业单位按行政隶属关系，给予犯有轻微违法行为尚不够刑事处罚或违反内务纪律的所属人员的一种行政制裁。行政处罚和行政处分在制裁的机关、制裁的对象、制裁的形式上都有所区别。

《条例》第二十七条规定：凡是"未经登记注册，擅自招收幼儿的；园舍、设施不符合国家卫生标准、安全标准，妨害幼儿身体健康或者威胁幼儿生命安全的；教育内容和方法违背幼儿教育规律，损害幼儿身心健康的"，由教育行政部门视情节轻重，给予限期整顿、停止招生、停止办园的行政处罚。

《条例》第二十八条规定：凡是"体罚或变相体罚幼儿的；使用有毒、有害物质制作教具、玩具的；克扣、挪用幼儿园经费的；侵占、破坏幼儿园园舍、设备的；干扰幼儿园正常工作秩序的；在幼儿园周围设置有危险、有污染或者影响幼儿园采光的建筑和设施的"，由教育行政部门对直接责任人员给予警告、罚款的行政处罚，或者由教育行政部门建议有关部门对责任人员给予行政处分。《条例》还指出，情节严重，构成犯罪的（如园舍或设施因卫生或安全事故造成幼儿致伤或致死者，体罚或变相体罚幼儿造成幼儿身心严重损害者，克扣、挪用幼儿园经费数额较大者等），由司法机关依法追究刑事责任。

《条例》第二十九条指出："当事人对行政处罚不服的，可以在接到处罚通知之日起十五日内，向作出处罚决定的机关的上一级机关申请复议，对复议决定不服的，可在接到复议决定之日起十五日内，向人民法院提起诉讼。当事人逾期不申请复议或者不向人民法院提起诉讼又不履行处罚决定的，由作出处罚决定的机关申请人民法院强制执行。"这说明当事人如对处罚不服，有申请复议和提起诉讼的权力；当事人不履行处罚决定的，作出处罚决定的机关也有权力申请人民法院强制执行。

> ▶【案例 1-4】
>
> 　　某县一家公司在扩建办公楼时，侵入邻近的乡幼儿园园舍场地南北走向 2.5 米，并填平了其中的沙地。幼儿园园长多次与该公司理论均无效，无奈向县教育局等上级主管部门投诉，要求归还被侵占的场地。县教育局核查后责令该公司将侵占的场地退还幼儿园，恢复沙地，并建议有关部门对该公司责任人给予处理。

　　案例分析：近年，侵占幼儿园校舍、场地的事件时有发生，案例中的公司非法侵占乡幼儿园园舍、损坏幼儿活动场地的行为，违反了《条例》第二十五条关于"任何单位和个人，不得侵占和破坏幼儿园园舍和设施，不得在幼儿园周围设置有危险、有污染或影响幼儿园采光的建筑和设施，不得干扰幼儿园正常的工作秩序"的规定。幼儿园依法向教育行政部门投诉，维护了自己的合法权益。根据《条例》第二十八条规定，对侵占、破坏幼儿园园舍、设备的，由教育行政部门对直接责任人员给予警告、罚款的行政处罚，或者由教育行政部门建议有关部门对责任人员给予行政处分，县教育局作出的处理是非常正确的，依法保护了幼儿园的合法权益。

　　对幼儿园的管理实行奖励和惩罚的方式能有效促进幼儿在园期间身心和谐健康发展；促进教师积极热情地投入工作，提高自身的水平；促进幼儿园行政人员做到细致管理，提高管理水平；促进幼儿园管理不断科学化，提高幼儿园管理的质量。

【理解·反思·探究】

　　1.《条例》从哪些方面对幼儿园保育和教育工作作出了规定？

　　2. 举办幼儿园的基本条件是什么？请调查了解当地举办幼儿园的审批程序。

　　3.《条例》规定幼儿园应当以游戏为基本活动形式，你怎样看待这一点？

　　4. 案例分析：分析下面案例中的幼儿园做法违反了《条例》中的哪些规定，应受到何种处罚。

　　西安市某幼儿园共有 690 名幼儿，是一所 2007 年开办的民办幼儿园，生源主要来自周边小区。从 2014 年 3 月初开始，陆续有家长发现自己的孩子在幼儿园服用了不明药物。个别有心的家长让孩子将所服的药物带回家中，发现白色药片上面写着 ABOB 字样，查询后才知道这是一种俗称"病毒灵"的抗病毒药物。

该幼儿园某幼儿家长张女士说，自己的孩子说，"园长妈妈"说这个药吃了对身体好，是好药，所以就吃了而且回家没有说。孩子还说自己从托班就开始吃药，现在已经吃了 3 年了。3 月 10 日，有家长通过微博反映了这一情况，引发众多家长的关注和不满。11 日，数十名家长聚集在幼儿园讨要说法，并一度将幼儿园周边道路围堵。3 月 12 日上午，记者来到该幼儿园，这里的小操场上正在举行西安市有关部门与家长的沟通会。记者在现场看到，幼儿园多个活动室凌乱不堪，医务室内一片狼藉，遍地都是各种文件资料。参加沟通会的许多家长情绪激动，有的人还当场流下眼泪，情绪激动地要求政府部门加大力度处理此事。记者从西安市政府了解到，这一事件发生后，西安市委、市政府迅速组织教育、卫生、食品药监、公安等部门，成立调查组开展调查和快速处置工作。幼儿园法定代表人、园长、保健室负责人已被警方控制，涉事药品已被封存送检。

对于幼儿园给孩子服药的目的，虽然官方尚无定论，但许多家长有着自己的看法。一些家长告诉记者，该幼儿园是一所民办幼儿园，每月收费 1 100 元到1 200 元。按照收费办法，如果幼儿缺勤幼儿园就要给家长退费。如超过十天缺勤，就要退一半的托费。园方为了确保孩子不生病，保证幼儿出勤率，才会给孩子服用这种抗病毒药物。[①]

【拓展阅读导航】

- 相关政策法规

1.《托儿所、幼儿园建筑设计规范》

2.《幼儿园玩教具配备目录》

3.《幼儿园教职工配备标准（暂行）》

4.《幼儿园收费管理暂行办法》

- 相关文献

1. 屈玉霞.幼儿园经营与管理［M］.4 版.北京：科学出版社，2019.

该书以培养学生的综合素质和实践能力为目标，本着"基本理论够用，突出实践教学"的编写原则，努力将幼儿园管理的基本规律及基本知识的学习方法与提高学生实战能力策略有机结合，尝试改变原有幼儿园管理学的教学模式，体现出教材的实用性、时代性和创新性。

---

① 赵智威.西安幼儿园给幼儿私喂处方药［N］.扬州时报，2014-03-13（19）.

2. 陈迁. 幼儿园管理的 50 个细节 [M]. 福州；福建教育出版社，2011.

该书的 50 个细节以案例的形式呈现，分为规章制度建设、保教与总务工作管理、保教队伍建设、公共关系管理和领导艺术五编，从五个不同的侧面反映了当前我国幼儿园管理中亟待引起重视的一些管理细节问题。

3. 张燕. 幼儿园管理 [M]. 北京：人民教育出版社，2017.

该书旨在使学习者通过对管理理论和实务的学习，初步了解幼儿园管理包含的主要内容，知道进行各项管理的基本原则和主要方法，树立有效管理、科学育人的观念。

第二章　　　《幼儿园工作规程》

【导语】

幼儿园的工作涉及招生、编班、教育、保育、卫生保健、园务管理等诸多方面，是一个复杂的、系统的工程。如果没有一个统一的规定，那么幼儿园工作将无章可循，不利于幼儿健康成长，并阻碍学前教育事业的发展。1996 年颁布的《幼儿园工作规程》(本章可简称《规程》)是我国第一部规范幼儿园内部管理的规章，是幼儿园的工作指南，对幼儿园工作起规范和统领作用。《幼儿园工作规程》的颁布对规范幼儿园内部办园行为，引导幼儿园科学保教具有划时代的意义。随着经济、社会的发展，学前教育发展的大环境发生了巨大变化，2016 年，教育部颁布了新修订的《幼儿园工作规程》。

本章主要介绍《规程》颁布的背景、意义、主要内容，帮助学习者了解《规程》的具体内容，领会《规程》的精神内涵，并指导幼儿园各项工作的具体开展。

【学习目标】

● 了解《规程》颁布的背景、意义、主要内容。
● 运用《规程》，指导幼儿园各项工作的开展。

家园合作，科学育儿

长期以来，家长在幼小衔接中过度强调知识的准备。2016年颁布的《规程》明确提出幼儿园承担着向幼儿家长提供科学育儿指导的任务。新生入园第一次家长会上，我们就向家长宣传学习品质培养比知识技能准备更重要，养成良好的生活习惯和具备基本的生活能力能为孩子终身发展奠定良好的基础。从小班开始，我们就注重跟家长一起培养孩子的生活自理能力和学习习惯。教师通过家园联系手册、班级宣传栏、班级环境布置、科学育儿讲座、家长会、随机交谈等途径向家长反馈幼儿在班级学习生活的情况，宣传科学育儿的理念，定期组织家长开放活动，让家长看到孩子的成长与进步，在增强家长信心的同时使家长更愿意参与幼儿园的保育、教育工作。入园三年，在教师和家长的相互支持和配合下，孩子们的学习习惯、生活习惯和自理能力得到提升，幼小衔接比较顺利，孩子们很快就能适应小学生活。

案例中的幼儿园一开始就向家长宣传科学的教育观、儿童观，并通过多种途径进行家园共育，形成教育合力，是《规程》中的"幼儿园应当主动与幼儿家庭沟通合作，为家长提供科学育儿宣传指导，帮助家长创设良好的家庭教育环境，共同担负教育幼儿的任务"在幼儿园保教实践工作中的具体体现。《规程》的实施，对我国学前教育的发展产生了深远影响，其所倡导的学前教育思想对现代学前教育具有重要的指导意义。因此，我们需要全面了解和学习《规程》，掌握《规程》对幼儿园教育、安全、卫生保健、园舍、设备、教职工等各个方面工作的规定。

第一节 《幼儿园工作规程》概述

为了加强幼儿园的科学管理，提高保育和教育质量，依据《中华人民共和国教育法》，1996年，国家教育委员会在1989年《幼儿园工作规程（试行）》的基础上颁布了《幼儿园工作规程》，自1996年6月1日起施行，1989年颁布的《幼儿园工作规程（试行）》同时废止。随着经济社会的发展，学前教育发展的大环境发生了巨大变化，特别是《国家中长期教育改革和发展规划纲要（2010—2020年）》颁布后，学前教育事业规模不断扩大，普及程度大幅度提升，为加强学前教育规范管理，推进幼儿园管理规范化、科学化，不断推进学前教育治理体系和治理能力现代化，2016年3月1日，教育部颁布了新修订的《幼儿园工作规程》，1996年颁布的《幼儿园工作规程》同时废止。作为教育部门规章，《规程》的颁布以及实施，推动了幼儿园的全面改革，提高了管理水平和保教质量，使幼儿园工作逐步走上依法治教的轨道。

一、《幼儿园工作规程》颁布的背景

（一）国内外对儿童认识的提高和对学前教育的重视

随着科学技术的发展和人类文明的进步，学前教育事业在世界范围内有了较大的发展，具体表现在对儿童认识的提高和对儿童教育的重视上：一是到1999年为止已经有192个国家批准了1989年联合国通过的《儿童权利公约》。它是对人类家庭所有成员的固有尊严及其平等权利的承认，对儿童的权利予以了保护，明确了父母双方的责任及在男女平等的基础上对儿童权益的保护。二是1990年联合国在世界儿童问题首脑会议后发表了《儿童生存、保护和发展世界宣言》，制定了《执行1990年儿童生存、保护和发展宣言的行动计划》，呼吁"让每个儿童有更好的未来"。三是我国自改革开放以来对学前教育也日渐重视。1990年，中国签署《儿童权利公约》。1992年，我国参照《儿童权利公约》和"世界儿童问题首脑会议"提出的目标，从中国国情出发，由国务院发布了《九十年代中国儿童发展规划纲要》，提出把"提高全民族素质，从儿童抓起"作为我国社会主义现代化建设的根本大计，并提出"儿童优先"的原则。这是我国第一部以"儿童"为主题，促进儿童发展的国家行动纲领。为了更好地保护儿童各项权利，在宪法的指导下，我国制定了《中华人民共和国未成年人保护法》（1991年）、《中华人民共和国教师法》（1994年）、《中华人民共和国母婴保健法》（1995年）等基本法律，尤其是《中华人民共和国教育法》（1995年）的施行，标志着我国全面依法治教的开端，它在教育法规体系中处于"母法"地位。上述法律都对《规程》的制定起到了十分重要的促进作用。

（二）学前教育事业进一步发展

创造高质量的学前教育，促进幼儿身心全面和谐地发展，是20世纪80年代以来世界各国学前教育改革的共同目标。20世纪六七十年代曾出现了一种把早期教育片面地理解为"早期智力开发"的倾向。80年代，人们对这股"早期智力开发热"进行了深刻的反思。1985年，在日本召开的国际学前教育会议决定扭转这种错误倾向，呼吁早期教育从"智育中心"转向"促进幼儿富有个性的全面发展，特别是情感社会性的发展"。学前教育目标从重视"保护儿童的生存，让幼儿学会生存"，到强调"让幼儿充分活动，让幼儿学会学习"，再到现在提出的培养"完整儿童"的教育目标，这一变化过程充分反映了学前教育理念的发展与革新。联合国教科文组织"国际21世纪教育委员会"报告中指出了教育在个人和社会发展中举足轻重的作用。人们普遍认识到：学前教育不能仅为小学教育打基础，让儿童学会生存、学会求知、学会关心，还是其整个人生发展的基础。这些观念对学前教育的发展产生了重大的影响。

基于上述背景，国家教育委员会于1989年6月5日颁布《幼儿园工作规程

（试行）》，自 1990 年 2 月 1 日起试行。1996 年 3 月 9 日，国家教育委员会颁布《幼儿园工作规程》，自 1996 年 6 月 1 日起施行。《幼儿园工作规程》的颁布是我国幼儿园走向规范化、法治化的里程碑。

2010 年《国家中长期教育改革和发展规划纲要（2010—2020 年）》《国务院关于当前发展学前教育的若干意见》《学前教育三年行动计划》出台，学前教育迎来了发展的春天，学前教育事业规模不断扩大，全国幼儿园数量从 2009 年的 13.8 万所，增加到 2014 年的 21 万所，全国学前三年毛入园率达到了 70.5%，为适应新形势下学前教育改革发展的需要，进一步加强幼儿园的科学管理，规范办园行为，提高保育和教育质量，2016 年 3 月 1 日，教育部颁布了新修订的《幼儿园工作规程》，共 11 章，66 条，新增加"幼儿园的安全"一章。

二、《幼儿园工作规程》的意义

《规程》的颁布，标志着我国学前教育改革进入一个新阶段。《规程》从学前教育的基本理念、基本原理、基本规律出发，具体地规定了我国学前教育的目标、内容，以及基本的实践规范和要求。无论各地的经济、教育、文化有着怎样的差异，儿童发展的规律和教育的规律都必须遵循。《规程》所倡导的学前教育的新观念，已深刻地影响、引导着实践，对我国学前教育改革具有很大的推动作用。《规程》对学前教育改革所产生的影响，还反映在学前教育观念、教育方式、教师素质等方面。"促进每一个幼儿在原有水平上得到充分发展"已成为我国学前教育工作者的共识和追求。《规程》具有明示、预防和规范作用，用"应当""必须""不得""禁止""严格执行"等条目明示行为主体规范的专业行为和违规行为，促进了学前教育规范管理、依法治教和健康可持续发展。

《规程》向全社会宣传什么样的学前教育是真正高质量的学前教育。为了保证幼儿身心健康，促进其和谐全面发展，我们需要整个学前教育界和全社会都清楚地认识并遵循学前教育和幼儿身心发展的客观规律。从这个意义上说，《规程》的贯彻不仅着眼于幼儿园内部教育的改革，而且还向全社会普及了正确的教育观、儿童观、发展观。

第二节 《幼儿园工作规程》的主要内容

幼儿园的教育和改革工作是围绕《规程》展开的，而改革的进行是以教育思想的转变为核心的。《规程》中提到的要求和原则，为我国学前教育深入改革提供了依据。

《规程》共有十一章，分别是：总则，幼儿入园和编班，幼儿园的安全，幼

☞ 链接:《幼儿园工作规程》

儿园的卫生保健，幼儿园的教育，幼儿园的园舍、设备，幼儿园的教职工，幼儿园的经费，幼儿园、家庭和社区，幼儿园的管理，附则。

一、幼儿园的任务和目标

（一）幼儿园的任务

《规程》第二条对幼儿园及幼儿园教育进行了定位，即"幼儿园是对3周岁以上学龄前幼儿实施保育和教育的机构。幼儿园教育是基础教育的重要组成部分，是学校教育制度的基础阶段"。这一规定明确了幼儿园的招收对象和幼儿园教育的重要地位，强调了幼儿园与小学和中学教育不仅是相互连接不可分割的统一整体，而且在其中发挥着扎根蓄势的重要作用。

《规程》第三条明确规定幼儿园的任务是"贯彻国家的教育方针，按照保育与教育相结合的原则，遵循幼儿身心发展特点和规律，实施德、智、体、美等方面全面发展的教育，促进幼儿身心和谐发展"，"幼儿园同时面向幼儿家长提供科学育儿指导"。强调"德"，坚持立德树人根本任务；强调"遵循幼儿身心发展特点和规律"，实施全面发展教育，折射出科学的儿童观和教育观，要以"幼儿为本"，遵循自然规律。幼儿园要将促进幼儿良好发展作为核心任务，担负着保育教育好幼儿，促进其全面发展、身心和谐发展和为家长提供科学育儿指导的双重任务。

▶【案例 2-1】

从"包办代替"到"放手"

佳佳的奶奶退休后，本应在家安享晚年，可她为了佳佳，情愿来幼儿园当保洁员，每天辛苦地工作，就为了能时刻看到佳佳。针对佳佳奶奶的过分包办，教师多次与她沟通，希望她科学育儿，可她全然不听，认为自己吃什么苦都行，就是不能让佳佳受半点委屈。因此，佳佳也非常依赖奶奶，无论班级搞什么活动，佳佳都会去问奶奶的意见。随着时间的推移，佳佳完全失去了自信，遇事不能自己拿主意。如绘画活动，佳佳明明知道教师的要求，但仍不敢下笔，必须去问一问奶奶，才开始动笔。在活动中她不敢判断、不敢说出自己的见解。奶奶很着急，她认为自己的孙女聪明，不应该有这样的表现。

于是，教师与佳佳奶奶坐下来，让她了解佳佳这个年龄段应有的发展特征，再对照班级同龄孩子的发展情况，分析佳佳现有的发展状况。佳佳奶奶认同了教师的见解，并愿意协同教师，帮助佳佳建立自信。从此，佳佳奶奶让佳佳自己进活动室，自己找座位，自己喝水。佳佳慢慢地有所转变，活动时，教师问："你觉得小鸟做得怎么样？"佳佳忽闪着大眼睛回答:"小鸟有同情心。"教师表扬佳佳善于思考,可以勇敢地回答问题。之后,教师把佳佳的进步告诉奶奶,佳佳奶奶乐得合不拢嘴,接着不好意思地说:"早知这样,我就放手让她去做。这样,我也不累,她也自信。我没想到管得多了,付出那么多辛苦,却是不科学的教育,真后悔!"由此可见,耐心地指导祖辈科学育儿是提高家庭教育质量的有效方法。[①]

案例分析:在此案例中,佳佳奶奶从包办代替到放手,迎来了佳佳从"不自信""没主见"到"勇敢回答问题"的转变,佳佳的转变源于家长育儿方式的改变。幼儿园要指导家长科学育儿,首先自己必须真正成为科学育儿的倡导者、践行者和维护者。幼儿园必须坚守职业道德,坚守科学教育的理念,坚守儿童利益优先的底线,一切以儿童的发展为核心,抵制一切侵害儿童利益和儿童发展的现象和行为。引领家长科学育儿,幼儿园必须研究家长,关注家长的育儿观念和育儿行为,关注家长的育儿问题和困难,努力使引导工作具有针对性,确保有效性。

(二)幼儿园保育和教育的目标

《规程》第五条具体规定了幼儿园保育和教育的主要目标:"促进幼儿身体正常发育和机能的协调发展,增强体质,促进心理健康,培养良好的生活习惯、卫生习惯和参加体育活动的兴趣。发展幼儿智力,培养正确运用感官和运用语言交往的基本能力,增进对环境的认识,培养有益的兴趣和求知欲望,培养初步的动手探究能力。萌发幼儿爱祖国、爱家乡、爱集体、爱劳动、爱科学的情感,培养诚实、自信、友爱、勇敢、勤学、好问、爱护公物、克服困难、讲礼貌、守纪律等良好的品德行为和习惯,以及活泼开朗的性格。培养幼儿初步感受美和表现美的情趣和能力。"应该注意,这里规定的是"主要目标",以德、智、体、美这四个方面为主线提出,但并不意味着幼儿的发展只局限于这些内容。

上述幼儿园保育和教育目标的内容,是幼儿教育质量的基本规格,是每个幼儿园教师教育实践的指南,也是幼儿园管理必须遵循的方向和要求。

二、创设与教育相适应的良好环境

《规程》第二十五条明确提出"创设与教育相适应的良好环境,为幼儿提供活动和表现能力的机会与条件",第三十条提出"幼儿园应当将环境作为重要的教育资源,合理利用室内外环境,创设开放的、多样的区域活动空间,提供适

---

① 杨晓麟.幼儿园指导家长科学育儿的实践探索 [J].山西教育(幼教),2015(2):7-9.

合幼儿年龄特点的丰富的玩具、操作材料和幼儿读物，支持幼儿自主选择和主动学习，激发幼儿学习的兴趣与探究的愿望。幼儿园应当营造尊重、接纳和关爱的氛围，建立良好的同伴和师生关系。幼儿园应当充分利用家庭和社区的有利条件，丰富和拓展幼儿园的教育资源"。现代学前教育十分重视环境对幼儿发展的作用。人们已普遍地认识到为幼儿创设良好的物质环境和心理环境的重要性。

皮亚杰认知理论认为，幼儿处于前运算阶段，对于抽象的东西难以接受，加之他们活泼好动、喜欢探索的天性，决定了环境的创设与改变不仅有利于幼儿行为的改变，也有利于引起幼儿的认知冲突，从而激发其认知的发展。因此，良好的教育环境作为一种"隐形课程"，在开发幼儿智能、促进幼儿个性和谐发展等方面发挥着独特的功能和作用。一般认为，幼儿园环境创设必须遵循的基本原则是：（1）目标导向原则。为了充分发挥环境的教育功能，在创设幼儿园环境时，必须明确环境创设所要达到的教育目的，以目标为依据来创设。（2）发展适宜性原则。幼儿园的环境必须反映幼儿身心发展的水平与特点，适宜于幼儿的年龄特征与个别差异，使每个幼儿都有可能在其中获益，在自己的原有水平上得到应有的发展。（3）幼儿参与原则。幼儿应参与环境创设，对幼儿园和自己的班级产生认同感与归属感，增强班集体的凝聚力。（4）经济性原则。幼儿园环境创设要坚持低消费高效率的原则，勤俭节约、因地制宜，充分利用社区资源，就地取材。

幼儿园的环境包括物质环境和心理环境。幼儿园的物质环境主要包括户外环境和室内环境两大部分。户外环境一般可以划分为集体活动区、器械设备区、种植养殖区三大区域。室内环境主要指班级环境，包括活动室、睡眠室以及楼道、走廊等。一个好的幼儿园物质环境要达到以下基本要求：（1）安全卫生；（2）空间安排合理有序；（3）材料丰富多样，可以满足不同幼儿的兴趣与需要；（4）环境具有可探索性；（5）美感与童趣和谐统一。幼儿园心理环境是指教师与幼儿体验到的幼儿园或班级人际关系的性质。幼儿园心理环境构成了影响教师与幼儿在园活动的心理氛围，它影响和制约教师与幼儿参与幼儿园和班级活动的主动性和积极性，影响教师与幼儿对幼儿园或班级的认同与归属，影响教师与幼儿的身心健康，是制约幼儿园教育质量的一个重要因素。教师是班级人际关系的核心，教师的言行举止决定着班级人际关系的面貌，决定着班级心理环境的质量。

幼儿能否在幼儿园接受良好的教育，环境是其中的重要因素。它作为学前教育中的"隐形课程"，对幼儿的身心发展起着重要作用。因此，学前教育工作者都应认识并重视环境的重要性，并且有效地进行创设，不断创造良好的教育环境。

▶【案例 2-2】

调整区域材料——满足幼儿游戏新需求

　　孩子们对跳跃区的"格子大冒险"游戏很感兴趣，大家尝试用双脚并拢、分开或单脚等形式跳格子，不仅锻炼了腿部力量，还发展了动作的协调性、灵敏性。在一次游戏中，有一个孩子蹲在格子里往前跳，几个孩子看到后也模仿着跳，旁边的一些孩子看到之后兴奋地叫了起来："我也会这样跳，像青蛙一样！"看到孩子们对青蛙跳感兴趣，教师提供了青蛙头饰和自制荷叶，新的游戏"池塘青蛙呱呱呱"产生了。随着游戏的持续进行，游戏形式也越来越多样。在一次"青蛙竞赛"中，两只"青蛙"同时跳到了一片"荷叶"上，幼儿都觉得"荷叶"太小，为满足幼儿的游戏需求，我们又新增了不同大小的自制荷叶。[①]

　　案例分析：教师关注幼儿的需要，善于抓住契机，在原有材料的基础上及时添加新材料。这是对幼儿创造性游戏行为的一种认可、鼓励和尊重，不断推动游戏的进展，引发新的游戏形式，在认可、鼓励和尊重中幼儿的自信心、创新精神、游戏精神和游戏能力得到了进一步提升。

三、幼儿园的教育

（一）幼儿园教育的原则

《规程》第二十五条提出了幼儿园教育的基本原则：

（1）德、智、体、美等方面的教育应当互相渗透，有机结合。

（2）遵循幼儿身心发展规律，符合幼儿年龄特点，注重个体差异，因人施教，引导幼儿个性健康发展。

（3）面向全体幼儿，热爱幼儿，坚持积极鼓励、启发引导的正面教育。

（4）综合组织健康、语言、社会、科学、艺术各领域的教育内容，渗透于幼儿一日生活的各项活动中，充分发挥各种教育手段的交互作用。

（5）以游戏为基本活动，寓教育于各项活动之中。

（6）创设与教育相适应的良好环境，为幼儿提供活动和表现能力的机会与条件。

　　上述原则包含了对幼儿园教育内容、教育形式、教育对象、教育环境的基本要求，充分尊重和体现了幼儿的主体地位。

---

① 陈雨露.例谈幼儿园区域体育游戏材料的调整艺术［J］.儿童与健康（幼儿教师参考），2020（4）：30—31.

（二）幼儿园教育的组织

《规程》第二十六条规定，"幼儿一日活动的组织应当动静交替，注重幼儿的直接感知、实际操作和亲身体验，保证幼儿愉快的、有益的自由活动"，并对各种类型活动的组织提出了具体的要求。

1. 日常生活

幼儿园实行的是保教结合的原则，各项保育活动中渗透着教育的因素，因此，幼儿园日常生活的组织也是幼儿园教育的一种形式。《规程》第二十七条规定："幼儿园日常生活组织，应当从实际出发，建立必要、合理的常规，坚持一贯性和灵活性相结合，培养幼儿的良好习惯和初步的生活自理能力。"这一规定明确了幼儿园日常生活的教育意义在于幼儿养成良好的行为习惯和初步的生活自理能力，因此幼儿园应建立生活常规。同时，考虑到地区差异、园所差异、幼儿个体差异的存在，常规不能过于死板，应具有一定的灵活性。

2. 教育活动

《规程》第二十八条规定："幼儿园应当为幼儿提供丰富多样的教育活动。教育活动内容应当根据教育目标、幼儿的实际水平和兴趣确定，以循序渐进为原则，有计划地选择和组织。教育活动的组织应当灵活地运用集体、小组和个别活动等形式，为每个幼儿提供充分参与的机会，满足幼儿多方面发展的需要，促进每个幼儿在不同水平上得到发展。教育活动的过程应注重支持幼儿的主动探索、操作实践、合作交流和表达表现，不应片面追求活动结果。"这一规定明确指出，要为幼儿提供丰富多样的教育活动。组织教育活动应根据不同的教育内容，充分利用周围环境的有利条件，积极发挥幼儿感官的作用，灵活地运用集体、小组或个别活动的形式，为幼儿提供充分活动的机会，满足幼儿多方面发展的需要，注重活动的过程，幼儿的探索、操作、合作交流和表现表达，促进每个幼儿在不同水平上得到发展。

自《规程》实施以来，我国很多幼儿园都按照《规程》的要求，给予幼儿主动活动的机会，运用多种方式培养幼儿主动学习的能力，幼儿园的教育质量也在不断地提高。但仍然有部分幼儿园并没有很好地履行《规程》，其中最突出的就是幼儿园教育"小学化"现象，即幼儿在幼儿园提前学习小学阶段的教育内容，如识字、写字、算数、学拼音等。教师的教学也是采用灌输的方式，幼儿只是被动地接受知识。2011 年，教育部发布了《关于规范幼儿园保育教育工作，防止和纠正"小学化"现象的通知》，首次明确提出要制止幼儿园教育"小学化"倾向。2016 年修订的《规程》也明确规定"幼儿园和小学之间应密切联系，互相配合，注意两个阶段教育的相互衔接"，"幼儿园不得提前教授小学教育内容，不得开展任何违背幼儿身心发展规律的活动"。

3. 游戏

《规程》第二十九条指出"幼儿园应当将游戏作为对幼儿进行全面发展教育的重要形式",要求"幼儿园应当因地制宜创设游戏条件,提供丰富、适宜的游戏材料,保证充足的游戏时间,开展多种游戏","幼儿园应当根据幼儿的年龄特点指导游戏,鼓励和支持幼儿根据自身兴趣、需要和经验水平,自主选择游戏内容、游戏材料和伙伴,使幼儿在游戏过程中获得积极的情绪情感,促进幼儿能力和个性的全面发展"。游戏成为幼儿全面发展的重要形式,也就意味着幼儿园教学活动的"所在"将从教师构筑的"课堂"转移到幼儿的"生活"和"游戏"中。为完成这种转变,教师应把幼儿看作有经验、有组织能力的学习主体;把培养学习主体而非知识技能的单纯接受作为教学活动的目标;承认并尊重幼儿学习与发展的个体差异性;把教学过程看作成人与幼儿共同创造社会生活的过程。根据《规程》的要求,教师应做到以下几点:

(1)应根据幼儿的年龄特点选择和指导游戏。

(2)应因地制宜地为幼儿创设游戏条件(时间、空间、材料),游戏材料应强调多功能和可变性。

(3)应充分尊重幼儿选择游戏的意愿,根据幼儿的实际经验和兴趣,在游戏过程中给予适当指导,激发幼儿愉快的情绪,促进幼儿能力和个性的全面发展。

议一议

扫描二维码,阅读中班户外自主游戏"小小野战营",说一说该游戏中教师发挥了哪些作用。

四、幼儿园的安全

(一)安全防护

近年来,有关幼儿园安全问题的案例比比皆是,如"喂药事件""针扎幼儿事件""校车安全事件"等,引发了人们对幼儿健康和安全问题的广泛关注,也折射出幼儿园安全管理不力的现状。为避免此类问题再次发生,国家及地方相关教育行政部门联合其他相关部门制定了一些政策法规。2016年修订的《规程》专设"幼儿园的安全"一章,突出了安全问题的重要性。《规程》第十二条明确提出"幼儿园应当严格执行国家和地方幼儿园安全管理的相关规定,建立健全门卫、房屋、设备、消防、交通、食品、药物、幼儿接送交接、活动组织和幼儿就寝值守等安全防护和检查制度,建立安全责任制和应急预案"。

☞链接:中班户外自主游戏"小小野战营"

▶【案例 2-3】

严把入园关

早晨入园，保健医生在为安安晨检的过程中发现安安的手掌心起了三个小包，还有几颗红点。保健医生怀疑安安得了具有传染性的手足口病，就让教师电话联系安安的妈妈询问具体情况，安安妈妈称安安是周末去动物园被蚊子咬的，保健医生还是不放心，坚持不放安安入园，请安安妈妈带安安去医院检查无问题后，再来幼儿园，结果安安被检查出得了手足口病。[①]

案例分析：在案例中，如果不是保健医生坚守岗位职责，一再坚持让安安妈妈带安安去医院检查，则可能耽误了安安的治疗，也会给园内的其他幼儿带来感染手足口病的风险。当保健医生怀疑幼儿可能感染了传染病时，要本着"错查一万也不放过一个"的原则，严把入园关，幼儿家长也应理解幼儿园的做法，积极配合。

（二）教职工安全责任

教职工是幼儿园安全管理的主要力量，其素质的高低直接决定着幼儿园安全管理水平的高低。《规程》第十五条明确提出"幼儿园教职工必须具有安全意识，掌握基本急救常识和防范、避险、逃生、自救的基本方法，在紧急情况下应当优先保护幼儿的人身安全"。幼儿园要建立安全责任制度，明晰安全事故应急处理流程，筑牢安全责任意识，加强对教职工的安全管理教育培训，帮助教职工掌握必备的安全防护知识和技能，使他们能够独立应对各类突发安全事件，在日常生活、工作中，时刻关注幼儿安全，做到常提醒、常跟踪，努力为幼儿的成长创造安全、舒适的环境，促进孩子健康、快乐成长。

（三）幼儿人身安全

幼儿的各个内脏器官还未发育完全，骨骼骨化尚未完成，容易受伤。幼儿的思维还具有强烈的情境性，具有强烈的好奇心，很容易将自己置于危险的境地。因此，加强幼儿自我保护意识和能力，是幼儿园教育的重要内容。《规程》第十五条提出"幼儿园应当把安全教育融入一日生活，并定期组织开展多种形式的安全教育和事故预防演练。幼儿园应当结合幼儿年龄特点和接受能力开展反家庭暴力教育，发现幼儿遭受或者疑似遭受家庭暴力的，应当依法及时向公安机关报案"。《规程》强调依法依规办园、依法治教，增加了幼儿园应当进行反家庭教

---

① 张莉.幼儿园班级一日活动安全管理常见问题研究：以浙江东阳部分幼儿园为对象［D］.昆明：云南师范大学，2021.

育暴力教育和发现家暴及时报案的规定。第十三条"入园幼儿应当由监护人或者其委托的成年人接送",第十六条"幼儿园应当投保校方责任险",均对保护幼儿人身安全,提出了明确的要求。

▶【案例 2-4】

发现幼儿被家暴,幼儿园如何处理

自 2016 年 5 月以来,教师经常看到小二班的玲玲身上遍布各种伤痕。通过走访,幼儿园了解到玲玲经常被母亲李某责骂和殴打。幼儿园对李某多次进行劝说,但均无效。对此,幼儿园不知该如何处理。[①]

案例分析:《规程》第十五条规定"幼儿园应当结合幼儿年龄特点和接受能力开展反家庭暴力教育,发现幼儿遭受或者疑似遭受家庭暴力的,应当依法及时向公安机关报案";《反家庭暴力法》第十四条规定学校、幼儿园等在工作中发现无民事行为能力人、限制民事行为能力人遭受或者疑似遭受家庭暴力的,应当及时向公安机关报案。公安机关应当对报案人的信息予以保密。若上述机构未依照本法第十四条规定向公安机关报案,造成严重后果的,由上级主管部门或者本单位对直接负责的主管人员和其他直接责任人员依法给予处分。因此红星幼儿园在发现玲玲遭受或者疑似遭受家庭暴力后,应当依法及时向公安机关报案。若红星幼儿园未依法及时向公安机关报案并造成了严重后果,则会被依法给予处分。

(四)园舍建设安全

《规程》第十三条提出"幼儿园的园舍应当符合国家和地方的建设标准,以及相关安全、卫生等方面的规范,定期检查维护,保障安全。幼儿园不得设置在污染区和危险区,不得使用危房。幼儿园的设备设施、装修装饰材料、用品用具和玩教具材料等,应当符合国家相关的安全质量标准和环保要求"。

▶【案例 2-5】

幼儿园装修后甲醛超标

近日,××幼儿园患有咽炎和哮喘等呼吸道疾病的幼儿逐渐增多。家长认为幼儿园室内环境有问题,遂向卫生监督部门举报。经查,该园在寒假期间对活动室进行了装修。由于活动室所使用的装修材料甲醛含量严重超标,致使幼儿感染了呼吸道疾病,因此家长纷纷要求幼儿园承

---

① 李洁.例析《幼儿园工作规程》之"幼儿园的安全"[J].早期教育(教师版),2016(6):39.

担民事责任。[①]

案例分析：此案例中幼儿园装修活动室的材料甲醛含量超标，违背了《规程》第十三条的规定"幼儿园的设备设施、装修装饰材料、用品用具和玩教具材料等，应当符合国家相关的安全质量标准和环保要求"。由于××幼儿园违背了上述规定而存在过错，且给幼儿造成了伤害，因此××幼儿园应依法承担赔偿责任。教育行政部门应视其情节轻重给予限期整改、停止办园等相应的行政处罚。另外，《中华人民共和国消费者权益保护法》第40条第2款规定："消费者或者其他受害人因商品缺陷造成人身、财产损害的，可以向销售者要求赔偿，也可以向生产者要求赔偿。属于生产者责任的，销售者赔偿后，有权向生产者追偿。属于销售者责任的，生产者赔偿后，有权向销售者追偿。"根据上述规定，××幼儿园既可向装修材料的销售者追偿，也可向装修材料的生产者追偿。如果二者都不愿承担责任，××幼儿园可以将二者之一或将二者均作为被告向人民法院提出诉讼，依法要求获得相应的补偿。

五、幼儿园各类工作人员的资格

（一）幼儿园教职工的任职条件

《规程》要求幼儿园配足配齐教职工，对幼儿园教职工的任职资格有严格规定。《规程》第三十九条规定："幼儿园教职工应当贯彻国家教育方针，具有良好品德，热爱教育事业，尊重和爱护幼儿，具有专业知识和技能以及相应的文化和专业素养，为人师表，忠于职责，身心健康。"《规程》第四十条规定："幼儿园园长应当符合本规程第三十九条规定，并应当具有《教师资格条例》规定的教师资格、具备大专以上学历、有三年以上幼儿园工作经历和一定的组织管理能力，并取得幼儿园园长岗位培训合格证书。"《规程》第四十一条规定："幼儿园教师必须具有《教师资格条例》规定的幼儿园教师资格，并符合本规程第三十九条规定。"《规程》第四十二条规定："幼儿园保育员应当符合本规程第三十九条规定，并应当具备高中毕业以上学历，受过幼儿保育职业培训。"《规程》第四十三条规定："幼儿园卫生保健人员除符合本规程第三十九条规定外，医师应当取得卫生行政部门颁发的《医师执业证书》；护士应当取得《护士执业证书》；保健员应当具有高中毕业以上学历，并经过当地妇幼保健机构组织的卫生保健专业知识培训。"《托儿所、幼儿园卫生保健制度》规定："园所工作人员在上岗前还必须进行包括胸透、肝功能等体检，体检合格方可就职。每年还必须全面体检一次，发现患有传染病者须立即离职治疗。"《规程》第三十九条："幼儿园教职工患传

① 李洁.例析《幼儿园工作规程》之"幼儿园的安全"[J].早期教育（教师版），2016（6）：39.有改动。

染病期间暂停在幼儿园的工作。有犯罪、吸毒记录和精神病史者不得在幼儿园工作。"这些规定都在提醒办园者必须依法办园，教职工应持证上岗，不能在任何细小环节上有疏漏。

（二）幼儿园教师素质要求

由于幼儿园教师劳动对象的特殊性、劳动任务的全面性和细致性、劳动过程的创造性、劳动手段的主体性、劳动周期的长期性等特点，对幼儿园教师的素质和能力结构都有特殊的要求，主要包括三个方面的内容：专业知识、专业技能、专业伦理。专业知识是指教师应有扎实的关于幼儿教育的知识，应涉及儿童教育学、儿童心理学、学前教育学等知识。专业技能指教师应有观察和了解儿童、组织教育活动、对儿童进行教育的能力，语言表达能力、思维力、想象力、创造力、艺术表达能力、教育评价能力和自学能力等。专业伦理则表现在教师热爱学前教育事业、爱护和尊重幼儿、尊重、团结教师和家长等。《幼儿园教师专业标准（试行）》从专业理念与师德、专业知识、专业能力3个维度对幼儿园教师的专业标准进行了规范。

依据《规程》，幼儿园教师对本班工作全面负责，其主要职责是："观察了解幼儿，依据国家有关规定，结合本班幼儿的发展水平和兴趣需要，制订和执行教育工作计划，合理安排幼儿一日生活；创设良好的教育环境，合理组织教育内容，提供丰富的玩具和游戏材料，开展适宜的教育活动；严格执行幼儿园安全、卫生保健制度，指导并配合保育员管理本班幼儿生活，做好卫生保健工作；与家长保持经常联系，了解幼儿家庭的教育环境，商讨符合幼儿特点的教育措施，相互配合共同完成教育任务；参加业务学习和保育教育研究活动；定期总结评估保教工作实效，接受园长的指导和检查。"幼儿园教师须贯彻保教结合原则。教师的工作以幼儿为中心，目的是要促进幼儿身心健康全面发展，所以，教师既要完成好教育任务，又要按照规则、制度从多方面、用多种方式促进幼儿发展。

▶【案例 2-6】

当排头就可以拉老师的手

睿睿是我们班非常调皮的一个小男孩，总喜欢招惹别人，我对他进行过几次批评教育，仍不见成效。一天早晨，睿睿妈妈送他来幼儿园时，把我拉到一边对我说："马老师，今天排队时，能让睿睿当一次排头吗？他几次跟我说自己非常想当排头。"我说："可以呀！"睿睿妈妈走后，我问睿睿为什么特别想当排头，睿睿说："因为当排头可以拉老师的手呀。"睿睿的回答使我感到震惊和内疚，因为我平时总是选择自己喜欢的乖孩子当排头，却忽略了其他孩子也渴望得到老师的关爱。

我怀着深深的内疚，紧紧地拉起睿睿的小手，他的脸上露出了满足的微笑。我突然明白了以前睿睿的调皮似乎是想引起我的注意，得到我的关爱。[1]

案例分析：尊重幼儿个体差异，平等地对待每一位幼儿，是对幼儿园教师师德修养的要求。教师常常认为不挖苦、讽刺和排挤表现不好的幼儿，就是平等地对待每一位幼儿。殊不知在班级管理中，如果不注意，教师很容易因为个人的偏见，剥夺孩子的机会，造成不公平。如案例中的马老师平时总是选择自己喜欢的乖孩子当排头。每一位幼儿在发展水平、速度与优势领域等方面存在个体差异，这就要求教师尊重个体差异，富有爱心、责任心、耐心和细心，主动观察、了解和满足有益于幼儿身心发展的不同需求，促进幼儿全面发展、身心和谐发展。

依据《规程》，幼儿园保育员的主要职责是："负责本班房舍、设备、环境的清洁卫生和消毒工作；在教师指导下，科学照料和管理幼儿生活，并配合本班教师组织教育活动；在卫生保健人员和本班教师指导下，严格执行幼儿园安全、卫生保健制度；妥善保管幼儿衣物和本班的设备、用具。"幼儿园卫生保健人员对全园幼儿身体健康负责，主要职责是："协助园长组织实施有关卫生保健方面的法规、规章和制度，并监督执行；负责指导调配幼儿膳食，检查食品、饮水和环境卫生；负责晨检、午检和健康观察，做好幼儿营养、生长发育的监测和评价；定期组织幼儿健康体检，做好幼儿健康档案管理；密切与当地卫生保健机构的联系，协助做好疾病防控和计划免疫工作；向幼儿园教职工和家长进行卫生保健宣传和指导。妥善管理医疗器械、消毒用具和药品。"幼儿园保育员和卫生保健人员的最重要的职责之一就是关注幼儿的身心健康，注意幼儿的安全，注重对幼儿生命的保护。幼儿的身心健康是幼儿全面发展的基础，拥有了健康的身心，幼儿才有可能够健康地发展，快乐地游戏、学习。因此，幼儿园保育员和卫生保健人员一定要工作细致，时刻关注幼儿的身心发展情况，同时，还应不断丰富自己对安全、卫生保健的知识，能够及时地处理突发事件。

六、幼儿园的管理

（一）对幼儿园园舍、设备的规定

《规程》对幼儿园的用房、户外活动场地、用具、建筑规划面积、建筑设计、功能要求、设施设备、玩教具配备等都做了规定："幼儿园应当按照国家的

---

[1] 马琳.尊重幼儿天性 促进幼儿发展［J］.山东教育（幼教园地），2019（18）：64.

相关规定设活动室、寝室、卫生间、保健室、综合活动室、厨房和办公用房等，并达到相应的建设标准。有条件的幼儿园应当优先扩大幼儿游戏和活动空间。寄宿制幼儿园应当增设隔离室、浴室和教职工值班室等。""幼儿园应当有与其规模相适应的户外活动场地，配备必要的游戏和体育活动设施，创造条件开辟沙地、水池、种植园地等，并根据幼儿活动的需要绿化、美化园地。""幼儿园应当配备适合幼儿特点的桌椅、玩具架、盥洗卫生用具，以及必要的玩教具、图书和乐器等。玩教具应当具有教育意义并符合安全、卫生要求。幼儿园应当因地制宜，就地取材，自制玩教具。""幼儿园的建筑规划面积、建筑设计和功能要求，以及设施设备、玩教具配备，按照国家和地方的相关规定执行。"

（二）对幼儿园入园和编班的规定

《规程》对幼儿园的入园时间、招收对象、入园要求及编班均作出了明确规定。

在入园时间上，第八条规定："幼儿园每年秋季招生。平时如有缺额，可随时补招。"

在招收对象上，第八条、第九条规定："幼儿园对烈士子女、家中无人照顾的残疾人子女、孤儿、家庭经济困难幼儿、具有接受普通教育能力的残疾儿童等入园，按照国家和地方的有关规定予以照顾。""企业、事业单位和机关、团体、部队设置的幼儿园，除招收本单位工作人员的子女外，应当积极创造条件向社会开放，招收附近居民子女入园。"这两条规定明确了幼儿园优先招收的对象，同时要求企事业单位办园应当积极创造条件向社会开放，招收附近居民子女入园，这也是"就近入园"原则的体现。

值得注意的是，《规程》第十条对幼儿园的入园检查进行了明确限制，即"幼儿入园前，应当按照卫生部门制定的卫生保健制度进行健康检查，合格者方可入园。幼儿入园除进行健康检查外，禁止任何形式的考试或测查。"这一规定包括了两个方面的内容：一方面，为了保障幼儿的健康，必须进行入园前健康检查；另一方面，为了保障教育公平，严禁任何形式的考试或测查。

▶【案例 2-7】

入园体检也有有效期

小区配套的幼儿园建好了，刚开园，乐乐妈妈就给乐乐报了名，预定了学位。听说幼儿入园前都要做入园体检，乐乐妈妈生怕耽误入园时间，等乐乐一满三岁就做了体检。终于等到幼儿园秋季小班入园通知，一看通知乐乐妈妈愣住了：入园体检的结果有效期只有三个月，超出有效期，孩子就需要重新去体检。

　　案例分析：入园健康检查是幼儿入园时必不可少的一个重要环节。健康检查可以知道每个幼儿的身体状况，如是否患有疾病，患有哪一类疾病；是否患有传染病，传染病为几级；有无先天性疾病等。入园体检有效期一般是三个月，如果时间超过三个月就需重新体检。

　　《规程》第十一条对幼儿园的规模和编班进行了规定。在幼儿园的规模上，应"有利于幼儿身心健康，便于管理，一般不超过 360 人"。目前社会上有不少幼儿园为了追求经济效益，盲目扩大幼儿园规模，出现了一些"超级幼儿园"，这是以牺牲幼儿身心健康为代价的行为，是不可取的。在幼儿园班额上，"幼儿园每班幼儿人数一般为：小班（3 周岁至 4 周岁）25 人，中班（4 周岁至 5 周岁）30 人，大班（5 周岁至 6 周岁）35 人，混合班 30 人，寄宿制幼儿园每班幼儿人数酌减"；在幼儿园的编班依据上，"幼儿园可以按年龄分别编班，也可混合编班"。

议一议

"园长负责制"就是园长说了算吗？

（三）对幼儿园内部管理体制的规定

　　《规程》第五十六条至第六十三条对幼儿园的内部管理体制进行了明确规定，"幼儿园实行园长负责制"，园长在举办者和教育行政部门领导下，负责幼儿园的全面工作。幼儿园应当建立由园长、副园长、党组织负责人和保教、卫生保健、财会等方面工作人员的代表以及幼儿家长代表组成的园务委员会，定期召开园务委员会会议。为加强民主管理和民主监督，"幼儿园应当建立教职工大会制度或者教职工代表大会制度"；同时为促进幼儿园全面贯彻党的教育方针，落实立德树人根本任务，强化党组织战斗堡垒作用，树立科学保育教育理念，确保正确办园方向，《规程》规定"幼儿园应当加强党组织建设，充分发挥党组织政治核心作用、战斗堡垒作用。幼儿园应当为工会、共青团等其他组织开展工作创造有利条件，充分发挥其在幼儿园工作中的作用"，"幼儿园应当接受上级教育、卫生、公安、消防等部门的检查、监督和指导，如实报告工作和反映情况"，"幼儿园应当依法接受教育督导部门的督导"。为研究解决保教工作中的实际问题，"幼儿园应当建立教研制度"。另外，《规程》还明确"幼儿园应当建立业务档案、财务管理、园务会议、人员奖惩、安全管理以及与家庭、小学联系等制度"，"幼儿园应当建立信息管理制度"，"幼儿园教师依法享受寒暑假期的带薪休假"。总的来说，幼儿园内部管理体制是在党的领导和上级部门监督指导下，以园长全面负责为核心，全体教职工共同参与的管理体制。

七、幼儿园、家庭和社区教育

（一）幼儿园与家庭

《规程》指出，"幼儿园应当主动与幼儿家庭沟通合作，为家长提供科学育儿宣传指导，帮助家长创设良好的家庭教育环境，共同担负教育幼儿的任务"；"幼儿园应当建立幼儿园与家长联系的制度"，"幼儿园应当认真分析、吸收家长对幼儿园教育与管理工作的意见与建议"；"幼儿园应当建立家长开放日制度"，"幼儿园应当成立家长委员会"。家庭是社会的细胞，蕴藏着极其丰富的教育资源和教育力量，是幼儿园教育的另一个课堂。

家庭、幼儿园作为幼儿最早接触的社会文化环境，对幼儿发展所起的作用，是其他任何因素都不可比拟的。因此，学前教育也就必须从幼儿在这种特定的环境中所经历的活动、承担的角色及建立的人际关系出发，协调相关社会群体的力量，共同促进幼儿的发展。家长是幼儿园宝贵的教育资源，幼儿园可以从家长那里获得人力、物力的支持。家长参与幼儿园的教育活动，可以有机会了解孩子在幼儿园的生活与学习，更好地认识孩子的特点，也了解教师的工作。同时，也使幼儿有机会了解父母的工作与"本领"，对家长产生敬佩、尊重的情感。通过家园合作，家长还可以从幼儿园获得科学育儿的知识，提高家庭教育的质量。

幼儿园与家庭在幼儿的发展中有各自的教育优势，且都是对方所不能替代的。幼儿园和家庭应发挥各自的优势，充分利用各种教育资源，加强沟通联系，最大限度地发挥作用，形成教育合力，共同促进幼儿发展。

▶【案例 2-8】

杜鹃花是无锡市的市花。在每年四月底五月初杜鹃花盛开的时节，侨谊幼儿园都要举办杜鹃花节，活动包括"杜鹃花邮票展""杜鹃花车游行""杜鹃花屋亲子设计展"等，为孩子们创设了快乐成长的环境，给家长们搭建了家园合作的平台。在举办杜鹃花节的过程中，家长志愿者发挥了重要的作用。

幼儿园和家长委员会共同对全体家长发出倡议和邀请，然后根据家长自愿报名的情况，由家长委员会主任进行信息采集和统计，并确定家长志愿者的组成结构和人数要求，成立不同类型的家长志愿者队伍。具体如下：

1. 活动策划筹备组

活动策划筹备组的家长与教师一起通过讨论明确活动开展的意义、活动流程、活动具体内容等。

2. 后勤保障组

后勤保障组的家长主要负责设计爱心志愿服、张贴活动宣传海报、布置杜鹃花剧场等。

3. 现场服务组

现场服务组的家长主要负责组织现场比赛或者爱心义演等。

成立不同类型的家长志愿者队伍后，接下来明确家长志愿者的具体任务。例如，后勤保障组请擅长财务核算的家长进行活动成本核定，再根据剧场的座次和观赏位置，确定义演票价，最后将所得收入全部归入爱心基金，并向全体家长进行公示，使爱心义演和爱心基金的运行更具公正性和说服力。擅长舞美设计的家长将义演舞台布置得温馨又不失童趣。现场服务组中擅长摄影的家长们拿着相机在场地穿梭，捕捉那些美好动人的瞬间。

在活动举办过程中，教师要善于发现问题并及时解决问题。如当家长意见产生分歧时，教师要运用教育理论，从专业的视角帮助家长进行分析，统一思想。

案例分析：上述案例中，幼儿园很好地利用了家长资源，与家长一起策划活动。在尊重家长意愿的前提下，根据家长的特长、兴趣、爱好合理分工，充分调动家长的积极性，家园共同为幼儿创设快乐的成长环境。

（二）幼儿园与社区

《规程》第五十五条规定："幼儿园应当加强与社区的联系与合作，面向社区宣传科学育儿知识，开展灵活多样的公益性早期教育服务，争取社区对幼儿园的多方面支持。"社区教育是幼儿园教育、家庭教育的延伸，是社会、家庭、幼儿园实行一体化教育的载体，是幼儿走向社会，适应社会，实施素质教育的重要途径之一，具有调节和整合幼儿园教育的功能，其丰富多彩的内容和形式能弥补幼儿园教育的不足。幼儿园在走向社区、与社区教育相融的过程中，增加了教育自身发展的活力，使教育从原来的相对封闭与保守，逐步走向开放与灵活。社会上丰富的课程资源，如环境、自然、家庭以及幼儿同伴群体及幼儿园教师集体等，为幼儿提供了潜在的发展机会。因此，幼儿园应面向社区，开放办园，一方面充分利用社区的各种资源开展活动，促进幼儿园的发展；另一方面为社区提供各种育儿宣传和支援，为社区服务。

▶【案例2-9】

成立社区早教中心，指导家长科学育儿

我们发现，在幼儿园附近的小区里，不少1岁以下的孩子都由老人照看，一般只是简单地推着车出来遛遛，因为担心孩子的安全问题，不敢让孩子接触大自然，更谈不上教育孩子。出于以上原因，我们决定成立社区早教中心。

成立社区早教中心以来，我们通过与社区合作，在家长的支持下，让很多家长走出了教育的误区，最让我们印象深刻的是轩轩奶奶。我们第一次见到轩轩的时候是在四月的一个下午，阳光明媚，轩轩奶奶用儿童车推着他，轩轩懒懒地躺在儿童车里一动不动。当我们简单地了解轩轩之后，有些惊讶，轩轩还有两个月就两岁了，可是还不能平稳地走路，听轩轩奶奶介绍，轩轩出生时营养不良，导致动作发展不好，家里人担心轩轩受伤，一直把轩轩"保护起来"。轩轩奶奶听附近的人说这里有早教中心，希望能得到帮助。

我们分析了轩轩到今天还不愿意走路的原因，主要是由先天的身体差和后天的运动缺失、过于保护所致。轩轩奶奶很认同我们的观点，也很乐意配合我们的指导。我们安排每天上午和下午各一个小时，对轩轩进行平衡和四肢协调训练，就这样我们在轩轩家庭的配合下，用三个月时间对轩轩反复进行训练，轩轩终于大胆地走出了第一步，第二步，第三步……轩轩从不愿离开儿童车到大胆地在草坪上走来走去，我们感到无比欣慰和幸福。[①]

案例分析：通过上述案例可以看出，以幼儿园为依托的社区早教中心，能够利用幼儿园的师资、设施、设备和专业经验等资源，发挥幼儿园在社区科学育儿方面的辐射作用，帮助家长树立科学育儿理念，指导家长科学育儿，促进幼儿健康、快乐地成长。

幼儿园、家庭和社区教育遵循"沟通、参与、整合、互动发展"的原则，构建幼儿园、社区、家庭一体化发展的学前教育模式，能为幼儿园带来社会和经济双重效益，也能为幼儿创造一个良好的成长环境，是使幼儿园和社区居民双受益的好事，对幼儿和幼儿教育事业发展都能起到积极作用。

---

① 王霞.构建家、园、社区教育共同体的实践研究 [D].成都：四川师范大学，2016.

八、附则

《规程》在附则中明确提到"本规程适用于城乡各类幼儿园","省、自治区、直辖市教育行政部门可根据本规程，制订具体实施办法"。

《规程》规定了国家对幼儿园的基本要求和管理的基本原则，这是城乡各类幼儿园都必须遵循的。各省、自治区、直辖市要将贯彻落实《规程》作为推进学前教育改革和发展的一项重要任务，作为加强和规范本地学前教育管理的有效手段，作为推进幼儿园管理规范化和科学化的长效机制，结合本地区学前教育工作实际，采取切实可行的措施，推动《规程》的贯彻落实。首先，落实《规程》的重心在幼儿园。《规程》是规范幼儿园管理工作的基本准则，每个幼儿园的举办者和管理者都应严格按照《规程》的要求组织和安排幼儿园的各项工作。其次，落实《规程》的着力点是完善幼儿园制度建设。幼儿园要按照《规程》的要求，结合管理实际和保教实践的需要不断修改、完善和落实好各项管理制度，使制度规定能变成每个教职工的责任意识和行动，切实落实到日常保教工作中去。最后，落实《规程》的关键是要建立常态化机制。各级教育行政部门特别是县级教育行政部门要采取有效措施，依照《规程》的要求，加强对各类幼儿园的规范管理和督导检查，引导和规范各类幼儿园依法办园、规范管园，推动《规程》在幼儿园层面的常态化、长期化。

【理解·反思·探究】

1.《规程》对幼儿园的定位是什么？

2. 如何理解幼儿园的双重任务？

3. 如何理解幼儿园保育和教育的主要目标？

4. 如何创设良好的幼儿园环境？

5. 试述《规程》是如何体现"幼儿为本"理念的。

【拓展阅读导航】

● 相关法律法规

1.《幼儿园工作规程》

2.《中华人民共和国反家庭暴力法》

3.《中华人民共和国消费者权益保护法》

● 相关文献

1. 李琳. 2016 版《幼儿园工作规程》的理解与运用［M］. 上海：华东师范大

学出版社，2020.

　　该书从发展的角度梳理《幼儿园工作规程》（2016版），对比修订前后内容的变化，结合幼儿园园长、教师具体工作场景和内容，对幼儿园入园和编班、幼儿园卫生保健、幼儿园工作人员、幼儿园经费、幼儿园管理等方面进行详细解读，能够帮助读者深刻理解《幼儿园工作规程》（2016版）颁布的背景、意义和主要内容，同时书中的案例对如何运用《幼儿园工作规程》指导幼儿园开展各项工作，具有重要的参考作用。

　　2. 苏媛媛，郭雨鑫.《幼儿园工作规程》下保教行为的发展与变革［M］.长春：东北师范大学出版社，2018.

　　该书从《幼儿园工作规程》（2016版）强调保教行为的新内涵、新理念入手，重点关注幼儿园保育行为的变革，特别强调在幼儿园安全、幼儿园卫生保健方面应有的行为变化。同时在幼儿园教育方面强调环境创设、游戏、户外活动、幼小衔接等方面应有的新理念、新行为。最后关注家庭和社区教育应有的新变化。该书对幼儿园保教工作的规范化、科学化有较强的指导价值。

　　3. 虞永平，张斌，等.中国教育改革40年：学前教育［M］.北京：科学出版社，2019.

　　本书分为三编，分别从社会事业、育人活动和学术关注的角度，对40年来我国学前教育在办园、管理、经费投入、师资队伍建设、基本观念、保教环境、幼儿园课程、质量评价和学术研究等方面的改革发展进行翔实、深入、客观、理性的阐述与分析；旨在回顾40年来我国学前教育改革发展的历史，发现成就，总结经验，破解问题，概括具有中国特色的学前教育发展模式，为未来我国和国际学前教育的发展提供专业智慧。

第三章　《国务院关于当前发展学前教育的若干意见》

【导语】

　　学前教育是基础教育的基础、终身教育的开端，但学前教育的发展无法完全满足适龄儿童接受学前教育的需求，"入园难""入园贵"一度成为我国学前教育发展中的重大问题，严重影响学前教育的公平。

　　本章主要介绍 2010 年颁布的《国务院关于当前发展学前教育的若干意见》（本章可简称"国十条"），引导读者关注并了解国家关于发展学前教育的政策。

【学习目标】

- 了解"国十条"颁布的背景、意义及主要内容。
- 明确教师、幼儿园、政府、相关部门等在发展学前教育中的责任和任务。
- 了解"国十条"颁布以来学前教育改革与发展的成就。

北京，一位老人为孙女上幼儿园排队 9 天 8 夜；广州，家政公司代排队入园，报酬是一天 200 元；郑州，天价幼儿园年收费超 10 万……"入园难，难于考公务员；入园贵，贵过大学收费"，一句调侃的顺口溜尽管有些夸张，但道出了不少家长的无奈，幼儿园"入园难""入园贵"俨然成为群众反映强烈的民生难题。为了解决上述种种问题，促进学前教育事业健康有序地发展，2010 年，国务院办公厅发布了《国务院关于当前发展学前教育的若干意见》，提出了加快推进学前教育发展的十条政策措施，引起了社会各界的广泛关注。

第一节 《国务院关于当前发展学前教育的若干意见》概述

为贯彻落实党的十七届五中全会、全国教育工作会议精神和《国家中长期教育改革和发展规划纲要（2010—2020 年）》，积极发展学前教育，着力解决当前存在的"入园难"等问题，满足适龄儿童入园需求，促进学前教育事业科学发展，国务院办公厅于 2010 年 11 月 21 日正式发布了《国务院关于当前发展学前教育的若干意见》（国发〔2010〕41 号），提出了加快推进学前教育发展的十条政策措施，引起了社会各界的广泛关注。

一、《国务院关于当前发展学前教育的若干意见》颁布的背景

（一）政府对学前教育的重视程度不断提高

各级政府尤其是中央政府对学前教育的重视程度逐步提高，是"国十条"得以出台的重要原因之一。2007 年 10 月，第十七次全国代表大会历史性地首次提出了"重视学前教育"；2008 年 2 月，十七届二中全会进一步提出"发展农村学前教育"；2008 年 8 月，《国家中长期教育改革和发展规划纲要（2010—2020年）》（以下简称《教育规划纲要》）研究制定工作启动后，专门成立了学前教育发展规划起草组，专题调研学前教育；《教育规划纲要》两次向社会公开征求意见的过程中，学前教育都是焦点之一；2010 年 7 月，正式颁布的《教育规划纲要》把学前教育作为今后十年教育事业八大发展任务之一，并专列一章进行部署。《教育规划纲要》还提出到 2020 年基本普及学前教育的发展目标，这是国家在 2000 年基本普及义务教育之后，为实现更高水平的普及教育而做出的又一重大决策；中央、国务院领导多次批示，要求在贯彻落实《教育规划纲要》时，把学前教育作为突破口，制定切实可行的规划和措施，大力发展学前教育，首先解决入园难的问题。

（二）"入园难""入园贵"问题成为社会关注的焦点

据国家统计局统计数据，2010 年全国幼儿园共有 15.04 万所，在园幼儿

2 976.67 万人。按照《教育规划纲要》要求，2015 年全国在园幼儿达到 3 530 万人，2020 年达到 4 000 万人。随着入园幼儿数量的不断增加，学前教育资源不足的问题日益突出。

▶【案例 3-1】

家长排队 9 天 8 夜争抢幼儿园名额

据《京华时报》2010 年 6 月 10 日的报道，2010 年 6 月 9 日晚上 8 点，昌平区工业幼儿园终于开门为家长登记。从 6 月 1 日开始，就有众多家长在该园外排队等待给孩子报名。经过了 9 天 8 夜，幼儿园终于为 200 名家长登记，并表示只招生 128 人。

6 月 8 日中午，工业幼儿园门口北边 200 米的步道上，马扎、行军床、帐篷、餐桌、太阳伞摆得满满的，两百余名家长聚集在这里，等待幼儿园张贴招生简章。为保持秩序，大家 10 人一组，自发排号。

"大热天的谁也不愿意这样，但是没办法，排上队不一定能入园，不排队是一点希望都没有。"家长陈先生说，"工业幼儿园指标内收费四五百元，相比私立幼儿园便宜很多，而且这里条件好，离家也近，大家都想来这里。"

据了解，附近公立幼儿园有四家，教工、机关、财贸和工业幼儿园。教工和机关只对内招生，财贸今年准备招 30 个孩子，只有工业幼儿园名额多一些。每年招生时期，工业幼儿园门口都会排起长队。从 6 月 1 日一直排到学校开始招生，去年幼儿园在凌晨三四点钟贴出招生简章，名额很快被占满。

6 月 8 日 6 点，工业幼儿园贴出通知，根据孩子户口所在地以及生日进行审查，家长们依据之前排的号站好队，等在幼儿园门口。园方负责人在门内逐一审核，符合标准的可以入园进行初步登记。截至昨晚 8 点，共登记 200 人，排队的家长中有 30 人没有登记上。由于今年计划共招收 128 人，已登记的幼儿中还会有 70 多个幼儿上不了该幼儿园。

对此，昌平区教委宣传科白女士称，目前，昌平城区内有 13 所公立幼儿园，可以满足城区内户籍幼儿的入学要求，但是如果大家都想上好的幼儿园，可能暂时解决不了这个问题。

案例分析：上述案例中家长们为争公办幼儿园入园名额排队 9 天 8 夜，集中反映了"入园难"的问题。"入园难"反映了我国学前教育资源不足，尤其是优质而平价的公办学前教育资源严重不足，其本质是人民群众日益增长的入园需求

和学前教育资源不足、普惠资源严重短缺矛盾的突出表现。

除了"入园难"问题，我国部分地区还出现了许多天价民办幼儿园，形成了"上幼儿园比上大学还贵"的现象。这种现象反映了民办幼儿园收费缺乏有效的制约与监管，缺乏有效的学前教育成本分担机制，主要由家长承担学前教育成本，超出了其支付能力。

"入园难"与"入园贵"的共同作用加剧了不同群体幼儿入园机会的不均等，引起了公众的诸多不满。"国十条"的出台无疑是对这一民众关注的焦点问题的直接回应。

（三）学前教育是各级各类教育中十分薄弱的环节

改革开放以来，我国学前教育事业获得了很大的发展，普及程度逐步提高。但总体上看，学前教育仍是各级各类教育中十分薄弱的环节，在《教育规划纲要》两次公开征求意见时，学前教育的关注度均列第一位，成为群众反映强烈、社会高度关注的重大民生问题。学前教育问题主要表现为：一是学前教育资源短缺，财政投入不足，一些地方入园难矛盾突出，尤其是入公办园难；二是城乡区域发展不平衡，城乡差别大，农村办学条件普遍较差，设施设备难以达到规定标准，与城市幼儿教师相比，农村幼儿教师收入更低，更难吸引正规幼儿师范毕业生；三是幼儿教师数量不足，整体素质有待提高，队伍不稳定，编制、待遇等问题亟待解决；四是收费不规范，有些幼儿园收费过高，群众意见很大；五是体制机制不完善，管理体制、办园体制、投入机制需进一步理顺。学前教育发展的问题已经严重制约了我国教育整体水平和国民素质的提高，成为影响我国教育现代化目标实现的最大瓶颈。因此，加快学前教育发展成为新形势下推进教育事业科学协调发展的必然选择。

"国十条"是对"入园难"和"入园贵"问题的直接回应，同时还致力于弥补学前教育发展的不足，以切实推进学前教育健康、科学地发展，进而促进各级各类教育协调发展，充分体现了党和国家对推动学前教育改革和发展的高度重视。

二、《国务院关于当前发展学前教育的若干意见》的意义

发展学前教育事关亿万儿童的健康成长，事关千家万户的切身利益，事关国家和民族的未来，是促进人终身发展的奠基工程、保障和改善民生的重要举措、建设人力资源强国的必然要求。"国十条"在我国学前教育事业发展面临巨大困难与严峻挑战的历史关键时刻及时出台，与时俱进，高瞻远瞩，在我国学前教育事业发展的历史上具有里程碑式的重大意义。"国十条"立足当前，兼顾长远，是积极发展学前教育、着力破解"入园难""入园贵"的动员令，对全社会提高

学前教育重要性的认识，促进亿万儿童健康成长，保障和改善民生，发挥着极为重要的推动作用，开创了学前教育事业科学发展的新局面。

第二节 《国务院关于当前发展学前教育的若干意见》的主要内容

[二维码图]

☞链接:《国务院关于当前发展学前教育的若干意见》

"国十条"提出了发展学前教育的十条意见，可分为四个部分：学前教育的地位与发展原则、学前教育的资源建设、规范学前教育管理、加强组织领导。本节主要对这十条意见的内容进行介绍。

一、把发展学前教育摆在更加重要的位置

"国十条"用三个"是"和三个"关系"突出强调了学前教育的重要地位。三个"是"是指："学前教育是终身学习的开端，是国民教育体系的重要组成部分，是重要的社会公益事业"，表明了学前教育的性质。三个"关系"是指："学前教育关系亿万儿童的健康成长，关系千家万户的切身利益，关系国家和民族的未来"，分别从幼儿个人、家庭和国家三个层面来说明学前教育的地位和重要性。如今各个国家都在大力发展学前教育，所以学前教育不仅仅是一个民生问题，它也是一个提高国家竞争力的核心工程，与国家未来的发展息息相关。

"国十条"的核心是坚持公益性和普惠性，构建学前教育公共服务体系，保障适龄儿童接受基本的、有质量的学前教育。考察学前教育事业的发端时不难发现，世界上第一所托幼机构的诞生就具有慈善性、救助性的特点，在学前教育事业的发展过程中，许多国家和地区也都将之视作典型的社会公益事业，并予以保障。学前教育是所有儿童都应该公平享有的基本权利，这也可以认为是其公益性的体现之一。因此，我国也提出学前教育的公益性。同时，"国十条"还提出学前教育的普惠性，倡导提供普惠性服务的幼儿园，这种幼儿园不能因为收费低而降低质量要求，因为有质量的学前教育才能真正发挥普惠作用。无论在城市还是农村，无论是公办还是民办，无论规模大小，无论是新建、改建还是扩建，每一所幼儿园都应符合质量要求，符合国家规定的基本办园条件和师资队伍的要求，都应提供符合幼儿身心发展规律的保育和教育。

二、多种形式扩大学前教育资源

供需矛盾是当前我国学前教育中的主要矛盾，现有的学前教育资源远远不能满足人民群众对学前教育的需求。据统计，要实现《教育规划纲要》提出的"基

本普及学前教育"的目标，至少需新增幼儿园 5 万所。面对巨大的缺口，"国十条"指出要通过以下途径有效扩大学前教育资源。

（一）大力发展公办幼儿园

"加大政府投入，新建、改建、扩建一批安全、适用的幼儿园"，"中小学布局调整后的富余教育资源和其他富余公共资源，优先改建成幼儿园。鼓励优质公办幼儿园举办分园或合作办园。制定优惠政策，支持街道、农村集体举办幼儿园"。"国十条"明确提出发展公办幼儿园的各种途径来扩大学前教育资源，"不得用政府投入建设超标准、高收费的幼儿园"，明确公共财政应该提供的是"广覆盖、保基本"的学前教育公共服务，它是以普及学前教育和增加学前教育机会为目的的，基本特性是普惠性，确保"广覆盖、保基本"的核心力量是各级政府和财政的基本目标。政府举办的幼儿园要实践普惠性，为广大老百姓服务。这一规定对于扭转公办幼儿园"豪华化"、优质公办资源"特权化"等倾向具有重要意义。大力发展公办幼儿园，不断提高公办幼儿园数量，将是扩大学前教育资源的主要途径。

"中小学布局调整后的富余教育资源和其他富余公共资源，优先改建成幼儿园"。幼儿园从建筑功能设置、空间布局、环境创设到作息时间、活动组织、学习内容和方式都与小学有着本质的不同，新建和改扩建的幼儿园应该以独立设置为主。政府要加强改建的投入，对不适合幼儿园的房舍结构、台阶、厕所、门窗等方面认真改造。在中西部的一些边远贫困地区，受当地人口、交通、经济等因素影响，不具备独立或联合举办幼儿园的条件，幼儿园的服务半径又不可能太大。为了适应这些地区适龄幼儿就近方便地接受学前教育的需求，选择当地布局调整规划后富余的农村小学或教学点，利用现有富余校舍资源增设附属幼儿园，对富余校舍进行功能改造，配备玩教具、保教和生活设施设备，也是现有条件下促进学前教育发展的一种有效途径。

鉴于历史的经验，优质公办幼儿园适度举办分园或合作举办分园，对扩大优质教育资源的辐射效应有一定的意义，因此"国十条"提出了"鼓励优质公办幼儿园举办分园或合作办园"。但在实施的过程当中必须强调"适度性"。幼儿园是教育机构，不能无限复制和放大，幼儿园教育是针对特定的对象展开的，课程和活动及环境是因园而异的，不能简单模仿和复制，要避免名园过多办分园，更要避免优质幼儿园牺牲优质性去追求经济利益。

（二）鼓励社会力量以多种形式举办幼儿园

《教育规划纲要》明确提出"建立政府主导、社会参与、公办民办并举的办园体制"，"国十条"进一步指出"鼓励社会力量以多种形式举办幼儿园。通过保证合理用地、减免税费等方式，支持社会力量办园。"一直以来，民办幼儿园是我国学前教育事业的一个重要组成部分。2002 年《中华人民共和国民办教育促进法》的颁布促进了民办学前教育事业的发展，2012 年，全国各级各类民办学校（教育机构）共 16.29 万所，其中民办幼儿园 11.54 万所，全国幼儿园总数为 16.68 万所，民办幼儿园则占了总数的 69.18%，[①] 社会力量办园成为扩大学前教育资源的重要途径。

"国十条"对民办幼儿园的地位给予肯定，提出"采取政府购买服务、减免租金、以奖代补、派驻公办教师等方式"，建立相应的政策配套措施，保证政府财政的合理投入。由此可见，普惠性民办幼儿园将纳入财政扶持与政府监管的范畴，这无疑是我国办园体制改革和学前教育管理制度改革的一大创新。

▶【案例 3-2】

新疆乌鲁木齐市公布 82 所普惠性民办幼儿园名单

据《中国教育报》2012 年 11 月 10 日的报道，新疆乌鲁木齐市教育局公布了 2011 年乌鲁木齐市 82 所普惠性民办幼儿园名单，其中乌鲁木齐市天山区 18 所、沙区 11 所、高新区（新市区）16 所、水磨沟区 18 所、开发区（头屯河区）9 所、米东区 8 所、乌鲁木齐县 2 所。乌鲁木齐市规定，普惠性民办幼儿园的月管理费不得超过 500 元。

据了解，2011 年 12 月，新疆维吾尔自治区出台普惠性民办幼儿园认定及管理试行办法，首批被认定的普惠性民办园将获得国家补贴资金 870 万元。

乌鲁木齐市教育局副局长刘军介绍，被认定的 82 所普惠性民办幼儿园，面向当地学龄前儿童招生，每月管理费不得超过 500 元，经认定的普惠性民办幼儿园有效期为 3 年。

此外，普惠性民办幼儿园需定期公开幼儿园师资、在园幼儿和经费收支情况，并接受教育、财政、物价等部门的监督检查。同时，对出现办园行为不规范、严重违背学前教育规律、财务管理混乱、违规乱收费、出现重大安全事故问题的幼儿园将取消普惠性民办幼儿园资格。

乌鲁木齐市民刘女士表示，向社会公布普惠性民办幼儿园名单，有利于家长做出选择，而规定最高管理费上限则切实保护了家长的利益，是政府惠民的好举措。据悉，此政策公布正值乌鲁木齐部分幼儿园计划涨价的时候，普惠性民办幼儿园不但不涨价，有些反而要降价。

---

① 中国国家统计局. 中国统计年鉴（2012）[EB/OL]. http://www.stats.gov.cn/tjsj/ndsj/2012/indexch.htm. 2013-1-15.

据了解，在被认定为普惠性民办幼儿园之前，这些民办幼儿园经营上自负盈亏，按照经营成本、生源、物价水平上涨等情况自主定价。这82所幼儿园中，不乏每月收费1 000元以上的。被认定为普惠性民办幼儿园后，收费都要降下来。被认定后的幼儿园将逐步拿到拨款，资金主要用于幼儿园校舍修缮和玩教具购置，以及提高各种服务质量。

案例分析："国十条"出台后，各地纷纷采取了相应的措施来加强普惠性幼儿园的建设。上述案例中的新疆乌鲁木齐市严格按照普惠性幼儿园的标准来核定民办幼儿园，并对普惠性幼儿园进行补助，加强普惠性幼儿园的设施设备建设，让这些幼儿园成为真正的面向大众、办园规范、收费低的幼儿园，让中低收入家庭的孩子也能享受到有质量的学前教育。

（三）落实城镇小区配套幼儿园建设

城镇小区没有配套幼儿园的，应根据居住区规划和居住人口规模，按照国家有关规定配套建设幼儿园。新建小区配套幼儿园要与小区同步规划、同步建设、同步交付使用。建设用地按国家有关规定予以保障。未按规定安排配套幼儿园建设的小区规划不予审批。城镇小区配套幼儿园作为公共教育资源由当地政府统筹安排，举办公办幼儿园或委托办成普惠性民办幼儿园。城镇幼儿园建设要充分考虑进城务工人员随迁子女接受学前教育的需求。

在我国城镇化水平不断推进的历史背景下，抓住小区配套幼儿园建设，明确其公共教育资源的属性，对扩大城镇地区学前教育资源、促进幼儿园合理布局具有重大意义。加强小区配套幼儿园建设和管理，是解决城镇"入园难"的关键。"国十条"强调补建、同步建、强制建。补建即没有配套幼儿园的城镇小区，要按照国家有关规定配套建设幼儿园。同步建指新建小区配套幼儿园要与小区建设"三同步"，即同步规划、同步建设、同步交付使用，建设用地按照国家有关规定予以保障。强制建即未按规定安排配套幼儿园建设的小区规划不予审批。

（四）努力扩大农村学前教育资源

扩大农村学前教育资源一直是国家发展学前教育的重点和难点。"国十条"主要提出四条措施：一是纳入规划。"各地要把发展学前教育作为社会主义新农村建设的重要内容，将幼儿园作为新农村公共服务设施统一规划，优先建设，加快发展"。这一规定事实上已将学前教育纳入农村公共服务体系，明确了今后农村学前教育的发展道路是以公办、集体办为主。二是加大投入。国家实施推进农村学前教育项目，重点支持中西部农村地区。地方各级政府要安排专门资金，重点建设农村幼儿园。三是完善网络。通过独立建园、设分园、联合办园、配专职巡回指导教师等方式，完善县、乡、村学前教育网络。四是改善条件。改善农村幼儿园办园条件，努力配备好保教设施、玩教具和幼儿读物等，逐步为农村幼儿园创设良好的教育环境。

"国十条"大致描述了我国未来学前教育公共服务体系的基本格局。即以普惠性幼儿园为主体，公办民办并举，城镇以小区配套幼儿园为依托。农村以乡镇中心幼儿园为核心，覆盖城乡，布局合理。

三、多种途径加强幼儿教师队伍建设

建设一支数量充足、素质合格的师资队伍，不断提高广大幼儿教师的专业水平，是学前教育可持续发展的重要保障。幼儿教师队伍是基础教育教师队伍中最薄弱的部分，已成为制约我国学前教育事业可持续发展的瓶颈。针对我国幼儿教师队伍数量严重不足、师幼比不合理，学历层次偏低、整体质量偏低，地位待遇低、社会保障没有落实等问题，"国十条"提出了以下措施：

（一）核定编制，逐步配齐，提高准入标准

"国十条"指出："加快建设一支师德高尚、热爱儿童、业务精良、结构合理的幼儿教师队伍。"各地根据国家要求，核定公办幼儿园教职工编制，逐步配齐幼儿园教职工；公开招聘具备条件的毕业生充实幼儿教师队伍；中小学富余教师经培训合格后可转入学前教育。这就扩大了幼儿园师资的来源，在保证富余教师生计的同时，又增加了幼儿教师的数量，但在其转岗过程中应注意三个问题：一是选择合适的中小学教师转岗，把好"三限"（限年龄、限学科、限比例）这一"转入关"。二是注重转岗培训的有效性，严把"培训关"。培训应以师德建设为首位，以教师专业发展为核心。教师经培训合格后，应继续给予再教育机会，并建立必要的奖惩机制，为他们提供广阔的专业发展空间。三是要建立健全"能进能出"的良性机制，允许不适合的转岗教师做出二次选择，以人为本，不断加强学前教育的师资力量，促进学前教育的科学发展。民办幼儿园应根据相关标准，配足配齐教职工。同时，健全幼儿园教师资格准入制度，严把入口关。

（二）依法落实幼儿教师的地位和待遇

努力加大幼儿教师的职业吸引力，这是加强幼儿教师队伍建设的关键所在。"国十条"指出："切实维护幼儿教师权益，完善落实幼儿园教职工工资保障办法、专业技术职称（职务）评聘机制和社会保障政策。"通过提高幼儿教师待遇和保障水平等多种措施，吸引和鼓励优秀人才从事学前教育。"国十条"还指出，对长期在农村基层和艰苦边远地区工作的公办幼儿教师，按国家规定实行工资倾

斜政策。这对激励公办幼儿教师到农村和边远地区工作、改善农村幼儿教师队伍素质有一定促进作用。

（三）完善学前教育师资培养培训体系

在教师培养方面，"国十条"指出"办好中等幼儿师范学校。办好高等师范院校学前教育专业。建设一批幼儿师范专科学校"。这一提法是符合实际的，充分考虑到了学前教育师资培养任务的艰巨性。"国十条"还提出要"加大面向农村的幼儿教师培养力度，扩大免费师范生学前教育专业招生规模。积极探索初中毕业起点五年制学前教育专科学历教师培养模式。重视对幼儿特教师资的培养"。这些都是幼儿教师培养方面的创新之举。在教师培训方面，"国十条"指出："建立幼儿园园长和教师培训体系，满足幼儿教师多样化的学习和发展需求。创新培训模式，为有志于从事学前教育的非师范专业毕业生提供培训。三年内对1万名幼儿园园长和骨干教师进行国家级培训。各地五年内对幼儿园园长和教师进行一轮全员专业培训。"由此可见，国家计划投入巨大的人力和财力，用于幼儿教师的培养和培训，加强幼儿教师培养质量与实效，切实提升幼儿教师队伍素质，满足普及学前教育的教师教育需求，加大农村幼儿教师培养力度，探索创新培训模式，满足幼儿教师多样化的学习与发展需求。

> ▶【案例 3-3】
>
> "国十条"颁布以来，幼儿园教师培养规模不断扩大
>
> 据《现代教育报》2022 年 4 月 26 日的报道，2021 年，全国开设学前教育专业的本专科高校有 1 095 所，毕业生达到 26.5 万人，分别比 2011 年增加 591 所、23.1 万人，分别增长 1.2 倍、6.7 倍，为持续补充幼儿园师资提供了有力支撑。2021 年，全国幼儿园园长和专任教师总数超过 350 万人，比 2011 年增加 200 万人，增长了 1.3 倍，师幼比从 2011 年的 1∶26 到 2021 年的 1∶15，基本达到了"两教一保"的配备标准，师资短缺问题得到有效解决。教师素质明显提高，学历结构进一步优化，2021 年专科以上学历的园长及专任教师占比达到 87.8%，比 2011 年提高了 24 个百分点。连续实施幼儿园教师"国培计划"，2012—2020 年累计投入 43 亿元，培训幼儿园教师超过 243 万人次，教师专业水平明显提升。

案例分析：通过上述案例可以看出，至 2021 年末，我国幼儿园教师队伍规模空前扩大，无论是教师资源数量，还是教师学历结构，抑或是教师素质都得到了明显的提升。

四、多种渠道加大学前教育投入

投入严重不足一直是困扰和制约我国学前教育发展的重要因素之一。学前教育虽然是我国国民教育体系的重要组成部分和学制中的完整一级，但在财政投入上却处于边缘地位，从政府和社会获得的资源少。我国学前教育经费一直只占整个教育经费支出的 1.3% 左右，而发达国家学前教育经费一般占总教育经费支出的 3% 以上。在非常有限的学前教育投入中，许多地方政府更乐于将公共财政投入容易体现教育发展水平的高中和高等教育领域，而对学前教育投入缺位明显，制约了学前教育的发展。

"国十条"加大财政投入的措施主要是"五有"："预算有科目"，将学前教育经费列入各级政府的财政预算；"增量有倾斜"，新增教育经费要向学前教育倾斜；"投入有比例"，财政性学前教育经费要在同级财政性教育经费中占合理比例，并在未来三年有明显提高；"拨款有标准"，各地要研究制定公办幼儿园生均经费标准和生均财政拨款标准；"资助有制度"，资助家庭经济困难儿童、孤儿和残疾儿童接受普惠性学前教育。

具体来说，"国十条"强调多种渠道加大学前教育投入，包括加大财政投入，鼓励社会力量办园和捐资助园，家庭合理分担学前教育成本等，其核心是要加大中央和地方政府的投入，改变当前学前教育过度依赖市场、投入资金主要来自社会和家长缴费的现状，切实落实各级政府承担投入的责任。

（一）加大财政投入

"国十条"规定："各级政府要将学前教育经费列入财政预算。新增教育经费要向学前教育倾斜。财政性学前教育经费在同级财政性教育经费中要占合理比例，未来三年要有明显提高。"这一明确规定是历史性的进步，表明了国家决心建立学前教育稳定的财政经常性投入的长效机制，这一政策将结束自新中国成立以来，中央财政从未对学前教育专项拨款的历史，形成中央和地方各级财政共同承担学前教育经费的新局面，我国学前教育事业的财政保障水平必将获得较大提升。因为全国各地经济社会发展水平、政府财政状况以及学前教育发展水平和现有财政投入水平的差距都很大，所以"国十条"并未规定财政性学前教育经费在同级财政性教育经费中到底占多少比例才算"合理"，没有"一刀切"。

（二）学前教育经费的使用

"国十条"中，学前教育经费大致用于以下几个方面：支付公办幼儿园的生均公用经费与生均教育经费；扶持和资助集体、国有企事业单位、部门办幼儿园；向普惠性民办幼儿园购买服务；建立学前教育资助制度，资助家庭经济困难儿童、孤儿和残疾儿童接受普惠性学前教育。发展残疾儿童学前康复教育。

中央财政设立专项经费，支持中西部农村地区、少数民族地区和边疆地区发展学前教育和学前双语教育，重点支持边远贫困地区和少数民族地区发展学前教育。

综上所述，国家将加大对学前教育的财政投入力度，多渠道筹措学前教育经费。在经费的投向上，充分体现了普惠、公平的原则，有利于营造公办、民办幼儿园公平竞争、共同发展的环境，有利于农村学前教育事业的迅速推进和城乡均衡发展，有利于保护弱势群体儿童的受教育权。"国十条"明确要"制定公办幼儿园的生均经费标准和财政拨款标准"，这一政策不仅可以规范政府对幼儿园的拨款行为，还可以以生均标准为依据，有效监测各地生均经费落实情况，对促进地方政府提高公办幼儿园生均经费水平起到积极作用。

五、加强幼儿园准入管理

民办幼儿园相对来说成本较低、办学规模灵活性强、市场需求大。基于这一实际情况，《中华人民共和国民办教育促进法》也对个人举办民办学校给予宽松的政策，只要是"符合法律规定的办学条件，可以补办审批手续"。由于幼儿园准入制度不健全，监管力量不足，导致社会上无证办园的现象严重，使得各类幼儿园和早期教育机构质量参差不齐，许多幼儿园和早期教育机构未达到规定的办园条件和标准，在园幼儿的健康和安全没有保障。因此，教育行政部门对无证幼儿园的管理督导措施显得尤为重要。针对这一现象，"国十条"提出了以下两个方面的措施：

（一）完善法律法规，规范学前教育管理

加强幼儿园准入管理，具体方法包括严格执行幼儿园准入制度，制定各种类型幼儿园的办园标准，建立幼儿园信息管理系统，对幼儿园实行动态监管，完善和落实幼儿园年检制度。对社会各类幼儿培训机构和早期教育指导机构，审批主管部门要加强监督管理。在早期教育机构和各类幼儿培训机构日益增多的情况下，提出这一点是非常有必要的。"国十条"还明确了"未取得办园许可证和未办理登记注册手续，任何单位和个人不得举办幼儿园"，这一规定能从根本上减少无证办园现象的发生。

（二）分类治理、妥善解决无证办园问题

对于无证办园的问题，"国十条"提出了解决措施：补办许可证或取缔幼儿园。"各地要对目前存在的无证办园进行全面排查，加强指导，督促整改。整改期间，要保证幼儿正常接受学前教育。经整改达到相应标准的，颁发办园许可证。"取缔即为"整改后仍未达到保障幼儿安全、健康等基本要求的，当地政府要依法予以取缔，妥善分流和安置幼儿"。通过这两种措施全面改善无证办园的现象。

▶【案例3-4】

武汉一区取缔17所无证幼儿园，400余名幼儿被分流

据《楚天都市报》2018年8月22日的报道，近日，武汉市江夏区政府组织区教育局等多部门针对该区无证幼儿园进行联合执法，17所无证园被强制取缔，400余名幼儿被分流至周边的20多家公办或普惠幼儿园，另外33所完成整改且符合办园要求的无证园近期将经审批后办证。

集中整治无证幼儿园是江夏区暑期的重点工作。据悉，今年6月初，该区教育局对全区无证幼儿园进行了拉网式排查，查出50所无证幼儿园，在园幼儿4266人，教职工670人，之后该局成立了无证幼儿园清理整治工作专班，对无证幼儿园的日常行为规范、从业人员配备、规范办园、饮食卫生安全、校车使用和消防安全等情况进行了全方位严格检查，各街道及相关单位等亦共同参与无证园整治工作；7月中下旬，各街道办事处对各无证幼儿园下达了整改通知书，提出具体整改意见，限定各园在1个月内完成整改：期满后，完成整改且符合办园要求的无证幼儿园由区行政审批局依法依规审批办证，达不到审批办证条件仍继续办学的将被强制取缔。

案例分析：由于我国学前教育服务体系正处于大力变革时期，我国的"无证"办园问题较为突出。案例中，武汉市采取"分类管理"的原则，根据幼儿园的实际情况，采用补办许可证或取缔的方式进行处理，有利于最大化地保障幼儿接受优质的学前教育，是处理无证园可行性较强的举措。

六、强化幼儿园安全监管

"国十条"针对幼儿园安全问题提出了要强化幼儿园安全监管。办法主要包括"加强安全设施建设，配备保安人员，健全各项安全管理制度和安全责任制，落实各项措施，严防事故发生"。保安人员要发挥真正的作用，在其位，谋其职，有效排除安全事故发生的可能性。

"相关部门按职能分工，建立全覆盖的幼儿园安全防护体系，切实加大工作力度，加强监督指导。幼儿园要提高安全防范意识，加强内部安全管理"。加强内部的安全管理，除了幼儿园硬件设施的安全性外，一方面教师也要提高安全防范意识，确保幼儿入园到离园的安全；另一方面，还要加强幼儿自身的安全意识，让幼儿掌握基本的安全常识。"幼儿园所在街道、社区和村民委员会要共同做好幼儿园安全管理工作"，这就要求全社会共同参与，各主体相互协调配合，

共同维护幼儿安全。

▶【案例 3-5】

黑校车超载酿成悲剧

据《人民日报》2012 年 12 月 26 日的报道，12 月 24 日上午，江西省贵溪市滨江镇洪塘村合盘石童家村小组一辆幼儿园校车侧翻坠入水塘，造成 11 名幼儿死亡。据初步调查，事故原因为司机操作不当。据了解，出事面包车核载 7 人，事发时车里却有 15 名幼儿，幼儿园也未经当地教育部门审批。

24 日上午 8 时 45 分许，涉事的春蕾幼儿园园长周春娥驾驶着一辆长安 7 座面包车经过这里，为避开停放在路旁的农用车，面包车冲进了沙坑。面包车冲进沙坑时速度较快，轮胎在沙坑中打滑。由于司机操作不当，车辆在转弯时侧滑到水塘。

事发时，车上共载有 17 人，其中有 15 名幼儿、1 名教师及司机本人，属于严重超载。

记者了解到，事故车辆为周春娥在 2012 年 2 月份从本村一村民手中购得。为了方便多搭乘幼儿，车主将车辆座椅的后靠背全部拆除，进行了改装。

案例分析：近年来，幼儿园园车安全事故频繁发生，像案例中的幼儿园，本来该园车的核载人数为 7 人，结果车上一共载有 17 人，属于严重超载。这个案例仅仅是幼儿园的园车安全事故，幼儿园在其他方面的事故也层出不穷，可见我国幼儿园安全形势较为严峻，这些安全事故的发生也引起了社会对幼儿群体安全的广泛关注。

七、规范幼儿园收费管理

收费问题一直是幼儿园管理中的热点问题。"国十条"明确规定进一步规范幼儿园收费管理，"国家有关部门 2011 年出台幼儿园收费管理办法。省级有关部门根据城乡经济社会发展水平、办园成本和群众承受能力，按照非义务教育阶段家庭合理分担教育成本的原则，制定公办幼儿园收费标准"。对于民办幼儿园，"加强民办幼儿园收费管理，完善备案程序，加强分类指导"。另外，为了收费透明化，"幼儿园实行收费公示制度，接受社会监督。加强收费监管，坚决查处乱收费"。在社会的监督下，各幼儿园收费制度将会更加合理，乱收费的现象也会逐渐减少。

八、坚持科学保教，促进幼儿身心健康发展

学前教育的普及，对遵循学前教育规律、不断提高保教质量提出了更高的要求。而现在许多幼儿园存在保教工作不规范、"小学化"倾向严重，教育内容和教育方法明显不符合幼儿身心发展特点，造成幼儿园保教质量低下，使幼儿从小就失去了对学习的兴趣，对其健康成长带来很大的负面影响。

"国十条"对此提出了具有很强的针对性和指导性的建议，从幼儿教师教育内容与方式的角度出发，提出"遵循幼儿身心发展规律，面向全体幼儿，关注个体差异，坚持以游戏为基本活动，保教结合，寓教于乐，促进幼儿健康成长"。从幼儿园的角度出发，提出"加强对幼儿园玩教具、幼儿图书的配备与指导，为儿童创设丰富多彩的教育环境，防止和纠正幼儿园教育'小学化'倾向"。要抵制拔苗助长、机械训练的错误做法。对于各个相关部门，要"研究制定幼儿园教师指导用书审定办法。建立幼儿园保教质量评估监管体系。健全学前教育教研指导网络"。在多方面的共同努力下，"要把幼儿园教育和家庭教育紧密结合，共同为幼儿的健康成长创造良好环境"。幼儿园、家长和社会应该相互配合，共同促进幼儿身心健康发展。

九、完善工作机制，加强组织领导

"国十条"指出：各级政府要加强对学前教育的统筹协调，健全教育部门主管、有关部门分工负责的工作机制，形成推动学前教育发展的合力。"国十条"分别提出了各个部门的责任和任务："教育部门要完善政策，制定标准，充实管理、教研力量，加强学前教育的监督管理和科学指导。机构编制部门要结合实际合理确定公办幼儿园教职工编制。发展改革部门要把学前教育纳入当地经济社会发展规划，支持幼儿园建设发展。财政部门要加大投入，制定支持学前教育的优惠政策。城乡建设和国土资源部门要落实城镇小区和新农村配套幼儿园的规划、用地。人力资源和社会保障部门要制定幼儿园教职工的人事（劳动）、工资待遇、社会保障和技术职称（职务）评聘政策。价格、财政、教育部门要根据职责分工，加强幼儿园收费管理。综治、公安部门要加强对幼儿园安全保卫工作的监督指导，整治、净化周边环境。卫生部门要监督指导幼儿园卫生保健工作。民政、工商、质检、安全生产监管、食品药品监管等部门要根据职能分工，加强对幼儿园的指导和管理。妇联、残联等单位要积极开展对家庭教育、残疾儿童早期教育的宣传指导。充分发挥城市社区居委会和农村村民自治组织的作用，建立社区和家长参与幼儿园管理和监督的机制。

十、统筹规划，实施学前教育三年行动计划

"国十条"要求："各省（区、市）政府要深入调查，准确掌握当地学前教育基本状况和存在的突出问题，结合本区域经济社会发展状况和适龄人口分布、变化趋势，科学测算入园需求和供需缺口，确定发展目标，分解年度任务，落实经费，以县为单位编制学前教育三年行动计划，有效缓解'入园难'。2011年3月底前，各省（区、市）行动计划报国家教育体制改革领导小组办公室备案。"三年行动计划基本上明确并落实了政府的职责，能有效加快各地学前教育事业发展的步伐，为未来学前教育又好又快地发展奠定基础。"国十条"还要求教育部会同有关部门对各地学前教育三年行动计划进展情况进行专项督查，组织宣传和推广先进经验，对发展学前教育成绩突出的地区予以表彰奖励，营造全社会关心支持学前教育的良好氛围。

制定和实施学前教育三年行动计划，是当前加快发展学前教育，解决"入园难"的重大决策，一定要集中人力、物力、财力打好这场攻坚战。一是要准。要深入调查，准确掌握当地学前教育的基本状况和存在的突出问题，科学测算未来三年学前教育需求和供需缺口。二是要实。确定发展目标，分解年度任务，落实项目经费，以县为单位编制学前教育三年行动计划。三是要快。各省（区、市）的行动计划要在2011年3月底前编制完成。四是要督。各地要建立督促检查、考核奖惩和问责机制，确保发展学前教育的各项举措落到实处，取得实效。教育部将会同有关部门对各地三年行动计划进展情况进行专项督查。

"国十条"强调指出，地方政府是发展学前教育、解决"入园难"问题的责任主体。各省（区、市）要建立督促检查、考核奖惩和问责机制，确保大力发展学前教育的各项举措落到实处，取得实效。各级教育督导部门要把学前教育作为督导重点，加强对政府责任落实、教师队伍建设、经费投入、安全管理等方面的督导检查，并将结果向社会公示。以上措施的综合推进将极大地改善学前教育的领导和管理工作，为学前教育事业的发展营造良好的政策环境。

从总体上看，"国十条"指明了我国学前教育的发展方向，又为地方政府预留了创造空间，如"国十条"并未确定公办、民办幼儿园的比例，这为各地因地制宜，寻找适合自己的发展道路和模式提供了空间；既有利于明确和落实政府责任，又有利于调动社会各方积极性；既有利于推动我国学前教育事业又好又快发展，又有利于促进各级各类事业的均衡协调发展。所以很多人都认为"国十条"的出台意味着我国学前教育事业将迎来大发展的春天。但是这一过程充满了艰辛与曲折，对此我们要有充分的思想准备。我们务必要以求实的态度，一步一个脚印，坚定地朝着既定目标努力，把我国的学前教育事业推向新的历史发展阶段。

第三节　《国务院关于当前发展学前教育的若干意见》颁布以来学前教育改革与发展

《国务院关于当前发展学前教育的若干意见》颁布以来，我国学前教育认真践行为党育人、为国育才的崇高使命，以构建广覆盖、保基本、有质量的学前教育公共服务体系为重大任务，砥砺奋进，开拓创新，取得跨越式发展和历史性成就。

一、重视程度前所未有

党中央、国务院高度重视学前教育事业，"国十条"颁布以来，中央作出全面系统的重要部署，党的十八大提出"办好学前教育"，党的十九大要求"在幼有所育上取得新进展"。2018年印发的《中共中央　国务院关于学前教育深化改革规范发展的若干意见》进一步明确了学前教育公益普惠的基本方向，提出了推进学前教育普及普惠安全优质发展的重大政策举措，这是新中国成立以来，第一个以党中央、国务院名义专门印发的学前教育文件，具有里程碑意义，充分彰显了党中央对亿万学前儿童的亲切关怀和办好学前教育的坚强决心。教育部会同有关部门分阶段明确学前教育发展具体目标、重点任务和工作举措，地方各级人民政府切实做好实施工作，坚持不懈推动学前教育持续快速健康发展。社会各界逐步形成广泛共识，各级党委、政府及相关部门更加认识到"投资学前教育就是投资未来"，广大学前教育工作者更加认识到尊重学前教育规律对幼儿健康成长的关键作用，广大家长送孩子入园接受学前教育的愿望更加迫切，全社会形成了关心支持办好学前教育的良好氛围。

二、普及水平大幅提高

围绕破解"入园难"，不断扩大学前教育资源供给，确保"有园上"。"国十条"颁布以来，学前教育资源总量迅速增加，2022年全国幼儿园数达到28.92万所，有力保障了不断增加的适龄幼儿入园需求。毛入园率持续快速提高，2022年全国幼儿园在园幼儿数达到4 627.55万人，学前教育实现了基本普及。其中中西部和农村发展最快，全国新增的幼儿园80%左右集中在中西部，60%左右分布在农村。"国十条"颁布以来毛入园率增长幅度超过30%的省份主要在中西部，学前教育区域、城乡差距明显缩小。

三、普惠资源广泛覆盖

围绕破解"入园贵"，着力构建以普惠性资源为主体的办园体系，实现"上得起"。"国十条"颁布以来，资源结构发生格局性变化，2022年全国普惠性幼儿园（包括公办园和普惠性民办园）达到 24.57 万所，占幼儿园总量的 84.96%，充分发挥了兜底线、保基本、平抑收费、引领方向的重要作用。普惠水平大幅提升，2022 年全国普惠性幼儿园在园幼儿 4 144.05 万人，占全国在园幼儿的 89.55%，有效保障了绝大多数幼儿享受普惠性学前教育。学前教育公共服务网络逐步完善，每个乡镇基本有一所公办中心园，大村独立办园、小村联合办园；适应城镇化进程，不断扩大城镇普惠性资源，特别是全面开展了城镇小区配套幼儿园治理。城乡学前教育公共服务体系基本建成。

四、保教质量明显提升

围绕破解"小学化"，坚持学前教育内涵建设与事业发展同步推进，力保"上好园"。"国十条"颁布以来，科学保教理念深入人心，每年开展"全国学前教育宣传月"活动，面向全社会持续传播科学保教理念和方法，促进科学育儿知识走进千家万户。专业指导持续加强，教育部先后印发《幼儿园教育指导纲要（试行）》《3—6 岁儿童学习与发展指南》《关于大力推进幼儿园与小学科学衔接的指导意见》《幼儿园保育教育质量评估指南》等一系列文件，建立了比较完善的指导体系。深入开展"小学化"专项治理，积极推进"幼小衔接"攻坚行动，大力推广以"安吉游戏"为代表的典型经验，不断完善学前教研体系，建立一批幼儿园保育教育改革实验区，发挥示范引领作用，推动"以游戏为基本活动"有效落实，促进幼儿身心健康成长。

五、教师队伍不断加强

坚持多措并举，不断提高教师队伍整体水平。"国十条"颁布以来，教师培养规模不断扩大，全国开设学前教育专业的本专科高校数量不断增加，为持续补充幼儿园师资提供了有力支撑。教师配备基本达标，2022 年，全国共有学前教育专任教师 324.42 万人，师资短缺问题得到有效解决。教师素质明显提高，学历结构进一步优化，2022 年专任教师学历合格率 99.39%，专任教师中专科及以上学历比例为 90.30%。连续实施幼儿园教师"国培计划"，教师专业水平明显提升。

六、经费投入快速增长

坚持"政府投入为主，家庭合理分担"，学前教育经费投入机制不断完善。"国十条"颁布以来，财政投入力度持续加大。中央财政支持学前教育发展专项资金十年累计投入超过 1 700 亿元，为学前教育发展提供了有力保障。成本分担机制基本建立，各省份均出台了公办园生均公用经费标准或生均财政拨款标准、普惠性民办园补助标准，并根据事业发展需要不断完善；同时综合考虑经济发展水平、群众承受能力和办园成本等因素，动态调整公办幼儿园收费标准，确定普惠性民办幼儿园最高收费限价，有效保障幼儿园正常运行。资助制度不断完善，有效保障了家庭经济困难儿童、孤儿和残疾儿童公平享有学前教育的权利。

七、制度体系基本完善

坚持"依法治教、依法办园"，学前教育科学化、专业化、规范化水平不断提高。"国十条"颁布以来，管理制度基本健全，先后修订、出台《幼儿园工作规程》《幼儿园建设标准》《幼儿园收费管理暂行办法》《幼儿园园长专业标准》《幼儿园教师专业标准（试行）》等规范性文件，为提高幼儿园办园水平发挥了重要作用。督导评估深入实施，印发《幼儿园办园行为督导评估办法》《县域学前教育普及普惠督导评估办法》，全面实施办园行为督导评估和县域学前教育普及普惠认定工作，建立了督导问责机制，有效促进了学前教育事业发展。学前教育立法稳步推进，在全面总结学前教育改革与发展情况的基础上，起草了《中华人民共和国学前教育法（草案）》，推动学前教育走上法治化轨道。"国十条"颁布以来，我国学前教育取得跨越式发展，广大适龄幼儿享有公平接受学前教育的机会；学前教育资源发生格局性变化，公益普惠底色更加鲜明，人民群众幸福感、获得感显著增强；学前教育治理体系不断完善，办园水平显著提升，为提高国民素质、建设教育强国奠定了坚实基础；学前教育始终立足国情、勇于创新，创造了中国特色的学前教育发展经验，为世界贡献了中国方案。

【理解·反思·探究】

1. 简述"国十条"颁布的背景。

2. 为什么有人说"国十条"的颁布迎来了学前教育发展的春天？

3. 请结合实际谈谈政府加大对学前教育投入的意义，它在"国十条"中是如何体现的？

4. 在"国十条"的大环境下，幼儿园应该怎么做？

5. 了解普惠性幼儿园建设的政策和措施，调查一个地区普惠性幼儿园建设的情况。

6. 调研各地"学前教育三年行动计划"实施情况。

【拓展阅读导航】

● 相关政策法规

各地幼儿园办园标准

为加强幼儿园建设与管理，提高幼儿园教育质量和办园水平，促进幼儿园规范和可持续发展，各省、自治区、直辖市纷纷出台了《幼儿园办园标准》，如《北京市幼儿园、托儿所办园、所条件标准（试行）》《湖南省幼儿园办园标准》《河南省幼儿园办园基本标准（试行）》等。各地区从自己的实际出发，分别从幼儿园园舍设备、幼儿园工作人员配备、招生与规模等方面制定了该地区的幼儿园办园标准。

● 相关文献

1. 刘强. 学前教育城乡均衡发展的理论与实践［M］. 南京：南京大学出版社，2011.

该书认为，学前教育的非均衡，其核心是学前教育资源配置的非均衡。解决这一难题的路径首先要从制度层面突破，要从发展、教育、管理三个方面搞好学前教育：要基本普及学前教育，重点发展农村学前教育；要遵循幼儿身心发展规律，坚持科学保教方法；要加强学前教育管理，保障幼儿健康快乐成长。

2. 庞丽娟. 政府主导　创新体制：我国地方学前教育改革探索与政策启示［M］. 北京：北京师范大学出版社，2012.

该书不仅较为全面、深入地研究和有针对性地分析了我国地方学前教育政策探索与改革的主要成功经验、特色及其动向，同时致力于研究提出关于推动我国国家宏观教育决策和政策制定与完善的思考、建议。

第四章 《中共中央　国务院关于学前教育深化改革规范发展的若干意见》

【导语】

　　针对普惠性学前教育资源不足、政策保障体系不完善、监管机制不健全、保教质量有待提高等一系列问题，2018年11月7日，中共中央、国务院印发《关于学前教育深化改革规范发展的若干意见》（本章可简称《意见》），这是新中国成立以来第一次以中共中央、国务院名义专门印发关于学前教育工作的若干意见，具有里程碑意义。《意见》明确了学前教育改革发展的前进方向和重大举措，有效推进学前教育普及、普惠、安全、优质发展。

　　本章从《意见》颁布的背景、意义、主要内容等方面介绍国家关于发展学前教育的政策以及如何解决当前学前教育发展过程中出现的问题。

【学习目标】

- 了解《意见》颁布的背景和意义。
- 掌握《意见》的主要内容。
- 领会《意见》中保障学前教育的发展路径，结合已有的现实需求以及发展困境，灵活运用相关策略促进学前教育稳步前行。

学前教育是终身学习的开端，是国民教育体系的重要组成部分，是重要的社会公益事业。2018 年 11 月 7 日颁布的《中共中央　国务院关于学前教育深化改革规范发展的若干意见》，对学前教育进行顶层设计，破解难题，进一步明确了学前教育改革发展的前进方向，并定位了学前教育发展的新标准，要求学前教育资源不仅要丰富充足、普及普惠，更要安全优质。

第一节　《中共中央　国务院关于学前教育深化改革规范发展的若干意见》概述

自 2010 年《国家中长期教育改革和发展规划纲要（2010—2020 年）》发布之后，我国的学前教育事业取得了长足的发展，但是由于历史原因，学前教育的资源供给、师资队伍建设、规范与管理、经费投入等方面还存在着诸多问题，为了推动学前教育的规范和健康发展，使其体制机制得到进一步完善，2018 年 11 月 7 日中共中央、国务院印发《关于学前教育深化改革规范发展的若干意见》，为新时代学前教育改革发展指明了方向，也为学前教育攀登新的发展高峰提供了重要支撑。

一、《中共中央　国务院关于学前教育深化改革规范发展的若干意见》颁布的背景

（一）学前教育是国民教育体系的重要组成部分

学前教育是教育之根、教育之魂，对幼儿身心健康、习惯养成、智力发育、性格塑造意义深远。良好的学前教育可为义务教育、高中教育和高等教育奠定基础。教育是牵涉 14 亿人民的最大民生工程，学前教育现代化是教育现代化的重要内容。党的十八大以来，在以习近平同志为核心的党中央的领导下，各地以县为单位连续实施三期学前教育行动计划，扎实推进学前教育改革发展，取得了显著的成绩。办好学前教育、实现幼有所育，是党的十九大做出的重大决策部署，是党和政府为老百姓办实事的重大民生工程，关系亿万儿童健康成长，关系社会和谐稳定，关系党和国家事业未来。

（二）政府部门高度重视学前教育的全面发展

回顾近年来国家的各项政策法规可以发现，各级政府尤其是中央政府对学前教育的重视程度逐步提高。在《政府工作报告》中，2014 年强调"发展学前教育"，2015 年强调"加强学前教育"，2016 年强调"鼓励普惠性幼儿园发展"，2017 年强调"办好学前教育"，2018 年强调"儿童是民族的未来、家庭的希望。要多渠道增加学前教育资源供给，重视对幼儿教师的关心和培养，运用互联网等

信息化手段对儿童托育中育儿过程加强监管，一定要让家长放心安心"。新时代的《政府工作报告》每年都根据学前教育实际的发展状况适时调整学前教育发展方向，足以体现党中央对学前教育的重视程度和支持发展的坚定信心。

（三）学前教育从追求数量转向追求质量的现实需要

党的十八大以来，我国学前教育事业快速发展，资源迅速扩大、普及水平大幅提高、管理制度不断完善，"入园贵""入园难"等问题得到有效缓解。但同时也要看到，由于底子薄、欠账多，目前学前教育仍是整个教育体系的短板，发展不平衡、不充分问题十分突出，主要表现为：学前教育资源，尤其是普惠性资源不足，政策保障体系不完善，教师队伍建设滞后，监管体制机制不健全，保教质量有待提高，存在幼儿园"小学化"倾向，部分民办园过度逐利、幼儿安全问题等。为进一步完善学前教育公共服务体系，切实办好新时代学前教育，更好实现幼有所育，《意见》应运而生。

▶【案例 4-1】

国内私立幼儿园收费高引关注

2017 年 8 月 18 日，国家发改委召开新闻发布会，会上，发改委新闻发言人孟玮表示：进入暑期后，幼儿园、社会培训等教育行业价费问题较受关注。平台数据显示，幼儿园（其中七成以上为私立幼儿园）的收费问题成为民众投诉举报的焦点，各类社会培训机构的退费问题反映比较突出。

目前私立幼儿园收费问题主要集中在收费过高、乱收费方面，如收取空调费、留位费等，给家长造成沉重的经济负担。与此同时，幼儿园的教育质量和幼儿安全并没有因为高昂的收费得到保障。[①]

案例分析：幼儿园高收费一直是近几年社会关注的热点。但私立幼儿园的收费与教育质量之间存在差距。对于希望获取优质学前教育资源的群体来说，收费是"值不值"的问题。幼儿园高收费现象的实质是广大人民群众日益增长的对优质学前教育的需要同处于发展中的学前教育事业发展水平之间矛盾的反映。因此，《意见》的颁布体现了政府治理幼儿园的目标不仅放在收费标准的设置上，同时也逐步将重心放在为广大人民群众提供优质学前教育资源上，进而促进各级各类教育协调发展。这充分体现了新时期、新阶段党和国家对推动学前教育改革与发展的高度重视。

---

① 中华人民共和国中央人民政府.国家发改委就宏观经济运行情况举行新闻发布会［EB/OL］.http：//www.gov.cn/xinwen/2017-08/18/content_5218655.htm#l，2017-08-18.

二、《中共中央　国务院关于学前教育深化改革规范发展的若干意见》的意义

《意见》是新中国成立以来第一个以中共中央、国务院名义印发的关于学前教育工作的文件，同时也是全国教育大会召开之后教育工作的一个重磅政策性文件。《意见》的印发充分体现了以习近平同志为核心的党中央对学前教育工作的高度重视，是对党的十九大精神的深入贯彻落实。《意见》所提出的九个部分三十五条重大政策举措，对我国学前教育事业未来如何发展设定了任务书，规划了路线图，明确提出了解决"入园难""入园贵"等难题的具体措施，在发展中补齐民生短板，促进社会公平正义，实现幼有所育，努力让每个孩子都能享有公平而有质量的教育，促进幼儿的全面发展，确保国家的长治久安。这对学前教育改革与发展具有重要的里程碑意义，预示着学前教育必将迎来一个更加持续、健康、协调发展的春天。

第二节　《中共中央　国务院关于学前教育深化改革规范发展的若干意见》的主要内容

《意见》就学前教育深化改革规范发展提出了三十五条意见，分为九个部分：总体要求、优化布局与办园结构、拓宽途径扩大资源供给、健全经费投入长效机制、大力加强幼儿园教师队伍建设、完善监管体系、规范发展民办园、提高幼儿园保教质量、加强组织领导。本节将对《意见》的内容进行介绍。

☞链接:《中共中央　国务院关于学前教育深化改革规范发展的若干意见》

一、总体要求

总体要求是第一部分，其精神贯穿全文。总体要求共有三条，说明了当前学前教育深化改革发展的指导思想、基本原则、主要目标。

（一）指导思想

第一条说明了学前教育在发展过程中的指导思想：以习近平新时代中国特色社会主义思想为指导，全面贯彻党的十九大精神和党的教育方针，认真落实立德树人根本任务，遵循学前教育规律，牢牢把握学前教育正确发展方向，完善学前教育体制机制，健全学前教育政策保障体系，推进学前教育普及普惠安全优质发展，满足人民群众对幼有所育的美好期盼，为培养德智体美劳全面发展的社会主义建设者和接班人奠定坚实基础。

（二）基本原则

第二条提出了发展学前教育的四条基本原则。

（1）坚持党的领导。加强党对学前教育工作的领导，确保党的教育方针在学前教育领域深入贯彻，确保立德树人根本任务落实到位，确保学前教育始终沿着正确方向发展。

（2）坚持政府主导。落实各级政府在学前教育规划、投入、教师队伍建设、监管等方面的责任，完善各有关部门分工负责、齐抓共管的工作机制。牢牢把握公益普惠基本方向，坚持公办民办并举，加大公共财政投入，着力扩大普惠性学前教育资源供给。

（3）坚持改革创新。突出问题导向，统筹兼顾、综合施策，破解制约学前教育发展的体制机制障碍，补齐制度短板，激发办园活力，鼓励引导规范社会力量办园，充分调动各方面积极性。

（4）坚持规范管理。遵循幼儿身心发展规律，实施科学保教，健全治理体系，堵住监管漏洞，完善学前教育法律法规，实现依法依规办园治园，促进幼儿健康快乐成长。

（三）主要目标

第三条对我国学前教育深化改革规范发展提出了三个目标。

（1）到 2020 年，全国学前三年毛入园率达到 85%，普惠性幼儿园覆盖率（公办园和普惠性民办园在园幼儿占比）达到 80%。广覆盖、保基本、有质量的学前教育公共服务体系基本建成，学前教育管理体制、办园体制和政策保障体系基本完善。投入水平显著提高，成本分担机制普遍建立。幼儿园办园行为普遍规范，保教质量明显提升。不同区域、不同类型城市分类解决学前教育发展问题，大型、特大型城市率先实现发展目标。

（2）到 2020 年，基本形成以本专科为主体的幼儿园教师培养体系，本专科学前教育专业毕业生规模达到 20 万人以上；建立幼儿园教师专业成长机制，健全培训课程标准，分层分类培训 150 万名左右幼儿园园长、教师；建立普通高等学校学前教育专业质量认证和保障体系，幼儿园教师队伍综合素质和科学保教能力得到整体提升，幼儿园教师社会地位、待遇保障进一步提高，职业吸引力明显增强。

（3）到 2035 年，全面普及学前三年教育，建成覆盖城乡、布局合理的学前教育公共服务体系，形成完善的学前教育管理体制、办园体制和政策保障体系，为幼儿提供更加充裕、更加普惠、更加优质的学前教育。

二、优化布局与办园结构

《意见》强调优化布局与调整办园结构。一方面，坚持以县为单位因地制宜，以普惠性幼儿园建设优先。对城镇和农村地区的普惠性幼儿园建设有不同的保障措施：城乡在公办园不足的情况下，允许新建改建一批公办园；农村地区则要满足至少每个乡镇办好一所公办园。另一方面，坚持以构建普惠性资源为主体的办园体系为着力点，确保 2020 年公办园在园幼儿的全国占比达 50%，2020 年我国普惠性幼儿园覆盖率达到 80% 的目标。

（一）科学规划布局

各地要充分考虑人口变化和城镇化发展趋势，结合实施乡村振兴战略，制定应对学前教育需求高峰方案。以县为单位制定幼儿园布局规划，切实把普惠性幼儿园建设纳入城乡公共管理和公共服务设施统一规划，列入本地区控制性详细规划和土地招拍挂建设项目成本，选定具体位置，明确服务范围，确定建设规模，确保优先建设。公办园资源不足的城镇地区，新建改扩建一批公办园。大力发展农村学前教育，每个乡镇原则上至少办好一所公办中心园，大村独立建园或设分园，小村联合办园，人口分散地区根据实际情况可举办流动幼儿园、季节班等，配备专职巡回指导教师，完善县乡村三级学前教育公共服务网络。

（二）调整办园结构

各地要把发展普惠性学前教育作为重点任务，结合本地实际，着力构建以普惠性资源为主体的办园体系，坚决扭转高收费民办园占比偏高的局面。大力发展公办园，充分发挥公办园保基本、兜底线、引领方向、平抑收费的主渠道作用。按照实现普惠目标的要求，公办园在园幼儿占比偏低的省份，逐步提高公办园在园幼儿占比，到 2020 年全国原则上达到 50%，各地可从实际出发确定具体发展目标。积极扶持民办园提供普惠性服务，规范营利性民办园发展，满足家长不同选择性需求。随着城市化建设的不断推进，家长对学前教育的重视程度日益增强，但有限的公办园仍然无法满足人民对高质量、高水平幼儿园的需求。因此，大力发展公办园仍是目前及今后推动学前教育发展的重点工作内容之一。加强城区幼儿园、农村幼儿园和乡镇中心幼儿园建设，改善办园条件，为幼儿提供优质的生活学习环境。

《意见》把学前教育摆在国计民生的高度，进一步强化了坚持政府主导和坚持公益普惠的基本方向，针对当前人民群众关心的"入园难""入园贵""监管弱"问题，出台了一系列强有力的政策措施。牢牢把握公益普惠的发展方向，进一步强化学前教育作为重要的社会公益事业的根本属性，满足人民群众对幼有所育的美好期盼。《意见》从维护社会公平、学前教育公益性的高度，对社会资本在学前教育领域过度逐利的行为做出了限制性规定和规范性要求，能有效遏制当前一些资本吞噬普惠性资源、盲目扩张和过度逐利的乱象，对学前教育回归公益普惠属性，鼓励和引导有情怀的人士脚踏实地办学前教育具有重要的现实意义。

三、拓宽途径扩大资源供给

在巩固三期学前教育行动计划成果的基础上，继续实施学前教育专项行动计划；

通过租赁、租借等形式充分利用闲置房舍资源，鼓励国企事业单位兴建公办园，鼓励社会力量参与办园，将小区配套幼儿园建成公办园或委托办成普惠性民办园。

（一）实施学前教育专项

国家继续实施学前教育行动计划，逐年安排建设一批普惠性幼儿园，重点扩大农村地区、脱贫攻坚地区、新增人口集中地区普惠性资源。

> ▶【案例 4-2】
>
> 学前教育专项行动计划取得实效
>
> 2017 年 5 月，我国第三期学前教育行动计划以普及为主题、普惠为主线，明确提出到 2020 年全国学前三年毛入园率达到 85%、普惠性幼儿园覆盖率达到 80% 左右的"双普"规划目标。据统计，2020 年，全国共有幼儿园 29.17 万所，幼儿园共有专任教师 291.34 万人。学前教育毛入园率达 85.2%，入园儿童 1 791.40 万人，在园幼儿 4 818.26 万人。其中，普惠性幼儿园在园幼儿 4 082.83 万人，普惠性幼儿园覆盖率达到 84.74%。由此可见，第三期学前教育行动计划的"双普"目标已超额完成。
>
> 2021 年 7 月 21 日，教育部基础教育司司长吕玉刚在国务院新闻办公室发布会上表示，提高学前教育的普及普惠水平，实现幼有所育，是服务国家人口发展战略、促进三孩政策顺利实施的重要举措。党的十八大以来，我国学前教育取得了跨越式快速发展，有效缓解了长期以来存在的"入园难""入园贵"问题。按照党中央、国务院关于健全普惠性学前教育保障机制的部署要求，下一步，教育部将会同中央有关部门，以有效支撑三孩政策实施为重要目标，研究制定部署实施第四期学前教育行动计划。[①]

案例分析：结合当前数据，可以了解到国家实施的学前教育专项行动计划取得实效，有效推动了学前教育的快速发展。通过学前教育专项行动计划，能够更加全面贯彻党的教育方针，落实立德树人的根本任务，强化政府主体责任，健全保障机制，进而满足人民幼有所育的美好期盼。

（二）积极挖潜扩大增量

充分利用腾退搬迁的空置厂房、乡村公共服务设施、农村中小学闲置校舍等

---

① 中华人民共和国国务院新闻办公室.国新办举行优化生育政策促进人口长期均衡发展新闻发布会 [EB/OL]. http://www.scio.gov.cn/xwfbh/xwbfbh/wqfbh/44687/46355/index.htm, 2021-07-21.

资源，以租赁、租借、划转等形式举办公办园。鼓励支持街道、村集体、有实力的国有企事业单位，特别是普通高等学校举办公办园，在为本单位职工子女入园提供便利的同时，也为社会提供普惠性服务。对于军队停办的幼儿园，要移交地方政府接收，实行属地化管理，确保学前教育资源不流失。

（三）规范小区配套幼儿园建设使用

2019年6月底前，各省（自治区、直辖市）要制定小区配套幼儿园建设管理办法，健全发展改革、自然资源、住房城乡建设、教育等部门联动管理机制，做好配套幼儿园规划、土地出让、园舍设计建设、验收、移交、办园等环节的监督管理。各省（自治区、直辖市）要对小区配套幼儿园规划、建设、移交、办园等情况进行专项治理，2019年年底前整改到位。老城（棚户区）改造、新城开发和居住区建设、易地扶贫搬迁应将配套建设幼儿园纳入公共管理和公共服务设施建设规划，并按照相关标准和规范予以建设，确保配套幼儿园与首期建设的居民住宅区同步规划、同步设计、同步建设、同步验收、同步交付使用。配套幼儿园由当地政府统筹安排，办成公办园或委托办成普惠性民办园，不得办成营利性幼儿园。对存在配套幼儿园缓建、缩建、停建、不建和建而不交等问题的，在整改到位之前，不得办理竣工验收。

（四）鼓励社会力量办园

政府加大扶持力度，引导社会力量更多举办普惠性幼儿园。2019年6月底前，各省（自治区、直辖市）要进一步完善普惠性民办园认定标准、补助标准及扶持政策。通过购买服务、综合奖补、减免租金、派驻公办教师、培训教师、教研指导等方式，支持普惠性民办园发展，并将提供普惠性学位数量和办园质量作为奖补和支持的重要依据。

学前教育仍然是我国教育体系最薄弱的环节之一，因此，当前及今后一段时期，多渠道增加普惠性学前教育资源是重要任务。这就要求各级政府充分认识扩大普惠性资源的必要性，通过一系列体制机制改革，厘清不同主体在学前教育资源供给中的关系，理顺以办园体制为核心的学前教育资源和服务供给方式。

四、健全经费投入长效机制

通过优化经费投入结构、健全学前教育成本负担机制、完善学前教育资助制度等途径加大财政投入，同时向中西部农村地区和贫困地区倾斜，缓解处境不利儿童"入园难""入园贵"的问题。

（一）优化经费投入结构

国家进一步加大学前教育投入力度，逐步提高学前教育财政投入和支持水平，主要用于扩大普惠性资源、补充配备教师、提高教师待遇、改善办园条件。中央财政继续安排支持学前教育发展资金，支持地方多种形式扩大普惠性资源，深化体制机制改革，健全幼儿资助制度，重点向中西部农村地区和贫困地区倾斜。研究中央专项彩票公益金等支持学前教育发展的政策。地方各级政府要健全学前教育经费投入机制，规范使用管理，强化绩效评价，提高使用效益。

▶【案例 4-3】

学前教育倾斜政策有效缩小城乡差距

自 2010 年，特别是党的十八大以来，我国学前教育政策明显向中西部农村地区、贫困地区倾斜。依托国家出台的学前教育政策，分解与梳理"重点发展农村学前教育"这一宏观政策目标，对政策文件中提出的正式目标的完成情况进行监测和衡量，并结合我国城区、镇区及乡村的学前教育发展水平的对比来评估政策达成的成效。结果发现，政策倾斜效应下，我国乡镇一级的学前教育资源迅速扩大，普及水平提升；乡镇幼儿园教师数量补充及学历层次提升明显；幼儿园办园条件改善显著，城乡差距不断缩小。

根据 2022 年中国教育统计年鉴，学前教育毛入园率为 89.7%，比上年提高 1.6 个百分点。全国共有幼儿园 28.92 万所。其中，普惠性幼儿园 24.57 万所，普惠性幼儿园占全国幼儿园的比例为 84.96%。全国共有在园幼儿 4 627.55 万人。其中，普惠性幼儿园在园幼儿 4 144.05 万人，占全国在园幼儿的比例为 89.55%，比上年增长 1.77 个百分点。全国共有幼儿园专任教师 324.42 万人，比上年增长 1.67%；专任教师学历合格率为 99.39%；专任教师中专科及以上学历比例为 90.30%，乡村幼儿园专任教师学历合格率增幅最大。学前教育经费大幅增长，财政性教育经费向农村倾斜。这说明乡村、镇区的学前教育资源在不断有效扩大，实现了与城市地区的同步同向提升，适龄儿童获得学前教育机会的可能性在不断上升。

案例分析：中西部农村地区、贫困地区学前教育的跨越式发展是国家建立学前教育倾斜政策体系，充分运用重大项目工程，不断丰富扶贫举措的政策倾斜的结果。展望未来，必须从加快学前教育立法、落实政府主体责任、建立学前教育长效投入机制、创新学前教育资源供给方式、兼顾幼教师资培育等顶层设计的方方面面来及时补齐学前教育短板，尤其是改变政府长期缺位的局面，促进学前教育事业整体迈向前进。

（二）健全学前教育成本分担机制

各地要从实际出发，科学核定办园成本，以提供普惠性服务为衡量标准，统筹制定财政补助和收费政策，合理确定分担比例。到 2020 年，各省（自治区、直辖市）制定并落实公办园生均财政拨款标准或生均公用经费标准，合理确定并动态调整拨款水平；因地制宜制定企事业单位、部队、街道、村集体办幼儿园财政补助政策；根据办园成本、经济发展水平和群众承受能力等因素，合理确定公办园收费标准并建立定期动态调整机制。民办园收费项目和标准根据办园成本、市场需求等因素合理确定，向社会公示，并接受有关主管部门的监督。非营利性民办园（包括普惠性民办园）收费具体办法由省级政府制定。营利性民办园收费标准实行市场调节，由幼儿园自主决定。地方政府依法加强对民办园收费的价格监管，坚决抑制过高收费。

合理确定公办园收费标准，加强对民办园收费价格监管，对月收费不到千元的公办园和天价收费的民办园的价格进行调整，有利于扭转高收费民办园占比偏高的局面，满足人民群众对幼有所育的期盼。

（三）完善学前教育资助制度

各地要认真落实幼儿资助政策，确保接受普惠性学前教育的家庭经济困难儿童（含建档立卡家庭儿童、低保家庭儿童、特困救助供养儿童等）、孤儿和残疾儿童得到资助。

五、大力加强幼儿园教师队伍建设

教师是提升幼儿园保教质量的重要一环，《意见》从五个方面着手，提出了幼儿园教师队伍建设的发展要求：

（一）严格依标配备教职工

各地要及时补充公办园教职工，严禁"有编不补"、长期使用代课教师。民办园按照配备标准配足配齐教职工。各类幼儿园按照国家相关规定配备卫生保健人员。

（二）依法保障幼儿园教师地位和待遇

各地要认真落实公办园教师工资待遇保障政策，统筹工资收入政策、经费支出渠道，确保教师工资及时足额发放、同工同酬。有条件的地方可试点实施乡村公办园教师生活补助政策。按照政府购买服务范围的规定，可将公办园中保育员、安保、厨师等服务纳入政府购买服务范围，所需资金从地方财政预算中统筹安排。民办园要参照当地公办园教师工资收入水平，合理确定相应教师的工资收入。各类幼儿园依法依规足额足项为教职工缴纳社会保险和住房公积金。各地要根据学前教育特点和幼儿园教师专业标准，完善幼儿园教师职称评聘标准，畅通职称评聘通道，提高高级职称比例。对作出突出贡献的幼儿园园长、教师，按照国家有关规定予以表彰和奖励。

▶【案例4-4】

农村幼儿园教师的待遇如何提高

近年来，为了让农村幼儿园教师安心从教，很多地区出台政策保障农村幼儿园教师待遇。

"如果幼儿园能跟中小学一样，教师都有编制就好了，那样就会吸引优秀本科生来当幼儿园教师。"杭州市萧山区教育局学前教育科科长骆静说。2021年，萧山区招到400名在编幼儿园教师，这让骆静心里很高兴，但这远不能满足幼儿园的需求。这几年，为缓解师资紧缺现状，萧山区还陆续聘用了不少合同制教师，并按"每班一个公办、一个合同制教师"的标准给公办园配备。目前，萧山区有在编幼儿园教师1 335名，其中869名在农村园；合同制幼儿园教师680名，其中423名在农村园。为稳定农村幼儿园教师队伍，萧山区出台工资政策，明确了公办园教师工资收入对标义务教育阶段，与中小学教师同步、同幅增长，实现了教师平均工资收入不低于公务员平均收入水平的要求。

对于农村在编幼儿园教师的工资，各地大多对标义务教育阶段来执行，但也存在执行不到位的情况。"虽说是参照义务教育阶段，但幼儿园教师工资在整个教师工资体系中水平偏低。"甘肃省定西市陇西县教育局局长陈永义坦言。

然而，目前仍有不少地区，特别是贫困地区的农村幼儿园教师，处于低收入水平。有学者认为：农村幼儿园教师工资低，主要还是当前农村学前教育成本分担中政府财政投入不足。在城乡二元体制下，政府在学前教育领域理应向农村倾斜。[1]

案例分析：目前，学前教育行业薪资待遇与工作付出并不成正比。这一现象在公办幼儿园编外人员、民办幼儿园教师及贫困地区幼儿园教师等群体中体现得尤为明显。工作压力大与回报不理想这对矛盾，导致很多幼儿园教师离职转行，也令不少学前教育专业毕业生对幼儿园教师职业望而却步。"全面二孩"政策只是幼儿园教师短缺原因的"冰山一角"，归根结底，是幼儿园教师收入与付出不平衡而导致的人才短缺。弥补幼儿园教师、保育员人数缺口，重点在于提高薪资待遇，吸引和留住人才。

---

[1] 中华人民共和国教育部.农村幼师待遇如何提高［EB/OL］.http://www.moe.gov.cn/jyb_xwfb/moe_2082/2021/2021_zl21/202103/t20210329_523162.html.2021-03-19.

（三）完善教师培养体系

办好一批幼儿师范专科学校和若干所幼儿师范学院，支持师范院校设立并办好学前教育专业。中等职业学校相关专业重点培养保育员。根据基本普及学前教育目标，制定学前教育专业培养规划，扩大本专科层次培养规模及学前教育专业公费师范生招生规模。前移培养起点，大力培养初中毕业起点的五年制专科学历的幼儿园教师。引导学前教育专业毕业生从事幼教工作，鼓励师范院校在校生辅修或转入学前教育专业，扩大有质量教师供给。创新培养模式，优化培养课程体系，突出保教融合，健全学前教育法规及规章制度，加强儿童发展、幼儿园保育教育实践类课程建设，提高培养专业化水平。2018 年启动师范院校学前教育专业国家认证工作，建立培养质量保障制度。

（四）健全教师培训制度

出台幼儿园教师培训课程指导标准，实行幼儿园园长、教师定期培训和全员轮训制度。研究制定全国幼儿园教师培训工作方案，用两年半左右时间，通过国家、省、县三级培训网络，大规模培训幼儿园园长、教师，重点加强师德师风全员培训、非学前教育专业教师全员补偿培训和未成年人保护方面的法律培训等。创新培训模式，支持师范院校与优质幼儿园协同建立培训基地，强化专业学习与跟岗实践相结合，增强培训针对性和实效性，切实提高教师专业水平和科学保教能力。

（五）严格教师队伍管理

认真落实教师资格准入与定期注册制度，严格执行幼儿园园长、教师专业标准，坚持公开招聘制度，全面落实幼儿园教师持证上岗，切实把好幼儿园园长、教师入口关。非学前教育专业毕业生到幼儿园从教须经专业培训并取得相应教师资格。强化师德师风建设，通过加强师德教育、完善考评制度、加大监察监督、建立信用记录、完善诚信承诺和失信惩戒机制等措施，提高教师职业素养，培养热爱幼教、热爱幼儿的职业情怀。对违反职业行为规范、影响恶劣的实行"一票否决"，终身不得从教。

无论是公益普惠学前教育公共服务体系的建立，还是教育质量的提升和教师队伍建设，都需要坚持以政府为主导。《意见》提出，落实各级政府在学前教育规划、投入、教师队伍建设、监管等方面的责任，完善各有关部门分工负责、齐抓共管的工作机制。这是具有中国特色发展学前教育的基本管理体制，应该不断加以完善和优化。《意见》提出的加强学前教育教师队伍建设措施的落实，对维护幼儿园教师的基本权益，增强广大幼儿园教师的职业荣誉感，提高幼儿园教师的职业吸引力，提高学前教育保教质量起到积极的作用。

六、完善监管体系

实行分工合作，建立健全各部门的监管机制及各级教育部门学前教育管理机构，严格幼儿园准入管理，幼儿园审批要求严格执行"先证后照"制度，强化对幼儿园安全防护、保教质量等方面的动态管理。

（一）落实监管责任

强化各级党委和政府及各有关部门的监管责任，建立健全教育部门主管、各有关部门分工负责的监管机制。健全各级教育部门学前教育管理机构，充实管理力量，建设一支与学前教育事业发展规模和监管任务相适应的专业化管理队伍。

（二）加强源头监管

严格幼儿园准入管理，各地依据国家基本标准调整完善幼儿园设置标准，严格掌握审批条件，加强对教职工资质与配备标准、办园条件等方面的审核。幼儿园审批严格执行"先证后照"制度，由县级教育部门依法进行前置审批，取得办园许可证后，到相关部门办理法人登记。对符合条件的幼儿园，按照国家相关规定进行事业单位登记。

（三）完善过程监管

强化对幼儿园教职工资质和配备、收费行为、安全防护、卫生保健、保教质量、经费使用以及财务管理等方面的动态监管，完善年检制度。各地建立幼儿园基本信息备案及公示制度，充分利用互联网等信息化手段，向社会及时公布并更新幼儿园教职工配备、收费标准、质量评估等方面信息，主动接受社会监督。教育、民政、市场监管等部门要健全家长投诉渠道，及时回应和解决家长反映的问题。健全家长志愿者驻园值守制度，充分发挥幼儿园家长委员会作用，推动家长有效参与幼儿园重大事项决策和日常管理。建设全国学前教育管理信息系统，提高学前教育信息化管理水平。

（四）强化安全监管

落实相关部门对幼儿园安全保卫和监管责任，提升人防、物防、技防能力，建立全覆盖的幼儿园安全风险防控体系。幼儿园所在街道（乡镇）、城乡社区居民委员会（村民委员会）共同做好幼儿园安全监管工作。幼儿园必须把保护幼儿生命安全和健康放在首位，落实园长安全主体责任，健全各项安全管理制度和安全责任制，强化法治教育和安全教育，提高家长安全防范意识和能力，并通过符合幼儿身心特点的方式提高幼儿感知、体悟、躲避危险和伤害的能力。

▶【案例4-5】

加强幼儿园安全防护，为幼儿保驾护航

2017年颁布的《关于加强中小学幼儿园安全风险防控体系建设的意见》从教育预防、风险防控、事故处理、权益救济及风险化解等方面，对学校安全问题进行顶层设计和统筹安排。其中，教育部门要健全学校对未成年学生权利的保护制度，对体罚、性骚扰、性侵害等侵害学生身心健康的违法犯罪行为，要建立零容忍制度，及早发现、及时处理、从严问责，应当追究法律责任的，要协同配合公安、司法机关严格依法惩处。

全国各地依据该意见，加强了安全防护措施，并对幼儿园的相关人员进行培训，例如，日常生活中常见及突发事故的处理，室内外设施设备的安全操作，各类幼儿流行疾病的预防，营养膳食的安全加工，防恶意闯入和突发性犯罪等。同时注意培训内容的系统性和实操性。通过多种形式、多种途径，保护幼儿的生命安全。

案例分析：只有建立与完善相关法律法规才能保障幼儿园安全运行。幼儿园应关注与安全管理相关的要素，并将其整合起来，建构一个与我国幼儿园实际情况和育人目的相吻合的"安全风险防范管理体系"，保证在园幼儿的安全、健康。

（五）严格依法监管

加强办园行为督导，实行幼儿园责任督学挂牌督导制度。幼儿园提供虚假或误导家长信息的，纳入诚信记录。对存在伤害儿童、违规收费等行为的幼儿园，及时进行整改、追究责任；造成恶劣影响的，依法吊销办园许可证，有关责任人终身不得办学和执教；构成犯罪的，依法追究其刑事责任。

七、规范发展民办园

对现有的民办园要进行非营利性民办园和营利性民办园分类登记，于2020年年底前，各地要稳妥完成无证园治理工作。民办园应依法建立财务、会计和资产管理制度，遏制过度逐利行为。

（一）稳妥实施分类管理

2019年6月底前，各省（自治区、直辖市）要制定民办园分类管理实施办法，明确分类管理政策。现有民办园根据举办者申请，限期归口进行非营利性民办园或营利性民办园分类登记。在此期间，县级以上教育、民政、市场监管部门做好衔接等工作，确保分类登记平稳实施、有序进行。

（二）遏制过度逐利行为

民办园应依法建立财务、会计和资产管理制度，按照国家有关规定设置会计账簿，收取的费用应主要用于幼儿保教活动、改善办园条件和保障教职工待遇，每年依规向当地教育、民政或市场监管部门提交经审计的财务报告。社会资本不得通过兼并收购、受托经营、加盟连锁、利用可变利益实体、协议控制等方式控制国有资产或集体资产举办的幼儿园、非营利性幼儿园；已违规的，由教育部门会同有关部门进行清理整治，清理整治完成前不得进行增资扩股。参与并购、加盟、连锁经营的营利性幼儿园，应将与相关利益企业签订的协议报县级以上教育部门备案并向社会公布；当地教育部门应对相关利益企业和幼儿园的资质、办园方向、课程资源、数量规模及管理能力等进行严格审核，实施加盟、连锁行为的营利性幼儿园原则上应取得省级示范园资质。幼儿园控制主体或品牌加盟主体变更，须经所在区县教育部门审批，举办者变更须按规定办理核准登记手续，按法定程序履行资产交割。所属幼儿园出现安全、经营、管理、质量、财务、资产等方面问题时，举办者、实际控制人、负责幼儿园经营的管理机构应承担相应责任。民办园一律不准单独或作为一部分资产打包上市。上市公司不得通过股票市场融资投资营利性幼儿园，不得通过发行股份或支付现金等方式购买营利性幼儿园资产。

（三）分类治理无证办园

各地要将无证园全部纳入监管范围，建立工作台账，稳妥做好排查、分类、扶持和治理工作。加大整改扶持力度，通过整改扶持规范一批无证园，达到基本标准的，颁发办园许可证。整改后仍达不到安全卫生等办园基本要求的，地方政府要坚决予以取缔，并妥善分流和安置幼儿。2020年年底前，各地要稳妥完成无证园治理工作。

《意见》要求，现有民办园根据举办者申请，限期归口进行非营利性民办园或营利性民办园分类登记。民办园应依法建立财务、会计和资产管理制度，按照国家有关规定设置会计账簿，收取的费用应主要用于幼儿保教活动、改善办园条件和保障教职工待遇，每年依规向当地教育、民政或市场监管部门提交经审计的财务报告。

《意见》提出，根据办园成本、经济发展水平和群众承受能力等因素，合理确定公办园收费标准并建立定期动态调整机制。其中，民办园收费项目和标准根据办园成本、市场需求等因素合理确定，向社会公示，并接受有关主管部门的监督。非营利性民办园（包括普惠性民办园）收费具体办法由省级政府制定。营利性民办园收费标准实行市场调节，由幼儿园自主决定。地方政府依法加强对民办园收费的价格监管，坚决抑制过高收费。

议一议

《意见》中关于积极扶持民办园的政策是否会抑制公办幼儿园的发展？

八、提高幼儿园保教质量

全面改善办园条件，遵循保育和教育方面的要求，坚持保教结合。国家制定幼儿园保教质量评估指南，各省（自治区、直辖市）完善幼儿园质量评估标准，健全分级分类评估体系。幼儿园要落实教研指导责任区制度。

（一）全面改善办园条件

幼儿园园舍条件、玩教具和幼儿图书配备应达到规定要求。国家制定幼儿园玩教具和图书配备指南，广泛征集遴选符合幼儿身心特点的优质游戏活动资源和体现中国优秀传统文化、现代生活特色的绘本。各地要加强对玩教具和图书配备的指导，支持引导幼儿园充分利用当地自然和文化资源，合理布局空间、设施，为幼儿提供有利于激发学习探索、安全、丰富、适宜的游戏材料和玩教具，防止盲目攀比、不切实际。

为幼儿准备适宜、丰富的环境，对其成长意义重大。基本的园舍、玩教具和图书能确保幼儿基本的学习需要。适宜的空间和设施为幼儿的学习提供了良好的条件，能激发幼儿的创造性和探索精神。丰富多彩的环境是幼儿获得多样化经验的基本前提。积木、插塑、图书等是幼儿最基本的学习材料，对幼儿的发展具有非常重要的意义。例如，积木游戏就涉及形状、大小、高矮、长短、颜色、排序、数量、方位、空间、对称、平衡、节奏、纹样和模式等方面的学习，幼儿园要切实重视基本玩具的综合学习功能和发展价值，加强投入和配备，以整体教育观加以引导和支持。

环境和材料等教育资源是幼儿园课程的重要组成部分。教育资源应该与幼儿年龄段相适应。教育资源是一个体系，应按照一定的逻辑呈现，满足不同幼儿的需要，体现多样性和层次性。幼儿应拥有选择材料的机会。资源只有进入活动过程，与幼儿的需要相结合，与幼儿相互作用，才能真正对幼儿的发展产生作用。

（二）注重保教结合

幼儿园要遵循幼儿身心发展规律，树立科学保教理念，建立良好师幼关系。合理安排幼儿一日生活，为幼儿提供均衡的营养，保证充足的睡眠和适宜的锻炼，传授基本的文明礼仪，培育幼儿良好的卫生、生活、行为习惯和自我保护能力。坚持以游戏为基本活动，珍视幼儿游戏活动的独特价值，保护幼儿的好奇心和学习兴趣，尊重个体差异，鼓励支持幼儿通过亲近自然、直接感知、实际操作、亲身体验等方式学习探索，促进幼儿快乐健康成长。开展幼儿园"小学化"专项治理行动，坚决克服和纠正"小学化"倾向，小学起始年级必须按国家课程标准坚持零起点教学。

幼儿是保教过程的核心，幼儿园只有遵循幼儿身心发展规律，研究保教过程的特点和规律，开展科学的保教活动，努力建立丰富、适宜、有效的师幼关系，才能真正促进幼儿发展。

幼儿是在多感官参与的活动中得到发展的，幼儿的活动应该有趣味、有挑战，并能让幼儿获得有益经验。幼儿在与周围的自然、社会和文化资源的相互作

☞链接：《教育部关于大力推进幼儿园与小学科学衔接的指导意见》

用中，在探索、操作、发现、体验、交往及表达中增长新经验，获得新发展。在保教活动中，教师要遵循幼儿身心发展规律和学习特点，注重幼儿的个体差异。幼儿园要坚决克服和纠正"小学化"倾向，避免提前教授小学的课程内容，避免以教师的讲解代替幼儿的活动。

▶【案例 4-6】

幼儿园"小学化"必须休矣

"小学化"倾向的出现，使得各种专业机构生意火爆，无非是利用了家长内心的追梦情结，一些家长甚至把"少壮不努力，老大徒伤悲"的劝学格言，误读为"吃得苦中苦，方为人上人"的谆谆教诲。

"一定要提前认字、写字、学拼音。"面对即将幼升小的孩子，不少家长从一批又一批小学生家长的"教训"中"领悟"。于是，每届小学新生中总有两部分人：一部分是为入小学提前做了知识准备的学生，他们已能读写汉字和拼音，已会百位数加减，已会背诵乘法表；另一部分是零起点的学生。"虽然教育行政部门也在小幼之间坚持抓两件事，一是禁止小学的招生考试，二是防止幼儿园教育小学化，然而由于幼儿园大班与小学一年级之间存在的巨大鸿沟，这对解决入学初期的学习负担下移问题，并没有明显的效果。"华东师范大学教育学部教授华爱华表示。

2021 年，《关于大力推进幼儿园与小学科学衔接的指导意见》出台，提出了一系列有针对性的重要举措：国家修订义务教育课程标准，调整一年级课程安排，合理安排内容梯度，减缓教学进度。强化小幼协同，通过实施幼儿园入学准备和小学入学适应教育，为儿童搭建从幼儿园到小学过渡的阶梯，帮助儿童顺利实现幼小过渡。通过建立联合教研制度、完善共育机制、加大综合治理力度，强化科学导向，形成良好教育生态，推动科学衔接、有效衔接。[①]

案例分析：由于优质小学教育资源有限，家长不得不"八仙过海，各显神通"，以让自己的孩子挤进重点小学就读。然而，即便如此，在"僧多粥少"的情况下，白热化的竞争仍在所难免。鉴于这种情况，地方教育行政部门不得不要求公平竞争，进行入学考试。学前教育的发展需要根据不同地区的实际情况进行不同的建设，保障每个区域的学前教育能满足区域内群众的现实需求。在开展治

---

① 中华人民共和国教育部."幼儿园小学化"顽疾能否化解矣. [EB/OL]. http://www.moe.gov.cn/jyb_xwfb/s5147/202104/t20210412_525839.html.2021-04-12.

理工作时，需要坚定幼儿园教育"小学化"治理的信念，针对性地解决问题。

议一议

为保证幼儿身心健康发展，避免"小学化"倾向，幼儿园教师应确保幼儿不能与小学环境有任何接触。

（三）完善学前教育教研体系

健全各级学前教育教研机构，充实教研队伍，落实教研指导责任区制度，加强园本教研、区域教研，及时解决幼儿园教师在教育实践过程中的困惑和问题。充分发挥城镇优质幼儿园和农村乡镇中心园的辐射带动作用，加强对薄弱园的专业引领和实践指导。

我国的学前教育教研组织还不够健全，有些地区教研人员严重缺乏，教研人员中专业人员比例还有待提高，部分教研人员缺乏专业意识和能力，用简单的行政化方式开展教研工作的现象依然存在。为了真正发挥教研组织在提升学前教育质量过程中的作用，迫切需要建立教研责任区制度，加强专兼职教研队伍建设，明确区域教研工作的方向和重点，切实发挥教研在促进教育质量提升方面的作用。

教研是对保教过程的研究，是要解决保教过程中的问题。教研的重点是规范和促进幼儿园的保育和教育，解决保教过程中的问题和困难，在不断解决问题的过程中提升教育质量。因此，教研人员在教研过程中需要有问题意识，要抓住重点问题，开展有目的的探究，切实解决实践中的问题。教研工作的根本指向是，更好地引发保教人员的问题意识和反思精神，更好地激发保教人员的工作活力和进取精神，更好地培养保教人员的探索精神和研究能力，更好地激发保教人员的学习热情和改革意识。

（四）健全质量评估监测体系

《意见》提出："国家制定幼儿园保教质量评估指南，各省（自治区、直辖市）完善幼儿园质量评估标准，健全分级分类评估体系，建立一支立足实践、熟悉业务的专业化质量评估队伍，将各类幼儿园全部纳入质量评估范畴，定期向社会公布评估结果。加强幼儿园保育教育资源监管，在幼儿园推行使用的课程教学类资源须经省级学前教育专家指导委员会审核。"

2022年2月10日，教育部印发《幼儿园保育教育质量评估指南》，强调"重点关注保育教育过程质量，关注幼儿园提升保教水平的努力程度和改进过程，严禁用直接测查幼儿能力和发展水平的方式评估幼儿园保育教育质量。"

我国幼儿园种类多、性质复杂、水平各异，幼儿园保教质量评估不同于中小学的成绩评定，它需要判定各种因素对幼儿学习和发展的支撑程度，这就要求评估监测工作更加专业化、精确化，更具有反馈性和指导功能。《幼儿园保育教育质量评估指南》指出："各省（区、市）要结合实际，完善本地质量评估具体标准，编制幼儿园保育教育质量自评指导手册，增强质量评估的操作性，确保评估工作有效实施。"

加强幼儿园保育教育资源监管是提升学前教育质量的需要，更是将反科学、反社会和有害幼儿身心健康的内容排除在幼儿园之外以及消除"小学化"倾向的需要。评估监测必须充分发挥我国学前教育专业人员和专业机构的作用，让专业组织经过审核作出科学和专业的选择，这是科学管理和民主管理的重要体现。

九、加强组织领导

加强党的领导，认真落实国务院领导、省市统筹、以县为主的学前教育管理体制。将学前教育普及普惠目标和相关政策措施落实情况，纳入督导评估和目标考核体系。建立督导问责机制，研究制定学前教育法，加大宣传各地学前教育工作的典型经验。

（一）加强党的领导

全面加强党对学前教育事业的领导，按照管党建与管业务相结合的原则，市、县级党委教育工作部门或教育行政部门党组织统一领导和指导幼儿园党建工作。认真落实全面从严治党要求，实现幼儿园党的组织和党的工作全覆盖。充分发挥幼儿园党组织作用，保障正确办园方向，认真做好教职工思想政治工作，厚植立德树人基础。

（二）健全管理体制

认真落实国务院领导、省市统筹、以县为主的学前教育管理体制。积极推动各地理顺机关、企事业单位办幼儿园的办园体制，实行属地化管理。国家完善相关法规制度，制定学前教育发展规划，推进普及学前教育，构建覆盖城乡的学前教育公共服务体系。地方政府是发展学前教育的责任主体，省级和市级政府负责统筹加强学前教育工作，推动出台地方性学前教育法规，制定相关规章和本地学前教育发展规划，健全投入机制，明确分担责任，完善相关政策措施并组织实施；县级政府对本县域学前教育发展负主体责任，负责制定学前教育发展规划和幼儿园布局、公办园的建设、教师配备补充、工资待遇及幼儿园运转，面向各类幼儿园进行监督管理，指导幼儿园做好保教工作，在土地划拨等方面对幼儿园予以优惠和支持，确保县域内学前教育规范有序健康发展。城市街道办事处、乡（镇）政府要积极支持办好本行政区域内各类幼儿园。

（三）完善部门协调机制

教育部门要完善政策，制定标准，充实管理、教研力量，加强学前教育的科学指导和监督管理。编制部门要结合实际合理核定公办园教职工编制。发展改革部门要把学前教育纳入当地经济社会发展规划，支持幼儿园建设发展。财政部门要完善财政支持政策，支持扩大普惠性学前教育资源。自然资源、住房城乡建设部门要将城镇小区和新农村配套幼儿园必要建设用地及时纳入相关规划，会同教育部门加强对配套幼儿园的建设、验收、移交等环节的监管落实。人力资源社会保障部门要制定完善幼儿园教职工人事（劳动）、工资待遇、社会保障和职称评聘政策。价格、财政、教育部门要根据职责分工，加强幼儿园收费管理。卫生健康部门要监督指导幼儿园卫生保健工作。民政、市场监管部门要分别对取得办学许可证的非营利性幼儿园和营利性幼儿园依法办理法人登记手续。金融监管部门要对民办园并购、融资上市等行为进行规范监管。党委政法委组织协调公安、司法等政法机关和有关部门进一步加强幼儿园安全保卫工作的指导，依法严厉打击侵害幼儿人身安全的违法犯罪行为，推动幼儿园及周边社会治安综合治理。

（四）建立督导问责机制

将学前教育普及普惠目标和相关政策措施落实情况作为对省级政府履行教育职责督导评估的重要内容，作为地方各级党委和政府督查工作的重点任务，纳入督导评估和目标考核体系。国务院教育督导委员会制定普及学前教育督导评估办法，以县为单位对普及学前教育情况进行评估，省级为主推动实施，国家审核认定。省一级建立专项督查机制，加强对普惠性资源配置、教师队伍建设、经费投入与成本分担机制等政府责任落实情况的督导检查，并将结果向社会公示。对发展学前教育成绩突出的地区予以表彰奖励，对履行职责不力、没有如期完成发展目标地区的责任人予以问责。

（五）研究制定学前教育法

加快推进学前教育立法，进一步明确学前教育在国民教育体系中的地位和公益普惠属性，强化政府和各有关部门在学前教育规划、投入、资源配置、师资队伍建设和监管等方面的责任，明确举办者对幼儿园办园条件、师资聘任、工资待遇、运转保障、经费使用与财务管理等方面的责任，促进学前教育事业健康可持续发展。加大对违法违规办园行为的惩治力度，推进学前教育走上依法办园、依法治教的轨道，保障幼儿身心健康成长。

（六）营造良好氛围

教育部门会同宣传、广电部门及新闻媒体认真遴选并广泛宣传各地学前教育工作的典型经验，以及为发展学前教育事业作出突出贡献的先进个人事迹，积极开展"全国学前教育宣传月"等宣传教育活动，传播科学育儿理念和知识，集中宣传展示先进典型经验，大力营造全社会关心支持学前教育改革发展的良好氛围。

综上所述，《意见》确定了发展学前教育的指导思想和重大原则举措，是以习近平同志为核心的党中央对学前教育事业做出的重大战略决策部署，是新时代学前教育深化改革规范发展的行动指南，为学前教育持续发展注入了强劲动力，必将开启新时代学前教育普及普惠-安全优质发展的新征程。

【理解·反思·探究】

1. 简述《意见》颁布的背景。

2.《意见》所蕴含的学前教育未来的发展方向是什么？

3. 请结合实际谈谈提高保教质量的意义，《意见》是如何提升保教质量的？

4.《意见》强调多渠道扩大学前教育资源，联系相关政策谈谈你的认识。

5. 请联系实际，谈谈如何克服和纠正幼儿园"小学化"倾向，幼儿园到底应该教什么？

【拓展阅读导航】

● 相关政策法规

1.《中共中央　国务院关于学前教育深化改革规范发展的若干意见》

2.《关于加强中小学幼儿园安全风险防控体系建设的意见》

3.《关于大力推进幼儿园与小学科学衔接的指导意见》

● 相关文献

1. 虞永平. 努力发展以质量为导向的学前教育：学习《中共中央　国务院关于学前教育深化改革规范发展的若干意见》的体会［J］. 幼儿教育，2019（Z1）：4-7.

《中共中央　国务院关于学前教育深化改革规范发展的若干意见》提出了新时代学前教育普及普惠、安全优质发展的目标。当前，我国学前教育质量明显提高。然而，制约学前教育质量提高的困境依然存在，广大保教人员的质量意识仍有待提升，各级政府质量管理的举措还有待进一步完善并落实。在此背景下，该文对幼儿园的课程和资源建设、教师队伍的培养和培训、幼儿园的教研和管理、幼儿园教育质量的评估与检查进行了深入研究。

2. 冀东莹. 政策工具视角下我国学前教育政策研究：基于《中共中央　国务院关于学前教育深化改革规范发展的若干意见》的分析［J］. 上海教育科研，2019（8）：5-9，20.

在基本政策工具和学前教育发展的二维分析框架下，该文通过工具分类、内容编码对我国学前教育政策存在的问题进行交叉分析，发现我国学前教育政策存在供给型政策工具运用不足、环境型政策工具运用过多、需求型政策工具运用缺乏等问题。为此，可通过合理优化政策工具组合、增强政策工具与学前教育发展的适切性、增强政策工具的持续性，来优化我国的学前教育政策。

模块二

儿童与教师

第五章　　《儿童权利公约》

【导语】

　　儿童是一个国家发展的脊梁和主力军，他们时常被誉为"祖国的花朵"。作为"祖国的花朵"，所有儿童理应受到全社会的保护，并享有其应有的一切权利。但实际上儿童无论是在家庭、学校还是社会中都处在比较弱势的地位，儿童被遗弃、被家暴、被残害、被拐卖等现象屡见不鲜，甚至还有不少成年人不知何为"儿童权利"，更不知儿童有何权利。

　　本章主要介绍保障儿童权利的国际性约定——联合国《儿童权利公约》（本章可简称《公约》），引导读者关注并了解儿童权利及保护问题。

【学习目标】

- 了解《公约》诞生的过程和意义。
- 掌握《公约》中儿童的概念、儿童权利及基本原则。
- 领会《公约》的精神内涵，理解其对学前教育的影响，并能够对常见的儿童权利保护问题进行分析。

浙江某幼儿园教师颜某揪住一名幼童双耳向上提起的照片在网上引起热议。据当地公安局表示，颜某因涉嫌寻衅滋事罪，已对其予以刑事拘留；另一名参与拍照的女教师童某，也被该局作出行政拘留七日的处罚。

幼儿园教师认为"一时好玩"的行为，却对幼儿的身心造成了巨大的伤害。这反映出幼儿园教师对儿童权利的漠视。幼儿园教师必须了解、尊重和维护幼儿所享有的基本权利，因此，学习《儿童权利公约》就显得十分必要。

第一节 《儿童权利公约》的诞生与意义

《儿童权利公约》（ *Convention on the Rights of the Child* ）是联合国根据《联合国宪章》《世界人权宣言》《儿童权利宣言》等国际公约制定的一项全球性的国际公约。《公约》于 1989 年 11 月 20 日获得联合国大会通过，是第一部有关保障儿童权利且具有法律约束力的国际性约定，是国际社会保护儿童权利方面的共同法律。自《公约》通过以来，已有 196 个国家成为缔约国，是最受国际社会广泛认可的国际法律文书之一。

一、《儿童权利公约》的诞生

《公约》是伴随着人类对儿童权利认识的不断提高而诞生的。不同的历史时期，人们对儿童往往有着不同的认识，从古代到中世纪的人类世界并没有完整意义上的儿童权利观念。在西方古希腊、罗马时期，社会上普遍流行着杀婴与弃婴现象，儿童没有权威机构的保护。中世纪，受"原罪说"和"预成论"儿童观的影响，儿童被认为是有罪的或是成人的雏形，这段时期虽然关注儿童的保护问题，但是其出发点和目的都是以政治或者宗教为原则，并没有考虑儿童本身，儿童权利也就无从谈起。中世纪后期的文艺复兴和宗教改革为儿童的命运带来了转机，人类开始进入"发现儿童"的时代。17、18 世纪，欧洲和北美国家迎来了资产阶级革命的时代，建立了资产阶级人权制度，解放了人的思想。19 世纪爆发的工业革命导致资本主义国家对童工的剥削加剧，儿童无法受到正常的教育，身心健康受到了严重摧残，直接导致整个国家在未来发展中缺乏后续力量。随着工业革命在世界的蓬勃发展，国家间的竞争愈来愈激烈，各国逐渐意识到儿童是国家未来发展的重要资源，于是儿童日益受到国家的关注。

20 世纪初期，人类社会经历了第一次世界大战，这次战争给人类带来了毁灭性的灾难和伤害，儿童人权遭到了无情的践踏，儿童教育更是首当其冲。在这种历史背景下，人们开始关注人权，关注儿童权利。1919 年，埃格兰泰恩·杰布女士创立英国救助儿童会。1923 年，她拟定《儿童权利宪章》，认为儿童应有自己的权利。这个具有历史开创意义的文件后来成为联合国《儿童权利公约》的基础。《儿童权利宪章》的观点被救助儿童国际联盟认可，在国际社会的推动下，1924 年，作为联合国前身的国际联盟（League of Nation）通过了《日内瓦儿童权利宣言》，"儿童权利"的概念被正式提出。《日内瓦儿童权利宣言》是第一个国际社会订立的保护儿童权利的文书，即第一份儿童权利宣言，共包括 5 条准则，该宣言认为儿童是弱小的、需要保护的对象，并就第一次世界大战后特殊儿童的生存问题、童工问题及培养问题等阐述了儿童权利保障。

1939 年至 1945 年，人类社会经历了第二次世界大战，不计其数的儿童失去家园，有的儿童被强迫参军或者进工厂当童工，受尽折磨和剥削，生活和生命得不到任何保障。儿童生活的惨状再一次唤起了人类社会对儿童权利保护的渴望与追求。1945 年 2 月，为了维护世界和平与安全，反法西斯同盟国建立了一个普遍性的国际组织，即联合国，并通过了《联合国宪章》。《联合国宪章》的序言部分开宗明义地提出："重申基本人权、人格尊严与价值，以及男女与大小各国平等权利之信念。"1948 年，联合国大会通过《世界人权宣言》，宣言中有关于生存权、受保护权、受教育权以及参与权的条款，并列出了专门的保护儿童权利的条款，这些条款成为后来有关保护儿童权利文书的雏形，如《世界人权宣言》第 25 条提出："母亲和儿童有权享受特别照顾和协助。一切儿童，无论婚生或非婚生，都应享受同样的社会保护。"第 26 条对儿童受教育权做出了规定："人人都有受教育的权利，教育应当免费，至少在初级和基本阶段应如此"，"父母对其子女所应受的教育的种类，有优先选择的权利"。

尽管《世界人权宣言》强调每个人的人权保护，大多数国家仍然坚持儿童有着特殊需要，出台一部独立的儿童时期的权利宣言成为必要。1959 年，联合国大会通过《儿童权利宣言》，明确了各国儿童应当享有的各项基本权利。该宣言以《日内瓦儿童权利宣言》与《世界人权宣言》的内容为基础，《儿童权利宣言》发布的目的是："以期儿童能有幸福的童年，为其自身的和社会的利益而得享宣言中所说明的各项权利和自由，并号召所有父母和一切男女个人以及各自愿组织、地方当局和各国政府确认这些权利，根据下列原则逐步采取立法和其他措施力求这些权利得以实行。"但这份宣言不具有条约法效力，不能在保护儿童权利上发挥更大的作用。

第二次世界大战后的 30 年，世界各国处于重建时期，工业迅速发展，世界环境、儿童状况及教育状况发生了巨大变化。在 1978 年三十三届联合国人权委员会会议上，波兰的亚当·洛帕萨教授倡议起草《儿童权利公约》。1979 年，《儿童权利公约》起草工作开始。联合国将这一年定为"国际儿童年"。1988 年联合国大会要求联合国人权委员会对公约草案的工作予以优先考虑，力求于 1989 年，即《儿童权利宣言》发表 30 周年和"国际儿童年"设立 10 周年之时完成公约全文的拟定工作。1989 年，历时十年，《儿童权利公约》的起草工作终于完成，1989 年 11 月 20 日在第 44 届联合国大会上，《儿童权利公约》获得一致通过。1990 年 1 月 26 日《儿童权利公约》向所有国家开放供签署，在获得 20 个国家批准加入之后，于 1990 年 9 月 2 日正式生效。

1990 年 9 月，在《公约》刚刚生效之后，世界儿童问题首脑会议在纽约联合国总部召开，这是历史上第一次专门讨论儿童问题的首脑会议。会议通过了《儿童生存、保护和发展世界宣言》和《执行九十年代儿童生存、保护和发展世界宣言行动计划》，这是国际社会对保护儿童权利所做的政治承诺和具体方案。

二、《儿童权利公约》的意义

（一）历史意义

《公约》是世界解决儿童问题的一个重要里程碑，作为一个主要的国际性约定，它试图努力确保所有儿童获得他们应该享受的关怀、保护和机会，明确表明了国际社会为儿童工作所做的努力，也为之后各国开展儿童权利保护工作指明了方向。

《公约》是对国际人权框架的有力补充。虽然在其他国际人权文书中有保护儿童权利的规定，但是《公约》首次清晰阐明了所有与儿童有关的权利：经济权利、社会权利、文化权利、公民权利及政治权利，是首个明确将儿童视为社会参与者及自身权利积极持有者的国际文书，是迄今在保护儿童权利方面内容最丰富、最全面、最被国际社会广泛认可的人权条约及法律文书，在国际人权领域影响深远。

（二）法律意义

《公约》为各个国家内部制定保护儿童权利的相关法律法规制定了国际标准，世界儿童权利从此有了法律保障。《公约》不仅对儿童权利保护的原则做了相关的规定，成为国际性、区域性，甚至各个国家内部儿童权利保护法律法规制定的基础，而且涵盖的儿童权利内容之多、范围之广是前所未有的。《公约》包含了一整套普遍商定的准则和义务，通过确立保健、教育以及法律、公民和社会等方面的服务标准来保护儿童的权利，要求缔约国必须在法律上实现每一个儿童的权利。《公约》覆盖范围广、重视儿童的能动作用，在追求一个公正、彼此尊重以及和平的社会的过程中，将儿童放在中心位置。因此，《公约》对于所有旨在宣传、保护和实现儿童权利的行动具有永久的适用性。

（三）教育意义

《公约》的重大意义不只在立法领域，它也使人们对待儿童的态度得以转变。《公约》概述了所有 18 岁以下的个人在被对待、照料、生存、发展、保护及参与等方面权利的最低标准，其规定强调了国家间的共识，即要实现儿童权利必须保护儿童这个与成人不一样的群体，必须保证儿童成长、学习、玩耍和发展的时间。《公约》所倡导的儿童观念与传统儿童观念的根本区别在于，它不仅重视儿童对社会的价值，看到儿童因弱小而需要保护的事实，更重要的是它不因儿童弱小而轻视他们，而是把儿童看作有能力、积极主动的权利主体——儿童拥有权利并可以行使自己的权利，即强调儿童是个体权利的主体而不是仅仅作为一个家庭或群体的成员来加以保护。今天的儿童既然是未来社会的主人，他们就应该是人类家庭中最有价值、最值得信赖的朋友，对儿童权利的重视和保护可以作为尊重人权的标志。

《公约》自通过以来，已成为历史上获最多国家批准的人权条约。这证明了各个国家和整个国际社会的普遍共识，即：儿童有生存和发展的权利；有免受暴力、虐待和剥削的权利；其意见受到尊重的权利；涉及儿童的行动必须符合其最大利益的权利；等等。

三、我国履行《儿童权利公约》的情况

1990 年 8 月 29 日，我国政府签署了《儿童权利公约》，成为第 105 个签约国。1991 年 3 月 18 日，我国政府签署了《儿童生存、保护和发展世界宣言》和《执行九十年代儿童生存、保护和发展世界宣言行动计划》。1991 年 12 月 29 日，第七届全国人民代表大会常务委员会第 23 次会议决定批准我国加入《儿童权利公约》。1992 年 3 月 2 日，我国常驻联合国大使向联合国递交了批准书，我国成为该公约的第 110 个批准国。该公约于 1992 年 4 月 2 日对我国生效。

1992 年 2 月 16 日，我国正式颁布了《九十年代中国儿童发展规划纲要》。此后又分别颁布了《中国儿童发展纲要（2001—2010 年）》《中国儿童发展纲要（2011—2020 年）》《中国儿童发展纲要（2021—2030 年）》，为儿童提供必要的生存、发展、受保护和参与的机会和条件，最大限度地满足儿童的发展需要，开发、发挥儿童潜能，为儿童一生的发展奠定基础。

1995 年 3 月，我国向联合国提交了执行《公约》的首次国家报告。1996 年 5 月，联合国儿童权利委员会在日内瓦审议并通过了我国的报告。由于我国是亚太地区最早开始后续行动的国家，所以被联合国儿童基金会称为"旗舰"。为了更好地保护儿童的权利，我国从国情出发，根据宪法制定了《中华人民共和国未成年人保护法》《中华人民共和国预防未成年人犯罪法》《中华人民共和国义务教育法》《中华人民共和国母婴保护法》《中华人民共和国家庭教育促进法》等一系列法律法规，形成了较为完备的保护儿童的法律体系，使儿童权利保护工作有法可依、有章可循。

☞链接:《中国儿童发展纲要（2021—2030 年）》（节选）

第二节 《儿童权利公约》的主要内容

《公约》由序言和三个部分组成，共54条。第一部分为1—41条，是实质性条款，包括儿童的定义、《公约》的四项原则以及儿童应当享有的生存权、受保护权、发展权和参与权等具体内容；第二部分为42—45条，是程序性条款，规定了缔约国有定期提交执行《公约》情况报告的义务，联合国儿童权利委员会负责审议各缔约国的报告，并规定了儿童权利委员会的组成和任期；第三部分为46—54条，涉及《公约》的签署、批准、加入、生效、修改、保留、退出等事项。下面我们从《公约》中的儿童与儿童权利、《公约》的四项基本原则、《公约》中有关学前教育的条款及其精神内涵三个方面来更深刻地了解这份文书的内容。

一、《儿童权利公约》中的儿童与儿童权利

（一）《儿童权利公约》中的儿童

《公约》第1条规定："儿童系指18岁以下的任何人，除非对其适用之法律规定成年年龄低于18岁。"中国有关法律规定，已满18周岁的为成年人，未满18周岁的为未成年人。《公约》中所指的"儿童"与中国法律中"未成年人"的概念一致。

《公约》强调，各国应确保其管辖范围内的每一儿童均享受《公约》所载的权利，不因儿童或其父母或法定监护人的种族、肤色、性别、语言、宗教、政治或其他见解、国籍或社会出身、财产、伤残、出生或其他身份等而有任何差别。

《公约》的内容如此广泛，参与制定《公约》的国家却有着不同的社会制度、法律制度、宗教信仰及传统文化风俗习惯，在价值观念及经济发展水平等方面存在较大差异。因此，在"儿童"的概念上，该条作了两点妥协：一是儿童定义的年龄只有上限没有下限。未出生胎儿的保护问题由各国根据本国法律自行确定。二是18岁并非受《公约》保护的绝对上限，这为那些国内法律规定成年年龄低于18岁的国家留出了余地。关于儿童的定义，我国认为，儿童指从出生到未成年的人，即18岁以下的出生者，不包括未出生的胎儿。

（二）《儿童权利公约》中的儿童权利

儿童权利是基于把儿童看作权利主体的观念而提出的，《公约》赋予儿童权利主体地位。儿童与成人是平等的，他们拥有和成人一样的与生俱来的价值。儿童是一个独立的主体，一个与成人完全平等的主体。社会中的所有成人，都必须尊重儿童，并负有保护儿童权利的责任。

《公约》中提到的儿童权利多达几十种，如姓名权、国籍权、受教育权、健康权、医疗保健权、受父母照料权、娱乐权、闲暇权、隐私权、表达权等，但儿

童最基本的权利可以概括为以下四种：

1. 生存权

生存权，从广义的角度是指公民享有维持其生存所必需的健康和生活保障的权利；从狭义的角度，生存权仅指健康且带有一定文化内涵的最低限度生活的权利，最低限度生活指人在肉体上、精神上能过像人那样的生活。结合《公约》关于生存权的内容，我们从生命权、获得姓名和国籍的权利、高标准的健康权等方面探讨生存权。

生命权是儿童权利的基础。没有生命，其他权利都是空谈。《公约》第6条指出："缔约国确认每个儿童均有固有的生命权；缔约国应最大限度地确保儿童的存活与发展。""最大限度地确保"意味着即使贫穷的国家也要尽量提供保障儿童生命权所需的资源和保障措施，并予以优先考虑。

获得姓名和国籍权是儿童最基本的权利之一，姓名是家庭和社会区分儿童身份的首要参考要素，这项权利对非婚生儿童尤为重要。《公约》第7条第1款规定："儿童出生后应立即登记，并有自出生起获得姓名的权利，有获得国籍的权利，以及尽可能知道谁是其父母并受其父母照料的权利。"规定儿童在其出生时就应获得姓名和国籍以及知道生父母的权利，主要是为了避免使儿童成为无国籍人，并尽量确保儿童的心理稳定、精神健康。出生登记构成对儿童身份的法律确认，使儿童成为法律主体，并与本国和社会确立的法律相联系，从而使儿童获得法律为其提供的一切权利保障成为可能。出生登记还为国家和社会提供了关于公民的数量、年龄分布等信息，对政府经济和社会发展规划是非常有必要的，也为国际社会考察童工等提供了必要信息。值得注意的是，《公约》使用了"立即"一词，表明了出生登记的紧迫性，避免儿童被强行从母亲身边抢走并作为孤儿收养这样的不正常现象。

《公约》确认儿童有权"享有可达到的最高标准的健康"，第24条第1款规定："缔约国确认儿童有权享有可达到的最高标准的健康，并享有医疗和康复设施；缔约国应努力确保没有任何儿童被剥夺获得这种保健服务的权利。"该条第2款规定了为实现这一权利国家应当采取的适当措施，包括降低婴幼儿死亡率、儿童保健、消除疾病和营养不良、确保母亲产前和产后保健、废除对儿童健康有害的传统习俗等。《公约》提出的最高儿童健康标准也包括儿童精神健康，如第27条第1款规定："缔约国确认每个儿童均有权享有足以促进其生理、心理、精神、道德和社会发展的生活水平。"

儿童生存权的保护与家庭物质生活条件以及整个社会的经济发展水平有着密切的联系。我国为确保儿童健康权做出了巨大努力，但是现实生活中仍然存在某些忽视乃至侵犯儿童健康权的现象，例如，各种不符合卫生和健康标准的食品、药品和其他儿童用品充斥市场，直接危及儿童健康，对此我们必须运用法律武器予以抵制。

2. 发展权

儿童发展权是指儿童拥有充分发展其全部体能和智能的权利，保障其健康成长的各种权利。在《公约》里，发展权主要指信息权、受教育权、娱乐权、文化与社会生活的参与权、个性发展权等，其主旨是保证儿童在身体、智力、精神、道德、个性和社会性等诸方面均得到充分的发展。

儿童有权使用大众传播媒介，以获得有益其身心健康的信息和资料。《公约》第 17 条指出，缔约国"应确保儿童能够从多种的国家和国际来源获得信息和资料"；鼓励大众传播媒介传播"在社会和文化方面有益于儿童的信息和资料"，要"特别注意属于少数群体或土著居民的儿童在语言方面的需要"等。

儿童有接受正规和非正规教育的权利。《公约》第 28 条明确提出"缔约国确认儿童有受教育的权利"，并列举了缔约国为保证儿童受教育权利应采取的措施。《公约》第 29 条概括了教育儿童的目的，但它关于教育目的提供的只是一个大致框架，具体的目的还需要各缔约国根据本国的情况加以补充。

儿童享有休闲、娱乐和文化活动的权利。"玩"是儿童的一种权利，一种与学习无关联的权利。《公约》第 31 条规定："缔约国确认儿童有权享有休息和闲暇，从事与儿童年龄相宜的游戏和娱乐活动，以及自由参加文化生活和艺术活动；缔约国应尊重并促进儿童充分参加文化和艺术生活的权利，并应鼓励提供从事文化、艺术、娱乐和休闲活动的适当和均等的机会。"目前我国大力推行素质教育，提倡给孩子"减负"，也是对儿童发展权的尊重。

3. 受保护权

根据《公约》，儿童受保护权的内容主要包括：反对一切形式的歧视，使每个儿童都得到平等对待；保护儿童一切人身权利；关于处于特殊状态下的儿童保护。

《公约》反对一切形式的歧视，从法律上确保每一个儿童得到平等对待，"不因儿童或其父母或法定监护人的种族、肤色、性别、语言、宗教、政治或其他见解、民族、族裔或社会出身、财产、伤残、出生或其他身份而有任何差别"。

《公约》第 10、16、19、21 条分别列举了保护儿童的家人团聚权、隐私权、免受虐待和任何形式的身心摧残、照料不周以及剥削的权利、收养保护制度等。

除此以外，针对社会上存在的虐童现象，《公约》第 19 条规定："缔约国应采取一切适当的立法、行政、社会和教育措施，保护儿童在受父母、法定监护人或其他任何负责照管儿童的人的照料时，不致受到任何形式的身心摧残、伤害或凌辱，忽视或照料不周，虐待或剥削，包括性侵犯。"《公约》第 32、33、34、35、36 条规定了各种保护儿童免受剥削的具体条款，如禁止使用童工，禁止滥用药物，禁止性侵害，禁止诱拐买卖和贩运儿童等。《公约》第 39 条对遭受各种形式剥削和伤害的儿童的康复问题做了具体的规定："缔约国应采取一切适当措施，促使遭受下述情况之害的儿童身心得以康复并重返社会：任何形式的忽视、剥削或凌辱虐待；酷刑或任何其他形式的残忍、不人道或有辱人格的待遇或处罚；或武装冲突。"并特别强调："此种康复和重返社会应在一种能促进儿童的健康、自尊和尊严的环境中进行。"

《公约》对处于特殊状态下的儿童保护作了具体规定。特殊状态是指一种非常规的状态，如难民状态、残疾状态、战争状态、刑事司法过程等。这些情况下的儿童权利保护有别于一般情况，有一定的特殊要求。

4. 参与权

参与权是指儿童参与家庭、文化和社会生活的权利。

《公约》第 12 条明确规定："缔约国应确保有主见能力的儿童有权对影响到其本人的一切事项自由发表自己的意见，对儿童的意见应按照其年龄和成熟程度给以适当地看待；为此目的，儿童特别应有机会在影响到儿童的任何司法和行政诉讼中，以符合国家法律的诉讼规则的方式，直接或通过代表或适当机构陈述意见。"还有一些条款也包含了儿童参与的内容，如第 9 条第 2 款规定儿童有权在与父母分离的诉讼案中发表意见："均应给予所有有关方面以参加诉讼并阐明自己意见之机会。"第 37 条："所有被剥夺自由的儿童均有权迅速获得法律及其他适当援助，并有权向法院或其他独立公正的主管当局就其被剥夺自由一事之合法性提出异议，并有权迅速就任何此类行动得到裁定。"参与权本质上是对儿童独立活动能力和独立价值的肯定，是儿童独立意志的表达。儿童是正在发展中的个体，他们需要表达自己的意见，也能通过自己的方式来表达意见。我们应当对儿童表达意见的权利予以尊重和支持。

二、《儿童权利公约》的基本原则

无歧视原则、儿童最大利益原则、尊重儿童的意见原则、尊重儿童的尊严原则，共同构成了《公约》的价值基础。

（一）无歧视原则

无歧视原则，也称非歧视原则、平等原则，要求《公约》所列的所有权利应无一例外地适用于全体儿童，即不同性别、民族、种族、国籍、宗教信仰、居住期限、文化程度、经济条件等的所有儿童。《公约》第 2 条规定："缔约国应尊重本公约所载列的权利，并确保其管辖范围内的每一儿童均享受此种权利，不因儿童或其父母或法定监护人的种族、肤色、性别、语言、宗教、政治或其他见解、民族、族裔或社会出身、财产、伤残、出生或其他身份而有任何差别。缔约国应采取一切适当措施确保儿童得到保护，不受基于儿童父母、法定监护人或家庭成员的身份、活动、所表达的观点或信仰而加诸的一切形式的歧视或惩罚。"

权利平等是"无歧视"原则的基本内涵。女童应当享有与男童同等的受教育机会。难民儿童、土著或少数群体儿童应与所有其他儿童一样享有同样的权利。残疾儿童应获得像其他人一样的机会过上体面生活。《公约》第2条所列出的歧视理由并非穷尽，而仅仅是指导性的。例如，对农村儿童的歧视，对学习成绩较差儿童的歧视，对艾滋病儿童的歧视等，这些歧视会给儿童的身心健康带来不利影响。仅仅在立法上规定反对歧视是不够的，为了预防和根除歧视性的文化习俗、偏见和倾向，确保所有儿童真正有机会实际享受他们的权利，预先性、主动性的措施往往是必要的。

作为儿童权利国际保护的一项基本原则，"无歧视"原则建立了儿童权利保护的最低限度标准，奠定了儿童权利保护最广泛、最可能取得共识的基础。

议一议

列举你所知的不符合《公约》"无歧视原则"的现象。

（二）儿童的最大利益原则

儿童的最大利益原则，即所有与儿童有关的行为都必须以儿童的最大利益为出发点。《公约》第3条第1款规定："关于儿童的一切行动，不论是由公私社会福利机构、法院、行政当局或立法机构执行，均应以儿童的最大利益为一种首要考虑。"与该原则有关的具体条款还在第9条（儿童与父母的分离）、第18条（父母对子女的养育和发展的责任）、第20条和第21条（收养制度和类似实践）、第37条和第40条（儿童司法制度）之中做出具体规定。

儿童的最大利益原则涉及《公约》所涵盖的儿童人权的所有领域，也是对《公约》其他原则的概括，是所有涉及儿童的行动所应首先考虑的一个指导性原则。儿童的利益应被视为与成人的利益一样重要，而不是将考虑的重点仅仅局限于父母的利益或国家的利益。

（三）尊重儿童的意见原则

尊重儿童的意见，也就是尊重儿童的参与权。《公约》第12条规定："缔约国应确保有主见能力的儿童有权对影响到其本人的一切事项自由发表自己的意见，对儿童的意见应按照其年龄和成熟程度给以适当的看待。"尊重儿童的意见原则与儿童的最大利益原则之间存在着紧密联系。想要知道什么是儿童的最大利益，就要倾听儿童的意见，因为没有人比儿童更了解自己的需要、想法和主张。所以，任何涉及儿童的事情，均应听取儿童的意见。所有儿童，无论他们出生在哪里，属于哪个种族或民族，无论是男孩还是女孩，富有还是贫穷，都享有发言权，他们的声音理应被倾听。

（四）尊重儿童的尊严与权利原则

每一个儿童都是独特的人，因而其个人尊严、特殊需要、利益和隐私应当得到尊重和保护。《公约》的内容处处体现了对儿童的尊重，尊重儿童的生命权、发展权，尊重儿童表达意见的能力等。儿童拥有独立完整的人格，一个缺乏尊重、平等、友好的氛围是不利于儿童健康成长的。故凡是涉及儿童生存与发展的问题都要认识儿童、了解儿童、尊重儿童，从而使儿童获得更好的发展。

三、《儿童权利公约》中有关学前教育的条款及其精神内涵

《公约》将儿童定义为 18 岁以下的任何人，各个条款中并没有将学前教育单独列出，我们将从教育的条款中探其一二。

根据《公约》，人人都有受教育的权利，接受学前教育也是一项权利。《公约》中有关教育的条款主要是第 28 条和第 29 条。以下为第 28 条有关教育的具体内容：

1. 缔约国确认儿童有受教育的权利，为在机会均等的基础上逐步实现此项权利，缔约国尤应：

（a）实现全面的免费义务小学教育；

（b）鼓励发展不同形式的中学教育，包括普通和职业教育，使所有儿童均能享有和接受这种教育，并采取适当措施，诸如实行免费教育和对有需要的人提供津贴；

（c）以一切适当方式根据能力使所有人均有受高等教育的机会；

（d）使所有儿童均能得到教育和职业方面的资料和指导；

（e）采取措施鼓励学生按时出勤和降低辍学率。

2. 缔约国应采取一切适当措施，确保学校执行纪律的方式符合儿童的人格尊严及本公约的规定。

3. 缔约国应促进和鼓励有关教育事项方面的国际合作，特别着眼于在全世界消灭愚昧与文盲，并便利地获得科技知识和现代教学方法。在这方面，应特别考虑到发展中国家的需要。

《公约》涉及小学教育、中学教育、职业教育、高等教育，却没有对学前教育提出要求，《公约》是否忽视了学前儿童这个群体？回顾《公约》制定的背景和时代，我们不难发现，当时世界教育的首要任务是消灭愚昧与文盲，在一些贫穷落后的发展中国家，有的儿童连普及度最广的小学都没有上过，更不用说普及面小的学前教育了。但这并不意味着《公约》忽视了学前教育，《公约》序言有这样一段话："铭记如《儿童权利宣言》所示，'儿童因身心尚未成熟，在其出生以前和以后均需要特殊的保护和照料，包括法律上的适当保护'。"可见其对幼

小儿童是给予关注的。以下为《公约》第 29 条有关教育的目的：

1. 缔约国一致认为教育儿童的目的应是：

（a）最充分地发展儿童的个性、才智和身心能力；

（b）培养对人权和基本自由以及《联合国宪章》所载各项原则的尊重；

（c）培养对儿童的父母、儿童自身的文化认同，语言和价值观、儿童所居住国家的民族价值观、其原籍国以及不同于其本国的文明的尊重；

（d）培养儿童本着各国人民、族裔、民族和宗教群体以及原为土著居民的人之间谅解、和平、宽容、男女平等和友好的精神，在自由社会里过有责任感的生活；

（e）培养对自然环境的尊重。

2. 对本条或第 28 条任何部分的解释均不得干涉个人和团体建立和指导教育机构的自由，但须始终遵守本条第 1 款载列的原则，并遵守在这类机构中实行的教育应符合国家可能规定的最低限度标准的要求。

《公约》制定教育目标，主要是为了促进不同国家、族群之间的相互尊重，通过对教育的共同认可，促进个体的最大发展以及全球教育的繁荣。《公约》的 5 个教育目的为教育内容增加了许多实质性的补充，反映了儿童的各项权利和固有尊严，充分体现了教育必须以儿童为中心，对儿童友善并扶持儿童。《公约》第 29 条中关于发展儿童的个性，尊重儿童的权利，培养儿童对本国文化的认同和对文明的尊重，培养儿童宽容、友好、有责任感的社会品质，培养对自然环境的尊重这些观念无一不与学前教育所倡导的理念相吻合。如《幼儿园教育指导纲要（试行）》中科学领域的目标之一即为"爱护动植物，关心周围环境，亲近大自然，珍惜自然资源，有初步的环保意识"，对应了目标中"培养对自然环境的尊重"。

《公约》虽然没有单独提到学前教育，但其内容却处处体现着以儿童为中心，尊重儿童的权利，把儿童看作有能力的主体来对待，这些先进的教育理念仍为我国学前教育所倡导。

【 理解·反思·探究 】

1.《公约》诞生的意义是什么？

2.《公约》中"儿童"的内涵是什么？

3. 根据《公约》，儿童享有哪些基本权利？

4. 谈谈你对《公约》基本原则的理解。

5.《公约》对学前教育有哪些深远影响？

6. 调研当地儿童权利保护现状，形成调研报告。

【拓展阅读导航】

● 相关政策法律

1.《中华人民共和国未成年人保护法》

2.《中国儿童发展纲要（2021—2030 年）》

● 相关文献

斯达菲尔特.孩子应该知道的秘密：小孩子的权利［M］.北京：人民文学出版社，2017.

该书主要讲述的是孩子要懂得维护自己的权利，成人也要懂得不要侵害孩子的权利。在这本书中，斯达菲尔特用自己的方式解读了《儿童权利公约》，将《儿童权利公约》中比较"枯燥"的条目转换成能被孩子理解、接受的内容。

第六章 《中华人民共和国未成年人保护法》

【导语】

为保护未成年人健康成长，依据《儿童权利公约》，我国结合国情颁布了《中华人民共和国未成年人保护法》（本章可简称《未成年人保护法》）。《未成年人保护法》是我国第一部专门保护未成年人的法律，针对未成年人保护工作中的突出问题，明确未成年人享有的权利和未成年人保护工作的基本要求，并从家庭保护、学校保护、社会保护、网络保护、政府保护和司法保护六个方面明确未成年人保护的义务和责任。密切接触未成年人的学前教育工作者应当学习并遵守《未成年人保护法》的相关规定，依据学前儿童的成长特点做好未成年人保护工作。

【学习目标】

- 了解《未成年人保护法》的意义。
- 掌握《未成年人保护法》的主要内容。
- 在幼儿园保教工作中遵守《未成年人保护法》的相关规定。

2022 年，甘肃省某幼儿园老师樊 ×× 在户外组织幼儿进行舞蹈排练时，粗暴拉扯、推搡打骂部分幼儿，视频被上传至网络后，引起家长强烈不满和社会广泛关注。当地教育局给予樊 ×× 解聘处理。樊 ×× 的行为涉及对幼儿进行体罚和变相体罚，有损幼儿身心健康。这一事件反映出部分幼儿园教师缺乏未成年人保护意识，不了解未成年人保护的相关法律要求。因此，学习《未成年人保护法》能促使幼儿园教师依法执教，切实保障未成年人健康发展。

第一节　《中华人民共和国未成年人保护法》概述

《未成年人保护法》是由全国人民代表大会常务委员会根据宪法制定的、专门保护未满十八周岁公民的合法权益的根本法律，在未成年人保护法律体系中具有基本法的法律地位。随着社会的不断发展，未成年人保护工作面临着新的形势和新的要求，自 1992 年 1 月 1 日施行以来，我国已对《未成年人保护法》进行了两次修订和一次修正。现行的《未成年人保护法》于 2020 年修订，自 2021 年 6 月 1 日起施行。

一、《未成年人保护法》的立法沿革

1987 年 8 月，团中央成立了青少年立法工作领导小组及其办公室，同年底向党中央报送了《关于建议制定青少年法律的报告》。后由团中央、国家教委共同牵头组织起草了《中华人民共和国未成年人保护法（草案）》。1991 年 6 月 21 日，第七届全国人民代表大会常务委员会第二十次会议对该草案进行了审议和修改、补充，1991 年 9 月 4 日，七届全国人民代表大会常务委员会第二十一次会议审议通过《中华人民共和国未成年人保护法》，自 1992 年 1 月 1 日起施行。其内容包括家庭保护、学校保护、社会保护、司法保护、法律责任等七章共五十六条，确立了保护未成年人的指导思想和工作原则，明确了家庭、学校、社会、司法等各有关方面保护未成年人的责任。

2006 年 12 月 29 日第十届全国人民代表大会常务委员会第二十五次会议对《未成年人保护法》进行第一次修订，通过后的《未成年人保护法》自 2007 年 6 月 1 日起施行。该次修订针对未成年人保护方面存在的突出问题，进一步明确了未成年人的权利和保护未成年人的原则、政府及其有关部门的职责，全面充实了家庭、学校、社会和司法四大保护的内容，强化了法律责任。修订后的《未成年人保护法》从 1991 年的五十六条增加到七十二条。

2012 年 10 月 26 日第十一届全国人民代表大会常务委员会第二十九次会议做出《关于修改〈中华人民共和国未成年人保护法〉的决定》，修正后的《未成年人保护法》自 2013 年 1 月 1 日起施行。这次修正将该法第五十六条第 1 款修改为："讯问、审判未成年犯罪嫌疑人、被告人，询问未成年证人、被害人，应当依照刑事诉讼法的规定通知其法定代理人或者其他人员到场。"

随着社会经济的发展，在未成年人保护方面涌现出了不少新问题，集中表现在以下五个方面：一是监护人监护不力情况严重甚至存在监护侵害现象；二是校园安全和学生欺凌问题频发；三是密切接触未成年人行业的从业人员性侵害、虐待、暴力伤害未成年人问题时有发生；四是未成年人沉迷网络特别是网络游戏问题触目惊心；五是对刑事案件中未成年被害人缺乏应有保护等。上述问题引起了全社会的普遍关注。为解决上述问题，推动未成年人保护法治化走向更高水平，2020 年 10 月 17 日第十三届全国人民代表大会常务委员会第二十二次会议第二次修订，《未成年人保护法》并于 2021 年 6 月 1 日起施行。新修订的《未成年人保护法》共九章一百三十二条，条文规定更为具体，法律责任更为明晰，确立了"最有利于未成年人原则"，建立了未成年人保护工作协调机制，涉及家庭、学校、社会、网络、政府和司法六大保护体系，全方位加大未成年人权益的保护力度。

二、《未成年人保护法》的意义

《未成年人保护法》第一条明确指出"为了保护未成年人身心健康，保障未成年人合法权益，促进未成年人德智体美劳全面发展，培养有理想、有道德、有文化、有纪律的社会主义建设者和接班人，培养担当民族复兴大任的时代新人，根据宪法，制定本法"。这一条既明确了《未成年人保护法》的立法依据和立法宗旨，也体现了其所具有的以下意义。

（一）有利于贯彻尊重和保障人权的宪法原则，更好地维护未成年人的合法权益。

《中华人民共和国宪法》规定"国家尊重和保障人权"。人权是人依其自然属性和社会属性所应享有的权利，人权的核心是使每个人的个性、人格、精神、道德和能力获得充分的发展。未成年人这一特殊群体的权利是人权的重要组成部分，《未成年人保护法》明确规定："国家保障未成年人的生存权、发展权、受保护权、参与权等权利。"并特别强调未成年人受教育的权利。为保证这些权利的实现，《未成年人保护法》对国家、社会、学校和家庭各方面的职责作了进一步的规定，为保障未成年人的各项权利提供了法律依据。因此，从一定意义上说，《未成年人保护法》同时也是一部人权保障法，是我国人权保护法律的重要组成部分。《未成年人保护法》的制定和不断修订完善，对贯彻尊重和保障人权的宪法原则、维护未成年人的合法权益具有重要意义；对彰显我国保障人权的决心和成果，促进我国在国际人权领域的交流与合作也会产生积极影响。

（二）有利于促进未成年人健康成长，保证党和国家事业后继有人

未成年人是中国特色社会主义事业的接班人。他们的成长状况如何，直接关系到中华民族的整体素质，关系到国家前途和民族命运。《未成年人保护法》的立法宗旨就是保护未成年人的身心健康，保障未成年人的合法权益，促进未成年人在品德、智力、体质等方面全面发展，培养有理想、有道德、有文化、有纪律的社会主义建设者和接班人。2021年修订的《未成年人保护法》，针对未成年人保护工作面临的新情况、新问题，在总结经验、集思广益的基础上，做了较为全面的补充和修改，针对性、适用性和可操作性明显增强，这对于营造良好的社会环境，促进未成年人健康成长，保证中国特色社会主义事业后继有人，具有十分重要的意义。

（三）有利于构建社会主义和谐社会，促进社会稳定和家庭幸福

孩子的问题是社会的永恒话题，是人民群众最关心、最直接、最现实的问题之一。关心未成年人的成长，为他们身心健康发展创造良好的条件和社会环境，是党和国家义不容辞的职责，是开创国家和民族更加美好未来的战略工程，也是实现亿万家庭的最大希望和切身利益的民心工程。《未成年人保护法》的修订，着力解决未成年人保护工作面临的突出问题，营造有利于未成年人健康成长的环境，对构建社会主义和谐社会具有巨大的促进作用。

第二节 《中华人民共和国未成年人保护法》的主要内容

☞链接:《中华人民共和国未成年人保护法》

新修订的《未成年人保护法》分为总则、家庭保护、学校保护、社会保护、网络保护、政府保护、司法保护、法律责任和附则等九章，共一百三十二条。以下就其主要内容进行分析。

一、总则

《未成年人保护法》的总则部分对立法依据、立法宗旨、适用对象、未成年人保护工作原则、未成年人保护主体等内容进行了阐述。

（一）立法依据、宗旨及适用对象

《未成年人保护法》第一条指出"为了保护未成年人身心健康，保障未成年人合法权益，促进未成年人德智体美劳全面发展，培养有理想、有道德、有文化、有纪律的社会主义建设者和接班人，培养担当民族复兴大任的时代新人，根据宪法，制定本法"。该条清楚地表明《未成年人保护法》的立法依据和立法宗旨。《未成年人保护法》的立法依据是《中华人民共和国宪法》。《中华人民共和国宪法》是我国的根本大法，在我国法律中具有最高法律效力，所有法律规范都

应以《中华人民共和国宪法》作为立法依据。《中华人民共和国宪法》为未成年人保护的立法提供了多方面的依据，如《中华人民共和国宪法》第四十六条规定"中华人民共和国公民有受教育的权利和义务"是《未成年人保护法》中关于未成年人受教育权的依据。《未成年人保护法》的立法宗旨主要体现在保护未成年人身心健康、保障未成年人的合法权益、促进未成年人德智体美劳全面发展，培养有理想、有道德、有文化、有纪律的社会主义建设者和接班人，培养担当民族复兴大任的时代新人等方面。

《未成年人保护法》第二条对法律适用对象即未成年人进行了界定，"本法所称未成年人是指未满十八周岁的公民"，第一百三十一条在此基础上进行了补充，即"对中国境内未满十八周岁的外国人、无国籍人，依照本法有关规定予以保护"。

（二）未成年人的权利及保护原则

《儿童权利公约》明确了儿童享有的四种基本权利，《未成年人保护法》第三条规定了未成年人享有生存权、发展权、受保护权、参与权等权利，上述权利与《儿童权利公约》提出的权利具有一致性，且明确了未成年人依法平等地享有各种权利，体现了无歧视原则。

《未成年人保护法》第四条对未成年人保护工作的原则和要求进行了规定，明确指出"保护未成年人，应当坚持最有利于未成年人的原则"。这一原则的确立，不仅体现在《未成年人保护法》的各个方面，而且为明确家庭、学校、政府和社会等各方主体的责任提供了具体指引。如在家庭保护方面，第二十四条规定，父母离婚时，要"听取有表达意愿能力未成年人的意见"；在学校保护方面，第三十三条规定，要"合理安排未成年学生的学习时间，保障其休息、娱乐和体育锻炼的时间"；在社会保护方面，第四十三条规定"居民委员会、村民委员会应当协助政府有关部门监督未成年人委托照护情况，发现被委托人缺乏照护能力、怠于履行照护职责等情况，应当及时向政府有关部门报告，并告知未成年人的父母或者其他监护人，帮助、督促被委托人履行照护职责"。第六十二条规定"密切接触未成年人的单位招聘工作人员时，应当向公安机关、人民检察院查询应聘者是否具有性侵害、虐待、拐卖、暴力伤害等违法犯罪记录"。《未成年人保护法》完善了未成年人监护制度基本框架，有利于进一步为未成年人健康成长保驾护航。

在"最有利于未成年人"原则的指导下，《未成年人保护法》进一步明确了处理涉及未成年人事项的要求，具体包括：给予未成年人特殊、优先保护；尊重未成年人人格尊严；保护未成年人隐私权和个人信息；适应未成年人身心健康发展的规律和特点；听取未成年人的意见；保护与教育相结合。

▶【案例6-1】

马某诉赵某变更抚养关系纠纷案

——变更抚养权应本着"最有利于未成年人"的原则

原告马某与被告赵某原系夫妻关系，育有一儿一女，儿子赵小某于2010年出生。2016年原告与被告协议离婚，离婚协议约定女儿赵某晴归原告马某抚养，儿子赵小某归被告赵某抚养。被告赵某因患有精神疾病，受其母照料生活，易怒冲动，伤人毁物，对家人的关心与责任严重缺失，经常打伤儿子赵小某。马某为此诉至法院要求变更赵小某抚养权，由其抚养。

法院经审理认为，夫妻双方离婚后，针对婚生子女的抚养，应当有利于未成年人的健康成长。根据法律规定，在确定未成年人抚养关系时，应客观、现实地考虑到孩子的具体情况，从有利于孩子生活、学习和身心健康的角度出发，给孩子一个健康、稳定的成长环境。被告赵某患有精神疾病，不能完全尽到抚养责任，且有殴打孩子致伤的行为，赵小某继续由被告赵某抚养对被抚养人成长不利，马某作为赵小某的母亲，是赵小某的法定监护人，有稳定的收入，具备抚养条件，结合赵小某的实际情况，并征求其本人意愿，遂支持原告马某变更抚养权的诉讼请求。

案例分析：2021年修订的《未成年人保护法》第四条明确了"保护未成年人，应当坚持最有利于未成年人的原则。"本案例是离婚后变更抚养权适用此原则的典型案例。父母与子女间的关系，不因父母离婚而消除。判断子女抚养权的归属应从有利于孩子身心健康，有利于孩子的成长、学习、教育，保障孩子的合法权益出发，结合父母双方的抚养能力和抚养条件等具体情况加以妥善解决。在尊重和鼓励未成年人表达意见并作出选择的同时，也需审查未成年人的选择是否是其真实意愿，是否会带来其他负面问题，是否因年龄、阅历、智力所限而作出不利于自身健康和长远发展的选择。

（三）未成年人保护主体

未成年人的成长关系到祖国的未来，与社会的各个领域息息相关，需要国家、社会、学校、家庭的共同努力、共同保护。《未成年人保护法》第六条规定"保护未成年人，是国家机关、武装力量、政党、人民团体、企业事业单位、社会组织、城乡基层群众性自治组织、未成年人的监护人以及其他成年人的共同责任"。同时"国家、社会、学校和家庭应当教育和帮助未成年人维护自身合法权益，增强自我保护的意识和能力"。表明未成年人保护主体具有典型的广泛性。

《未成年人保护法》第六条至第十一条明确了各主体的责任，并在第二章至第七章规定了家庭、学校、社会、网络、政府、司法保护的内容。此外，总则第十二条、十三条、十四条还明确国家鼓励和支持未成年人保护方面的科学研究和人才培养，建立健全未成年人统计调查制度，对保护未成年人有显著成绩的组织和个人给予表彰和奖励。

二、家庭保护

家庭是未成年人最早接触的社会场所，父母对未成年人的健康成长具有直接且重要的作用。第二章"家庭保护"从家庭的角度具体规定了家庭对未成年人的保护义务，主要涉及对未成年人的监护职责、禁止行为、创造良好的家庭环境等内容。如第十五条规定"未成年人的父母或者其他监护人应当学习家庭教育知识，接受家庭教育指导，创造良好、和睦、文明的家庭环境"。

（一）对未成年人的监护职责和禁止行为

《未成年人保护法》第十六条明确了未成年人的父母或者其他监护人应当履行的十项监护职责，具体包括：（1）为未成年人提供生活、健康、安全等方面的保障；（2）关注未成年人的生理、心理状况和情感需求；（3）教育和引导未成年人遵纪守法、勤俭节约，养成良好的思想品德和行为习惯；（4）对未成年人进行安全教育，提高未成年人的自我保护意识和能力；（5）尊重未成年人受教育的权利，保障适龄未成年人依法接受并完成义务教育；（6）保障未成年人休息、娱乐和体育锻炼的时间，引导未成年人进行有益身心健康的活动；（7）妥善管理和保护未成年人的财产；（8）依法代理未成年人实施民事法律行为；（9）预防和制止未成年人的不良行为和违法犯罪行为，并进行合理管教；（10）其他应当履行的监护职责。

为确保未成年人能够得到最基本的保护和正确的引导，《未成年人保护法》第十七条明确规定了未成年人父母或者其他监护人不得实施的十一项行为，具体包括：（1）虐待、遗弃、非法送养未成年人或者对未成年人实施家庭暴力；（2）放任、教唆或者利用未成年人实施违法犯罪行为；（3）放任、唆使未成年人参与邪教、迷信活动或者接受恐怖主义、分裂主义、极端主义等侵害；（4）放任、唆使未成年人吸烟（含电子烟）、饮酒、赌博、流浪乞讨或者欺凌他人；（5）放任或者迫使应当接受义务教育的未成年人失学、辍学；（6）放任未成年人沉迷网络，接触危害或者可能影响其身心健康的图书、报刊、电影、广播电视节目、音像制品、电子出版物和网络信息等；（7）放任未成年人进入营业性娱乐场所、酒吧、互联网上网服务营业场所等不适宜未成年人活动的场所；（8）允许或者迫使未成年人从事国家规定以外的劳动；（9）允许、迫使未成年人结婚或者为未成年人订立婚约；（10）违法处分、侵吞未成年人的财产或者利用未成年人牟取不正当利益;(11)其他侵犯未成年人身心健康、财产权益或者不依法履行未成年人保护义务的行为。

（二）加强未成年人委托照护管理

为保障未成年人的安全,《未成年人保护法》第二十一条规定"未成年人的父母或者其他监护人不得使未满八周岁或者由于身体、心理原因需要特别需要照顾的未成年人处于无人看护状态……不得使未满十六周岁的未成年人脱离监护单独生活"。《未成年人保护法》第二十二条明确了父母不能完全履行监护职责情况下的未成年人委托照护管理,具体规定了对被委托人的基本要求。首先,被委托人应该是具有照护能力的完全民事行为能力人。其次,应综合考虑被委托人的道德品质、家庭状况、身心健康状况、与未成年人生活情感上的联系等情况,并听取有表达意愿能力未成年人的意见。最后,明确了不得作为被委托人的四种情况:(1)曾实施性侵害、虐待、遗弃、拐卖、暴力伤害等违法犯罪行为;(2)有吸毒、酗酒、赌博等恶习;(3)曾拒不履行或者长期怠于履行监护、照护职责;(4)其他不适宜担任被委托人的情形。确定被委托人之后,未成年人的父母或者其他监护人应当及时将委托照护情况书面告知未成年人所在学校、幼儿园和实际居住地的居民委员会、村民委员会,同时与未成年人、被委托人至少每周联系和交流一次,并给予未成年人亲情关爱。

▶【案例6-2】

拒绝家暴未成年人,推行文明家庭教育

2023年8月,4岁女孩小唐遭受母亲的家庭暴力,其住所所在地A市妇联联合当地有关部门进行联合家访,公安部门对小唐母亲出具家庭暴力告诫书。2023年9月,小唐全家从A市搬至B市居住。同月底,小唐所在幼儿园老师在检查时发现小唐身上有新伤并报警,当地派出所出警并对小唐母亲进行口头训诫。2023年10月初,B市妇联代小唐向人民法院递交人身安全保护令申请书。人民法院经审查认为,小唐母亲对小唐曾有殴打、威胁、辱骂、冻饿等暴力、虐待行为,小唐确实遭受家庭暴力。人民法院裁定,禁止小唐母亲对小唐实施暴力、虐待行为,责令小唐母亲接受法治教育和心理辅导矫治。

案例分析:《未成年人保护法》对未成年人的父母及其他监护人应当承担的抚养、教育和保护未成年人的义务作出了明确规定,明令禁止"虐待、遗弃、非法送养未成年人或者对未成年人实施家庭暴力"。案例中小唐母亲对小唐实施殴打、冻饿等暴力、虐待行为属于不依法履行监护职责和侵犯未成年人合法权益,违反了《未成年人保护法》。

三、学校保护

学校对未成年人的成长和教育起着重要的作用,《未成年人保护法》第三章"学校保护"明确了学校和幼儿园应以促进未成年学生的全面发展和幼儿各方面的和谐发展为目标,对学校教育的内容和方式,保障学生安全,预防学生欺凌、性侵害、性骚扰等进行了具体规定。

(一)明确学校教育的内容和方式

《未成年人保护法》第二十五条、二十六条分别对学校和幼儿园的教育内容进行了规定,学校"应当全面贯彻国家教育方针,坚持立德树人,实施素质教育",幼儿园"应当做好保育、教育工作,遵循幼儿身心发展规律,实施启蒙教育"。在此基础上,规定学校应当对学生进行社会生活指导、心理健康辅导、青春期教育、生命教育、劳动教育和勤俭节约教育。

《未成年人保护法》第二十七条至第三十条对学校教育的方式进行了规定。首先,尊重未成年人人格尊严,不得对未成年人实施体罚、变相体罚或者其他侮辱人格尊严的行为;其次,保障未成年学生受教育的权利,不得违反国家规定开除、变相开除未成年学生;第三,不得因家庭、身体、心理、学习能力等情况歧视未成年学生;第四,根据未成年学生身心发展特点开展教育。第三十三条明确规定学校"不得占用国家法定节假日、休息日及寒暑假期,组织义务教育阶段的未成年学生集体补课",幼儿园、校外培训机构"不得对学龄前未成年人进行小学课程教育"。

(二)保障未成年学生安全

人身安全是实现未成年人其他权利的基础,《未成年人保护法》第三十五条规定"学校、幼儿园应当建立安全管理制度,对未成年人进行安全教育,完善安保设施、配备安保人员,保障未成年人在校、在园期间的人身和财产安全。"在此基础上,对教育教学活动安全、校车安全、突发事件和意外伤害预案及处理等方面进行了具体规定。

针对近年来频发的校园欺凌和性侵害事件,《未成年人保护法》明确规定"学校应当建立学生欺凌防控工作制度","学校、幼儿园应当建立预防性侵害、性骚扰未成年人工作制度"。一方面,学校对教职员工、学生等开展防治学生欺凌的教育和培训,开展适合学生年龄的性教育,提高学生的自我保护意识和能力。学校对学生欺凌行为应当立即制止;学校、幼儿园对性侵害、性骚扰未成年人等违法犯罪行为不得隐瞒,应当及时向公安机关、教育行政部门报告,并配合相关部门依法处理。

▶【案例 6-3】

被告人冯某、杨某危险驾驶案

——幼儿园校车超载，园长、司机均获刑

2020 年 11 月 9 日 10 时，被告人冯某驾驶中型专用校车拉载 29 名幼儿园学生及 1 名幼儿园教师，沿道路由南向北行驶至某路段时，被交警当场查获。在检查中发现，该中型专用校车核定载人数 19 人，实际载人数 31 人，超过额定乘员 10 人以上。

法院经审理认为，被告人冯某在驾驶某幼儿园中型专用校车行驶过程中，严重超过核定载人数；被告人杨某作为幼儿园的法定代表人，在该校车存在超载的情况下，未尽到校车安全的监督管理责任，负有直接责任。被告人冯某、杨某的行为均已构成危险驾驶罪。法院最终以危险驾驶罪判处二人拘役三个月，缓刑六个月，并处罚金人民币 3 000 元。

案例分析：《中华人民共和国刑法》规定，在道路上驾驶机动车，从事校车业务，严重超过额定乘员载客，机动车所有人、管理人对该行为负有直接责任的，处拘役，并处罚金。《未成年人保护法》第三十六条对学校、幼儿园的校车安全管理制度作出明确规定。使用校车的学校、幼儿园应当建立健全校车安全管理制度，配备安全管理人员，定期对校车进行安全检查，对校车驾驶人进行安全教育，并向未成年人讲解校车安全乘坐知识，培养未成年人校车安全事故应急处理技能。该案提醒学校、幼儿园必须严格校车管理，护航学生安全。

四、社会保护

未成年人的保护涉及社会各个部门，需要全社会进行综合保护。《未成年人保护法》第四章"社会保护"规定"全社会应当树立关心、爱护未成年人的良好风尚"，并对相关部门的工作提出了具体的要求。

（一）引导未成年人参与健康的社会活动

《未成年人保护法》第四十四条规定："爱国主义教育基地、图书馆、青少年宫、儿童活动中心、儿童之家应当对未成年人免费开放；博物馆、纪念馆、科技馆、展览馆、美术馆、文化馆、社区公益性互联网上网服务场所以及影剧院、体育场馆、动物园、植物园、公园等场所，应当按照有关规定对未成年人免费或者优惠开放。"国家鼓励上述公共场馆为未成年人提供有针对性的服务；同时，鼓励国家机关、企业事业单位、部队等开发自身教育资源，设立未成年人开放日，为未成年人主题教育、社会实践、职业体验等提供支持；鼓励科研机构和科技类社会组织对未成年人开展科学普及活动。

（二）规范出版物、网络信息等

《未成年人保护法》第四十八条至第五十二条对出版物和网络信息的规范进行了规定。首先，国家鼓励创作、出版、制作和传播有利于未成年人健康成长的图书、报刊、电影、广播电视节目、舞台艺术作品、音像制品、电子出版物和网络信息等。其次，新闻媒体应当加强未成年人保护方面的宣传，对侵犯未成年人合法权益的行为进行舆论监督。新闻媒体采访报道涉及未成年人事件应当客观、审慎和适度，不得侵犯未成年人的名誉、隐私和其他合法权益。最后，禁止制作、复制、出版、发布、传播含有宣扬淫秽、色情、暴力、邪教、迷信、赌博、引诱自杀、恐怖主义、分裂主义、极端主义等危害未成年人身心健康内容的图书、报刊、电影、广播电视节目、舞台艺术作品、音像制品、电子出版物和网络信息等。若出版物、网络信息等包含可能影响未成年人身心健康内容的，应当以显著方式作出提示。禁止制作、复制、发布、传播或者持有有关未成年人的淫秽色情物品和网络信息。

（三）公共设施、单位员工招聘应保障未成年人安全

为确保未成年人人身安全，《未成年人保护法》第五十五条至第六十二条从公共场所的安全设置、未成年人校外活动场所的限制、密切接触未成年人的单位员工招聘等方面进行了规定。首先，生产、销售用于未成年人的食品、药品、玩具、用具和游戏游艺设备、游乐设施等，应当符合国家或者行业标准，不得危害未成年人的人身安全和身心健康。未成年人集中活动的公共场所应当符合国家或者行业安全标准，并采取相应安全保护措施。其次，旅馆、宾馆、酒店等住宿经营者接待未成年人入住，或者接待未成年人和成年人共同入住时，应当询问父母或者其他监护人的联系方式、入住人员的身份关系等有关情况；发现有违法犯罪嫌疑的，应当立即向公安机关报告，并及时联系未成年人的父母或者其他监护人。学校、幼儿园周边不得设置营业性娱乐场所、酒吧、互联网上网服务营业场所等不适宜未成年人活动的场所；不得设置烟、酒、彩票销售网点。禁止向未成年人提供、销售管制刀具或者其他可能致人严重伤害的器具等物品。最后，密切接触未成年人的单位招聘工作人员时，应当向公安机关、人民检察院查询应聘者是否具有性侵害、虐待、拐卖、暴力伤害等违法犯罪记录；发现其具有前述行为记录的，不得录用。

五、网络保护

随着信息技术的快速发展，网络作为家庭、学校、社会等现实世界的延展，已经成为未成年人成长的新环境。网络沉迷是当前未成年人保护领域的一个重点问题，受到社会高度关注。2021年修订的《未成年人保护法》适应客观形势的需要，增设第五章"网络保护"，对网络保护的理念、网络环境管理、相关企业责

任、网络信息管理、个人网络信息保护、网络沉迷防治等作出全面规范，力图实现对未成年人的线上线下全方位保护，构建起我国未成年人网络保护的法律基础。

（一）加强未成年人网络素养

《未成年人保护法》第六十四条规定，"培养和提高未成年人的网络素养，增强未成年人科学、文明、合理使用网络的意识和能力，保障未成年人在网络空间的合法权益"。第六十五条规定，"国家鼓励和支持有利于未成年人健康成长的网络内容的创作与传播"。第六十九条要求"学校、社区、图书馆、文化馆、青少年宫等场所为未成年人提供的互联网上网服务设施，应当安装未成年人网络保护软件或者采取其他安全保护技术措施。

（二）保护未成年人个人信息

《未成年人保护法》规定，信息处理者通过网络处理未成年人个人信息的，应当遵循合法、正当和必要的原则。网络服务提供者发现未成年人通过网络发布私密信息的，应当及时提示，并采取必要的保护措施。同时，《未成年人保护法》对反欺凌做了专门规定，强调任何组织或者个人不得通过网络以文字、图片、音视频等形式，对未成年人实施侮辱、诽谤、威胁或者恶意损害形象等网络欺凌行为。遭受网络欺凌的未成年人及其父母或者其他监护人有权通知网络服务提供者采取删除、屏蔽、断开链接等措施。网络服务提供者接到通知后，应当及时采取必要的措施制止网络欺凌行为，防止信息扩散。

（三）防止未成年人网络沉迷

针对越来越普遍的未成年人网络沉迷现象，《未成年人保护法》分别对相关职能部门、未成年人父母或者其他监护人以及网络产品和服务提供者的责任进行了规定。首先，新闻出版、教育、卫生健康、文化和旅游、网信等部门应当定期开展预防未成年人沉迷网络的宣传教育，监督网络产品和服务提供者履行预防未成年人沉迷网络的义务，指导家庭、学校、社会组织互相配合，采取科学、合理的方式对未成年人沉迷网络进行预防和干预。其次，未成年人的父母或者其他监护人应当合理安排未成年人使用网络的时间，有效预防未成年人沉迷网络。最后，网络产品和服务提供者不得向未成年人提供诱导其沉迷的产品和服务。不得在每日二十二时至次日八时向未成年人提供网络游戏服务。网络游戏、网络直播、网络音视频、网络社交等网络服务提供者应当针对未成年人使用其服务设置相应的时间管理、权限管理、消费管理等功能。

六、政府保护

政府在未成年人保护工作中承担着主体责任。2021年修订的《未成年人保护法》增设第六章"政府保护"，明确县级以上人民政府应当建立未成年人保护协调机制，细化政府及有关部门的职责，并对国家监护制度作出详细规定。

（一）建立未成年人保护协调机制

《未成年人保护法》第八十一条规定"县级以上人民政府承担未成年人保护协调机制具体工作的职能部门应当明确相关内设机构或者专门人员，负责承担未成年人保护工作。乡镇人民政府和街道办事处应当设立未成年人保护工作站或者指定专门人员，及时办理未成年人相关事务；支持、指导居民委员会、村民委员会设立专人专岗，做好未成年人保护工作"。

（二）细化政府及有关部门的职责

《未成年人保护法》第八十三条至第九十九条明确了各级人民政府和相关部门在未成年人保护方面的职责，具体包括：（1）各级人民政府应当保障未成年人受教育的权利；（2）各级人民政府应当发展托育、学前教育事业，办好婴幼儿照护服务机构、幼儿园，支持社会力量依法兴办母婴室、婴幼儿照护服务机构、幼儿园；（3）各级人民政府应当发展职业教育，保障未成年人接受职业教育或者职业技能培训；（4）各级人民政府应当保障残疾未成年人的受教育权；（5）地方人民政府及其有关部门应当保障校园安全，监督、指导学校、幼儿园等单位落实校园安全责任，建立突发事件的报告、处置和协调机制；（6）公安机关和其他有关部门应当依法维护校园周边的治安和交通秩序，设置监控设备和交通安全设施，预防和制止侵害未成年人的违法犯罪行为；（7）地方人民政府应当建立和改善适合未成年人的活动场所和设施，支持公益性未成年人活动场所和设施的建设和运行，鼓励社会力量兴办适合未成年人的活动场所和设施，并加强管理；（8）各级人民政府及其有关部门应当对未成年人进行卫生保健和营养指导，提供卫生保健服务；（9）各级人民政府及其有关部门应当对困境未成年人实施分类保障，采取措施满足其生活、教育、安全、医疗康复、住房等方面的基本需要；（10）根据需要设立未成年人救助保护机构、儿童福利机构，负责收留、抚养由民政部门监护的未成年人；（11）县级以上人民政府应当开通全国统一的未成年人保护热线，及时受理、转介侵犯未成年人合法权益的投诉、举报；（12）国家建立性侵害、虐待、拐卖、暴力伤害等违法犯罪人员信息查询系统，向密切接触未成年人的单位提供免费查询服务；（13）地方人民政府应当培育、引导和规范有关社会组织、社会工作者参与未成年人保护工作，开展家庭教育指导服务，为未成年人的心理辅导、康复救助、监护及收养评估等提供专业服务。

（三）建立未成年人监护制度

《未成年人保护法》第九十二条至第九十六条明确了当监护人不能履行监护职责时，民政部门应及时介入，对未成年人进行临时监护或长期监护，并明确了两种监护的适用情形。

民政部门依法对未成年人进行临时监护的情形包括：（1）未成年人流浪乞讨或者身份不明，暂时查找不到父母或者其他监护人；（2）监护人下落不明且无其他人可以担任监护人；（3）监护人因自身客观原因或者因发生自然灾害、事故灾难、公共卫生事件等突发事件不能履行监护职责，导致未成年人监护缺失；（4）监护人拒绝或者怠于履行监护职责，导致未成年人处于无人照料的状态；（5）监护人教唆、利用未成年人实施违法犯罪行为，未成年人需要被带离安置；（6）未成年人遭受监护人严重伤害或者面临人身安全威胁，需要被紧急安置；（7）法律规定的其他情形。对临时监护的未成年人，民政部门可以采取委托亲属抚养、家庭寄养等方式进行安置，也可以交由未成年人救助保护机构或者儿童福利机构进行收留、抚养。临时监护期间，经民政部门评估，监护人重新具备履行监护职责条件的，民政部门可以将未成年人送回监护人抚养。

民政部门依法对未成年人进行长期监护的情形包括：（1）查找不到未成年人的父母或者其他监护人；（2）监护人死亡或者被宣告死亡且无其他人可以担任监护人；（3）监护人丧失监护能力且无其他人可以担任监护人；（4）人民法院判决撤销监护人资格并指定由民政部门担任监护人；（5）法律规定的其他情形。民政部门进行收养评估后，可以依法将其长期监护的未成年人交由符合条件的申请人收养。收养关系成立后，民政部门与未成年人的监护关系终止。

七、司法保护

《未成年人保护法》第七章"司法保护"第一百条规定"公安机关、人民检察院、人民法院和司法行政部门应当依法履行职责，保障未成年人合法权益"。根据第七章"司法保护"的条款，《未成年人保护法》主要从根据未成年人身心特点办案、保护未成年人基本权利等方面实现司法环节的未成年人保护全覆盖。

（一）根据未成年人身心特点办案

《未成年人保护法》第一百零一条至第一百零四条规定，公安机关、人民检察院、人民法院和司法行政部门应当确定专门机构或者指定专门人员，负责办理涉及未成年人案件。办理涉及未成年人案件的人员应当经过专门培训，熟悉未成年人身心特点。专门机构或者专门人员中，应当有女性工作人员。公安机关、人民检察院、人民法院和司法行政部门办理涉及未成年人案件，应当考虑未成年人身心特点和健康成长的需要，使用未成年人能够理解的语言和表达方式，听取未成年人的意见。法律援助机构应当指派熟悉未成年人身心特点的律师为未成年人提供法律援助服务。

（二）保护未成年人基本权利

"司法保护"部分明确了在办理涉及未成年人的案例时，应保护未成年人的名誉权、隐私权等合法权益。如第一百一十条规定："公安机关、人民检察院、人民法院讯问未成年犯罪嫌疑人、被告人，询问未成年被害人、证人，应当依法通知其法定代理人或者其成年亲属、所在学校的代表等合适成年人到场，并采取适当方式，在适当场所进行，保障未成年人的名誉权、隐私权和其他合法权益。人民法院开庭审理涉及未成年人案件，未成年被害人、证人一般不出庭作证；必须出庭的，应当采取保护其隐私的技术手段和心理干预等保护措施。"另外，《未成年人保护法》还明确了对未成年人其他权利的保护。如第一百零七条规定"人民法院审理继承案件，应当依法保护未成年人的继承权和受遗赠权"。

除了上述内容之外，《未成年人保护法》第八章"法律责任"明确了违反相关条款应当依法承担的相应的民事、行政或者刑事责任。第九章"附则"则对相关条款中涉及的"密切接触未成年人的单位""学校""学生欺凌"等用语的含义进行了解释，并规定《未成年人保护法》自 2021 年 6 月 1 日起施行。

▶【案例 6-4】

上海一中院发出首份"家庭教育指导令"

许先生和张女士的两个孩子大龙（化名）、小龙（化名），分别于 2011 年 8 月和 2013 年 7 月出生。2013 年 11 月，双方协议离婚，约定两个孩子均由母亲张女士抚养，许先生承担两个孩子的抚养费。2017 年 9 月，刚上小学的大龙经常迟到。班主任多次打电话给张女士，很多时候电话都无人接听。同年 11 月，张女士向班主任和体育老师提出大龙不参加体育锻炼，之后又要求提前接走大龙并提出请假。2017 年 12 月中旬之后大龙未再到校参加学习，而弟弟小龙上了 2 个月小学之后也被张女士接回家中。2020 年疫情期间，学生需在家上网课并通过手机 APP 与教师互动，小龙未参加，对此张女士解释是在家自学。此后，小龙断断续续到校学习，2021 年 4 月下旬之后，小龙未再返校。许先生觉得前妻不让孩子上学的做法不妥，与其沟通无果后，便向法院提起诉讼，要求变更孩子的抚养关系，由他来抚养两个孩子，让他们能继续完成学业。

一审法院经审理认为，从大龙、小龙今后的学习权利、健康成长的角度出发，结合许先生、张女士各自的经济条件及两个孩子的个人意愿，判决支持许先生变更抚养关系的诉请，孩子们跟随父亲共同生活，张女士可于每周周末探望两个孩子。张女士不服，上诉至上海一中院。上海一中院驳回上诉，维持原判。

值得注意的是，上海一中院在判决之外，发出了首份"家庭教育指导令"。其主要内容包括：要求许先生及时办理好大龙、小龙的入学手续，多与教师联系沟通，确保其在稳定的学习环境中完成学业；履行对张女士探望孩子的协助义务；多陪伴、关爱孩子，同张女士一起履行家庭教育责任。要求张女士协助许先生完成大龙、小龙入学手续的办理；积极行使对两个孩子的探望权，与许先生相互配合，承担家庭教育的主体责任。

案例分析：根据《未成年人保护法》第一百一十八条，"未成年人的父母或者其他监护人不依法履行监护职责或者侵犯未成年人合法权益的，由其居住地的居民委员会、村民委员会予以劝诫、制止；情节严重的，居民委员会、村民委员会应当及时向公安机关报告。公安机关接到报告或者公安机关、人民检察院、人民法院在办理案件过程中发现未成年人的父母或者其他监护人存在上述情形的，应当予以训诫，并可以责令其接受家庭教育指导。"案例中上海一中院的处理体现了对这一条款的遵守。

议一议

当前社会中存在哪些威胁未成年人权益的事件？如何通过法律保护未成年人？

【理解·反思·探究】

1.《未成年人保护法》的制定有何意义？

2.《未成年人保护法》规定学校应当如何保护未成年学生的安全？

3. 根据《未成年人保护法》，幼儿园应如何开展保教工作？

【拓展阅读导航】

● 相关法律法规

1.《中华人民共和国未成年人保护法》

2.《中华人民共和国预防未成年人犯罪法》（2020 年修订）

3.《中华人民共和国家庭教育促进法》

● 相关文献

1. 佟丽华.《中华人民共和国未成年人保护法》理解与适用［M］.北京：中国法制出版社，2021.

该书对最新修订的《中华人民共和国未成年人保护法》的条文逐条进行阐释，帮助读者全方位理解《中华人民共和国未成年人保护法》的新规定、新精神和新理念。

2. 孙谦.中国未成年人司法制度研究［M］.北京：中国检察出版社，2021.

该书围绕我国未成年人司法制度立法、司法实践和国内外新理论展开分析和探讨，明确我国未成年人司法制度的基本范畴，分析了我国未成年人司法实践现状，总结了我国未成年人司法制度的历史经验等，设计了新时代我国未成年人司法制度的建构路径。

第七章　《幼儿园教师专业标准（试行）》

【导语】

幼儿园教师是履行幼儿园教育工作职责的专业人员，是培育"祖国花朵"的园丁，其专业素养关系到亿万儿童的健康成长，关系到学前教育事业的健康发展。一方面，近年来，幼儿园教师虐童事件频繁发生，引起社会各界对幼儿园教师队伍素质的质疑，师德等问题成为社会关注的热点。另一方面，随着社会对学前教育质量要求的不断提高，幼儿园教师的专业素养也面临着更大的考验，制定幼儿园教师专业标准势在必行。

本章主要介绍《幼儿园教师专业标准（试行）》（本章可简称《教师专业标准》），引导读者关注新时期对幼儿园教师专业素养提出的新要求。

【学习目标】

- 了解《教师专业标准》的研制背景、指导思想和意义。
- 结合实际深入理解《教师专业标准》的基本理念和基本内容，明确新时期幼儿园教师应该具备的专业素养。

在一次小组讨论中，同学们围绕着"合格的幼儿园教师应该具备哪些专业素养"这个问题展开了热烈的讨论。

有的同学说："要有较强的艺术技能，弹琴、唱歌、跳舞、绘画，这些最重要。"

有的同学说："活动组织能力很重要，要能很好地安排幼儿的一日生活。"

有的同学说："环境是重要的教育资源，所以应该具备较强的环境创设能力。"

有的同学说："要能说一口标准的普通话，具有较好的语言表达能力。"

有的同学说："应该掌握儿童发展的相关知识，具备因材施教的能力。"

还有的同学说："合格的幼儿园教师最基本的素养是爱孩子。"

那么，合格的幼儿园教师到底应该具备哪些专业素养？本章通过解读《幼儿园教师专业标准（试行）》来回答这一问题。

第一节 《幼儿园教师专业标准（试行）》概述

为满足我国学前教育发展的需要，顺应幼儿园教师专业发展的时代潮流，建设一支高素质幼儿园教师队伍，根据《中华人民共和国教师法》，教育部于 2012 年 2 月颁布了《幼儿园教师专业标准（试行）》，作为幼儿园教师培养、准入、培训、考核等工作的重要依据。

一、《幼儿园教师专业标准（试行）》的研制背景

1993 年，教育部颁布的《中华人民共和国教师法》是我国教育史上第一部关于教师的单行法律，1995 年国务院发布了《教师资格条例》，2000 年教育部颁布了《〈教师资格条例〉实施办法》，教师资格制度开始在我国实行。此后还出台了一系列有关教师教育的指导性文件，如 2002 年的《教育部关于"十五"期间教师教育改革与发展的意见》，2004 年的《教育部关于进一步加强基础教育新课程师资培训工作的指导意见》，2005 年教育部颁布的《关于规范小学和幼儿园教师培养工作的通知》等，这些政策法规的颁布使我国教师教育逐渐向法治化迈进。2011 年 11 月，为落实《教育规划纲要》，深化教师教育改革，规范和引导教师教育课程与教学，建设高素质专业化教师队伍，教育部颁布了《教师教育课程标准（试行）》。2012 年的《教师专业标准》是在我国学前教育事业发展需要和国际幼儿园教师专业发展趋势的双重推动下研制的，并作为落实《教育规划纲要》的一项具体措施和紧迫任务而颁布实施。

（一）我国学前教育事业发展的需要

随着《教育规划纲要》的贯彻落实、"国十条"的颁发，要实现基本普及学

前教育的战略目标，满足人民群众对学前教育的热切需求，不仅仅意味着入园率的提高，更重要的是学前教育质量的提升，而其中的关键与核心便是教师队伍专业水平的提升。加快建设一支师德高尚、热爱儿童、业务精良、结构合理的幼儿园教师队伍成为我国学前教育事业发展的一个重要目标。《教师专业标准》正是在加快普及学前教育的新形势下，为保障教育质量和幼儿健康成长而出台的一个重要文件。

☞链接:《关于加强幼儿园教师队伍建设的意见》

（二）国际幼儿园教师专业发展的趋势

1966 年，联合国教科文组织发布《关于教师地位的建议》，提出了教师职业的专业化，以此提升教师地位和实现教师权益。自此，在世界范围内掀起了一场声势浩大的"教师专业化"运动。而在 20 世纪 80 年代以后，教师专业化运动追求的目标从教师权益转移到教育质量上。1986 年，美国卡内基教育和经济论坛发表《国家为培养 21 世纪的教师做准备》，霍姆斯小组发布《明日的教师》报告，敦促教师专业化水平提高的改革。英国于 1984 年成立了教师教育课程鉴定委员会（后来的教师培训署），致力于建立全国范围的教师教育质量标准体系。日本也在 20 世纪 70 年代制订了教师专业发展计划，并设立了丰富的激励机制促进教师的专业化发展。

目前，欧美等国均形成了自己的教师专业发展和评价体系，而教师专业标准体系在教师专业化中起到了重要作用。从国际经验看，提升教师队伍的专业化水平，也大多是从教师专业标准的制定和实施入手的。应和国际幼儿园教师专业发展的趋势，制定我国的幼儿园教师专业标准是国际教师专业标准化运动的一部分，共同推动着国际幼儿园教师专业化的进程。

（三）落实《教育规划纲要》的紧迫任务

《教育规划纲要》指出："教育大计，教师为本。有好的教师，才有好的教育。提高教师地位，维护教师权益，改善教师待遇，使教师成为受人尊重的职业。严格教师资质，提升教师素质，努力造就一支师德高尚、业务精湛、结构合理、充满活力的高素质专业化教师队伍。"这是国家对教师队伍重要性和教师职业地位的确认，也是国家对高素质专业化教师队伍的呼唤。《教育规划纲要》还指出："严格执行幼儿教师资格标准，切实加强幼儿教师培养培训，提高幼儿教师队伍整体素质，依法落实幼儿教师地位和待遇。"这是教师专业化队伍建设在学前教育领域中的具体要求，重点是严格执行幼儿园教师资格标准。只有坚持幼儿园教师资格标准，才能确保幼儿园教师队伍的质量，才能实现幼儿园教师的专业化。

总的来说，无论是促进教师的专业成长，还是提升教师的教育质量，《教师专业标准》都能够起到重要的指引和支撑作用。教师专业标准的意义在于它是选拔教师的依据，是培训教师的指南，是评价教师的尺度，是引领教师自身发展的导向，还是提高整个教师队伍素质和水平的依据。面对当前我国幼儿园教师队伍水平、素质参差不齐的现状，制定《教师专业标准》，指引教师教育、教师专业发展、教育教学工作实际，成为当务之急。

二、《幼儿园教师专业标准（试行）》的指导思想和意义

（一）指导思想

《教师专业标准》是在教育部教师工作司的领导下，理论工作者和实践工作者集体智慧的结晶。《教师专业标准》在研制过程中始终坚持和体现了以下指导思想：

1. 专业导向，师德为先

幼儿园教师是对幼儿实施保育和教育职责的专业人员，需具有特定的专业素质，具有良好的职业道德与态度、专业的教育知识和技能。因此，《教师专业标准》奉行明确的专业导向，坚持严格的职业道德规范，明确规定幼儿园教师从事幼儿园教育教学工作必须达到的基本专业要求。

2. 基本规范，前瞻引领

《教师专业标准》是国家对合格幼儿园教师专业素质的基本要求，规定的是幼儿园教师必须达到的基本专业素养和教师开展保教活动的基本规范，同时是引领幼儿园教师专业发展的基本准则，能够为其专业发展提供方向性的指引和导航。幼儿园教师应按标准中所提出的专业要求，不断提升自己的专业水平。

3. 全面要求，突出重点

《教师专业标准》将专业理念与师德、专业知识和专业能力三个方面作为幼儿园教师必备的基本素质与条件，尤其注重专业理念与师德，认为它是整个《教师专业标准》的灵魂与核心。《教师专业标准》强调合格的幼儿园教师必须富有爱心、责任心、耐心和细心，必须关爱幼儿，尊重幼儿，做幼儿健康成长的启蒙者和引路人。同时，《教师专业标准》对当前社会反映的教师专业意识或行为中薄弱、不足之处，予以关注与强调。

4. 共同准则，体现独特

《教师专业标准》既要充分反映教师职业所应具有的普遍性专业特点，同时又要适应幼儿身心发展需求和幼儿园阶段教育的特殊性，充分体现幼儿园教师素质的独特性，因此特别强调保教结合，适当安排幼儿的一日生活；重视环境和游戏对幼儿发展的独特价值，积极支持与引导幼儿游戏，将教育灵活地渗透于幼儿一日生活和活动中。

5. 立足国情，国际视野

《教师专业标准》是引领我国幼儿园教师专业发展的基本准则，因此要充分考虑满足我国社会和学前教育事业改革发展的需求，并充分考虑我国国情、

教师专业发展与教育现状，同时要积极分析与借鉴国际上有关儿童发展、教育改革，特别是教师专业标准和专业化发展等方面的最新研究成果，以制定更加符合世界教育改革与教师专业发展趋势，又适合我国国情的幼儿园教师专业标准。

（二）意义

《教师专业标准》从基本理念、基本内容、实施建议等方面对幼儿园教师应具备的基本素质进行了阐述。《教师专业标准》的制定对规范师资培养，提高幼儿园教师的地位，实现幼儿园教育质量与公平并行发展具有十分重要的意义。

1. 规范师资培养

《教育规划纲要》的颁布，使我国的学前教育迎来了发展的春天。幼儿园和教师教育机构无论在数量上还是规模上都获得了空前的发展，然而，数量和规模的扩张并没有带来质量的提升。由于缺乏刚性的幼儿园教师专业标准，各级各类教师教育机构无论是课程设置还是人才培养方案都不一样，从而导致人才培养质量的良莠不齐，直接造成学前教育质量低下，对幼儿身心的和谐发展产生极其严重的负面影响。只有制定统一的幼儿园教师专业标准，各种学前教育专业人才培养方案才能有统一的依据，才能引导和规范师资培养。《教师专业标准》的颁布，为教师教育机构的课程设置、人才培养方案的修订和人才培养质量的评价提供了刚性的标准和依据。

2. 兼顾学前教育质量和公平

现在的学前教育市场呈现出两种截然不同的局面：一方面是"入园难"，这种现象在城市尤其是大中城市不断上演，而且愈演愈烈；另一方面是"幼儿园生源大战"，这在城镇尤其是乡镇、村尤为突出。这些问题一方面凸显了社会对优质学前教育需求的迫切性，另一方面也表明了学前教育发展的不均衡。由于缺乏刚性的幼儿园教师准入标准，各级各类幼儿园在用人标准上存在很大的差距。各种附属幼儿园、公办幼儿园以及经济实力雄厚的民办幼儿园，由于其资金来源充足，社会保障体系、人才激励机制完善，对人才的选拔比较严格，因而其教育质量就高。珠三角和长三角地区以及北京、上海等地的大型幼儿园吸引了大批学前教育本科毕业生、硕士研究生甚至博士研究生，而一些小型的幼儿园尤其是乡镇、村幼儿园的教师却存在学历、素质不达标的现象。这种不均衡性加大了城乡学前教育的不公平性。

幼儿园教师专业标准从教育的内部入手，在源头上保证各级各类幼儿园，尤其是农村幼儿园、民办幼儿园等薄弱园可以获得起点较高、较公平的师资来源，从而提高这些薄弱园自我可持续发展的能力，提高这些地区整体学前教育水平，保证每个幼儿尤其是弱势群体幼儿能在原有的基础上获得最大程度的发展，为他们的终身教育奠定良好的基础，从而实现学前教育公平、全面、和谐发展。

3. 促进幼儿园教师专业化

《国际教师工作与教师教育百科全书》认为专业化教师即"工资高、训练有素、有能力和愿意继续学习、有工作动力、为自己的工作感到自豪、对学生、家长和社会有责任心的教师"。我国学者邵江波对国内外教师专业标准进行分析之后认为专业化的教师必须具有"专业服务、专业知能、专业自主、专业制度和专业伦理"等特点。[①] 从以上对专业化教师的阐述来看，目前，我国幼儿园教师的专业化程度不高，主要表现在群体社会地位不高，待遇低，身份不明确，"职业倦怠"现象严重，对职业的满意度不高；国家对幼儿园教师资格要求过低；幼儿园教师的素质参差不齐；同时幼儿园教师作为一种专业化的职业还没有得到社会的广泛承认。专业社会学的研究表明：专业的形成是以内部的高深知识和服务精神来换取外部对其赋予地位和权力的，即以知识博弈权力。从专业原理角度对《教师专业标准》进行分析可以发现，《教师专业标准》对幼儿园教师专业化起着十分重要的作用。

（1）《教师专业标准》作为国家对合格幼儿园教师专业素质的基本要求，从专业道德、专业知识和专业能力三个方面全面构建了合格幼儿园教师专业素质的基本要求，有利于提高幼儿园教师群体的专业素质、专业服务意识和能力，为幼儿园教师作为专业人员得到社会的认可提供基础。

（2）《教师专业标准》把幼儿园教师专业化当作一个系统工程来抓，不仅对幼儿园教师自身素质提出了要求，同时在实施建议部分，要求多方联动，对教育行政管理部门、教师教育机构、幼儿园、幼儿园教师都提出相应的要求，为促进幼儿园教师的专业发展提供保障。

第二节　《幼儿园教师专业标准（试行）》的主要内容

☞链接:《幼儿园教师专业标准（试行）》

《教师专业标准》框架由基本理念、基本内容与实施建议三大部分构成，基本理念包括师德为先、幼儿为本、能力为重、终身学习。基本内容由专业理念与师德、专业知识、专业能力 3 个维度、14 个领域、62 项基本要求构成。实施建议分别对教育行政部门、教师教育机构、幼儿园及幼儿园教师 4 类主体提出了相关要求。

一、对幼儿园教师的定位

幼儿园教师是对 3—6 岁幼儿进行教育的专业人员，是一项专业性很强的工

---

① 邵江波. 教师专业化的困境与希望 [J]. 教育发展研究，2007（Z2）：65-68.

作。3—6 岁幼儿的身心发展规律和学习特点决定了幼儿园教师必须具有幼儿身心发展规律和学习特点的专业知识，这些专业知识要经过长期的专业学习。同时，幼儿的身心发展特点也决定了幼儿园教师必须具有特殊的专业伦理。因此，《教师专业标准》将幼儿园教师定位为"是履行幼儿园教育工作职责的专业人员，需要经过严格的培养与培训，具有良好的职业道德，掌握系统的专业知识和专业技能"。这一定位有助于改善社会对幼儿园教师专业性认可度普遍较低的局面。《教师专业标准》是国家对合格幼儿园教师的基本专业要求，是幼儿园教师开展保教活动的基本规范，是幼儿园教师培养、准入、培训、考核等工作的重要依据。

二、《幼儿园教师专业标准（试行）》的基本理念

贯穿《教师专业标准》的基本理念是：师德为先、幼儿为本、能力为重、终身学习。基本理念具有导向性和统领性，是国家对合格幼儿园教师专业发展方向的宏观性指引，也是幼儿园教师自身专业构建必备的观念性基石。

（一）师德为先

百年大计，教育为本。教育成败，重在学校。学校教书育人靠教师的努力，教师被冠以"人类灵魂的工程师"，这一特殊地位的职业要求教师不仅要具有广博的知识，还要有高尚的职业道德——一种对社会、对他人、对自己的承诺。"正人先正己"，要培养学生良好的思想道德素质，教师首先必须具备比一般社会群体更崇高的思想道德素质。幼儿园教师作为培育祖国花朵的园丁，师德更是最基本的品质。

首先，师德是幼儿园教师最基本、最重要的职业准则和规范。幼儿园教师职业的对象是处于身体、智力、情感和社会性发展关键时期的幼儿，可塑性大、模仿性强是幼儿的显著特点，他们总是把教师作为自己亲近与模仿的对象。因此，幼儿园教师的一言一行、一举一动都会对幼儿产生潜移默化的影响。这就要求幼儿园教师一定要做到严于律己、以身作则，为幼儿树立一个可以信任、言行一致的榜样，并发挥榜样的示范作用，潜移默化，以德育人。

其次，热爱学前教育事业，具有职业理想，践行社会主义核心价值观，履行教师职业道德规范，是师德的核心。幼儿园教师热爱学前教育事业，始终牢记自己的神圣职责，把自身的成长、个人的进步同社会主义事业和祖国的繁荣富强紧密联系在一起，这是落实师德为先理念的前提；拥有崇高的职业理想才能产生模范地遵守职业道德的行为，把幼儿园教师职业作为自己的理想，是实现自身价值、追求幸福人生的重要途径；社会主义核心价值体系对师德建设具有引领和指导作用，幼儿园教师认真学习社会主义核心价值体系，并将其落实到自己的教育教学实践中；履行教师职业道德规范，依法执教是幼儿园教师在教育实践中应有

的行为规范，幼儿园教师应当了解和熟悉相关的法律、法规，并自觉地将自己的教育行为纳入法制的轨道。

再次，关爱幼儿，尊重幼儿人格，富有爱心、责任心、耐心和细心是师德的重要内容。关爱幼儿、尊重幼儿人格——师爱是师德的魂，没有爱，就没有真正的教育。师爱不仅仅是对幼儿身体的呵护，更要尊重每一个幼儿的人格，保障他们在幼儿园里快乐而有尊严地生活。要做到关爱幼儿、尊重幼儿的人格，幼儿园教师就必须了解幼儿，了解是关爱与尊重的基础。富有爱心是幼儿园教师的核心品质，只有富有爱心，才能做到关爱幼儿，尊重幼儿人格。责任心是对幼儿园教师的基本要求，耐心和细心则是幼儿园教师做好保教工作的重要保证。

最后，为人师表、教书育人、自尊自律，做幼儿健康成长的启蒙者和引路人。为人师表、教书育人是《教师专业标准》对幼儿园教师的角色定位。幼儿园教师必须注意自己的一言一行，为人师表；教书育人是幼儿园教师的职责，因此，每一位幼儿园教师都应当增强教书育人的责任感和使命感，在关爱与尊重幼儿，促进幼儿全面、健康发展的过程中，自尊自律，名副其实地做好幼儿健康成长的启蒙者和引路人。

（二）幼儿为本

《教师专业标准》提出："尊重幼儿权益，以幼儿为主体，充分调动和发挥幼儿的主动性；遵循幼儿身心发展特点和保教活动规律，提供适合的教育，保障幼儿快乐健康成长。"《教师专业标准》将以幼儿为本的儿童观作为幼儿园教师专业发展的要求，"幼儿为本"即"幼儿本位"之意。珍惜幼儿的生命，尊重幼儿的价值，满足幼儿的需要，维护幼儿的权利，促进每一个幼儿全面发展，乃是学前教育的本质、原点、最根本的价值所在。"幼儿为本"要求幼儿园教师热爱幼儿，尊重幼儿的主体地位和个体差异，遵循幼儿身心发展规律，促进每个幼儿生动、活泼、主动地发展和全面健康地成长。具体表现为：

1. 尊重幼儿作为"人"的尊严与权利

"幼儿为本"的第一要义是尊重幼儿的权利。幼儿作为独立的"人"拥有自己的基本权利。《儿童权利公约》强调儿童应该与成人平等共享相同的价值和权利，童年时光是作为人享受独特的童年生活的时期。幼儿园教师应该认识到在"幼儿为本"理念下的教育是帮助幼儿最终成长为成熟的、有责任感的、能正确地行使自己权利的合格的社会公民，而不是把他们变成成人的奴隶或附属品。此外，还需要指出的是，保障幼儿的人格尊严与权利是无条件的，不受其出生地、阶层、民族、经济状况、宗教、长相、能力强弱、是否残疾等任何因素的影响。

2. 尊重幼儿期的独特性与价值

幼儿是不同于成人的存在，蒙台梭利曾经从生理学、心理学、社会学和教育学的角度为我们深刻地揭示了童年的秘密。尊重幼儿的独特性，尊重幼儿生活的独特价值，是遵循"幼儿为本"理念的学前教育的重要特征，保卫幼儿期，保卫幼儿的生活，是践行"幼儿为本"理念的教师的行为准则。

3. 尊重幼儿的特点与保教规律

《幼儿园教育指导纲要（试行）》明确指出："尊重幼儿身心发展的规律和学习特点，以游戏为基本活动，保教并重，关注个别差异，促进每个幼儿富有个性的发展。"幼儿园教师必须理解幼儿的学习与发展规律是不以成人意志为转移的，应当不断地去探索、发现并遵循这些规律，通过创设良好的教育环境，让幼儿能够在游戏中、在愉快的童年生活中健康成长。

4. 促进每一个幼儿生动、活泼、主动、全面地发展

我国教育的根本目的是使受教育者在德智体美劳诸方面都得到发展。《教育规划纲要》指出："树立科学的质量观，把促进人的全面发展、适应社会需要作为衡量教育质量的根本标准。"幼儿园教师应当建立这样的信念：每一个幼儿都有获得全面发展的潜力，帮助每一个幼儿实现全面发展是幼儿园教师的神圣职责。基于这样的信念，才可能把"幼儿为本"真正落到实处。

（三）能力为重

1996 年，国际 21 世纪教育委员会提出教育的四大支柱"学会认知、学会做事、学会生存、学会共处"，之后"学会做事"成为国际教育界的一种价值导向，重视能力培养成为世界各国教师专业发展的趋势；同时，从我国学前教育发展的现状来看，提出"能力为重"是十分紧迫、十分必要的。《幼儿园教育指导纲要（试行）》贯彻以来，教师的观念与学前教育实践都发生了根本的变化，这一变化推动着我国幼儿园课程发生范式转换，即以"教"为中心转向以"学"为中心。但是，由于不同范式的幼儿园课程理念不同，强调的课程要素不同，其"能力观"以及能力要求也都不同，从而使我国幼儿园教师的专业能力面临巨大的挑战。以"教"为中心的课程重视知识体系，强调分科、预设、讲授等要素；而以"学"为中心的课程则把幼儿当下生活中的课题，幼儿主体的参与、建构自己的知识和同伴文化置于课程的中心地位，强调综合、生成、情境、体验等要素。因此，前者重视"教"的能力——吃透教材、预成教案、讲授知识等为能力重点，而后者则重视搭建"学"的支架的能力——吃透幼儿、创设环境、捕捉生活中的课程生长点、调动幼儿参与、对话、共同建构知识等为能力重点。显然，能力重点发生了转移，能力结构出现了根本性变化。不容讳言，教师的能力问题已经成为深入实施《幼儿园教育指导纲要（试行）》的主要瓶颈，成为进一步深化学前教育改革的主要障碍。由此不难看到，《教师专业标准》提出"能力为重"的理念对我国学前教育的发展不仅具有现实意义，也具有长远的战略意义。

在《教师专业标准》中，"能力为重"突出了幼儿园教师的教育教学和引导促进儿童健康成长的实践能力，强调幼儿园教师要能以"专业"的意识与行为进

行保教工作，具有遵循幼儿成长规律进行教育的能力。幼儿园教师要把学前教育理论与保教实践相结合，突出保教实践能力；研究幼儿，遵循幼儿成长规律，提升保教工作专业化水平；坚持实践、反思、再实践、再反思，不断提高专业能力。

（四）终身学习

陶行知先生曾在《教师自己主动进修》中指出："有些人一做了教师，便专门教人而忘记自己也是一个永久不会毕业的学生。因此很容易停止长进，甚而至于未老先衰。只有好学，才是终身进步之保险，也就是长青不老之保证。"[①] 陶先生的这一观点正是"终身学习"理念的映照。

终身学习是由幼儿园教师职业特点决定的。幼儿园教师职业的对象是具有主动性和独特性的幼儿个体，幼儿园教师的主要任务之一是激发幼儿的学习兴趣，为幼儿在未来社会中不断发展奠定基础。因此，幼儿园教师必须树立终身学习的理念，并将其付诸行动，只有这样，才能不断影响幼儿的学习态度及行为，促进幼儿不断发展。同时，教师专业发展所要求的知识素养、能力素养、教育理论素养、道德素养等的完善与更新，都需要教师树立终身学习的理念和实际行动。教师必须不断拓宽知识视野，优化知识结构，不断用新理论、新方法指导自己的教育教学活动，反思与改进自己的教育教学实践，才能持续提高自身的专业能力。

现代社会发展迅速，科技日新月异，"终身学习"这一理念适应了国际教师专业发展与教育改革的趋势，同时也适应了教师需要不断学习、提高的职业特别要求，每一位幼儿园教师都应学习先进学前教育理论，了解国内外学前教育改革与发展的经验和做法；优化知识结构，提高文化素养；具有终身学习与持续发展的意识和能力，通过学习、研究与实践，不断提高专业素质，做终身学习的典范。

三、《幼儿园教师专业标准（试行）》的基本内容

《教师专业标准》的基本内容包括专业理念与师德、专业知识和专业能力3个维度，14个领域，62项基本要求。

（一）专业理念与师德

专业理念与师德是幼儿园教师专业发展的一个关键维度。其中，专业理念指幼儿园教师在理解教育工作本质的基础上形成的关于教育的观念和理性认识，为其专业行为提供理性支点，使得作为专业人员的幼儿园教师与其他非专业人员区别开来。师德即教师的职业道德，是教师在长期的教育教学实践中形成的比较稳定的道德观念、行为规范和道德品质的综合，是教师的思想觉悟、道德品质和

☞链接：《新时代幼儿园教师职业行为十项准则》

---

① 陶行知.陶行知教育文集［M］.2版.胡晓凤，金成林，张行可，等编.成都：四川教育出版社，2007：781.

精神面貌的集中体现，也可以称为教师的专业伦理规范。"专业理念与师德"在《教师专业标准》的结构框架中居于首要位置，包括职业理解与认识、对幼儿的态度与行为、幼儿保育和教育的态度与行为、个人修养与行为 4 个领域。基本要求共计 20 项。

1. 职业理解与认识

（1）贯彻党和国家教育方针政策，遵守教育法律法规。

（2）理解幼儿保教工作的意义，热爱学前教育事业，具有职业理想和敬业精神。

（3）认同幼儿园教师的专业性和独特性，注重自身专业发展。

（4）具有良好职业道德修养，为人师表。

（5）具有团队合作精神，积极开展协作与交流。

"职业理解与认识"领域是从幼儿园教师对学前教育事业和幼儿园教师职业的认识等宏观层面，对一个合格幼儿园教师应具备的专业理念与师德进行规定。获得对自己所从事的职业的正确认识，树立起对自己所从事的工作的科学理解是成为一个合格幼儿园教师的前提。

2. 对幼儿的态度与行为

（1）关爱幼儿，重视幼儿身心健康，将保护幼儿生命安全放在首位。

（2）尊重幼儿人格，维护幼儿合法权益，平等对待每一位幼儿。不讽刺、挖苦、歧视幼儿，不体罚或变相体罚幼儿。

（3）信任幼儿，尊重个体差异，主动了解和满足有益于幼儿身心发展的不同需求。

（4）重视生活对幼儿健康成长的重要价值，积极创造条件，让幼儿拥有快乐的幼儿园生活。

"对幼儿的态度与行为"领域是从工作对象的角度对一个合格的幼儿园教师应具备的专业理念与师德进行规定。幼儿园教师看待、认识、评价幼儿的观念和对待幼儿的行为即幼儿园教师的儿童观。儿童观直接影响幼儿园教师实施教育的理念、路径、方式和实际行动。

3. 幼儿保育和教育的态度与行为

（1）注重保教结合，培育幼儿良好的意志品质，帮助幼儿养成良好的行为习惯。

（2）注重保护幼儿的好奇心，培养幼儿的想象力，发掘幼儿的兴趣爱好。

（3）重视环境和游戏对幼儿发展的独特作用，创设富有教育意义的环境氛围，将游戏作为幼儿的主要活动。

（4）重视丰富幼儿多方面的直接经验，将探索、交往等实践活动作为幼儿最重要的学习方式。

（5）重视自身日常态度言行对幼儿发展的重要影响与作用。

（6）重视幼儿园、家庭和社区的合作，综合利用各种资源。

"幼儿保育和教育的态度与行为"领域是从保教观的角度对一个合格幼儿园教师应具备的专业理念与师德进行规定。幼儿园教师对保教活动的原则、内容、方式、效果等整个过程的认识与理解直接决定保教活动的实践形态。

4. 个人修养与行为

（1）富有爱心、责任心、耐心和细心。

（2）乐观向上、热情开朗，有亲和力。

（3）善于自我调节情绪，保持平和心态。

（4）勤于学习，不断进取。

（5）衣着整洁得体，语言规范健康，举止文明礼貌。

"个人修养与行为"领域是从幼儿园教师的个性品质、人格品质以及心理健康等个人修养的角度对合格的幼儿园教师应具备的专业理念与师德进行规定。学前教育阶段教育对象的特殊性，决定了幼儿园教师必须具备高尚的人格魅力，才能为幼儿做好榜样。

总的来说，专业理念与师德是幼儿园教师通过日常生活、教育教学实践与专业理论学习获得的对学前教育规律和幼儿身心发展的理性认识，并形成了对幼儿园教师这一职业的基本道德规范的认同与内化，这种理性认识和道德规范最终将影响幼儿园教师的保育和教育行为。专业理念与师德是幼儿园教师心中的"指南针"和"导航灯"，引导或调整教师的保教活动。不同的幼儿园教师在不同的专业理念与师德的指引下，秉持不同的教育态度，采取不同的教学手段，也就形成了不同的教育行为。针对近年来发生在幼儿园的多起虐童事件，《教师专业标准》也提出了解决之道：将师德建设作为首要任务纳入标准之中，成为幼儿园教师专业发展的重要标志和关键维度，旨在提升幼儿园教师的专业理念与师德，为未来的教师队伍建设提供指引和方向。

（二）专业知识

"专业知识"包括幼儿发展知识、幼儿保育和教育知识、通识性知识 3 个领域。基本要求共计 15 项。

1. 幼儿发展知识

（1）了解关于幼儿生存、发展和保护的相关法律法规及政策规定。

（2）掌握不同年龄幼儿身心发展特点、规律和促进幼儿全面发展的策略与方法。

（3）了解幼儿在发展水平、速度和优势领域等方面的个体差异，掌握对应的策略与方法。

（4）了解幼儿发展中容易出现的问题与适宜的对策。

（5）了解有特殊需要幼儿的身心发展特点及教育策略与方法。

"幼儿发展知识"是幼儿园教师知识结构的核心部分，"以幼儿为本"是学前教育的突出特点，不仅集中体现在教育目标和任务中，也反映在保教工作的所有方面，是指导幼儿园教育实践的一项基本原则。因此，对于幼儿园教师来说，掌握幼儿发展的知识，全面观察幼儿，了解他们的年龄特征、身心各方面的发展规律、获得经验的方式和特点等，不仅是顺利工作的条件，更是开展工作的根本。

2. 幼儿保育和教育知识

（1）熟悉幼儿园教育的目标、任务、内容、要求和基本原则。

（2）掌握幼儿园各领域教育的学科特点与基本知识。

（3）掌握幼儿园环境创设、一日生活安排、游戏与教育活动、保育和班级管理的知识与方法。

（4）熟知幼儿园的安全应急预案，掌握意外事故和危险情况下幼儿安全防护与救助的基本方法。

（5）掌握观察、谈话、记录等了解幼儿的基本方法和教育心理学的基本原理和方法。

（6）了解 0—3 岁婴幼儿保教和幼小衔接的有关知识与基本方法。

"幼儿保育与教育的知识"即学前教育的基本原理，涉及学前教育的目标、内容、途径、方法、策略等基本知识。对于幼儿园教师来说，幼儿保育和教育的知识有效地回答了在幼儿园教育实践中怎么做的问题。保教知识指导着教师的保教实践，进而影响幼儿的成长，保教知识也是教师保教能力形成的基石，对幼儿园教师的重要性不言而喻。

3. 通识性知识

（1）具有一定的自然科学和人文社会科学知识。

（2）了解中国教育基本情况。

（3）具有相应的艺术欣赏与表现知识。

（4）具有一定的现代信息技术知识。

由于学前教育以培养"完整的儿童"为目的，旨在促进幼儿身体、认知、情感、社会性的全面发展。因此，作为幼儿学习支持者、引导者的幼儿园教师自身必须具备以上这些通识性知识，才能胜任幼儿园教育教学工作。

综上，专业知识是基本内容 3 个维度中内容最少的部分，但这并不意味着专业知识不重要，而是因为其基本前提是：幼儿园聘用的教师或者说在职的教师是经过教师资格考试并取得教师资格证的。这些教师已经具备基本的全面系统的专业知识，《教师专业标准》所强调的是与教师保育、教育工作实践密切相关的重要专业知识。因此，教师在提升自己的专业知识时，应重点考量这 15 项要求所涉及的内容，但不能仅局限于此。

（三）专业能力

《教师专业标准》对教师专业能力高度重视。专业能力是教师专业化发展在教育实践中的集中体现，它直接影响幼儿园的保教质量和幼儿的发展。《教师专业标准》对教师的专业能力，主要是保育、教育工作的能力与教师自我发展的能力提出全方位、综合性的要求。深入理解和领会《教师专业标准》对教师的能力要求并付诸实践，将促使教师专业化水平进一步提高，促使幼儿园保教质量全面改善乃至大幅度提升。专业能力维度包含 7 个领域，27 项基本要求。

1. 环境的创设与利用

（1）建立良好的师幼关系，帮助幼儿建立良好的同伴关系，让幼儿感到温暖和愉悦。

（2）建立班级秩序与规则，营造良好的班级氛围，让幼儿感受到安全、舒适。

（3）创设有助于促进幼儿成长、学习、游戏的教育环境。

（4）合理利用资源，为幼儿提供和制作适合的玩教具和学习材料，引发和支持幼儿的主动活动。

《幼儿园教育指导纲要（试行）》指出"环境是重要的教育资源，应通过环境的创设和利用，有效地促进幼儿的发展"，"幼儿园的空间、设施、活动材料和常规要求等应有利于引发、支持幼儿的游戏和各种探索活动，有利于引发、支持幼儿与周围环境之间积极的相互作用"。同伴群体及幼儿园教师集体是宝贵的教育资源，教师良好的态度和管理方式有助于形成安全、温馨的心理环境。可见，物质环境和精神环境对幼儿的发展有着非常重要的教育作用。

▶【案例 7-1】

在初次开展表演游戏"三只蝴蝶"时，幼儿的积极性很高，但是他们在戴上头饰后，都是各自表演动作，不能与同伴配合，且表演的故事较为平淡。[①]

案例分析：单纯的头饰装扮不能帮助幼儿认清自己所扮演的角色，教师应通过创设相应的表演情境，进一步激发幼儿的游戏动机；还应根据故事的情节，引导幼儿讨论该怎样布置游戏场景，并与幼儿一同布置，如装饰蝴蝶美丽的翅膀、布置漂亮的花园、设计花姐姐的道具等，使幼儿感受故事表演情境，身临其境，引起幼儿进行生动表演的欲望。

---

① 赵春梅. 幼儿园室内区角活动场地设计 [M]. 天津：天津教育出版社，2019：136.

2. 一日生活的组织与保育

（1）合理安排和组织一日生活的各个环节，将教育灵活地渗透到一日生活中。

（2）科学照料幼儿日常生活，指导和协助保育员做好班级常规保育和卫生工作。

（3）充分利用各种教育契机，对幼儿进行随机教育。

（4）有效保护幼儿，及时处理幼儿的常见事故，危险情况优先救护幼儿。

"保教结合"是幼儿园阶段教育的突出特点，科学合理地组织幼儿的一日生活是合格幼儿园教师必备的专业能力之一。

▶【案例 7-2】

大二班的琪琪因父母在外地打工，长期由姥姥、姥爷照顾。姥姥、姥爷生活十分节俭，平日很少给她买玩具。每当看到其他幼儿将自己心爱的玩具带到幼儿园，琪琪都十分羡慕。最近一段时间，大二班发生了"怪事"，总有幼儿向王老师告状，说自己的东西不见了，王老师一时也没有发现什么线索。

某日，王老师在帮幼儿整理书包时，无意中发现琪琪的书包里藏了很多"秘密"：婷婷的芭比娃娃挂件、丽丽的小猪佩奇手环……都在琪琪的书包里！惊讶过后，王老师将琪琪的书包拉链拉好，不动声色地走开了。

第二天，轩轩带来了爸爸给他新买的飞机模型。可是户外活动结束后，飞机模型蹊跷地不见了。王老师说："孩子们，轩轩的飞机模型可是有魔力的，它飞到谁的书包里了，谁就赶快按住书包，不然它会自己飞出来的。"只见琪琪神情紧张，使劲按住了自己的书包。王老师轻轻走过去说："这个飞机模型魔力可真大，居然飞到你的书包里和大家玩捉迷藏了。你看轩轩都急哭了，我们一起把它送回去吧。如果你也很喜欢这个飞机模型就告诉爸爸、妈妈，让爸爸、妈妈回家的时候也给你买一个，好吗？"琪琪点了点头，也明白了别人的东西不能随便拿。[①]

案例分析：案例中教师的教育行为充满了智慧。教师在发现琪琪悄悄拿走了其他幼儿的东西时，选择继续观察，静待教育时机。终于在琪琪拿走了轩轩的飞机模型后，教师利用幼儿"泛灵论"的心理特征，巧妙地用游戏化的口吻，引导琪琪将飞机模型主动送还轩轩，并采用移情训练法，让琪琪体会轩轩失去飞机模型后焦急的心情。之后，又引导琪琪明白得到自己喜爱的东西的正确途径，如让

---

① 史爱芬，李立新.幼儿园班级管理案例分析［M］.上海：复旦大学出版社，2019：74.

父母买等，而不能随便拿别人的东西。教师的教育方法既保护了幼儿的自尊心，又产生了切实的教育作用，值得赞扬。

3. 游戏活动的支持与引导

（1）提供符合幼儿兴趣需要、年龄特点和发展目标的游戏条件。

（2）充分利用与合理设计游戏活动空间，提供丰富、适宜的游戏材料，支持、引发和促进幼儿的游戏。

（3）鼓励幼儿自主选择游戏内容、伙伴和材料，支持幼儿主动地、创造性地开展游戏，充分体验游戏的快乐和满足。

（4）引导幼儿在游戏活动中获得身体、认知、语言和社会性等多方面的发展。

幼儿园以游戏为基本活动。因此，教师支持和引导幼儿游戏的能力是核心专业能力之一。幼儿园教师应担任支持者的角色，对幼儿自主发起、自由进行的游戏给予积极的支持和鼓励。此外，还要根据幼儿发展的需要，主动创设游戏条件，引发幼儿开展各种游戏，并在游戏中支持幼儿获得快乐和满足的同时引导幼儿获得多方面的发展。

> ▶【案例 7-3】
>
> 又到了每天户外活动的时间，李老师像往常一样带着大一班的幼儿下楼。早操结束后，李老师没有让幼儿自由选择玩具和游戏区，而是将幼儿留在了宽敞的集体活动区。"小朋友们，我们来活动一下吧。"李老师说。接着，李老师提出了要求："男孩一队，女孩一队，男孩、女孩面对面站，现在所有小朋友后退五步，男孩跑过去拍一下女孩的手再跑回来。"男孩们兴奋地跑起来。"好，现在换女孩跑过去拍男孩的手再跑回来。"女孩们又开始跑。接着，李老师换了要求："男孩跑过去绕女孩一圈跑回来，接着换女孩。"跑完后李老师问："累吗？"幼儿们大声说："不累，一点都不累！"于是李老师又说："请小朋友们手拉手围一个大圈。每位小朋友向右转，面向你的同伴（背面），现在我们脚跟碰脚尖地慢慢走。"……很快，户外活动的时间要结束了。"我们准备回活动室吧。"李老师看着幼儿们红扑扑的小脸，一边整队一边问："好玩吗？"幼儿们边慢慢走着回活动室边答："好玩，太好玩了！"有的幼儿说："我还愿意变成小青蛙跳起来！"有的幼儿说："我喜欢拍一下手就跑。"还有的幼儿说："我喜欢用脚跟走。"①

① 史爱芬，李立新.幼儿园班级管理案例分析［M］.上海：复旦大学出版社，2019：78.

案例分析：案例中的教师，看似带着幼儿无目的地跑跑跳跳，实则是将促进幼儿身体发展的基本活动（走、跑、跳、爬、平衡等）贯穿整个活动中。如果单纯让幼儿练习走、跑、跳等，未免太过乏味，而借助游戏方式组织幼儿练习这些基本动作技能，便大大提升了幼儿的兴趣。

4. 教育活动的计划与实施

（1）制订阶段性的教育活动计划和具体活动方案。

（2）在教育活动中观察幼儿，根据幼儿的表现和需要，调整活动，给予适宜的指导。

（3）在教育活动的设计和实施中体现趣味性、综合性和生活化，灵活运用各种组织形式和适宜的教育方式。

（4）提供更多的操作探索、交流合作，表达表现的机会，支持和促进幼儿主动学习。

幼儿园教育活动是教师以多种形式有目的、有计划地引导幼儿生动、活泼、主动活动的教育过程。专业的幼儿园教师应具有计划和实施幼儿园教育活动的能力，根据《幼儿园教育指导纲要（试行）》，从本地、本园的实际出发，结合本班幼儿的实际情况，制订切实可行的工作计划并灵活地执行。教育活动目标应以《幼儿园工作规程》和《幼儿园教育指导纲要（试行）》所提出的各领域目标为指导，结合本班幼儿的发展水平、经验和需要来确定；教育内容的选择和组织应遵照《纲要》各领域的相关要求，充分考虑幼儿的学习特点和认知规律，各领域内容有机联系、相互渗透，寓教育于生活、游戏中。

▶【案例 7-4】

幼儿园开展了"我运动，我健康"主题活动。依托该主题，小班组织了很多趣味性活动。一天，小二班的教师带着幼儿用两个大龙球进行"滚球接力比赛"，比赛规则是：幼儿分两队，双手推球滚到目标处（椅子），绕一圈回来后，将球传递给下一名幼儿。幼儿个个跃跃欲试，急切地等着前面的幼儿回来传球给自己。终于轮到肖扬了，他刚推着球走了两步，就用力一推，待球滚远后，跑着去找球再接着推。其他幼儿看到都笑了起来，还有的幼儿不停地喊："加油，加油。"这时，教师上前制止他并示范如何推着滚球，可是，之后肖扬还是大力推，让球滚跑。在临近终点处，教师把肖扬的球抢了回来，并说："不按规则滚球的小朋友就不能玩了。"然后游戏继续。教师又发现时常有幼儿不绕过椅子就直接将球滚回来。于是，教师又强调并进行示范。终于，教师忍不住了，生气地站在了目标的位置，要求不绕过椅子滚球的幼儿都要重新再滚一次球。幼儿便在教师的反复指导下继续着游戏。①

案例分析：案例中，教师对幼儿违反规则行为的种种不理解，源自其不了解幼儿的发展特点，尤其是幼儿规则意识的发展特点。3岁左右的幼儿还不能理解规则的意义，规则对于他们来说，不具有约束性。幼儿在教师的反复指导下继续着游戏，游戏便变成了枯燥的练习，失去了趣味性。

5. 激励与评价

（1）关注幼儿日常表现，及时发现和赏识每个幼儿的点滴进步，注重激发和保护幼儿的积极性、自信心。

（2）有效运用观察、谈话、家园联系、作品分析等多种方法，客观地、全面地了解和评价幼儿。

（3）有效运用评价结果，指导下一步教育活动的开展。

评价是教育过程的重要组成部分，是改进教育和促进幼儿良好发展的重要途径，也是教师自我成长的重要手段。《教师专业标准》对幼儿园教师的激励与评价能力提出了三个方面的要求，即幼儿园教师进行评价工作的基本方向、应掌握和运用的基本方法以及评价的作用和目的。评价的根本目的是改进教育教学，更有效地促进幼儿的发展，而不是给幼儿分等级或贴标签。每一位幼儿园教师都应善于运用有效的方式积累评价的信息和资料，建立评价档案，定期撰写幼儿观察记录，系统地分析幼儿的发展需求，切实地改进保教工作。

6. 沟通与合作

（1）使用符合幼儿年龄特点的语言进行保教工作。

（2）善于倾听，和蔼可亲，与幼儿进行有效沟通。

（3）与同事合作交流，分享经验和资源，共同发展。

（4）与家长进行有效沟通合作，共同促进幼儿发展。

（5）协助幼儿园与社区建立合作互助的良好关系。

沟通与合作是人类生存与发展的重要条件，也是教育的重要途径与手段，在幼儿园教育阶段尤为重要。因此，幼儿园教师必须具备沟通与合作的能力，《教师专业标准》主要从教师与幼儿、教师与同事、教师与家长、教师与社区相关人员四对关系的角度提出要求，涉及幼儿园教师的主要工作对象和相关人群。幼儿语言能力和交往沟通能力都还比较弱，需要幼儿园教师具备很强的沟通与合作能力。幼儿园教师可以通过学会倾听幼儿，提高与幼儿互动的能力与水平，形成合作探究式的师生互动；建立与家长有效的合作关系；建立与同事良好的沟通与合

① 史爱芬，李立新.幼儿园班级管理案例分析［M］.上海：复旦大学出版社，2019：80.

作伙伴关系等来提升自己该方面的水平和能力。

7. 反思与发展

（1）主动收集分析相关信息，不断进行反思，改进保教工作。

（2）针对保教工作中的现实需要与问题，进行探索和研究。

（3）制定专业发展规划，不断提高自身专业素质。

教师是反思型实践者，在研究自身经验和改进教育行为的过程中实现专业发展。教师是终身学习者，在持续学习与不断完善自身素质的过程中实现专业发展。因此，幼儿园教师必须具备反思与发展的能力，要认识到对自己的保育和教育实践活动进行定期反思是一个专业教育工作者的重要责任，要养成定期分析、评估和总结自己保育和教育实践活动的习惯，以提高工作的质量和有效性。

四、《幼儿园教师专业标准（试行）》的特点

《教师专业标准》具有以下五个突出特点：

（一）对幼儿园教师的师德与专业态度提出了特别要求

师德与专业态度是教师职业的基准线，尤其幼儿园教师的教育对象是身心发展迅速、可塑性大、同时易受伤害的幼儿，因而更需要教师师德高尚，具有良好的职业道德修养，富有爱心、责任心、耐心和细心，热爱幼儿，并给予幼儿精心的呵护和教育培养。

（二）要求幼儿园教师高度重视幼儿的生命与健康

充分考虑幼儿发展的身心特点和社会对幼儿安全与健康的热切关注，《教师专业标准》明确提出要高度重视幼儿的生命与健康，并从专业态度、知识和能力三个层面相互呼应，全面提出了具体要求。如教师要将保护幼儿生命安全放在首位；熟知幼儿园的安全应急预案，掌握意外事故和危险情况下幼儿安全防护与救助的基本方法；能有效保护幼儿，危险情况下优先救护幼儿。

（三）充分体现幼儿园保教结合的基本特点

幼儿身心发展的特点和需要决定了"保教结合"是幼儿园教育的基本原则，也是对幼儿园教师的基本专业要求。《教师专业标准》明确提出要"注重保教结合"，不仅将"一日生活的组织与保育"作为重要的领域，而且对教师提出了多项具体要求，例如，能合理安排和组织一日生活的各个环节，科学照料幼儿的日常生活，将教育灵活地渗透到一日生活中；能充分利用一日生活中的各种教育契机，对幼儿进行随机教育，以将"保教结合"原则落到实处。

（四）强调幼儿园教师必须具备的教育教学能力

教育教学能力是教师对幼儿施加积极影响，引导幼儿发展的基础。《教师专业标准》对幼儿园教师必须具备的教育教学能力提出了明确要求，特别强调幼儿

园教师要具有观察、了解幼儿，掌握不同年龄幼儿身心发展特点和个体差异的能力；要具有环境的创设与利用、一日生活的组织与保育、游戏的支持与引导、教育活动的计划与实施、对儿童的激励与评价等基本专业能力；能根据幼儿的特点和需要，给予适宜的指导，并能引发和支持幼儿的主动活动，引导幼儿在游戏活动中获得多方面的发展。

（五）重视幼儿园教师的反思与自主专业发展能力

《教师专业标准》强调幼儿园教师要具有不断进行专业化学习、实践、反思和提高的意识与能力。这既是现代社会发展、教育改革对教师的必然要求，也是幼儿不断成长的必然要求。《教师专业标准》特别在"基本理念"和"专业能力"中均提出了对教师反思与自主发展的要求，明确指出幼儿园教师在教育工作中应"主动收集分析相关信息，不断进行反思，改进保教工作"；同时，应制定个人专业发展规划，通过不断的学习、实践、反思，不断提高自身专业素质，从而为学前教育质量的提升和幼儿一生的健康发展打下良好的基础。

【理解·反思·探究】

1. 简述《教师专业标准》的研制背景、指导思想和意义。

2. 谈谈你对《教师专业标准》基本理念的理解。

3. 结合《教师专业标准》的基本内容，思考我国在幼儿园教师职前培养方面存在哪些不足。

4. 结合本章内容及实际情况，谈一谈幼儿园教师师德建设问题。

5. 观察 1—2 名幼儿园教师，选择典型事件进行案例分析。

【拓展阅读导航】

● 相关法律法规

1.《中华人民共和国教师法》

2.《关于加强幼儿园教师队伍建设的意见》

● 相关文献

1. 朱家雄，张亚军. 给幼儿教师的建议［M］. 上海：华东师范大学出版社，2010.

该书倡导和诠释了幼儿教师专业成长的核心要素：关爱、对话、反思、合作。对于充满活力和进取心的学前教育工作者而言，该书是一个很不错的专业成长伴侣。

2. 尹坚勤，管旅华.《幼儿园教师专业标准（试行）》案例式解读［M］. 上海：

华东师范大学出版社，2013.

　　该书采用了案例式解读，与教育教学实践有机结合，与一线幼儿园教师的经验、体会融会贯通，有效地顺应、强化对《幼儿园教师专业标准（试行）》的学习、理解和实施，从而走向专业化。

第八章　　　《幼儿园园长专业标准》

【导语】

在世界各国促进幼儿园园长专业化发展的诸多实践中，制定幼儿园园长专业标准是其中的重要一环。幼儿园园长是幼儿园改革与发展的带头人，幼儿园园长专业化是提升幼儿园教育质量的必然要求。研究制定幼儿园园长专业标准，对提升幼儿园园长队伍的整体素质和管理水平具有重要意义。《幼儿园园长专业标准》（本章可简称《园长专业标准》）的颁布是推进现代学校制度建设、促进教育领导专业化的重要举措，在幼儿园治理专业化发展史上具有里程碑意义。

本章主要介绍《园长专业标准》的研制背景、意义和主要内容，帮助学习者理解幼儿园园长的角色定位以及对幼儿园园长办学理念和专业知识、能力的具体要求。

【学习目标】

- 了解《园长专业标准》的研制背景、意义及特点。
- 掌握《园长专业标准》中园长的定位及专业要求。
- 领会《园长专业标准》的办学理念，理解其对幼儿园教育的重要性。

刘老师一直是幼儿园的骨干教师，为人正直，热爱工作，敢于向领导转达群众意见，经常为幼儿园工作献计献策，深得家长、幼儿、同事的喜欢。前段时间开职评会，职评会成员不同意园长的方案，刘老师想提出自己的意见时却被园长制止了，园长怕她的话有导向作用。刘老师非常气愤并与园长争吵起来，她认为园长专横、不讲民主，工作缺乏人情味，开始对抗园长的指令，此事在教职工中影响较大。最近她工作时无精打采，沉默不语，不接受领导的工作安排，不参加幼儿园组织的任何活动，甚至见到园长，转身就走。

如果你是园长，你该怎么做？新时期学前教育工作对幼儿园园长有哪些专业要求呢？这一章我们将对《幼儿园园长专业标准》进行阐释。

第一节 《幼儿园园长专业标准》概述

为了有效促进幼儿园园长专业化发展，建设高质量的幼儿园园长队伍，深入推进学前教育改革与发展，从 2013 年 7 月开始，教育部教师司委托教育部幼儿园园长培训中心进行《幼儿园园长专业标准》的研制工作，历时一年多，于 2015 年 1 月 10 日正式颁布《幼儿园园长专业标准》。对于幼儿园园长专业化发展来说，《园长专业标准》的研制是一项奠基性和开创性的工作，它的出台为各级教育行政部门建设和管理幼儿园园长队伍、各级幼儿园园长培训机构开展园长培训工作提供了重要依据。

苏联教育学家苏霍姆林斯基曾说过，"一个好校长就是一所好学校"。对于幼儿园来讲，一个好园长就是一所好幼儿园。园长对幼儿园发展有着决定性的作用，有什么样的园长就有什么样的幼儿园。研究制定《园长专业标准》，对于明确合格幼儿园园长专业素质的基本要求、全面提高幼儿园办学水平、提升幼儿园园长队伍的整体素质和管理水平具有重要意义。

一、《幼儿园园长专业标准》的研制背景

（一）国家对学前教育发展的高度重视

随着我国经济社会的不断发展，学前教育逐渐被人们所重视，幼儿园的办园条件和办园实力也有了较大幅度的提升。党的十七大提出"重视学前教育"，党的十八大要求"办好学前教育"。《国家中长期教育改革和发展规划纲要（2010—2020 年）》提出促进校长专业化，提高校长管理水平；对学前教育提出了新要求，明确了学前教育三大任务，为学前教育发展做了新的全面部署。《国务院关于当前发展学前教育的若干意见》把学前教育摆在了更加重要的位置，明确要求各单位编制实施学前教育三年行动计划，学前教育的发展进入了快车道。

2012 年 9 月颁布的《国务院关于加强教师队伍建设的意见》，提出，制定幼儿园园长、普通中小学校长、中等职业学校校长专业标准，提高校长（园长）专业化水平。国家重视学前教育发展的时代背景为幼儿园园长专业发展创造了有利条件，为《园长专业标准》的出台提供了政策保障。

（二）学前教育高质量发展的需要

高质量的学前教育可以有效促进幼儿的发展，实现理想的教育目标。各国相继将学前教育上升为国家战略，如美国提出"再创卓越：学前教育全面优质化的期盼"，澳大利亚提出"到 2020 年每个孩子都免费享受优质的学前教育"，巴基斯坦提出"通过学前教育解决分裂和贫穷的社会问题"，印度尼西亚提出"学前教育优先发展"。[①] 实现高质量幼儿园教育的关键条件包括健康、安全的保教环境，较高的师幼比，具有适切性的课程设计与实施，保教者较高的专业素质和专业经验水平，高质量的师幼互动，较高的员工工作投入与满意度等。[②] 这些关键条件达到与否，都与园长的领导力紧密关联。普及优质科学的学前教育对幼儿园提出了更高的要求，也就与幼儿园园长的专业素养密切相关，园长专业化是学前教育高质量发展的必然要求。近 10 年来，学前教育研究的重要成果表明，提高学前教育的有效性，收获学前教育高回报的前提是园长的专业力、管理力和领导力。学前教育的高质量发展，使人们对学前教育领导专业性、复杂性的认识不断加深，逐渐认识到园长具有独立性和不可替代性。

（三）教育部对专业标准的系统建设

专业标准是由专业标准化主管机构或专业标准化组织批准、发布，在某专业范围内统一执行的标准，是同类工作人员必须具有或达到的基本专业素养要求。从教师专业标准体系的建构看，幼儿园园长专业标准的制定是必要的。自 20 世纪 50 年代起，世界主要发达国家先后颁布了不同种类的教师专业标准，教师专业化目标经历了从教师权益到教育质量的转变。从 1996 年开始，美国州际教育管理委员会制定了《学校领导专业标准》；澳大利亚国家儿童保育认证委员会制定了《托幼机构管理者标准》；新加坡教育部在本国幼儿园质量标准中单列了"机构领导标准"，确定了机构领导标准的三个基本维度，分别是领导目标、专业发展与领导、与家长及社区的关系。自 2011 年以来，教育部相继颁布了《教师教育课程标准（试行）》《幼儿园教师专业标准（试行）》《小学教师专业标准（试行）》《中学教师专业标准（试行）》等专业标准，推动我国的教师教育朝着专业化、国际化、法治化、制度化的方向前进。在教师专业标准颁布后，教育部教师司启动了校长专业标准的研制。并于 2013 年颁布了《义务教育学校校长专

① 周兢. 国际学前教育政策比较研究［M］. 上海：华东师范大学出版社，2012：9-12.
② 秦金亮. 教育领导专业化背景下的《幼儿园园长专业标准》［J］. 幼儿教育，2015（33）：3-9.

业标准》。针对不同教育阶段的专业标准日趋全面，幼儿园园长专业标准成为教师专业标准体系中的重要一环。幼儿园园长是幼儿园的负责人、管理者，与学校校长履行着相似的职责，《义务教育学校校长专业标准》的研制和颁布在客观上为学前教育阶段管理人员专业化标准的确立提供了可能，促进了《幼儿园园长专业标准》的诞生。

二、《幼儿园园长专业标准》的意义

《园长专业标准》的发布，对于园长的遴选、园长专业发展、学前教育发展具有重要的意义，充分发挥着专业准入、规范和发展功能。"准入"是指《园长专业标准》是园长入职的底线，为园长的聘用提供专业依据；"规范"是指《园长专业标准》为各级政府管理园长队伍、各类培训机构提升园长领导力和专业水平提供专业依据，更为在职的园长提供专业规范依据；"发展"是指《园长专业标准》指向未来园长群体的精神追求，它对园长群体的行业自律有唤起功能，对行业自觉意识、园长行为意识有专业引导功能，更为高水平园长专业发展指明了方向。

首先，《园长专业标准》彰显园长专业的独立性和不可替代性，推动了园长专业化的客观要求。它从规划幼儿园发展、营造育人文化、领导保育教育、引领教师成长、优化内部管理、调适外部环境六个方面规定了园长的培养、培训以及后备选拔导向；从专业理解与认识、专业知识与方法、专业能力与行为三个层面指明了园长领导力获得的方式，以及培养、成长、历练的基本途径。

其次，《园长专业标准》为园长的准入、选拔、任用提供了更具体的专业依据，是指导我国各类托幼机构负责人、幼儿园园长资格认定的准绳，对园长准入资格，园长继续教育，园长的专业理念、专业知识、专业能力等均提出了明确的要求。《园长专业标准》可以用于各级政府、托幼机构制定园长队伍建设规划，完善园长选拔任用制度，形成科学有效的园长队伍建设与管理机制，从而为促进学前教育事业发展提供制度保障。

再次，《园长专业标准》为构建专业化的园长培养、培训体系提供了专业指引。长期以来，园长的培养、培训一直存在诸多痛点与难点，既有制度、模式问题，也有课程、资源、方式方法等问题，《园长专业标准》主要从园长成长规律出发，力图解决这些难题。

最后，《园长专业标准》的现实意义在于增强在岗园长群体的专业自觉，使专业成长成为园长的自觉行动，使园长体验到专业成长的生命意义，成为园长构建专业精神家园的一部分，实现自身的人生价值。

三、《幼儿园园长专业标准》的特点

《园长专业标准》的颁布，为幼儿园园长的专业成长提供了行动指南，在我国幼儿园治理专业化发展史上具有里程碑意义，它有以下三个突出特点：

（一）体现幼儿园教育改革与发展的总体要求

《园长专业标准》提出了五个办学理念：一是"以德为先"，这是园长的道德使命，也是坚持正确办园方向的必然要求。二是"幼儿为本"，这是办园宗旨，也是幼儿园教育工作的根本要求。《园长专业标准》特别强调园长要"把促进幼儿快乐健康成长作为幼儿园工作的出发点和落脚点，让幼儿度过快乐而有意义的童年"，体现幼儿园教育的独特价值；"树立科学的儿童观与教育观，使每个幼儿都能接受有质量的教育"，体现提高幼儿保教质量的要求。三是"引领发展"，这是园长的角色定位，也是推动幼儿园和教师发展的有效途径。四是"能力为重"，这是园长专业发展的实践导向，也是提高幼儿园管理水平和教育质量的基本要求。五是"终身学习"，这是对园长的个人素养要求，也是形成全民学习、终身学习的学习型社会的迫切要求。

（二）着力体现促进园长专业化和倡导教育家办学的导向

《园长专业标准》首次系统建构了我国幼儿园园长六项专业职责，即规划幼儿园的发展、营造育人文化、领导保育教育、引领教师成长、优化内部管理、调适外部环境，明确了园长专业发展的主要方向及角色定位，体现了倡导教育家办学的要求，得到了理论界和实践界的广泛认同。

（三）着力推进学前教育领域若干现实问题的解决

《园长专业标准》对幼儿园园长的专业素质提出明确要求，有助于规范幼儿园园长的办园行为，有利于推进学前教育领域相关突出问题的解决。《园长专业标准》强调园长应依法办园，增强法治意识，严禁歧视、虐待、体罚和变相体罚等损害幼儿身心健康的行为，坚持学前教育的公益性、普惠性，以游戏为基本活动，防止和克服幼儿园教育"小学化"倾向等，均是对学前教育领域若干现实问题的回应，具有很强的现实意义。

第二节　《幼儿园园长专业标准》的主要内容

☞链接:《幼儿园园长专业标准》

《园长专业标准》框架由办学理念、专业要求、实施意见三大部分构成。主体内容架构参照《义务教育学校校长专业标准》，结合幼儿园的学段特点，从幼儿园园长工作价值领导、教学领导、组织领导三大范畴出发，提出以德为先、幼儿为本、引领发展、能力为重、终身学习五大办学理念，确定规划幼儿园发展、营造育人文化、领导保育教育、引领教师成长、优化内部管理、调适外部环境六项专业职责，每项专业职责都包含专业理解与认识、专业知识与方法、专业能力与行为三个维度的专业要求。

一、对幼儿园园长的定位

幼儿园园长是学前教育政策的执行者，集教育者、领导者和管理者三种角色于一身。园长是幼儿园发展的规划者和办园方向的引导者，是幼儿园保育教育的领导者和优质资源的汇集者，是教师发展的引导者和促进者，是儿童权益的保护者和儿童发展的促进者。[①]《园长专业标准》明确了园长是履行幼儿园领导与管理工作职责的专业人员，在国家层面确立了幼儿园园长的专业地位。《园长专业标准》是对幼儿园合格园长专业素质的基本要求，是园长进行幼儿园管理工作的基本规范，是引领幼儿园园长专业发展的基本准则，是制定幼儿园园长任职资格标准、培训课程标准、考核评价标准的重要依据。

二、办学理念

办学理念是指关于如何办学的思想观念、价值取向和行为准则，反映了园长对"办怎样的幼儿园""怎样办好幼儿园"这两个关键问题的深层次思考。办学理念引领幼儿园的发展，直接影响幼儿园保教工作的质量。《园长专业标准》提出了五个办学理念：以德为先、幼儿为本、引领发展、能力为重、终身学习。

（一）以德为先

"以德为先"是幼儿园园长的道德使命，也是坚持正确办园方向的必然要求。园长的率先垂范作用具体体现在：坚定的政治立场和正确的办园方向，忠于人民的教育事业，科学的世界观、人生观和价值观，高尚的职业道德，依法治教等。《园长专业标准》从三个层面对园长"以德为先"办园理念进行具体的阐释，一是"坚持社会主义办园方向和党对教育的领导，贯彻党和国家的教育方针政策，将社会主义核心价值观融入幼儿园工作，履行法律赋予园长的权利和义务，主动维护儿童的合法权益"；二是"热爱学前教育事业和幼儿园管理工作，具有服务国家、服务人民的社会责任感和使命感"；三是"践行职业道德规范，立德树人，关爱幼儿，尊重教职工，为人师表，勤勉敬业，公正廉洁"。

1. 坚持社会主义办园方向和践行社会主义核心价值观

《中华人民共和国教育法》明确指出："教育必须为社会主义现代化建设服务、为人民服务，必须与生产劳动和社会实践相结合，培养德智体美劳全面发展的社会主义建设者和接班人。"2018年，中共中央、国务院印发《关于学前教育深化改革规范发展的若干意见》，明确提出牢牢把握学前教育正确发展方向，加快推进学前教育立法，进一步明确学前教育在国民教育体系中的地位和公益普惠属性，推进学前教育走上依法办园、依法治教的轨道。学前教育作为国民教育体

---

① 刘占兰.专业的园长是保障幼儿园质量的关键：谈《幼儿园园长专业标准》与园长角色的转变[J].幼儿教育，2015（10）：6-8.

系的重要组成部分，应遵循国家教育方针政策。这就要求幼儿园园长在管理工作中牢牢把握社会主义办园方向，正确执行党的教育方针政策，不以营利为目的，坚持学前教育的公益性和普惠性。

社会主义核心价值观是党和国家对时代的回应，从提升民族和人民精神境界看，社会主义核心价值观是精神支柱，是行动导向，对丰富人们精神世界、建设民族精神家园具有基础性作用。将社会主义核心价值观融入幼儿园工作，具有非常重要的现实意义。首先，社会主义核心价值观与教师职业道德标准相契合，从宏观角度起到规范和引领园长、教师师德师风建设的作用；其次，对幼儿园文化建设具有重要意义和价值，如营造民主平等、友善和谐、敬业向上的管理文化，将中华优秀传统文化融入幼儿园文化建设等，充分发挥幼儿园文化潜移默化的教育功能。

2. 热爱学前教育事业，具有责任感和使命感

对于园长来说，幼儿园管理工作是一项创造性的工作，热爱学前教育事业是园长做好管理工作的前提和动力，也是园长职业幸福感的重要来源。同时，国家、社会和家庭层面都充分肯定了学前教育的重要性以及早期发展对个体一生发展的决定性影响，园长应充分意识到自身所具备的责任感和使命感，为幼儿的终身发展负责。

3. 践行职业道德规范，做到立德树人、为人师表

职业道德规范是指人们在职业生活中所遵守的、与职业实践相关的道德准则和规范，是一定社会道德在人们职业生活中的具体体现。园长应具有良好的道德意识，展现良好的道德行为，在严格遵守自身职业道德规范的同时监督幼儿园教师规范职业行为，明确师德底线，引领教师努力成为有理想信念、有道德情操、有扎实学识、有仁爱之心的好老师。2018年11月8日，教育部印发《新时代幼儿园教师职业行为十项准则》，对幼儿园教师落实立德树人根本任务提出新的更高要求。园长要做到立德树人，应不断提高自身的德行修养，潜心培幼育人，处理好立德与育人的关系，同时明确"立德树人"的标准。"为人师表"也是《园长专业标准》对园长的要求，要求园长在工作中表现出来的素质和行为都能够注重言传身教，成为他人的表率。

（二）幼儿为本

幼儿为本是"以人为本"的科学发展观在学前教育领域的具体体现，也是幼儿园教师应秉持的核心理念。珍惜幼儿的生命，尊重幼儿的价值，满足幼儿的需要，维护幼儿的权利，促进每一个幼儿的全面发展等，乃"幼儿为本"的核心内涵。① 幼儿为本的办园理念应贯穿在幼儿园日常工作中，体现在方方面面，也体

---

① 李季湄，夏如波.《幼儿园教师专业标准》的基本理念 [J]. 学前教育研究，2012（8）：3-6.

现在时时刻刻。园长必须懂教育，是保育教育的领导者。保护幼儿权益，促进幼儿的良好发展是园长工作职责的核心，也是园长工作的出发点和归宿。幼儿为本是园长专业素养中最重要的内容和关键因素，是园长专业特质的核心与关键。

1. 促进幼儿快乐健康成长，度过快乐而有意义的童年

《幼儿园教育指导纲要（试行）》指出："幼儿园应为幼儿提供健康、丰富的生活和活动环境，满足他们多方面发展的需要，使他们在快乐的童年生活中获得有益于身心发展的经验。"园长不仅要熟练掌握幼儿身心发展规律，而且应重视科学保教方法的运用，同时还要引导与监督教师对规律的把握和方法的运用。在身心发展方面，园长要保护幼儿的探究欲和好奇心，创造适宜的环境引导幼儿主动参与各项活动。根据世界卫生组织对健康的最新定义，幼儿的健康不仅包括身体健康，还包括心理健康、社会适应性和道德健康。园长应全方位把握幼儿健康成长的内涵，把促进幼儿快乐健康成长作为幼儿园工作的出发点和落脚点，让幼儿度过快乐而有意义的童年，体现幼儿园教育的独特价值。

2. 面向全体幼儿，平等对待幼儿，尊重个体差异，促进幼儿全面发展

面向全体幼儿，平等对待幼儿，意味着教育不因幼儿的民族、种族、性别、语言、宗教、身体状况及家庭状况等差异而有任何差别。同时也要避免一种倾向，即对全体幼儿使用单一的教学方法，这就要求园长关注幼儿个体差异，做到因材施教，在遵循幼儿身心发展规律和年龄特点的基础上，促进幼儿全面发展。《园长专业标准》对园长处理幼儿成长共性与个性关系提出了要求，幼儿园开展的活动要既能让每一个幼儿获得全面而又有独特性的发展，又能符合这个年龄阶段共同性活动的要求，所有的活动应该指向幼儿的生活，是整体的和全面的。

3. 树立科学的儿童观和教育观，使幼儿接受有质量的教育

《园长专业标准》特别强调园长要"树立科学的儿童观与教育观，使每个幼儿都能接受有质量的教育"，这体现了提高学前教育质量的要求。园长的儿童观和教育观在一定程度上决定了幼儿园的办园方向和幼儿园教育的价值取向。树立正确的儿童观和教育观，要求园长尊重幼儿，将每个幼儿作为独立的个体，坚持保教结合，珍视游戏和生活的独特价值，指导教师根据每个幼儿的发展需要，制订个性化的教育方案，组织开展灵活多样的教育活动，防止和克服幼儿园教育"小学化"倾向。

（三）引领发展

园长作为幼儿园改革与发展的带头人，既是专业引领的领导者，又是组织协调、组织发展的领导者，更是先进思想、先进理念的传播者，手握幼儿园发展的"方向盘"，把握着教师团队的发展方向和发展路径。园长的专业发展既立足于现实，又强调可持续性，目标指向未来。

1. 坚持依法办园，实施科学、民主管理，引领幼儿园的发展

依法办园是实施教育法治的基本内容和基本要求，也是依法治教在幼儿园的具体体现。《园长专业标准》明确提出依法办园，对幼儿园管理工作提出了规范化要求。园长应熟知学前教育相关政策法规，规范幼儿园的管理工作，增强决策的科学性和预见性，为幼儿园创造良好的法治环境，依法维护教职工和幼儿的合法权益。园长在依法办园的同时，要重视幼儿园规章制度的建设，充分认识到幼儿园管理工作的特殊性，科学管理和民主管理相结合，推动幼儿园可持续发展。科学管理具有一定的计划性和规范性，由于教育对象的特殊性，在具体的管理工作中，园长还应鼓励教职工和幼儿表达自己的需求，充分发挥民主性，使幼儿园稳步发展，保持活力。

2. 尊重教师专业发展规律，引领教师发展

引领教师发展的核心是强调园长在教师专业发展中的引领作用，通过落实相关政策、制订相关激励制度、采取多种举措，促进教师的专业发展。首先，园长要把教师当成专业技术人员，认识到教师需要通过不断的学习与探究来提升专业水平；其次，要尊重教师专业发展规律，并在时间、经费、资源等方面提供支持。教师是幼儿园教育工作的主要实施者，也是幼儿发展的直接引导者，对教师的专业引领有利于提高教师保教能力，从而提升幼儿园办学水平。引领教师发展是幼儿园管理工作的一部分，也是园长职责所在。

（四）能力为重

"能力为重"是园长专业发展的实践导向，也是提高幼儿园管理水平和教育质量的基本要求。园长岗位是专业性、实践性很强的岗位，合格的园长需要具备组织领导力、教育领导力和价值领导力，而这些领导力最终需要通过执行力、专业能力来实现，并在反思和实践中不断提升自我发展的能力。

1. 园长的领导力与执行力

园长是领导者，应以最先进的教育理念和管理理念发挥全局性的指导作用。园长的领导力，是指园长使其命令、劝告或建议能引起被领导者做出预期反应的一种影响力。[①] 从内容上讲，园长的领导力体现在五个方面：一是体现为决策能力，即决策、策划、设计幼儿园发展的能力；二是体现为支配能力，在幼儿园组织中建立科学的管理系统；三是体现为一种沟通、协调能力，形成有益沟通的幼儿园文化；四是体现为敏锐地发现问题、诊断问题并及时解决问题的能力；五是体现为驾驭能力，即妥善处理正式权力与非正式权力的关系。总的来说，园长的领导力就是园长带领全体教职员工为了共同的愿景不断努力奋斗过程中所体现出来的权力、能力、魅力等多方面力量的聚合。[②]

① 邢利娅.幼儿园管理 [M].北京：高等教育出版社，2010：257.
② 柳海民.《幼儿园园长专业标准》解读 [M].北京：北京师范大学出版社，2016：47-48.

园长的执行力是园长领导力的外化，将理念和精神层面转化为实践和现实层面，让措施得到具体的落实，园长的执行力表现为对幼儿园的规划能力、决策能力、管理能力和协调能力等。园长的领导力与执行力相辅相成，相互促进。

2. 专业能力

园长领导力和执行力在具体工作中表现为三个领导范畴：价值领导、教学领导和组织领导。《园长专业标准》对园长的专业能力要求包括规划幼儿园发展、营造育人文化、领导保育教育、引领教师成长、优化内部管理、调适外部环境六个方面。园长的价值领导力主要体现在规划幼儿园发展和营造育人文化两个方面，教学领导力主要体现在领导保育教育和引领教师成长两个方面，组织领导力主要体现在优化内部管理和调适外部环境两个方面。

3. 自我发展能力

园长必须具备自我发展意识和能力。园长的自我发展能力在于时刻体察和反思自己管理中的优势与不足，寻求发展资源，利用自身条件和外部环境，引领幼儿园的发展。自我发展能力是园长发挥和追求自身生命价值的体现，也是现代社会一项重要的生存和发展技能，更是引领幼儿园不断发展的动力。

（五）终身学习

当今社会发展日新月异，为适应时代发展的需要，园长应当牢固树立终身学习的观念，持续推进自身的专业发展，推进学习型组织的建设。

1. 牢固树立终身学习的观念

终身学习是园长专业发展的重要方式和途径。随着时代的发展，园长自身和幼儿园发展过程中会遇到各种新问题，园长只有树立终身学习理念，才能不断学习新知识，掌握新技能，获取自身专业成长，应对新问题。园长的终身学习有助于寻找幼儿园改革与发展的关键点和创新点，有利于推动改革。

2. 优化专业知识结构，提高科学文化艺术素养

园长要有发展、开放的心态，及时更新优化专业知识结构，可以从以下几个方面入手：第一，系统掌握一定的自然科学、人文社科、艺术等通识性知识，拓宽自己的视野；第二，全面了解教育及与幼儿园相关的政策法规；第三，熟悉幼儿年龄特点和发展规律，掌握幼儿园保育教育目标，保障幼儿安全，提高保教质量；第四，了解教师专业发展规律，把握保教人员职业素养要求；第五，熟悉幼儿园管理知识，了解幼儿园各岗位的角色定位、职责和任务；第六，熟悉社区等社会机构的基本特点，掌握家园沟通知识与方法等。

3. 与时俱进，关注国内外学前教育改革与发展的趋势

园长要与时俱进，积极吸收先进改革经验，开放包容，具体要做到：第一，关注学前教育改革，科学定位幼儿园发展方向和改革力度；第二，关注国外学前教育前沿动态，汲取先进经验，并进行本土化研究；第三，科学定位办园理念，

坚持幼儿为本。

4. 注重学习型组织建设

学习型组织是一种有机的、高度弹性的、扁平化的、符合人性的、能持续发展的、具有持续学习能力的组织，其特点是组织成员拥有共同的愿景，工作具有创造性，善于不断学习。学习型组织是学习化社会的要求，是优质教师团队建设的需求，更是幼儿园改革与发展的需求。

对于幼儿园来说，学习型组织即以幼儿园为主要载体，融合了园长、教职工、幼儿甚至扩大到家庭、社区的团队组织，这个团队中的每个成员不断自主学习和相互学习，共同成长。幼儿园学习型组织的领导核心是园长，园长应发挥核心作用，引领成员（教师、保育人员、幼儿、家长、社区人员）确立共同愿景，并建设灵活、完善的制度作为支撑。

三、专业要求

《园长专业标准》主体内容框架的构建遵循"先角色后职责"的方法论原则，从园长工作的三大范畴出发，确定六个体现园长专业性的核心工作领域（六项专业职责）——规划幼儿园发展、营造育人文化、领导保育教育、引领教师成长、优化内部管理和调适外部环境。每个领域包含三个维度——专业理解与认识、专业知识与方法、专业能力与行为。整体逻辑关系是从宏观理念到微观行为，从整体认识到具体能力。

（一）规划幼儿园发展

幼儿园发展规划对推进幼儿园内涵发展和质量提高具有重要作用，幼儿园发展规划的科学制定与有效实施既是传承办园历史和积累办园经验的过程，也是开创未来和调整、完善办园思路的过程。园长应坚持正确的办园方向，科学认识学前教育的价值与功能，准确把握国家相关的政策法规，在分析幼儿园发展的历史传统、社会背景以及诊断幼儿园发展现状的基础上，凝聚多方智慧，合理制定幼儿园发展规划，并采取有效措施保障与监测规划的有效落实。《园长专业标准》把"规划幼儿园发展"作为园长首要的专业职责，其核心是强调园长要从价值观层面规划幼儿园的发展方向，其专业要求如下：

1. 专业理解与认识

专业理解与认识包括：

（1）坚持学前教育的公益性、普惠性，充分认识学前教育对幼儿身心健康、习惯养成、智力发展具有重要意义。

（2）重视幼儿园发展规划的制定和实施，凝聚教职工智慧，建立共同发展愿景，明确发展目标，形成办园合力。

（3）尊重幼儿教育规律，继承优良办园传统，立足幼儿园实际，因地制宜办好幼儿园。

明确办园方向，充分认识学前教育对幼儿的重要影响，是园长工作的首要任务。首先，坚持学前教育的公益性和普惠性导向，明确学前教育发展需求与趋势；其次，重视学前教育的价值，发挥学前教育对幼儿身心发展的作用。

园长应重视幼儿园发展规划的制定与实施，带领教职工科学、合理地制定与实施幼儿园发展规划，明确幼儿园发展目标，民主管理，形成办园合力。制定与实施幼儿园发展规划的一项重要任务就是凝练幼儿园的办园理念，并将办园理念融入幼儿园工作的各个方面。幼儿园发展规划的终极价值是使幼儿园能够运用理性的思维方式，变革幼儿园管理模式，确立幼儿园发展使命、价值和愿景，凝聚教职工集体智慧，形成合力。

园长应树立正确的儿童观、教育观、发展观，遵循幼儿身心发展规律，引领教师科学开展保教工作；还需要分析幼儿园自身所拥有的资源，充分挖掘、利用现有资源，为幼儿园发展创造良好的环境。

2. 专业知识与方法

专业知识与方法包括：

（1）掌握国家的教育方针和相关的法律法规，熟悉《幼儿园工作规程》《幼儿园教育指导纲要（试行）》《3—6岁儿童学习与发展指南》等学前教育的相关政策。

（2）了解国内外学前教育改革发展的基本趋势，学习优质幼儿园的成功经验。

（3）掌握幼儿园发展规划制定、实施与测评的理论、方法与技术。

掌握国家的教育方针和相关的法律法规，是园长依法办园的基础。只有把握好相关政策，坚持正确的办园方向，才能清醒地认识幼儿园的发展现状，分析幼儿园发展面临的问题和挑战，形成良性发展思路，科学有效地规范幼儿园管理行为和教师保教行为。

制定幼儿园发展规划除了依据国家相关政策外，还要充分了解国内外学前教育发展的基本趋势和动态，树立科学的幼儿园发展观。总的来看，国内外学前教育改革与发展呈现出以下趋势：一是政府主导成为学前教育发展战略的主要趋势；二是追求学前教育全面普及；三是关注学前教育起点公平；四是保障学前教育优质发展；五是提升学前教育师资队伍水平，逐步提高幼儿园教师地位；六是推进保教结合及托幼一体化。

制定幼儿园发展规划除了必要的政策依据和现实依据之外，园长还应掌握一定的理论依据，如有限理性理论、内源发展理论、新公共管理理论等幼儿园发展规划相关理论。通过充分运用态势分析法、标杆分析法、PEST分析法等幼儿园发展规划的相关方法，积极实践，做到知行合一。

3. 专业能力与行为

专业能力与行为包括：

（1）把握幼儿园发展现状，分析幼儿园发展面临的问题和挑战，形成幼儿园发展思路。

（2）组织专家、教职工、家长、社区人士等多方力量参与制定幼儿园发展规划。

（3）依据发展规划指导教职工制订并落实学年、学期工作计划，提供人、财、物等条件支持。

（4）监测幼儿园发展规划实施过程与成效，根据实施情况修正幼儿园发展规划，调整工作计划，完善行动方案。

《园长专业标准》从分析现状、制定发展规划、组织实施、监测修正调整完善方案四个方面对园长规划幼儿园发展的能力与行为提出要求。在把握正确办园方向的前提下，园长要基于幼儿园发展现状聚焦幼儿园发展面临的核心问题，这是幼儿园发展规划研制过程的起始环节。在规划制定过程中，园长需组织多方力量，强化团队合作。园长作为幼儿园发展规划制定的组织者，需要与全体教职工一起就发展规划进行充分的沟通讨论，还要积极征求家长、社区人士和教育行政部门对幼儿园发展的意见和建议，此外还要借助外部专家的力量使规划的制定更加科学有效。在此过程中，园长应成为细心、耐心的倾听者和积极主动的沟通者，凝聚力量的核心组织者和管理者，幼儿园发展规划与实施的理性决策者。在贯彻落实幼儿园发展规划过程中，园长应在制度上、物质上、精神上做好动员工作，充分提供人、财、物等资源保障，构建较为完善的幼儿园发展规划监测体系并进行积极反馈，不断修正和调整方案，形成可持续发展的新规划。

综上所述，只有超前规划好幼儿园的发展，才能更好地优化内部管理，调适外部环境，做到统筹兼顾，分工实施，形成发展合力，从而更好地推动学前教育发展，最终形成覆盖城乡的公益普惠的学前教育基本公共服务体系。

（二）营造育人文化

文化对人有潜移默化的教育力量，优秀的文化能够丰富人的精神世界。文化在幼儿园中有着独特的作用，幼儿园是一个教育场所，也是传播文化和发展文化的场所。幼儿园文化是践行幼儿园教育思想和办学理念，实现幼儿园培养目标的重要保障。《园长专业标准》要求园长重视幼儿园文化在价值引领、情感陶冶和行为规范等方面的教育功能。园长应将社会主义核心价值观以及中华优秀传统文化融入幼儿园的文化建设，综合运用环境陶冶、思想宣传、制度规范、活动渗透等方式，构建育人文化，营造精神家园。营造育人文化应基于幼儿园实际、幼儿园的发展历史、幼儿的生活方式和教职工的价值诉求，不能偏离主流价值观、先进文化的发展方向。其专业要求如下：

1. 专业理解与认识

专业理解与认识包括：

（1）把文化育人作为办园的重要内容与途径，促进幼儿体、智、德、美各方面的协调发展。

（2）重视幼儿园文化潜移默化的教育功能，将中华优秀传统文化融入幼儿园文化建设。

（3）将尊重和关爱师幼、体现人格尊严、感受和谐快乐作为幼儿园育人文化建设的核心，陶冶幼儿情操、启迪幼儿智慧。

幼儿园文化是幼儿园价值领导的展现样式、型塑表达，幼儿园所追求的核心价值是幼儿园文化建设之魂。文化对幼儿知、情、意、行、思起着"润物细无声"的熏陶作用，让教职工享受工作的尊严感、神圣感和使命感，使幼儿园在独特、深厚的文化底蕴下持续发展。幼儿园育人文化的营造要求园长拥有正确的文化立场，处理好传承中华优秀传统文化与适时创新的关系。在幼儿园文化建设中，"儿童意识"是基点，所谓儿童意识就是在生活、环境、教学、组织、制度、文化表征中处处有儿童，在思想、行动中时时有儿童，"儿童关照"被嵌入幼儿园的每一个角落，"儿童价值"被铭刻在每个相关者的心中。一个有专业深度、文化高度的园长，不仅要提升自身、教职工的"儿童意识"，更要提升家长、社区等其他利益相关方的"儿童意识"，这既是对幼儿园价值领导的高要求，也是对《园长专业标准》中"幼儿为本"的理想追求。除了幼儿之外，幼儿园育人文化核心所体现的人格尊严，还包括教师以及教师以外的一切幼儿园工作人员，每个人都具有至高无上的内在价值与尊严。在幼儿园工作的教师、职工的专业水平、精神状态、人生追求是幼儿园发挥教育功效的决定性因素，以和谐快乐为价值取向营造育人文化，陶冶幼儿情操，启迪幼儿智慧，是幼儿园园长必须具有的专业理念。

2. 专业知识与方法

专业知识与方法包括：

（1）具备一定的自然科学、人文社会科学知识，具有良好的品德和艺术修养。

（2）了解幼儿园文化建设的基本理论，掌握促进优秀文化融入幼儿园教育的方法和途径。

（3）掌握幼儿身心发展特点，理解和欣赏幼儿的特有表达方式。

具有博文广识、德艺双馨的素养背景，了解幼儿园文化建设的基本理论，理解和欣赏幼儿及其特有表达方式是园长营造育人文化必备的专业知识与方法。育人文化的营造需要科学精神和人文精神的引领，广博的自然科学知识和人文社会科学知识是具备科学精神和人文精神的基础。幼儿园园长只有具备了博文广识的知识背景，才能在营造育人文化方面有所作为。育人文化从美学的角度讲是感受美、鉴赏美、创造美、宣传美的过程，因而园长在具备宽广的知识背景的同时还要具备良好的艺术修养，即感受美、鉴赏美、创造美的能力。对于一所幼儿园来讲，园长在一定程度上代表其文化形象，这就要求园长必须德高望重，具备身先垂范的领导魅力，营造幼儿园健康、积极、向上的文化氛围。

从方法论层面来说，幼儿园文化建设大致有三类方法：科学的方法、艺术的方法、科学与艺术皆用的方法。从操作方面来说，幼儿园可以从物质文化、制度文化、精神文化三个层面出发，因地制宜，确立共同愿景，确定办园宗旨、办园理念、办园特色等。确立体现幼儿园文化的"器物"，如园标、园歌、园服等文化标志，这样幼儿园文化具有了一定的实体，物质文化逐渐形成。设计体现幼儿园文化的园本课程，组织各种主题活动，并建立相应的制度文本，园长恰当地根据实际，凝聚利用各方力量，处理好继承传统与适时创新之间的关系，使显性和隐性的制度文化、精神文化同步形成。

幼儿是幼儿园文化的主体。幼儿园文化建设应该遵循幼儿身心发展规律，尊重幼儿独特的思维行动和表达方式。只有真正将幼儿置于主体地位，才能促进他们更好地表达自己，更好地成长。

3. 专业能力与行为

专业能力与行为包括：

（1）营造体现办园理念的自然环境和人文环境，形成积极向上、宽容友善、充满爱心、健康活泼的园风园貌。

（2）营造陶冶教师和幼儿情操的育人氛围，向教师推荐优秀的精神文化作品和幼儿经典读物，防范不良文化的负面影响。

（3）根据幼儿身心发展特点和接受能力，将爱学习、爱劳动、爱祖国教育融入幼儿园一日生活和游戏活动之中。

（4）凝聚幼儿园文化建设力量，鼓励幼儿积极参与，发挥教师的主导作用，鼓励社会（社区）和家庭参与幼儿园文化建设。

营造体现办园理念的自然环境，就是根据幼儿园特点绿化、美化园地，使其具有玩赏、休憩和教育的功能，成为幼儿园育人文化的一部分，行"不言之教"。幼儿园的人文环境是指通过建立幼儿园的规章制度，墙壁、屋顶等空间文化成果展示，各种保教活动的开展，全园教职工的观念、生活方式、行为方式和人际关系所反映出来的氛围情境。幼儿在人文环境中观察、体验、模仿、实践，其情感、社会性与个性的发展受到人文环境的重要影响。人文环境的营造要融入幼儿园的一切保教活动和管理工作中，通过融入"积极向上""宽容友善""充满爱心""健康活泼"四个元素，形成一种氛围，一种园风，一种育人文化。环境的营造不仅要在物质的布置方面精心设计，用心实施，细心维护，还应让办园理念在各个细节之处得以体现，让环境会说话。

园长应积极倡导阅读，向教师和幼儿推荐优秀的精神文化作品、幼儿经典读物，这是营造陶冶教师和幼儿情操的育人氛围的重要途径。园长在营造幼儿园育人文化的过程中，还可以幼儿园办园理念为指导，以重大节日为契机，面向幼儿、教职工组织相关活动。文化建设是幼儿园保教活动的一个有机组成部分，文化建设要充分发挥幼儿的主体性，多途径、多方式发挥教师的主导作用，利用社会（社区）资源进行幼儿园文化建设，鼓励家长积极参与，利用家长资源，将家长文化建设纳入幼儿园文化体系中，提高家长育儿能力，形成家园共育合力，更好地发挥文化育人的效果。

议一议

园所文化建设对幼儿园的发展有何意义？

▶【案例 8-1】

注重园所文化建设　不断提升办园品位

一、环境文化建设——发挥育人功能

走进教学楼的门厅，映入眼帘的是一个个美丽的大苹果上一张张孩子天真可爱的笑脸。楼梯间是一道爱的教育长廊："我爱祖国"，从祖国美丽的山川，到中国的世界之最，中国人的伟大壮举，引导幼儿感受祖国山河的美丽富饶，祖国文化的博大精深和聪明智慧的中国人创造的一个又一个奇迹，激发了幼儿爱祖国的情感；"我爱幼儿园"，让幼儿感受到幼儿园就像自己温暖的家。根据幼儿的年龄特点设置动物区、植物区、交通工具区、亲子制作区、编织区、艺术区。

二、管理文化建设——形成文化氛围

首先，幼儿园制度建设要建立竞争和激励机制，激发教职工的工作积极性。

其次，将赏识教育运用到管理中，对每位教职工工作中表现出的创意及时肯定，鼓励他们继续努力。

最后，关爱每一位教职工，让他们感受到集体的温暖，增强全园教职工的凝聚力和爱园如家的思想感情。

三、教师文化建设——促进队伍成长

结合幼儿园工作实际，把"师德师风"活动常态化，倡导"用爱干教育、以德育新人"，开展"四比三优一满意"为主要内容的"示范窗口"创建活动。"四比"，即比学习，带头提高素质；比教学，带头争创一流业绩；比服务，带头践行服务宗旨；比贡献，带头做行业标兵。

"三优"，即实现师德师风优秀，教学质量优良，育人环境优美。"一满意"，即办人民满意的教育。"四比三优一满意"按照以人为本的理念，全力打造一支热爱学前教育、热爱本职工作、热爱幼儿的教师队伍。

四、家园文化建设——实现家园共育

一是发挥自培功能，加强家庭教育指导者队伍的建设。二是运用多种形式，发挥家长主体作用。三是积极开展课题研究，提高家庭教育指导质量。四是发挥家庭教育基地的辐射和示范作用，实行开放教育。[①]

案例分析：文化是幼儿园的灵魂，是办园方向和办园思想的具体体现。案例中的幼儿园从环境文化建设、管理文化建设、教师文化建设、家园文化建设四个方面营造幼儿园育人文化，充分发挥了幼儿园文化潜移默化的教育功能，展现了积极向上、宽容友善、充满爱心、健康活泼的园风园貌，凝聚了包含幼儿、教师、家长、社区各方的幼儿园文化建设力量。

园长是幼儿园文化创建的引领者。近年来，许多幼儿园已开始进行幼儿园文化创建的实践探索。但需要特别注意的是，园长的个人意志和理想、个人长项并不能直接成为幼儿园文化和办园思想。园长必须吸纳所有教职工、幼儿及家长参与幼儿园文化创建并达成共识，甚至需要在专家的帮助下获得理论和实践的验证，形成共同的愿景。

（三）领导保育教育

领导保育教育是园长的中心工作，是其专业职责。园长应坚持保教结合的基本原则，珍视游戏和生活的独特价值，通过有效教研，科学指导实施遵循幼儿身心发展规律与幼儿教育规律的保教活动，推进课程改革，提升保教质量，不断深化幼儿园的教育改革，以促进幼儿身心健康和谐地发展。其专业要求如下：

1. 专业理解与认识

专业理解与认识包括：

（1）坚持保教结合的基本原则，把幼儿的安全与健康放在首位，对幼儿发展有合理期望。

（2）珍视游戏和生活的独特价值，尊重和保护幼儿的好奇心和学习兴趣，重视幼儿良好的学习品质培养。将人际交往和社会适应作为幼儿良好社会性发展的重要内容。不得以任何形式提前教授小学内容，防止和克服幼儿园教育"小学化"倾向。

---

① 李金萍. 注重园所文化建设　不断提升办园品位 [J]. 学周刊，2014（15）：97.

（3）尊重教师的保育教育经验和智慧，积极推进保育教育改革。

园长应树立保教结合的教育观念，尊重幼儿的生存权，引导教师、保育员深入了解幼儿园保教工作，并树立合理、适宜的幼儿发展观。园长要牢固树立以游戏为基本活动的教育理念，加强课程管理，禁止"小学化"倾向，对幼儿学习与发展有合理期待，创新活动方式，培养幼儿好奇心与学习兴趣、主动性、坚持与专注、想象与创造、反思与解释等良好的学习品质。园长要保障教师的专业自主权，为教师的保教改革提供时间、专家资源、物质材料等方面的支持和保障。

2. 专业知识与方法

专业知识与方法包括：

（1）掌握国家关于幼儿不同年龄阶段的发展目标和幼儿园保育教育目标。

（2）熟悉幼儿园环境创设、幼儿园一日生活、游戏活动等教育活动组织与实施的知识和方法。

（3）了解国内外幼儿园保育教育的发展动态和改革经验，了解教育信息技术在幼儿园管理和保育教育活动中应用的一般原理和方法。

园长要依据《3—6岁儿童学习与发展指南》掌握幼儿不同发展阶段的目标，依据《幼儿园教育指导纲要（试行）》掌握幼儿园保育教育目标，根据园所实际情况确定幼儿园具体的办园理念、办园宗旨和课程计划，深入一线，解决教师的实际问题。园长还应了解国内外幼儿园保育教育发展动向和趋势，开阔视野，把握学前教育发展方向。园长还应具备一定的信息素养，明确信息技术与儿童发展及教育的基本关系，提供信息技术与幼儿园保教活动整合的理念、策略及典型范例，指导教师在保育教育情境中恰当地应用信息技术。

3. 专业能力与行为

专业能力与行为包括：

（1）落实国家关于保育教育的相关规定，立足本园实际，组织制定并科学实施保育教育活动方案。

（2）具备较强的课程领导和管理能力，指导幼儿园教师根据每个幼儿的发展需要，制定个性化的教育方案，组织开展灵活多样的教育活动。

（3）建立园长深入班级指导保育教育活动制度，利用日常观察、观摩活动等方式，及时了解、评价保育教育状况并给予建设性反馈。

（4）领导和保障保育教育研究活动的开展，提升保育教育水平。

园长履行领导保育教育职责时需要具备组织制定并科学实施保育教育活动方案的能力、课程领导和课程管理的能力、深入班级指导保育教育活动的能力以及评价保育教育活动的能力。首先，园长应制订合理的保育教育活动方案，认真执行国家关于幼儿园保育教育的相关规定和政策。其次，园长应着力推进课程领导和管理任务，主要包括构建幼儿园课程愿景、构建课程领导团队及运作体系、营造合作的课程文化、促进教师的专业成长等。指导教师在教育方案的设计和实施中，应充分考虑幼儿的兴趣、需要和发展的多种可能性，深入班级指导保教活动，监控保教实施，评价保教质量。最后，园长应建立教育研究制度，形成教育研究管理网络，开展多样化的保育教育研究活动，如专题学习、案例研究、课题研究、观摩展示、交流研讨、集体备课、看课评课、一课三研等。

> ▶【案例 8-2】
>
> 　　大一班的杨老师是幼儿园"做中学"科学活动教研组的成员。大班幼儿对科学活动很感兴趣，这次杨老师以"寻找丢失的小陀螺"为切入点，准备进行科学探索活动。她的设计思路是：以陀螺为切入点，探索有关陀螺的基本知识，然后制作陀螺，当陀螺表面有颜色，旋转时就发生了变化（混色现象），进而联系牛顿色盘。杨老师在开展活动的同时逐步布置墙面，与幼儿进行互动，活动分成四个部分：发现陀螺、分享资料、制作陀螺、奇妙的色盘。
>
> 　　园长在检查教师工作时对此进行了认真的分析。园长首先肯定了以陀螺作为科学素材符合大班幼儿的年龄特点和兴趣，陀螺本身蕴含很多科学元素，如旋转与普通物体的转不同，为什么陀螺旋转的时候不会倒，陀螺的操作杆与重心的关系等。幼儿通过制作陀螺学会如何找重心，怎样调节操作杆的长度和位置等，能够激发幼儿对科学的热爱和探索精神。
>
> 　　同时，园长也指出杨老师这个活动的不足，问题出在"奇妙的色盘"这一部分，园长认为：第一，光和色的知识比较抽象，对于大班幼儿来说有些难度；第二，从陀螺引到光和色的知识有些牵强，陀螺本身就具备很多的知识点，如果引到光和色就会使整个活动目标中心不明确，色盘与混色现象可以单独作为一个科学探索活动；第三，园长建议杨老师把重点放在制作陀螺的过程上，注意观察与指导幼儿，尽量不要明确地提出"重心""旋转"等科学概念，引导幼儿自己提出来，让幼儿自己选择材料，小组制作与个人制作相结合，探索陀螺制作成败的原因，做好科学的记录与分析。
>
> 　　经园长指导后，杨老师深受启发，她说："本来自己的出发点是色盘和混色现象，想借助陀螺，但是没有仔细思考陀螺本身的教育价值，简单地将这两者连到一起。园长这样的一番话，让我深受启发，学到不少东西，园长对教学特别有经验，分析问题很透彻。"
>
> 　　后来，杨老师重新调整了活动方案，把重点放在动手制作陀螺上，让幼儿自己探索有关知识，活动进行得非常成功，幼儿不仅对陀螺有了全面的认识，还非常感兴趣，成立了科学探索小组。

　　案例分析：园长的公正评价和善意指导是影响教师行为的主要因素之一，它能激发教师产生积极的教育行为，如主动思考、不断改进和完善工作。案例中的园长首先了解教师的设计思路，肯定了教师的选材，然后与教师一起分析问题，并提出中肯的建议，为教师改进方案引路，使教师愿意主动改进，使教师对做中学有了深刻的认识。这是一个成功地指导教师转变教育行为的案例，园长的工作作风客观、实事求是，有扎实的专业知识和教育经验，在业务上能给教师很大的帮助，引领教师成长。

（四）引领教师成长

　　引领教师成长是办好幼儿园的重要环节，是提高保教质量的关键。园长在教师专业发展中承担着重要的职责。园长应该尊重教师专业发展规律，掌握教师专业发展理论与方法，了解教师专业发展需求，采取各种方式激发教师发展的内在动力，创造多种机会引领教师体验成功、树立自信、感受职业幸福与快乐。其专业要求如下：

　　1. 专业理解与认识

　　专业理解与认识包括：

　　（1）尊重、信任、团结和赏识每一位保教人员，促进保教人员的团结合作。

　　（2）重视园长在教师专业发展过程中的引领作用，积极创设条件，激励教师的专业发展。

　　（3）具有明确的建立教师专业发展共同体的意识。

　　园长应意识到教师是幼儿园发展的重要资源。首先，树立正确的教师观，尊重保教人员在办园质量提升过程中的主体地位。其次，平等对待每位保教人员，尊重教师的人格，信任教师的能力，并通过赋权使教师的能力得以发挥。善于发现每位保教人员身上的闪光点，团结每一位保教人员，积极构建合作型教师文化。再次，明确园长在教师专业成长中的角色，是教师专业发展的支持者、引导者、先行者。最后，营造宽松的环境和开放的氛围，建立共同愿景，领航教师专业发展共同体的建立，积极支持和鼓励教师间的合作共赢。

　　2. 专业知识与方法

　　专业知识与方法包括：

　　（1）把握保教人员的职业素养要求，明确幼儿园教师的权利和义务。

　　（2）熟悉幼儿园教师专业发展各阶段的规律和特点，掌握指导教师开展保育教育实践与研究的方法。

　　（3）掌握园本教研、合作学习等学习型组织建设的方法以及激励教师主动发展的策略。

　　首先，园长应重视对《幼儿园教师专业标准（试行）》的学习，熟知保教人员应具备的专业理念、专业知识和专业能力，并帮助保教人员转变教育观念，掌握保教实践的原则和方法。其次，明确教师的权利与义务。园长应充分了解相关的法律法规，带动全园教师进行《中华人民共和国教师法》等相关法律的学习，带领教师明确自身的权利与义务，园长还可以根据相关法律文件制定幼儿园教师权利、义务的相关条例，以便更好地保障教师的权利，督促教师履行应尽的义务。再次，园长应熟知教师入职、成长、提高等不同阶段专业发展的规律和特点，并据此有针对性地指导和帮助教师完成不同发展阶段的专业发展任务。最后，指导教师加强专业理论学习、有效实施教育活动并进行反思、开展课题研究等工作，打造学习型的幼儿园，健全组织学习机制，唤醒教师专业发展的自主意识，创造良好的专业发展氛围，为教师专业发展"赋权增能"。

3. 专业能力与行为

专业能力与行为包括：

（1）了解教师专业发展的需求，鼓励支持教师积极参加在职能力提升培训，为教师创造并提供专业发展的条件和环境。

（2）建立健全教师专业发展激励和评价制度，构建教研训一体的机制，落实每位教师五年一周期不少于 360 学时的培训要求。

（3）培养优良的师德师风，落实教师职业道德规范要求和违反职业道德行为处理办法，引导支持教师坚定理想信念、提高道德情操、掌握扎实学识、秉持仁爱之心，不断提升教师的精神境界。增强保教人员法治意识，严禁歧视、虐待、体罚和变相体罚等损害幼儿身心健康的行为。

（4）维护和保障教职工合法权益和待遇，关爱教职工身心健康，建立优教优酬的激励制度。

园长具备的专业发展知识需要落实到行动当中，这就需要具备引领教师发展的能力与行为。首先，根据教师专业发展需求进行培训，有针对性地选择培训模式，如通过理论学习促进观念转变，通过操作学习主动提升能力，通过案例分析促进保育教育活动反思。其次，建立教研训一体化教师专业发展机制，为教师专业发展创造条件，建立健全教师专业发展激励和评价制度。确保园本教研和各级各类培训与教学的紧密关联性、持续性和整合性，实现教学、科研和培训三者的有机结合。加大对教师专业发展的投入，提供物质条件支撑和时间保障。在支持和鼓励教师在专业上有所作为的同时对教师的专业态度、专业知识和专业能力等方面的发展做出客观的评估，使教师看到自身的优势与不足，为进一步改进提供依据。再次，以制度规范来推动师德师风建设。提高教师的职业认同，完善评价体系，将师德表现作为教师考核聘任和评价的首要内容，严禁保教人员的失范行为，建立相应的制度条例。最后，全面维护和保障教师的合法权益和待遇。发挥党政工团各方面力量，畅通园内申诉渠道，建立幼儿园申诉制度，充分发挥教代会、园务会等的职能，加强幼儿园工会建设，做好教职工心理疏导、身心关爱工作。建立合理的绩效工作评价机制，在公平公正的基础上优教优酬，充分调动每位教职工工作的积极性。

议一议

幼儿园开展教研活动有何作用？

▶【案例8-3】

王园长十分重视幼儿园教研活动，她根据教育活动的任务和参与对象的不同，将教研活动分为以下几种：

1. 全员业务学习

全员业务学习由全员保教人员共同参与，主要是帮助教师树立正确的教育观、儿童观，组织他们为幼儿园保教工作出谋划策。业务学习的方式多样，以阅读、讨论、观摩研讨、参观等方式为主，时间固定，业务园长负责保证园内每位员工都参与学习，并保障学习质量。

2. 年级教研组备课

年级教研组备课是同年龄班全体教师参加的教研活动，主要任务是研究、制订学期、月、周的工作计划，研究教育教学内容，制订教学活动实施的方法与措施。年轻教师设计教学活动方案，然后由全体教师共同研讨，帮助年轻教师快速成长。

3. 课题组的专题研究

课题组的专题研究主要是针对某一专门课题进行的。组员来自不同的年龄班，专题研究活动力争做到理论学习、现场观摩和研讨三种形式相结合，组长由骨干教师担任。

4. 教研与教师培训结合

幼儿园十分注重将教研与教师培训相结合，以此来提高教师（特别是青年教师）的教育教学水平。例如，根据各教研组不同的研究目的与任务，要求他们承担不同层次的培训任务，通过在组内开展"传、帮、带"活动，采用师徒结对的形式，促进教师不断提高科研水平。①

案例分析：教育研究是帮助幼儿园教师提升教育教学水平的重要方式。在该案例中，王园长在引领教师专业成长的过程中，对全园教研活动进行了整体规划，分层分类指导教师加强专业理论学习，有效实施教育活动，并将研训

---

① 张燕，邢利娅.幼儿园管理案例及评析［M］.北京：北京师范大学出版社，2022：112-114.

相结合。园长将"管理者"与"专业者"身份相结合，科学指导教师进行教育研究。

（五）优化内部管理

幼儿园是一个具有内在运行机制的组织系统，园长作为这个组织系统的管理者与第一责任人，应依法办园，实施民主管理与科学管理，建立健全幼儿园的各项规章制度，优化配置人力、物力和财力等多种资源，采取有力措施激发与协调幼儿园内部各方面的力量，最大限度地发挥幼儿园组织系统的效能。其专业要求如下：

1. 专业理解与认识

专业理解与认识包括：

（1）坚持依法办园，自觉接受教职工、家长和社会的监督。

（2）崇尚以德治园，注重园长榜样示范、人格魅力、专业引领在管理中的积极作用。

（3）尊重幼儿园管理规律，实行科学管理与民主管理。

具备正确的管理理念是园长优化内部管理的先决条件。依法办园与以德治园，是园长进行管理的两把"利剑"，互相补充、互相促进。尊重幼儿园管理规律是园长进行有效管理的必要前提，是园长在管理实践活动中必须遵循的基本法则。幼儿园管理规律是园长在管理过程中获得的真理性认识，是管理过程本身所固有的、本质的、必然的联系。它反映了幼儿园管理规律的目标与社会发展要求、管理者与管理对象、规模与质量、局部与全部、重点与非重点及各个管理环节之间的内在的本质关系，这些关系反映出幼儿园管理工作的内在规律性和本质要求。幼儿园管理工作必须遵循以下基本规律：一是幼儿园管理与社会的政治经济文化发展相一致；二是幼儿园管理封闭与开放相统一；三是幼儿园管理民主与集中相统一；四是管理人员的主导性与教职工的积极性、主动性和创造性相统一；五是全面安排与突出保教重点相统一；六是科学管理与民主管理相统一。实施幼儿园管理还应遵循以下行为准则：教养并举、保教结合的原则；实事求是，从实际出发的原则；制度化、规范化的原则；综合性、整体性的原则。

2. 专业知识与方法

专业知识与方法包括：

（1）掌握国家对幼儿园管理的法律法规、政策要求和园长的职责定位。

（2）熟悉幼儿园管理的基本知识，了解国内外幼儿园管理的先进经验。

（3）掌握幼儿园园舍规划、卫生保健、安全保卫、教职工管理、财务资产等管理方法与实务。

园长是承担内部管理职责的专业人员，应熟知优化内部管理的专业知识与方法。首先，园长应明确自己的职责定位，园长的管理工作要依据国家出台的相关法律法规、政策开展。其次，应熟悉幼儿园关于人、财、物管理的基本知识，如树立"以人为本"的管理理念，学习信息技术的使用和学习型组织建设的知识管理方法，注重危机管理等，全面掌握幼儿园园舍规划、卫生保健、安全保卫、教职工管理、财务资产管理等工作要领及具体管理方法。最后，充分吸收国外先进幼儿园管理经验，如意大利瑞吉欧管理模式、美国幼儿园目标管理模式和日本"五常"管理模式，这些模式对我国幼儿园管理产生了重大影响，园长应吸收其有益经验，并进行"本土化"研究。

3. 专业能力与行为

专业能力与行为包括：

（1）形成幼儿园领导班子的凝聚力，认真听取党组织对幼儿园重大决策的意见，充分发挥党组织的政治核心作用。

（2）建立健全幼儿园管理的各项规章制度，严格落实教师、保育员、保健医生、保安、厨师等岗位职责，提高幼儿园管理规范化、科学化水平。

（3）建立教职工大会或教职工代表会议制度，推行园务公开，尊重和保障教职工参与幼儿园管理的民主权利，有条件的幼儿园可根据需要建立园务委员会。

（4）建立和完善幼儿园应急机制，制定相应预案，定期实施安全演练，指导教职工正确应对和妥善处置各类自然灾害、公共卫生、意外伤害等突发事件。

园长需承担建设领导班子、健全规章制度、建立教职工大会或园务委员会、完善应急机制和预案等内部管理工作。首先，党建统领保教工作，实行党组织领导下的园长负责制，认真听取党组织的意见，依靠党组织做好工作。园长需对幼儿园领导班子进行组织建设，将党建和保育、教育有机融合，加强教师思想政治工作，对幼儿园决策方式和领导制度进行选择，优化幼儿园干部队伍，提升幼儿园领导班子管理水平，增强幼儿园整体凝聚力和竞争力。同时认真听取党组织的意见，依靠党组织做好工作。其次，制度是组织内部管理体系及对内部成员的行为规范，园长应建立健全幼儿园制度体系，落实党风廉政建设责任制和意识形态工作责任制，充分发挥工会、共青团等群团组织的作用。规范幼儿园运行，保障教职工民主权利。幼儿园的制度建设是一个制定制度、执行制度并在实践中修正完善制度的动态过程。制度建设不仅意味着完善制度的内容与体系，还要促使全体教职工自觉遵守各项规章制度。最后，园长应提高危机管理意识和能力，危机管理不仅指危机发生后的及时应对，还包括对危机的预防与预测，危机处理能力是当今检验幼儿园园长管理水平的一个重要指标。

▶【案例 8-4】

孩子是怎么磕伤的

午餐后，大班幼儿 X 摔倒，磕到了门牙和嘴唇，门牙往里倾斜，嘴唇流着血，肿得很厉害。带班教师第一时间与家长联系，家长说没关系，自己也有点忙，不用去看了。但我还是决定去医院请医生诊断一下。于是带班教师再次与家长联系，征得家长同意，带 X 去了医院。之后，我问班级三位教师孩子是怎么摔的，三位教师有三种描述，但基本指向是被 G 小朋友绊倒的，而且已经在班里对 G 进行了批评教育。

三位教师描述不一致，这在面对家长时是大忌，我决定亲自处理。

1. 查清摔伤事实，并确定原因

因三位教师对幼儿 X 摔倒的情形描述不一致，我决定查看监控录像。从录像中可以得出基本判断，X 摔倒有两个原因：一是教师对幼儿的不适宜行为（跑跳、抢胳膊等）没有及时制止，没有教育和引导；二是教师离岗。

2. 及时召开班子会，讨论处理意见

根据幼儿园相关制度，该班教师违反了教职工劳动纪律，一是组织活动不到位，对幼儿不适宜行为没有教育和引导；二是离开岗位。针对这两条，我提出处理意见：一是根据绩效考核方案，因责任心不强或离岗导致发生安全事故，扣发相应津贴；二是当事教师要在全园会上做检讨，加强对事件的认识和反思，同时警示他人。

3. 让当事教师参与调查，使其认同处理意见

为了让教师认识到自己的违纪行为，领导班子讨论决定，由教学和后勤主任带着班级三位教师共同看录像，共同诊断问题，并提出处理方案。看完录像，带班教师主动表明责任在自己，接受扣罚等相关处理结果，并表示在今后的工作中会尽心尽力，尽职尽责。我也嘱咐她，回班后一定要在全班幼儿面前澄清事实，并向 G 小朋友道歉。①

案例分析：案例中，园长尊重幼儿园管理规律，将关爱幼儿放在第一位，在家长表示不需要看医生的情况下，考虑到幼儿的健康问题，仍然决定去医院，充分体现了以幼儿为本的专业理念；严格落实教职工岗位职责，第一时间询问教师事件发生的来龙去脉，发现三位教师描述不一致，就坚持弄清事件发生的真实过程；实行科学管理与民主管理、集体决策与教师参与管理相结合，并按相关制度进行有效处理，达到了很好的管理效果。

---

① 吴红霞. 案例解析新任园长的管理策略 [J]. 学前教育，2022（Z1）：84-87.

（六）调适外部环境

幼儿园作为一个社会性组织，总是处于一定的外部环境中，是一个开放的系统。幼儿园的发展必然受到家庭、社会及其他外部环境的影响。园长作为幼儿园管理者，在对内进行有效管理的同时，对外也需促进幼儿园与家庭、社会的有力合作，充分挖掘、整合、利用园外的各种教育资源，形成教育合力。其专业要求如下：

1. 专业理解与认识

专业理解与认识包括：

（1）充分认识家庭是幼儿园重要的合作伙伴，积极争取家长的理解、支持和主动参与，促进家园共育。

（2）重视利用自然环境和社会（社区）的教育资源，扩展幼儿生活和学习的空间。

（3）注重引导幼儿适当参与社会生活，丰富生活经验，发展社会性。

幼儿发展是家庭、幼儿园和社区共同的责任，幼儿园应遵循尊重、平等的原则，与家庭良性互动，尊重每个幼儿的家庭背景，运用多种有效策略鼓励家庭参与幼儿园教育。同时应遵循幼儿天性，利用贴近幼儿生活的自然资源和社会资源开展教育，注重社会生活的教育价值。积极挖掘幼儿园周边社区教育资源，开展社会实践活动。

2. 专业知识与方法

专业知识与方法包括：

（1）掌握幼儿园与家长、相关社会机构及部门有效沟通的策略与方法。

（2）熟悉社会（社区）教育资源的功能与特点。

（3）指导教师了解幼儿家庭教育的基本情况，掌握家园共育的知识与方法。

园长调适外部环境需要的专业知识主要包括三个方面：从宏观理论角度看，应具备有效沟通的相关理论；从微观具体操作看，应与家庭密切合作，了解所在社区、幼儿家庭的特点；从实践知识与方法看，应具有利用社区教育资源的知识与方法等。这既体现了三个不同层次的知识体系，又突出了幼儿园利用多种外部资源、密切家园合作的特点。

3. 专业能力与行为

专业能力与行为包括：

（1）建立幼儿园对外合作与交流机制，开放办园，形成幼儿园与家庭、社会（社区）及园际间的良性互动。

（2）面向家庭和社会（社区）开展公益性科学育儿的指导和宣传，利用家长学校、家长会、家长开放日等形式，帮助家长了解幼儿园保教情况。开展家庭教育指导，注重通过多种途径，转变家长教育观念，提高家长科学育儿能力。

（3）加强幼儿园与社会（社区）的联系，利用文化、交通、消防等部门的社会教育资源，丰富幼儿园的教育活动。

（4）引导家长委员会及社会有关人士参与幼儿园教育、管理工作，吸纳合理建议。

园长调适外部环境的专业能力与行为是园长专业理解与认识的具体体现，也是园长专业知识的实际应用。调适外部环境的核心是充分利用幼儿园外部资源，调动幼儿园外部力量，实现管理效用的最大化。幼儿园应密切联系家庭和社区，将家长工作列入幼儿园议事日程，确定与社区之间的定向联系制度，重视家长及社区人员的重要价值，建立监督制度与组织，引导家长及社区人员参与监督工作；开放办园，多种形式开展家庭教育指导，利用社区教育资源丰富幼儿园教育活动，引导不同文化素质、职业背景的家长或社区相关人士参与幼儿园教育与管理。

【理解·反思·探究】

1. 简述《园长专业标准》的研制背景。

2. 结合实际谈谈《园长专业标准》颁布的意义。

3. 谈谈你对《园长专业标准》中办学理念的理解。

4. 结合《园长专业标准》，请你谈一谈幼儿园园长的定位以及与六项专业职责之间的关系。

5. 如果你是园长，你打算如何营造育人文化？

【拓展阅读导航】

● 相关政策法规

《幼儿园园长专业标准》

● 相关文献

1. 柳海民.《幼儿园园长专业标准》解读［M］.北京：北京师范大学出版社，2016.

为了便于广大幼儿园园长、学前教育专业人士更深层次地理解《幼儿园园长专业标准》的内涵和精神，《幼儿园园长专业标准》研制小组暨教育部幼儿园园长培训中心组织专家团队编写了该解读文本。该书内容务实、建议科学、示例丰富，能够帮助幼儿园园长充分理解并贯彻标准。

2. 管旅华，崔利玲.《幼儿园园长专业标准》案例式解读［M］.上海：华东师范大学出版社，2016.

　　该书案例丰富，针对《幼儿园园长专业标准》中的 60 条专业要求，提供了 60 多个案例，为读者提供发现问题、分析问题和解决问题的具体场景。

　　3. 周梅林.《幼儿园园长专业标准》要点·行动·示例 [M]. 北京：北京师范大学出版社，2016.

　　该书详细围绕《幼儿园园长专业标准》提出的 60 条专业要求，从要点解读、履职建议、实例分析三个方面进行了阐释。

模块三

幼儿园的保育与教育

第九章　《幼儿园教育指导纲要（试行）》

【导语】

2001 年颁布的《幼儿园教育指导纲要（试行）》（本章可简称《纲要》）是继《幼儿园管理条例》（1989 年）和《幼儿园工作规程（试行）》（1989 年）颁布之后，我国学前教育史上又一个重要的里程碑。《纲要》自实施至今已二十余年，有部分教师认为这么多年过去了，《纲要》的理念和精神已经贯彻得"差不多了"。时代在飞速前进，学前教育观念必须持续更新，这就需要我们结合新的形势继续深入学习理解《纲要》，加上我国学前教育发展不均衡，在一些地区，《纲要》中的观念转化为教育行为还有很长的路要走。

本章通过对《纲要》的介绍，以期学习者对《纲要》有一个更全面、深刻和科学的认识，并在教育行为中不断贯彻落实《纲要》的理念和思想。

【学习目标】

● 了解《纲要》颁布的背景、意义、基本指导思想。
● 掌握《纲要》的主要内容。
● 结合《纲要》更新幼儿园教师的教育理念，指导幼儿园的保教工作。

午睡时，我在给昕昕盖被子，旁边的鸿鸿抬起头问我："老师，你知道我最近为什么一直哭吗？"我心里"咯噔"一下，问他："为什么呢？"他欲言又止，过了一会儿才说："我告诉你，比如，如果我想要一个新玩具，妈妈不给我买，我一哭，妈妈就给我买了；我想看逸逸的书，他不肯给，我一哭，他就给我看了，哭很管用的。"我知道他很信任我，愿意和我说心里话，但他的哭，只是利用了妈妈和同伴的同情心来达到自己的某种目的。我说："可是，哭虽然有时有用，但它也有坏处：第一，用哭鼻子得来的东西不光彩。第二，你哭了，妈妈、逸逸会难过，你让关心你的人伤心，这样是不是不太好？""哦……"他若有所思。"这样吧，这个哭的方法，我们尽量不用，"我摸着他的头和他商量，"和别人交流有很多方法，我相信你能找到比哭更好的方法！"然后，我和他一起探讨"如何让别人答应自己的请求"的好方法，让他发现：除了哭之外，还可以采用交朋友、交换、替别人做事、礼貌地请求等方法达到自己的目的。[①]

　　幼儿园是幼儿生活的重要环境，教师要给幼儿提供一个温馨和谐的环境。在幼儿园一日生活中，教师要用启发、引导或鼓励的方式与幼儿交往，尊重幼儿在发展水平、能力、经验、学习方式等方面的差异，为幼儿的健康成长创造良好条件。《幼儿园教育指导纲要（试行）》提出，"在共同的生活和活动中，以多种方式引导幼儿认识、体验并理解基本的社会行为规则，学习自律和尊重他人"。案例中教师的行为是对《幼儿园教育指导纲要（试行）》所倡导的学前教育内容与方法的充分体现。

第一节　《幼儿园教育指导纲要（试行）》概述

　　为贯彻《中华人民共和国教育法》《幼儿园管理条例》《幼儿园工作规程》，指导幼儿园深入实施素质教育，2001年7月，教育部颁布《幼儿园教育指导纲要（试行）》，这标志着我国学前教育改革迈入了一个新阶段。《纲要》与其他有关学前教育的行政法规一起，构成一个受共同原则指导的、具有内在协调一致性的、层次不同的学前教育法规体系，共同推动我国学前教育的科学化、法治化进程，促进学前教育朝着更加健康、正确的方向前进。

[①] 尹坚勤，管旅华.《幼儿园教师专业标准（试行）》案例式解读[M].上海：华东师范大学出版社，2013：35-36.

一、《幼儿园教育指导纲要（试行）》颁布的背景及意义

（一）颁布的背景

1. 学前教育质量在持续提升的同时面临挑战

改革开放以来，我国学前教育一直在不断探索与革新，在社会发展的不同阶段分别提出了不同的教育方针，学前教育事业迅速发展。但在发展的同时，在一些短视的、急功近利的观念误导下，学前教育仍存在一些不容乐观的问题。如幼儿园教育"小学化"现象，重知识灌输、技能训练，轻主体意识、学习兴趣，忽视自我学习能力及积极的情感体验等，这些问题说明我国学前教育质量在持续提升的过程中仍面临挑战。

2. 终身教育思想的影响

进入 21 世纪，基础教育把每个学生潜能的开发、健康个性的发展、为适应未来社会发展变化所必需的自我教育、终身学习的愿望和能力的初步形成作为最重要的任务。联合国教科文组织提出深刻而富有远见的终身教育、终身学习的观点，从根本上影响了我国的教育价值取向。深化了我国对学前教育的认识，使我们立足于更前沿、更广阔的视野审视学前教育；运用更全面的、深远的、人文的方式考量学前教育；使我们更冷静地思考，作为基础教育重要组成部分的学前教育的使命应当是什么，幼儿发展的真正含义是什么，什么样的学前教育才是真正有质量的学前教育。

（二）意义

《纲要》是在我国几十年学前教育改革探索的基础上总结的理论和经验，是指导广大幼儿园教师将相关政策的教育思想和观念转化为教育行为的指导性文件。它揭示了学前教育应有的核心价值追求，倡导尊重幼儿、保障幼儿权利、促进幼儿全面和谐发展的儿童观。《纲要》的推出不仅是我国学前教育界的一件大事，也是我国学前教育改革的一个重要标志。鉴于《纲要》在今后相当长的一段时间内仍将指导我国学前教育的发展方向，继续贯彻落实《纲要》成为我国学前教育工作者的一项重要任务。为了更好地完成这一任务，有必要深入了解《纲要》。

二、《幼儿园教育指导纲要（试行）》的基本指导思想

《纲要》的基本指导思想集中地反映在总则中，贯穿在《纲要》的各部分内容中，主要包括以下方面：

（一）可持续发展的教育观

现代社会与现代政治、经济和文化的发展，终身教育和学习型社会的到来，使基础教育的价值取向发生重大变化。教育应该为每个受教育者奠定生存的基础、做

人的基础、做事的基础和终身学习的基础。换言之，就是为受教育者奠定一生持续发展的基础。因此，《纲要》的组织、实施和评价都一致地将可持续发展放在核心位置，强调教育活动要"既符合幼儿的现实需要，又要利于其长远发展"，强调通过"引发、支持幼儿与周围环境之间积极的相互作用"来学习知识、技能，明显着眼于幼儿终身持续发展所需要的最基本的素质。融入可持续发展观念的学前教育追求幼儿健康的、真实的、全面的、可持续的发展，要求"幼儿园教育要与0—3岁儿童的保育教育以及小学教育相互衔接"，真正地转变为人生学习的初始阶段。

（二）以人为本的教育原则

《纲要》的实施、评价等环节明确指出"要为每一个儿童，包括有特殊需要的儿童提供积极的支持和帮助"，突出了教育面向全体儿童的原则，"幼儿园的教育是为所有在园幼儿的健康成长服务的"，并明确指出"尊重幼儿在发展水平、能力、经验、学习方式等方面的个体差异，因人施教，努力使每一个幼儿都能获得满足和成功"，"承认和关注幼儿的个体差异，避免用划一的标准评价不同的幼儿"。儿童发展是一个多方面、多层次的动态过程，学前教育要全面促进幼儿发展，就必须考虑幼儿先天遗传素质或个人潜能所导致的发展差异性。另外，在注重德智体美劳全面发展教育的同时，也应因人而异地实施有所侧重的教育，力求在均衡中突出重点，在全面发展教育的基础上实现个性化的因材施教。由此，《纲要》完全符合"以人为本"的教育原则。

在关注幼儿的同时，《纲要》也表现出对教师、对家长、对教育中所有主体的尊重和关注。《纲要》指出，"教育活动的组织与实施过程是教师创造性地开展工作的过程"，"幼儿同伴群体及幼儿园教师集体是宝贵的教育资源"，"管理人员、教师、幼儿及其家长均是幼儿园教育评价工作的参与者"。《纲要》将教师的角色定位为"幼儿学习活动的支持者、合作者、引导者"，倡导"形成合作探究式的师生互动"关系。《纲要》强调教师的权利，强调教师在教育中的创造性和主动性，强调教师与幼儿的共同成长。要把教育过程构建为幼儿和教师共同发展的过程；构建为让教师能在幼儿发展过程中，同步提高自己的专业水准，铸造自己美好职业生涯的过程；构建为幼儿、家长和教师等都能得到尊重并实现自身权利的过程。

议一议

在幼儿园，"以人为本"即以幼儿为中心，请谈一谈你的看法。

（三）学科融合与生态教育

"各领域的内容要有机联系，相互渗透，注重综合性、趣味性、活动性，寓教育于生活、游戏之中"，这是《纲要》的实施原则，意在推进综合的、统整的学习，力图营造一个与幼儿生活本身一致的高度综合的课程形态，这一意图不仅与我国基础教育改革的步调一致，也符合现代教育发展的趋势——学科融合。

同时，《纲要》强调教育评价要"在日常活动与教育教学过程中采用自然的方法进行"，"评价的目的是了解幼儿的发展需要，以便提供更加适宜的帮助和指导"，都体现出"生态教育"理论在教育的"文化生态""学科生态""评价生态"等方面的基本思想。《纲要》还特别强调环境教育，强调环境在促进幼儿发展过程中的重要作用。大力提倡环境教育是非常有现实针对性和长远发展意义的。学前教育要求保证幼儿游戏以及自由和自发活动的时间，不仅要关注那些具有目的性的知识和技能，更重要的是要促进幼儿的身心发展，为其提供优质的物质环境与精神环境，推动幼儿素质教育。

（四）全方位动态评估

教育评价是我国学前教育实践中较薄弱的一个环节，当前教育部门已深刻认识到教育评价是幼儿园教育工作的重要组成部分，是了解教育的适宜性、有效性，调整和改进工作，促进每一个幼儿发展，提高教育质量的必要手段。《纲要》吸收了当代教育评估研究方面的新成果，以一种全新的、全方位动态评估理念来指导幼儿园的教育评价，如"管理人员、教师、幼儿及其家长均是幼儿园教育评价工作的参与者"，"评价过程是各方共同参与、相互支持与合作的过程"，"评价的过程，是教师运用专业知识审视教育实践，发现、分析、研究、解决问题的过程，也是其自我成长的重要途径"，"幼儿园教育工作评价实行以教师自评为主，园长以及有关管理人员、其他教师和家长等参与评价的制度"，"评价应自然地伴随着整个教育过程进行。综合采用观察、谈话、作品分析法等多种方法"。《纲要》所提倡的过程性、动态性评价思想与当今世界教育评估发展潮流是一致的，对我国学前教育改革有深远影响。

第二节　《幼儿园教育指导纲要（试行）》的主要内容

从结构来看，《纲要》由总则、教育内容与要求、组织与实施、教育评价四个部分组成。

一、总则

总则是第一部分，其精神贯穿全文。总则共有五条。第一条说明制定《纲要》的依据、原因和目的。从中可以看出，《纲要》是为了更好地贯彻落实《中

☞链接：《幼儿园教育指导纲要（试行）》

华人民共和国教育法》《幼儿园管理条例》和《幼儿园工作规程》（1996年版）等一系列教育法律法规而制定的，也可以说这一系列教育法律法规是《纲要》制定的直接依据。因此，《纲要》是《幼儿园工作规程》（1996年版）的下位文件，《幼儿园工作规程》（1996年版）涉及的面更广且比较宏观，《纲要》则只将其第四章"幼儿园的教育"的内容展开并具体化，以在《幼儿园工作规程》（1996年版）与教育实践层面之间搭起过渡的桥梁。

第二条说明了我国幼儿园教育的性质和根本任务：幼儿园教育是"基础教育的重要组成部分，是我国学校教育和终身教育的奠基阶段"，其根本任务则是"为幼儿一生的发展打好基础"。

第三条规定了我国幼儿园教育的外部原则，即幼儿园必须适应社会的变化，与家庭、社区等密切合作，与小学相互衔接，共享资源，办更加开放的、社会化的学前教育，以推动教育社会化和社会教育化的进程。

第四条指出了幼儿园教育自身的特点，强调了幼儿园通过创设健康、丰富的生活环境和活动环境来帮助幼儿学习，使幼儿在快乐的童年生活中获得有益于身心发展的经验，让他们在生活中发展，在发展中生活。

第五条规定了幼儿园教育的内部原则，即幼儿园教育过程中必须遵循的基本规则，如尊重幼儿的人格和权利，尊重幼儿身心发展的规律和学习特点，以游戏为基本活动，保教并重，关注个别差异等，并提出了"促进每个幼儿富有个性的发展"的要求。

二、教育内容与要求

《纲要》的第二部分是"教育内容与要求"，这部分将幼儿学习的内容划分为健康、语言、社会、科学和艺术等五个领域，并同时强调了"各领域的内容相互渗透，从不同的角度促进幼儿情感、态度、能力、知识、技能等方面的发展"。每一个领域的阐述均包括"目标""内容与要求""指导要点"三部分。"目标"部分主要表明该领域重点追求什么，它主要的价值取向所在。"内容与要求"部分则重在说明为实现教育目标，教师应该做什么、该怎样做，并将该领域教育的内容自然地融入其中。"指导要点"主要点明该领域教和学的特点，以及该领域应特别注意的具有普遍性的问题。

（一）健康

1. 目标

促进幼儿身心健康发展既是学前教育的根本目的，也是幼儿园健康教育的终极目标，《纲要》在健康领域提出了以下目标：

（1）身体健康，在集体生活中情绪安定、愉快；

（2）生活、卫生习惯良好，有基本的生活自理能力；

（3）知道必要的安全保健常识，学习保护自己；

（4）喜欢参加体育活动，动作协调、灵活。

这表明幼儿园健康教育的终极目标指向的是身心健康并有良好的社会心态、有适度的交际愿望和交际能力、具有健康的发展现状与发展趋向的个体。上述目标有如下价值取向：

第一，身心和谐。幼儿健康应包括身体健康和心理健康两个方面，幼儿的身体健康以发育健全、具备基本的生活自理能力为主要特征；幼儿的心理健康以情绪愉快、适应集体生活为主要特征。由于幼儿的身体健康与心理健康是密不可分的两个方面，因此有的目标，如"生活、卫生习惯良好"，既包含日常生活中的盥洗、排泄等生理意义的卫生习惯，也包含没有吮吸手指等心理意义的问题行为，只有身心和谐发展才能真正既保证身体的健康又保证心理的健康。

第二，保护与锻炼并重。目标既重视掌握必要的保健知识提高保护自身的能力，又强调通过体育活动提高身体素质。其中了解必要的安全保健知识并提高相应能力是保健教育的主要目标，培养幼儿对体育活动的兴趣、增强动作的协调性和灵活性是体育锻炼的主要目标。

第三，注重健康行为的形成。对于健康心理学家以及健康教育工作者而言，最大的挑战莫过于如何鼓励和说服人们养成对健康有益的行为习惯。虽然提高幼儿的健康认识、改善幼儿的健康态度和培养幼儿的健康行为都是幼儿园健康教育的目标，但幼儿健康行为的养成被视为幼儿园健康教育的核心目标，对幼儿健康行为建立、改变和巩固的一般规律的探讨是幼儿园健康教育研究的重点。

2. 内容与要求

在内容与要求方面，《纲要》指出："密切结合幼儿的生活进行安全、营养和保健教育，提高幼儿的自我保护意识和能力。"为此，教育活动的组织形式应根据需要合理安排，因时、因地、因内容、因材料灵活地运用。幼儿园健康教育应与日常生活中的健康教育相结合，集体教育、小组活动与个别交谈相结合。

《纲要》还指出："与家长配合，根据幼儿的需要建立科学的生活常规。培养幼儿良好的饮食、睡眠、盥洗、排泄等生活习惯和生活自理能力。"就幼儿园健康教育而言，取得家庭、社区的积极配合非常重要，否则来自任何一方的消极影响都将抵消幼儿园健康教育的积极作用。健康领域的活动要充分尊重幼儿生长发育的规律，要根据幼儿的特点组织生动有趣、形式多样的体育活动，吸引幼儿主动参与。有效的教育方法与受教育者的年龄特点、心理特点以及教育内容密切相关。幼儿园健康教育的方法一般有观摩、共同讨论、自我学习、动作技能练习、感知体验等。幼儿园健康教育过程中应注意方法的针对性、多样性和趣味性。在幼儿园健康教育中，动作技能的练习与来自生活的感知体验是最基本的方法。

3. 指导要点

在指导要点中，特别强调"幼儿园必须把保护幼儿的生命和促进幼儿的健康放在工作的首位"，这是由幼儿身心发展的特点所决定的。尽管保护生命对任何个体都具有重要意义，但对于幼儿而言尤为必要。幼儿的生长发育十分迅速但远未完善，幼儿的可塑性很强但知识经验匮乏，幼儿的活动欲望强烈但自我保护意识薄弱，幼儿的心灵稚嫩纯洁且特别容易受到伤害。生命的健康是从事其他一切活动的必要前提，因此，保护幼儿的生命理所当然地成为幼儿园的首要任务。

同时，《纲要》在指导要点中明确要求"树立正确的健康观念，在重视幼儿身体健康的同时，要高度重视幼儿的心理健康"。这是开展幼儿园健康教育、促进幼儿健康的前提。因此，在实施幼儿园健康教育的过程中，既要防止单纯重视幼儿的身体健康，也要防止片面强调幼儿的心理健康。

（二）语言

语言是思维的工具，儿童逐渐学会使用语言来表达自己的需要和情感，用语言来调节自己的动作和行为，用语言来认识整个世界。正因为语言所具有的特殊性和重要性，《纲要》特别强调幼儿语言能力的培养。

1. 目标

《纲要》对语言领域提出了以下目标：

（1）乐意与人交谈，讲话礼貌；

（2）注意倾听对方讲话，能理解日常用语；

（3）能清楚地说出自己想说的事；

（4）喜欢听故事、看图书；

（5）能听懂和会说普通话。

2. 内容与要求

《纲要》明确要求"创造一个自由、宽松的语言交往环境，支持、鼓励、吸引幼儿与教师、同伴或其他人交谈，体验语言交流的乐趣"。幼儿园语言教育的首要任务是帮助幼儿成为积极的语言运用者，在交往中逐渐学习理解和表达不同的意图。鉴于此，教师应特别注意保护幼儿运用语言交往的主动性和积极性，鼓励幼儿大胆、清楚地表达自己的想法和感觉。教师应引导幼儿接触优秀的儿童文学作品，培养幼儿对生活中常见的简单标记和文字符号的兴趣，培养幼儿的前阅读和前书写技能，帮助幼儿逐渐提高语言能力。

3. 指导要点

《纲要》提出："语言能力是在运用的过程中发展起来的，发展幼儿语言的关键是创设一个能使他们想说、敢说、喜欢说、有机会说并能得到积极应答的环境。幼儿语言的发展与其情感、经验、思维、社会交往能力等其他方面的发展密切相关，因此，发展幼儿语言的重要途径是通过互相渗透的各领域的教育，在丰富多彩的活动中去扩展幼儿的经验，提供促进语言发展的条件。"这种提法表明《纲要》非常重视交往活动和语言环境对幼儿语言发展的影响。

综上，在幼儿园中，教师要为幼儿创造支持性的语言教育环境，与幼儿平等交流，让幼儿通过倾听来理解语言，积极地发展语言运用能力。

（三）社会

1. 目标

《纲要》对社会领域提出了以下目标：

（1）能主动地参与各项活动，有自信心；

（2）乐意与人交往，学习互助、合作和分享，有同情心；

（3）理解并遵守日常生活中基本的社会行为规则；

（4）能努力做好力所能及的事，不怕困难，有初步的责任感；

（5）爱父母长辈、老师和同伴，爱集体、爱家乡、爱祖国。

2. 内容与要求

在社会领域的内容与要求部分，《纲要》特别强调正面教育和对幼儿生活教育的重视。

（1）正面教育

正面教育的核心是在尊重的前提下对幼儿提要求，在肯定的前提下对幼儿的行为作出补充和修正，在维护幼儿的自主性和完整性的前提下渗透课程的要求。具体来讲有以下几个方面：

第一，以积极的方式对幼儿提出要求，直接告诉幼儿做什么和怎样做，而不是告诉他不要做什么。

第二，创设良好的、积极的环境。从社会性（个性）发展的角度来说，一个良好的、积极的环境能够诱发、维持、巩固和强化积极的社会行为。在良好积极的环境中，教师的言行举止可以作为幼儿的榜样，在有意无意中引起幼儿的模仿和日积月累的强化巩固。在良好积极的环境中，教师不仅可以直接影响幼儿的行为，其创设的教育条件、机会也能影响幼儿活动的方式，从而通过影响幼儿的活动方式间接地影响幼儿的社会性行为，并促进幼儿社会性发展。

第三，行动和言语相互强化。在对幼儿提要求时，如收拾玩具、整理活动室等，教师需要在言语说明的同时配合相应的行动。这种配合里面暗含一种深层观念：教师所提出的要求，不仅仅是针对幼儿，也是针对自己，教师要将自己放在和幼儿平等的位置。

（2）生活教育

《纲要》在社会领域的内容与要求中也渗透着生活教育的理念，即社会教育是在日常生活中，借助日常生活，并且为了日常生活而进行的。教育既然要依托生活来进行，就必须要求教师在大量的生活细节中，在不改变生活原有特质的前提下，将与某种生活内容或生活方式相对应的社会教育的目标结合进去。从另一个角度来说，这也是挖掘日常生活中不同活动内容和方式的教育价值。

议一议

根据《纲要》的内容和活动设计的相关知识评析案例9-1中的活动方案。

▶【案例9-1】

大班社会教育活动：我是长沙小导游

一、活动目标

1. 知道长沙是个美丽的地方，萌发爱长沙的情感。

2. 了解长沙特有的景点，能在教师和朋友面前大胆连贯地介绍长沙的景点。

3. 丰富对"导游"这一职业的认识，学做小导游。

二、活动准备

1. 物质准备

演讲台、多媒体课件、4张导游证、4面不同颜色的导游旗。

2. 环境创设

在活动室的4个区域中分别展出岳麓山、烈士公园、海底世界、动物园的图片和场景。

3. 经验准备

家长为幼儿准备一张长沙风景图片，幼儿熟悉图片上的风景。

三、活动过程

1. 教师播放教学课件"美丽的长沙"，介绍家乡长沙

（1）教师："小朋友，我们居住的城市叫什么名字？"（请幼儿回答。）

"我们居住的城市是长沙，'五一'假期快到了，好多人想来长沙旅游，你们知道长沙有哪些好玩好看的地方吗？"（请幼儿回答。）

（2）教师："我这里也有一些长沙的图片，老师给你们当导游，我们一起来游长沙。"师幼共同观看教学课件"美丽的长沙"。（教师在一旁根据图片进行解说。）

教师："谁愿意说一说看了这些图片之后有什么样的感受。"

总结：小朋友们刚才说了很多好玩好看的地方，我们也看了很多的图片，长沙确实是一个很美丽的城市。

2. 幼儿介绍自己去过的景点

（1）"昨天我请每个小朋友都带一张长沙的风景图片，你们带来了吗？请拿着图片和同伴说一说你带的图片是长沙哪个地方。"教师巡回指导。

（2）讨论结束。"谁愿意给大家介绍一下自己带来的风景图片？像老师刚才那样介绍。"

（3）现在请你们把图片轻轻地放在小凳子下面。除了刚才几位小朋友说的，你还去过长沙的哪些地方？请你和旁边的小朋友说一说。讨论结束并请幼儿回答。

（4）教师："好孩子旅行社的经理要在我们班选一些小导游，带领外地小朋友参观长沙，你们觉得谁最适合当小导游？"

3. 幼儿扮演导游进行游戏

（1）全体幼儿自由投票选择。教师颁发导游证和导游旗。"其他小朋友扮演游客，请你们各拿一面小旗子。"

（2）小导游集合自己的旅游团成员。"我们今天参观四个景点：岳麓山、烈士公园、海底世界、动物园，请小导游带领自己的游客开始参观。"

（3）小导游向游客介绍今天要参观的景点，四个旅游团在小导游的带领下参观景点。活动自然结束。

3. 指导要点

在《纲要》指导要点中，第一条"社会领域的教育具有潜移默化的特点。幼儿社会态度和社会情感的培养尤应渗透在多种活动和一日生活的各个环节之中，要创设一个能使幼儿感受到接纳、关爱和支持的良好环境，避免单一呆板的言语说教"所对应的规则是他律规则，所采用的方法是"熏染"，其中幼儿的主要任务是适应环境、内化规则；第二条"幼儿与成人、同伴之间的共同生活、交往、探索、游戏等，是其社会学习的重要途径。应为幼儿提供人际间相互交往和共同活动的机会和条件，并加以指导"所对应的规则，所采用的方法是共同生活中的交往活动和实践活动，其中幼儿的主要任务是在满足自己需要和目的的过程中发展个性和社会性。

（四）科学

1. 目标

《纲要》对科学领域提出了以下目标：

（1）对周围的事物、现象感兴趣，有好奇心和求知欲；

（2）能运用各种感官，动手动脑，探究问题；

（3）能用适当的方式表达、交流探索的过程和结果；

（4）能从生活和游戏中感受事物的数量关系并体验到数学的重要和有趣；

（5）爱护动植物，关心周围环境，亲近大自然，珍惜自然资源，有初步的环保意识。

科学领域目标表明：科学教育的价值取向不再注重静态知识的传递，而是注重儿童积极的情感态度、解决问题能力的培养以及儿童与他人、环境积极交流与和谐相处的过程。

2. 内容与要求

科学领域的内容与要求是将科学领域的教育内容与教育环境、教师的任务、儿童的活动、儿童的发展融合在一起。科学领域的知识明显地具有"情境化、过程化、活动化、经验化"的特点，体现了从注重静态知识到注重动态知识，从注重表征性知识到注重行动性知识，从注重"掌握"知识到注重"构建"知识的重大变革。

这一部分突出强调：

（1）科学教育的内容应从身边取材。教师应引导幼儿关注周围生活和环境中常见的事物，发现其中的乐趣和奇妙之处，激发他们的探究热情，使他们从小就善于观察和发现。从生活或媒体中幼儿熟悉的科技成果入手，引导幼儿感受科学技术对生活的影响，培养他们对科学的兴趣和对科学家的崇敬，以此让儿童感受技术、崇尚科学。从身边的小事入手，培养初步的环保意识和行为。

（2）形成安全的探究氛围。"为幼儿的探究活动创造宽松的环境，让每个幼儿都有机会参与尝试，支持、鼓励他们大胆提出问题，发表不同意见，学会尊重别人的观点和经验"。创设安全的探究氛围是幼儿主动学习和探究的基本前提和条件。教师要给幼儿尝试的权利，接纳幼儿不同的意见和探究方式，并给予幼儿激励性的评价。

3. 指导要点

《纲要》中科学领域的指导要点，主要强调以下方面：

（1）幼儿的科学教育是科学启蒙教育，重在激发幼儿的认识兴趣和探究欲望。

（2）要尽量创造条件让幼儿实际参加探究活动，使他们感受科学探究的过程和方法，体验发现的乐趣。

（3）科学教育应密切联系幼儿的实际生活进行，利用身边的事物与现象作为科学探索的对象。

教师要尽量创造条件让幼儿亲身经历真实的研究过程，要让幼儿真正地"做科学"，教师要引导幼儿在做的过程中感受科学探究的过程和方法。

（五）艺术

1. 目标

《纲要》对艺术领域提出了以下目标：

（1）能初步感受并喜爱环境、生活和艺术中的美；

（2）喜欢参加艺术活动，并能大胆地表现自己的情感和体验；

（3）能用自己喜欢的方式进行艺术表现活动。

幼儿很容易对艺术活动表现出自发的热情和兴趣，但是这种自发的兴趣多属于浅层兴趣，艺术教育激发兴趣的目的是把幼儿原有的兴致导向内化，将表面的热情转化为主动从事艺术活动的推动力，使之成为积极主动的参加者。

2. 内容与要求

艺术领域的内容与要求多次提道：激发情趣，体验审美愉悦和创造的快乐，体现自我表现和创造的成就感。强调艺术是情感启迪、交流、表达的良好手段，是对幼儿进行情感教育的最佳工具。教师应通过艺术活动激发情趣、激活兴趣，通过艺术活动体验审美愉悦，使艺术活动赋予幼儿满足感和成就感。艺术活动是幼儿自我表达的重要方式。《纲要》指出艺术是幼儿"表达自己的认识和情感的重要方式"，要使幼儿"大胆地表达自己的情感、理解和想象"，并指出这种艺术表达是自由表达、创造性表达等。

3. 指导要点

艺术领域的指导要点强调"应充分发挥艺术的情感教育功能"，"要避免仅仅重视表现技能或艺术活动的结果"，"应支持幼儿富有个性和创造性的表达"。这要求教师给幼儿提供宽松、和谐的精神氛围和自主表现的空间；尊重个别差异，接纳不同水平的幼儿，不要横向比较。教师应根据幼儿的困难和需要"审时度势"地为他们提供必要的帮助和适宜的引导。

幼儿艺术活动应以幼儿为本，强调主动性，改变幼儿被迫进行艺术活动的被动局面；强调幼儿艺术教育对幼儿发展的促进作用；关注活动的过程为幼儿发展创新能力和建构能力打下良好基础。

三、组织与实施

《纲要》第三部分是组织与实施。其十一个条目贯穿着尊重幼儿的权利，尊重教师的创造，尊重幼儿在学习特点、发展水平、个性特征等方面的差异，尊重幼儿身心发展的客观规律，尊重教育、教学的客观规律等理念与观点，突出了幼儿园教育组织实施中的教育性、互动性、开放性、针对性、灵活性等原则。以下主要总结这一部分对幼儿园教师的要求。

（一）全面、科学地了解幼儿

教师应具有全面、科学的幼儿发展的知识并全面、科学地了解幼儿发展的能力，积极、适宜地把握幼儿发展进程及其特点，这是一个教师支持和引导幼儿身心和谐发展的首要前提。

全面、科学地了解幼儿主要包括：

1. 科学地认识幼儿与幼儿发展

（1）幼儿是独立的、积极主动的个体，有自主活动、独立活动和充分活动的能力和权利。

（2）幼儿是完整的个体，其发展包括身体、认知、情感、社会性、个性等的全面发展。

（3）幼儿是正在发展中的个体，具有充分、巨大的发展潜能。

（4）幼儿在与周围环境、他人的积极主动的相互作用中不断成长、发展。

（5）幼儿的发展具有个体差异，不同的幼儿具有不同的身心发展特点。

2. 把握幼儿的学习和发展规律

幼儿的学习和发展有其自身特点和规律。能否掌握幼儿学习和发展规律，是教师专业知识和能力的重要表现。教师需要了解幼儿发展的主要方面、学习的主要形式及其特点，幼儿的这些方面都是怎么发展的，发展过程的主要规律、阶段和水平，幼儿发展的主要影响因素及其作用；教师应该了解幼儿是如何学习的，幼儿怎样主动建构自身经验，在这个建构过程中外部经验又如何转化为幼儿自己的经验，影响因素主要有哪些，教师应该如何有效地帮助和支持幼儿的学习与发展等。

▶【案例 9-2】

拯救小虫子

音乐活动就要开始了，洋洋却还站在走廊的自然角。他总是这样，对鱼、花总也看不够。我问："洋洋，你怎么还不回来呀？"洋洋大声说："老师，水里有只小虫子。""在哪儿？"对于新发现，孩子们向来不会放过，立刻迫不及待地问了起来，说着就有几个孩子离开了座位。"是进行已经准备好的音乐活动，还是遵从孩子们的兴趣？"我犹豫了。最后我决定让孩子们过去看个究竟。于是，我和孩子们一起来到自然角的玻璃缸处。

见我过来了，洋洋说："它在游泳呢！"旁边的宁宁插话说："它怎么跑到玻璃缸里来了！"帅帅说："它是爬进来的。"蓉蓉说："它不知道这里面有水，是不小心掉进来的。"可可说："它想喝水了。"瞧，孩子们一下子便走进了小虫子的世界，每个人都在依据自己的经验猜测。我微笑着耐心倾听。看了一会儿，洋洋说："我听见它在喊救命了，我们赶紧把它救起来吧？""那我们怎么救呢？"站在一旁的我问道。洋洋说："用夹子把它夹起来。"远远说："用勺子舀出来。"蓉蓉说："用捞金鱼的网勺捞出来。"

　　综合大家的建议，我们用捞金鱼的网勺把小虫子救上来放在桌上。小虫子在桌上爬来爬去，一会儿振动翅膀，飞起又落下，落下又飞起。孩子们静静地看着，我问："它怎么啦？"恺恺说："它还想和我们玩一会儿。"然然说："它的翅膀湿了，所以飞不起来了。"孩子们七嘴八舌地讨论着。忽然，小虫子猛力振动翅膀，一下子飞了起来，飞出了窗外，孩子们见状，兴奋地欢呼起来："小虫子，再见！"[①]

　　案例分析：本案例中，幼儿偶然发现小虫子落水，这是一件小事，教师及时地倾听幼儿的声音，放下原先准备的活动，支持并帮助幼儿顺利地完成"拯救"工作，不仅尊重了幼儿的兴趣、满足了幼儿的好奇心，也支持了幼儿关爱小动物的行为，抓住了关爱生命教育的契机。本案例的教师为孩子营造了良好的心理环境及宽松的氛围，让幼儿放飞自己的思绪，走进小虫子的世界，表达不同的见解。

3. 在教育幼儿的过程中研究幼儿发展

　　教师需要站在幼儿的角度，去理解幼儿最为自然、真实的想法，而不是按照成人世界的标准判断幼儿行为的合理性。教师对幼儿和幼儿发展的认知和理解，既可以来自书本学习，也可以来自工作经验，来自自己与幼儿的生活、交往和教育过程。优秀教师的一条成功经验就是善于在经验中研究、学习，在经验中理解、把握幼儿特点，在大量的日常交往、教育实践中研究幼儿发展与学习规律，并锻炼、提高自己研究、分析、评价幼儿的能力。

　　（二）有效地选择、组织教育内容

　　教育内容是教育的重要中介要素，直接制约着幼儿所受到的影响的性质、内容和发展方向。因此，有效地组织教育内容的能力是教师教育实践能力的重要组成部分。但在教育实践领域，长期以来较普遍地存在着"用教材""教教材"的现象，忽视了决定教育有效性的关键因素——适宜性，包括对象适宜性，即这些教材是否适于本班幼儿发展的需要；地区适宜性，即这些教材是否适于本地区的资源、文化特点。这不仅使教育失去了针对性，在相当程度上还严重制约了学前教育质量提升和幼儿发展的质量，并且直接限制和妨碍了教师根据本班幼儿发展特点和地方特色，灵活、创造性地选择、组织教育内容等能力的提高。因此，为

---

① 尹坚勤，管旅华.《幼儿园教师专业标准（试行）》案例式解读 [M].上海：华东师范大学出版社，2013：102—103.

对幼儿实施更有效的素质教育，教师要有意识地锻炼、提高组织教育内容的能力，主要做法如下：

首先，要强化目标意识，确立"幼儿发展目标"为本的意识并落实到实践，明确幼儿发展各方面目标及其相互关系，并以此为指导，全面分析本班幼儿认知、行为、情感等各方面发展状况、特点、问题与需求。

其次，要明确教育内容不等于"教材"，它不是固定不变的，而是动态变化的，具有明显的针对性与适宜性。因此，教育内容需要教师根据教育目标，结合本班幼儿的发展需要来确定。

再次，教育内容要紧密贴合幼儿发展规律和生活经验，并有利于幼儿长远发展。幼儿的发展特点、需求与日常生活经验应成为学前教育内容的首要资源。此外，教育内容的选择还应具有一定的挑战性，以最大限度地适应和满足幼儿成长的需要，并帮助幼儿拓展经验及视野。

最后，社会、文化、自然和人文资源等也是教育内容宝贵而丰富的来源。教师应充分了解当地的社会、文化、自然和人文资源等，并结合幼儿成长需要与认知、学习规律，精心选择和组织幼儿既感兴趣又对幼儿发展有意义和价值的内容。有机地整合各领域和适于幼儿各方面发展的教育内容，使之构成一个有机联系、相互渗透、综合作用、优质高效的课程内容系统，从不同方面共同促进幼儿的全面发展。

议一议

在选择教育内容时，应该优先考虑知识的系统性还是幼儿的兴趣？

（三）创设发展支持性环境

环境是重要的教育资源，幼儿在与环境的相互作用中成长、变化。所以，教师不仅应对幼儿的环境予以足够的关注与重视，也应该具有创设发展支持性环境的能力，以有效地促进幼儿的发展。这是教师教育实践能力极其重要的组成部分。

创设发展支持性环境的能力内涵非常丰富，主要包括以下几个方面：

第一，为幼儿创设健康、丰富的生活和活动环境，可以使幼儿获得有益于身心各方面健康发展的丰富经验。为幼儿创设充满关爱、温暖、尊重和支持的精神环境，可以使幼儿获得充分的安全感、被尊重感和受接纳感，有利于幼儿情感、态度、行为和个性等的充分发展。

第二，有效组织适合幼儿的多种形式的教育活动。教师创建教育环境可通过组织形式多样的教育活动来实现。为使活动真正支持幼儿学习与发展，教师要注意：（1）活动材料、区域布置，引导方式都要支持幼儿自主活动、主动探索、操作和充分体验；（2）创设多样的"问题情境"和提出"开放性问题"，以激发幼儿思考与探究的欲望，调动与激励幼儿参与和不断学习的兴趣与积极性，在与环境、情境、问题积极、主动的相互作用中主动、有效地学习。

第三，促进幼儿之间积极的互动与交往。同伴交往是幼儿重要的学习途径。幼儿在同伴群体中互相观察、模仿、讨论、协商，学习各种社交技能、优化社会行为，形成适宜的情感、态度，提升问题解决能力。因此，促进同伴交往，在幼儿中建立一种积极、良好的互动关系，从而形成一种有利于幼儿学习和发展的合作性学习氛围，是教师环境创设能力和教育实践能力的重要组成部分。

第四，教师自身要成为幼儿学习和活动的支持者、合作者和引导者。教师要以关怀、尊重、接纳的态度与每一个幼儿交往，关心和热爱每一个幼儿；教师要关注幼儿在活动中的表现和反应，倾听他们的想法和感受，敏感地察觉他们的问题、困难与需要，并及时给以适宜的支持和引导。

▶【案例 9-3】

孩子们的"畅游日"

上个学期，我们就开始思考，怎么能让孩子们在幼儿园里玩得"更开心"？对于孩子们来说，更开心的状态就是更自由，更放松，更能遵从自己的意愿。这个目标看似容易实现，实则不易。首先，教师要给孩子们营造轻松愉悦的精神氛围，让孩子们感觉在幼儿园和在家中一样放松，只有这样，他们才会敢想、敢说、敢做、敢玩；其次，幼儿园得有勇气将那些看似更有价值的课程舍弃一部分，并充分认识到，游戏对儿童的发展更有意义；再次，幼儿园要放下那些和幼儿安全相关的担忧；最后，要有较多的时间让孩子们游戏。

为实现这个目标，在本学期，我们选择在每周五这天不给孩子们安排那些成人看来很有价值的学习内容，而是给他们更自由的游戏空间。我们希望，在这一天，孩子们想玩什么就玩什么，想怎么玩就怎么玩！所以，我们把孩子们可以畅快地自由玩耍的日子起名为"畅游日"。

在第一个"畅游日"后，孩子们很开心，他们说：

我喜欢畅游日，可以带自己的玩具跟小朋友分享。

我很喜欢畅游日，因为可以认识很多新朋友。

我喜欢今天和小朋友一起分享玩具。

我喜欢想玩什么就玩什么的感觉。

我太喜欢了，真希望每天都是畅游日！ ①

---

① 胡华. 从生活到生活化课程：一位幼儿园园长的教育叙事：上 [M] 北京：中国轻工业出版社，2021：73.

案例分析:本案例中的幼儿园在尊重幼儿发展诉求的基础上,设立了"畅游日",满足了幼儿大胆探索与表达的需求,尊重了幼儿的主体地位。正如《纲要》指出的:教师要"以关怀、接纳、尊重的态度与幼儿交往。耐心倾听,努力理解幼儿的想法与感受,支持、鼓励他们大胆探索与表达"。

第五,积极与家长沟通,使家长对幼儿园活动有充分的了解,理解、支持、配合幼儿园各种形式的活动。这样做有利于深入挖掘家长的教育潜能,形成家园共建的教育合力,为幼儿多方面的发展寻找机会和途径。

▶【案例9-4】

幼儿园的"家长学校"

几年来,我们一直致力于建立一套行之有效的家长学习方案。"家长学校"是我们试行比较成功的一种重要的家长学习形式。如何使家长的学习更高效、更有时效性,我们花了几年的时间进行探索。

去年,我们提出了家长学校小型化、专业化、更有针对性、解决实际问题等目标,希望教师的专业化成长中更多地涵盖家长指导水平。我们要求主班教师发现班级教育中的一些普遍问题,并有效地组织家长,帮助他们解决教育中的问题。一个学期过去了,我们在实践基础上讨论形成了一个我园"家长学校"的学习大纲。

中华女子学院附属实验幼儿园不同年龄班
"家长学校"的学习大纲(试行稿)

婴班

1. 幼儿园基本情况介绍及家园合作关系的框架介绍。

2. 缓解幼儿入园焦虑的家庭对策。

3. 幼儿的健康教育(科学饮食、营养搭配、儿童着装、运动能力、睡眠时间、卫生习惯与心理健康)。

4. 隔代教育的利弊与家庭中合作关系的建立。

小班

1. 幼儿不良情绪的自我控制和疏导。

2. 同伴交往的意义与主要表现形式。

3. 提高同伴交往水平的技术与策略。

4. 对幼儿冲突的认识及应对策略。

中班

1. 幼儿安全意识及自我保护能力的培养。

2. 每个孩子都是"天才"!寻找孩子的优势智能——家庭中的"多

元智能教育"。

　　3. "多元智能教育"的家庭策略。

　　4. 保持一颗"平常心"——教孩子学会合作与合理竞争。

大班

　　1. 帮助孩子正确地评价自己。

　　2. 幼小衔接的心理准备。

　　3. 幼小衔接教育中家长的作用。

　　4. 如何选择适合孩子学习的学校。[①]

　　案例分析:《纲要》指出:"家庭是幼儿园重要的合作伙伴。应本着尊重、平等、合作的原则,争取家长的理解、支持和主动参与,并积极支持、帮助家长提高教育能力。"案例中的幼儿园建立了"家长学校",并制定了学习大纲,开展适宜家长参与的活动,切实提升家长的教育能力。

议一议

农村幼儿园如何利用本地教育资源创设适宜幼儿发展的环境?

四、教育评价

　　《纲要》的第四部分是关于幼儿园教育工作的评价。《纲要》将幼儿园教育评价的功能界定为:"教育评价是幼儿园教育工作的重要组成部分,是了解教育的适宜性、有效性,调整和改进工作,促进每一个幼儿发展,提高教育质量的必要手段。"《纲要》还指出:"评价的过程,是教师运用专业知识审视教育实践,发现、分析、研究、解决问题的过程,也是其自我成长的重要途径。"同时,《纲要》提出了评价的发展性、合作性、标准的多元性以及多角度、多主体、多方法、重视过程、重视差异、重视质性研究等原则。明确规定了评价的目的是幼儿的发展、教师的反思性成长和提高教育质量。这就是说,教育评价绝非用于筛选,更不是用于给幼儿贴标签,伤害他们的自尊和自信,给他们的成长蒙上阴影。《纲要》在这一基点上明确指出评价教育工作和评价幼儿发展状况的具体原则和注意事项。

　　如今,随着新的评价观逐步地建立,整个教育评价体系及方法的变革已体现出如下变化:评价过程由静态评价变为动态评价,关注幼儿的学习变化与成长历程;评价情境由人为的变为真实的,强调在真实情境中对幼儿进行评价;评价内容与方

---

① 胡华. 从生活到生活化课程: 一位幼儿园园长的教育叙事: 上 [M]. 北京: 中国轻工业出版社, 2021: 33—34.

式由单一变多元；由评价者作为单一评价主体到有关人员都是评价的参与者。

【理解·反思·探究】

1.《纲要》的基本指导思想有哪些？

2.《纲要》各领域的教育内容与要求有哪些？

3. 在《纲要》组织与实施过程中，对幼儿园教师有哪些要求？

4.《纲要》的教育评价体系体现了哪些方面的变化？

【拓展阅读导航】

● 相关政策法律

1.《中华人民共和国教育法》

2.《幼儿园教育指导纲要（试行）》

● 相关文献

1. 教育部基础教育司.《幼儿园教育指导纲要（试行）》解读［M］.南京：江苏教育出版社，2002.

该书是在总结了我国学前教育改革的经验，并充分吸纳世界范围内早期教育优秀思想与研究成果的基础上编写的，对幼儿园教育提出了一些新颖的看法与观点。

2. 琼斯，瑞诺兹.小游戏大学问：教师在幼儿游戏中的作用［M］.陶英琪，译.南京：南京师范大学出版社，2006.

该书系统地介绍了教师在支持与提升游戏中担任的各种角色，也分析了两种典型儿童在游戏中需要的不同支持。

3. 侯莉敏.幼儿园课程与教学理论［M］.北京：高等教育出版社，2016.

该书旨在帮助学生理解幼儿园课程与教学的内涵、特点、理论基础及课程编制原理，掌握幼儿园教育活动的设计与实施及幼儿园课程资源的开发与利用，了解幼儿园课程改革发展历程及趋向。

4. 李生兰，等.幼儿园与家庭、社区合作共育［M］.北京：北京师范大学出版社，2016.

该书阐释了幼儿园与家庭、社区合作共育的价值取向、相关理论、政策、主要形式、教学活动方案、参观活动方案、主题活动方案等。

第十章　《3—6岁儿童学习与发展指南》

【导语】

为了指导幼儿园和家庭实施科学的保育与教育，促进幼儿身心全面和谐发展，2012年，教育部颁发了《3—6岁儿童学习与发展指南》（本章可简称《指南》）。《指南》体现了国家对我国3—6岁儿童学习与发展的方向引导和质量要求，反映了对3—6岁儿童学习与发展水平的合理期望，是引导我国3—6岁儿童学习与发展方向的指导性文件。

本章通过对《指南》的介绍，帮助学习者运用《指南》解决幼儿园和家庭教育工作中的实际问题。

【学习目标】

- 了解《指南》的研制背景、意义和结构。
- 掌握《指南》的基本理念和实施原则。
- 掌握《指南》中五大领域的内容。
- 运用《指南》指导幼儿园教育和家庭教育中常见的问题。

研究指出，幼儿园教育"小学化"会压抑幼儿的天性，损害幼儿大脑发育，造成幼儿后续学习动力不足，甚至丧失学习兴趣。幼儿园大班阶段的"小学化"教学倾向随着教师循环带班还会蔓延到中班及小班。2010 年至今，关于幼儿园教育"小学化"的治理政策文件多次发布，彰显了教育行政部门规范治理的坚决态度。①

那么，幼儿到底应该学习什么？应该用什么方式学习？这是很多人困惑的问题。《3—6 岁儿童学习与发展指南》可以使人们建立对 3—6 岁儿童学习与发展水平的合理期望，掌握适宜的教育方式，让孩子度过快乐而有意义的童年。

第一节 《3—6 岁儿童学习与发展指南》概述

为贯彻落实《教育规划纲要》和《国务院关于当前发展学前教育的若干意见》，指导幼儿园和家庭实施科学的保育和教育，促进幼儿身心全面和谐发展，教育部研究制定了《3—6 岁儿童学习与发展指南》，于 2012 年 10 月 9 日正式颁布。

《指南》基于 3—6 岁儿童的身心发展规律与学习特点，在对我国儿童学习与发展状况进行调查研究的基础上研制了一整套比较科学、明确、具体的目标与教育建议，体现了国家对我国 3—6 岁儿童学习与发展的方向引导和质量要求，是引导我国 3—6 岁儿童学习与发展方向的指导性文件。

一、《3—6 岁儿童学习与发展指南》的研制背景

（一）建设社会主义和谐社会的需要

《教育规划纲要》颁布以来，我国政府以特别的关注和前所未有的投入推进学前教育事业的发展。作为国民教育体系的重要组成部分，学前教育目前仍是一个薄弱环节，面临着许多困难和问题，还不适应人民群众的期盼和人的全面发展的需要。

学前教育虽然不是义务教育，却是当下我国建设民主法治、公平正义、安定有序、人与自然和谐相处的和谐社会的一个重要内容。在经济文化迅速发展的大背景下，家长教育观念不断更新，对学前教育要求越来越高，学前教育的供需矛盾和其他各种社会问题越来越突出，直接影响家庭和社会的和谐发展。《指南》的颁布是建设社会主义和谐社会的必然要求。

---

① 刘磊，刘瑞.民办园教育"小学化"的治理困境：新制度主义的视角［J］.教育科学，2022，38（3）：83-89.

（二）我国教育改革发展的需要

1. 实现《教育规划纲要》战略目标的需要

《教育规划纲要》明确提出，"把提高质量作为教育改革发展的核心任务"，针对学前教育提出了"基本普及学前教育、明确政府职责、重点发展农村学前教育"三个重要的任务，明确了学前教育事业发展具体的指标，即到 2020 年，幼儿一年的毛入园率要达到 95%，两年的毛入园率要达到 80%，三年的毛入园率要达到 70%，在园幼儿人数将达到 4 000 万。

近年来，各地区对学前教育的经费投入不断增多，但地区之间的绝对差距却仍在扩大。实现《教育规划纲要》中学前教育的各个目标需要政府、社会、家庭、幼儿园的通力合作。《教育规划纲要》各任务的实施，不只是一个数量的问题，更有质量要求。在社会主义市场经济条件下，学前教育的质量参差不齐，急需强有力的科学理念来指引。《指南》从 2006 年开始研制，凝聚了无数学前教育工作者的心血，体现了国家对我国 3—6 岁儿童学习与发展方向的引导和质量的要求，是顺利、高质实施《教育规划纲要》的有效保障。

2. 进一步贯彻落实《国务院关于当前发展学前教育的若干意见》

《国务院关于当前发展学前教育的若干意见》第八条明确指出："加强对幼儿园保教工作的指导，2010 年国家颁布幼儿学习与发展指南。"为了保障适龄儿童接受基本的、有质量的学前教育，加强学前教育质量监控，建立幼儿园保教质量评估监管体系，《指南》可谓应运而生。

3. 学前教育改革和发展的步伐加快

改革开放以来，中国学前教育发展的速度越来越快，《指南》的颁布正是我国学前教育自身进一步发展的需要。人们日益认识到学前教育在儿童发展中的重要地位，也越来越意识到学前阶段是实施素质教育的开端，是中小学教育质量的基础与保障，但同时，社会上仍有许多人士（包括家长、教师等）对学前教育的性质、功能还存在不少脱离时代要求的观念和想法。由于传统、历史和现实的原因，在学前教育的目标制定、内容选择上，社会上还较普遍地存在着重智轻德、重认知轻社会性发展、人格培养等问题，而相对忽视了幼儿良好行为习惯、自主性、社交能力等的培养。因此，进一步深入贯彻和落实《公约》《纲要》《规程》的教育理念，促进每个幼儿在不同水平上的发展，促进每个幼儿富有个性的发展仍然是学前教育发展的重要任务，必须引导家长更新教育观念，尊重儿童的天性和认知规律，珍惜童年生活的独特价值，支持幼儿园开展科学保教，在全社会树立正确的儿童观、教育观和质量观，自觉抵制那些拔苗助长、违反儿童身心健康的错误观念和做法。

（三）联合国儿童基金会"遍及全球"项目的契机

研制早期儿童学习与发展标准最初始于美、英、德、法等西方发达国家。

后来，联合国儿童基金会支持许多发展中国家为确保学前教育质量、提升儿童的入学准备水平而研制类似文件，2002 年开始在全球的发展中国家启动了一个制定早期儿童学习与发展标准的"遍及全球"（Going Global Project）项目。制定早期儿童学习与发展标准，主要通过文件的形式，对儿童"应该知道什么、会做什么"进行界定，以达成对早期儿童学习期望的共识，帮助教师更有目的地开展教育活动，改善儿童的学习效果。

借助"遍及全球"项目的契机，教育部从 2006 年起，与联合国儿童基金会合作，组织我国儿童发展与教育方面的专家，开始着手研制以家长和教师为主要使用对象的《3—6 岁儿童学习与发展指南》。

二、《3—6 岁儿童学习与发展指南》的意义

学前阶段是人生最重要的启蒙时期，科学的学前教育对人的后继学习和终身发展具有不可替代的重要作用。由于社会条件、经济发展和教育科研状况、人们观念与认识的局限等原因，我国学前教育发展面临着许多问题与挑战。《指南》的颁布对有效转变公众的教育观念，提高广大幼儿园教师的专业素质和家长的科学育儿能力，防止和克服幼儿园教育"小学化"倾向，全面提高学前教育质量具有重要意义。

（一）促进幼儿园教育的改革和发展

在学前教育跨越式发展的历史新阶段，研究制定《指南》，是贯彻落实《教育规划纲要》和《国务院关于当前发展学前教育的若干意见》的重要举措。幼儿园教育作为学前教育最重要的组成部分之一，发展迅速，但存在的问题也突出。以幼儿园教育"小学化"倾向为例，不仅屡禁不绝，还有愈演愈烈的趋势。教育行政部门多次发文，如教育部办公厅关于《开展幼儿园"小学化"专项治理工作的通知》《关于大力推进幼儿园与小学科学衔接的指导意见》等试图遏制这种不良态势，但现代社会竞争激烈，家长害怕孩子"输在起跑线上"，家长和幼儿园教育工作者面临很多困惑和挣扎，不知道该如何选择。《指南》说明中明确提出，"理解幼儿的学习方式和特点"，"重视幼儿的学习品质"，"严禁'拔苗助长'式的超前教育和强化训练"。《指南》以国家指导性文件的形式，为我国学前教育事业发展指明了方向。

（二）提高幼儿园教师和家长对学前教育的认识，促进家长科学育儿观念的形成

《指南》内容系统全面，科学准确，对幼儿的学习与发展提出了非常具体的目标和教育建议，简单易懂，操作性、实用性和指向性都很强。例如，在"安全知识和自我保护能力"方面，要求 3—4 岁幼儿做到："不吃陌生人给的东西，不跟陌生人走。在提醒下能注意安全，不做危险的事。在公共场所走失时，能向警

察或有关人员说出自己和家长的名字、电话号码等简单信息。"

《指南》还指出了我国学前教育中存在的很多教育问题和误区，如成人的"过度保护"和"包办代替"，通过机械记忆和强化训练过早地教幼儿识字，简单生硬的说教，单纯追求知识和技能的掌握，对幼儿进行灌输和强化的科学教育等。《指南》是我国首次尝试为3—6岁儿童的成长设置参考标准，其正确实施需要家长和幼儿园认识到自身的教育职责，进一步更新教育观念，改善教育行为，自觉抵制各种违反幼儿身心发展规律的超前学习和强化训练活动，为促进幼儿在体、智、德、美、劳等各方面的全面协调发展通力协作，还幼儿一个健康快乐的童年。

（三）为幼儿创设良好的发展环境，促进幼儿身心全面和谐发展

幼儿的全面和谐发展需要社会、家庭、幼儿园合力为其营造良好的物质环境和文化环境。以幼儿园教育"小学化"现象为例，如果教育行政部门不严格执行义务教育招生政策，规范小学招生程序，依法坚持就近免试入学制度，坚决取缔围绕小学招生开展的各种形式的考核、面试、测试等选拔性考试，如果家长不改变自己的教育观念，配合幼儿园和社会的改革，那么学前教育"小学化"的根源将无法消除。

《指南》肯定游戏的价值，遵循幼儿的发展规律和学习特点，尊重幼儿发展的个体差异，重视幼儿的学习品质，并且分别对3—4岁、4—5岁、5—6岁三个年龄段末期幼儿应该知道什么、能做什么，大致可以达到什么发展水平提出了合理期望，还根据幼儿的学习与发展目标，针对当前学前教育普遍存在的困惑和误区，列举了一些能够有效帮助和促进幼儿学习与发展的教育途径和方法。

三、《3—6岁儿童学习与发展指南》的结构和内容

（一）《指南》名称的理解

1. 指南和标准的区别

根据《当代汉语词典》，标准一般被定义为：衡量事物的依据或准则；合于准则，可供同类事物比较核对的事物；榜样、规范等。指南引申为"指导""导向"，比喻"辨别正确方向的依据"[①]。"标准"是不能随意更改的，"指导"和"导向"性的事物更多是依据具体情况而产生作用，更加灵活。"指南"与"标准"两个概念内涵的区别，会给用"指南"或"标准"命名的事物附上完全不同的本质属性。

我国各地区的经济、教育和文化水平存在较大差异，想研制统一的"标准"来指导儿童发展是不现实的，也不符合人才培养的理念，加上我国家庭"望子成

---

① 莫衡.当代汉语词典［M］.上海：上海辞书出版社，2001：787.

龙、望女成凤"的传统心理，如有"标准"一类的文本存在，难免给幼儿带来更多不可预知的束缚和压力。基于对我国学前教育现状和我国公众文化心理、思维习惯等的分析，研制团队将文件命名为《3—6 岁儿童学习与发展指南》，意在突出与强调该文件的"指导""导向"的功能。

2. 如何理解儿童的学习

《指南》是指导儿童学习与发展的文件，但《指南》的一些内容表面上看与"学习"并无直接关联。如"常喝白开水，不贪喝饮料"，"能自己穿脱衣服、鞋袜、扣纽扣"，"愿意和小朋友一起游戏"，"容易被自然界中的鸟鸣、风声、雨声等好听的声音所吸引"。这些是儿童的"学习"吗？面对此种疑惑，我们可以通过分析幼儿园日常生活中常见的两个情境来解答。

情境 1：分组活动转入集体教学活动时，教师边弹伴奏曲边说："最先坐到自己凳子上的小朋友就是最爱学习的好孩子。"然后对先坐回座位的幼儿进行表扬："××坐好了，×× 真是爱学习的好孩子。"

情境 2：离园时间，家长接孩子回家。路上家长问孩子："今天你在幼儿园学了些什么？"孩子："今天我们学了'警察抓小偷'的游戏。"家长："我是说你在幼儿园学了什么，不是玩了什么……你们今天认字了吗？……学了什么歌……"

长期以来，一提到儿童的学习，许多人立刻想到的是认字、算术、阅读、做作业等与学习关系密切的活动，甚至在学前教育迅速发展的今天，仍有人认为"读书"是上学、学习的代名词，所谓的游戏不是学习，不是"真正意义上的学习"，甚至有的幼儿园称游戏为"非正规学习活动"。

在教育领域，"学习"概念通常采用心理学界定，如"所谓学习是指经由联系、经验或指导、训练所产生的相当持久性的行为改变或改变的潜能"。这里强调学习是后天经验使然，在儿童学习的研究中，如果过分强调"后天经验"，极易导致学习以学科性、系统性的知识、技能掌握为主，而忽视以儿童身体和心理机能的成长为导向，导致一系列超前学习和机械学习，危害儿童身心健康。因此，对儿童的学习必须持有一种广义的学习观。儿童不是通过书本和符号来学习，而是在"做中学""玩中学"。儿童的学习能在一日生活的任何时刻展开，能在各种活动中特别是游戏活动中有效进行，自由、自发的活动对儿童学习有着重要价值。

3. 学习与发展的关系

儿童的学习与发展是相互联系，不可分割的。学习受发展的制约，儿童发展得越好，学习效率越高；同时学习可以促进儿童的发展。超越儿童年龄的学习就是超前学习；而依据儿童年龄特点和成长规律的学习则可以推动儿童的发展。《指南》既引导儿童的学习，同时也引导儿童通过学习努力达到发展的结果。这样,《指南》成为儿童学习与发展共同的目标导向。

（二）《指南》的结构

《指南》包括说明与主体部分。

1. 说明

"说明"共 4 条,简要地指出了《指南》制定的背景、目标和功能、内容结构、实施原则。

2. 主体部分

主体部分从健康、语言、社会、科学、艺术五个领域描述幼儿的学习与发展。《指南》采用"五领域结构"的主要原因是基于幼儿学习与发展的需要。首先,健康、社会、语言、科学、艺术五个领域既是幼儿最基本、最重要的学习领域,也是幼儿发展的最基本、最重要的方面。幼儿通过对这些领域的学习,能获得身体、社会性、认知、语言、美感与表现等方面的发展。其次,幼儿学习内容的五领域结构与《纲要》一致,有利于教师在实践中进行操作,避免实践层面的混乱。

每个领域按照幼儿学习与发展最基本、最重要的内容划分为若干个子领域。每个子领域由"目标"和"教育建议"两部分组成,每条目标下有若干"各年龄段典型表现",且配有相应的教育建议。如图 10-1、图 10-2 所示。

（三）关于《指南》目标的内涵

1. 正确理解《指南》的目标

目标是教育价值与理念的指引,体现《指南》的理念和各领域核心价值,是《指南》"导向"功能发挥的最主要的方式。

如语言领域,当前存在的比较普遍的问题是:忽视幼儿的日常口语交往经

☞链接:《3—6岁儿童学习与发展指南》

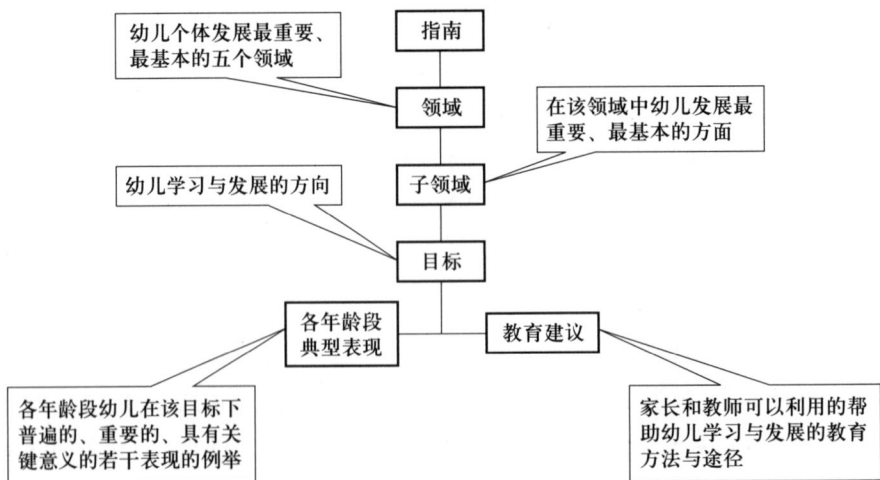

图 10-1 《指南》主体部分的结构

```
┌──────────┐        ┌──────────┐
│   领域   │───────→│   语言   │
└──────────┘        └──────────┘
                          │
              ┌───────────┴───────────┐
┌──────────┐  ┌──────────────┐  ┌──────────────┐
│  子领域  │  │ 子领域（一） │  │ 子领域（二） │
└──────────┘  │ 倾听与表达   │  │ 阅读与书写准备│
              └──────────────┘  └──────────────┘
                     │
      ┌──────────────┼──────────────┐
┌──────────┐ ┌────────────┐ ┌────────────┐ ┌────────────┐
│   目标   │ │目标1：认真听│ │目标2：愿意讲│ │目标3：具有文│
└──────────┘ │并能听懂常用 │ │话并能清楚地 │ │明的语言习惯 │
             │语言        │ │表达        │ │            │
             └────────────┘ └────────────┘ └────────────┘
                   │
      ┌────────────┼──────────────────────┐
┌──────────┐ ┌────────────┐ ┌────────────┐ ┌────────────┐
│ 各年龄段 │ │3—4岁：别人 │ │4—5岁：在群 │ │5—6岁：在集 │
│ 典型表现 │ │对自己说话时 │ │体中能有意识 │ │体中能注意听 │
└──────────┘ │能注意听并做 │ │地听与自己有 │ │老师或其他人 │
             │出回应……    │ │关的信息……  │ │讲话……      │
             └────────────┘ └────────────┘ └────────────┘
                   │
┌──────────┐ ┌──────────────────────────────────────────┐
│ 教育建议 │ │1.多给幼儿提供倾听和交谈的机会。如：经常和│
└──────────┘ │幼儿一起谈论他感兴趣的话题，或一起看图书、│
             │讲故事。                                  │
             │……                                        │
             └──────────────────────────────────────────┘
```

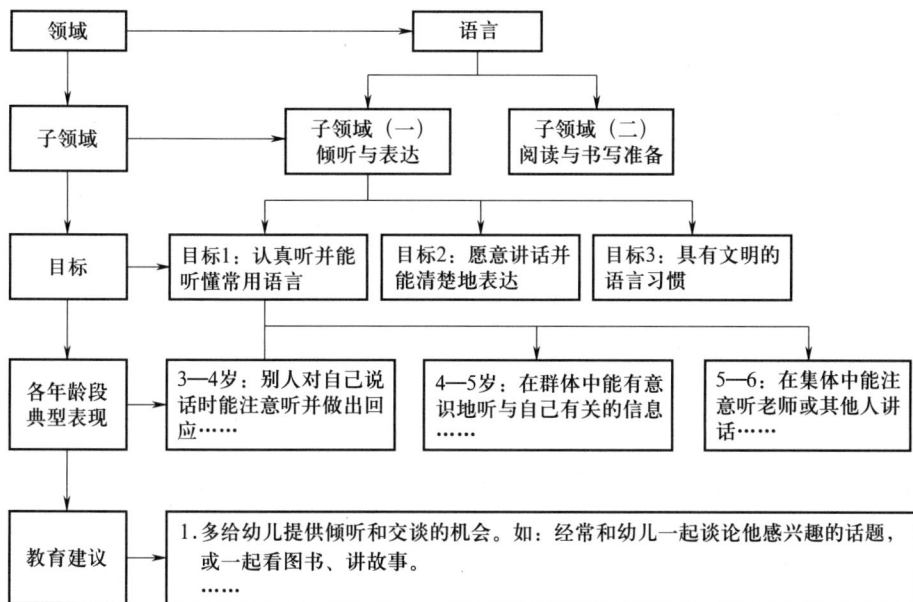

图 10-2 《指南》主体部分的结构——以语言领域为例

验，将识字、写字训练作为幼儿语言发展的重点，将早期阅读简单地等同于识字，等等。因此，《指南》在目标中强调发展幼儿的主动表达愿望与口语交流能力，如"愿意讲""能听懂常用语言""能清楚地表达"等；在读写准备中则强调阅读兴趣和阅读习惯的培养。

再如科学领域，《指南》凸显了该领域"探究"这一核心价值。好奇心和探究兴趣是幼儿学习的最强大的动力，保护与发展幼儿这一宝贵的学习品质，是该领域的重中之重。同时，针对当前部分幼儿远离自然的问题，该领域的第一个目标就是"亲近自然，喜欢探究"。

2. 正确理解《指南》的"各年龄段典型表现"

《指南》"说明"部分第三条指出："目标部分分别对 3—4 岁、4—5 岁、5—6 岁三个年龄段末期幼儿应该知道什么、能做什么，大致可以达到什么发展水平提出了合理期望，指明了幼儿学习与发展的具体方向。"《指南》目标下的各年龄段典型表现选择了某年龄阶段幼儿在目标方面比较常见的、易被观察到的一般性表现，是大多数幼儿可能表现出来的比较重要的，甚至是具有关键意义的若干表现，因此，它在一定程度上反映了这一年龄阶段幼儿群体大致的发展趋势、发展水平、发展速度或行为特点。

《指南》能够有效地帮助教师和家长了解、把握幼儿在各个目标方面的发展状况，如果通过观察或者其他途径，发现幼儿在某方面的发展与《指南》描述的"典型表现"有差距，就需要全面地、认真地分析幼儿的现状形成的原因，积极地采取有针对性的方法帮助幼儿发展。

▶【案例 10-1】

小波（3 岁 5 个月）拿起球拍了起来。1 分钟后，小波对我说："老师，你帮我数。"我说："好的。"他小步移动，甩动手腕，准确地拍球。我嘴里数着："1、2……11、12、13。"小波说："我在家能拍 100 个。"于是，他继续拍球。这次小波的步伐很大，每跨一步，都可以拍到一次球，球反弹起来的方向来回变，所以小波只连续拍了 4 个，球就滚落了。快步拿回球后，小波继续拍，不同的是他开始小步移动，总共拍了 53 个。①

案例分析：《指南》健康领域"动作发展"的目标 1 是"具有一定的平衡能力，动作协调、灵敏"其中 3—4 岁幼儿关于球的典型表现是"能双手向上抛球"。案例中小波拍球的动作，其具体发展水平并没有在《指南》中列出来，那这是否可以成为我们判断幼儿动作发展水平的依据呢？从上述观察记录中不难看出小波第一次拍球、第二次拍球和第三次拍球之间的明显变化，从"小步移动、甩动手腕"到"步伐很大"再回到"小步移动"，小波在不断地协调身体各部位，动作越来越灵敏，我们可以从中看到其动作发展水平的一个方面。但这并不意味着他达到了第一个目标的水平，因为"拍球"和"抛球"对身体的要求是不一样的。因此"典型表现"不能视为这一年龄段每一个幼儿在发展中必然表现出的特点。教育中的一般性、普遍性，不排除个别性、特殊性；典型性、代表性，不能包揽幼儿表现的丰富性和多样性。

同时，《指南》中幼儿各年龄段典型表现考虑了我国不同文化和地域的特点，选择了幼儿在我们当下的社会生活环境中常见的行为特点，但由于幼儿发展的个别差异，某年龄段的典型表现也可能出现在其他年龄段。如果幼儿行为特点或能力表现与《指南》不完全一致，教师不能简单、轻率地对幼儿发展的好坏下定论，应进一步细致地观察幼儿的表现，深入地了解其特点，看是否有其他个性化表现。如果幼儿有自己的特点，即使《指南》中没有列出，也应当尊重个别差异，给予肯定与重视。

3.《指南》目标与各年龄段典型表现的关系

▶【案例 10-2】

某幼儿园组织教师学习《指南》，拿到《指南》后，小班张老师把

---

① 王烨芳. 学前儿童行为观察与分析 [M]. 南京：江苏教育出版社，2012：27-28.

自己班上的 25 名幼儿按照 4 岁组的标准和"指标"全部测试了一遍，
她自己想出了一种计分方法，通过一项"指标"记 1 分，未通过则记 0
分，最后把全部 5 个领域的得分相加，每个孩子得到一个总分。她想，
这下子我评价班里幼儿的发展情况就有依据了。①

案例分析：案例中的张老师错把《指南》当量表评价幼儿的发展状况是错
误的。目标不是准则，而是对幼儿发展水平的期望，是幼儿发展的方向和指引；
各年龄段典型表现不是标尺，不是目标的分解。《指南》不是量表，不能用作筛
选幼儿的工具。目标和各年龄段典型表现的关系不同于一般量表或标准中目标
与指标的关系，各年龄段典型表现是幼儿在该目标下普遍的、重要的，具有关
键意义的典型表现的列举。由于幼儿的个体差异，幼儿的表现可能高于或者低
于《指南》列出的各年龄段典型表现，或者有的幼儿的表现没有在《指南》中
列举出来，家长和教师要综合《指南》和幼儿各个方面的表现综合判断幼儿的
发展。

（四）《指南》的基本理念

1. 学习与发展是每一个幼儿的权利

幼儿是积极主动的学习者，促进幼儿学习与发展最重要的是要为幼儿创造机
会和条件，激发和保护幼儿的求知欲和学习兴趣，调动幼儿学习的积极性和主动
性，鼓励、支持和引导幼儿去主动探究和学习。

2. 尊重幼儿阶段的价值与特点是学前教育的根本

幼儿阶段是人生中可塑性最强的时期，大脑形态、结构和机能快速发展，并
且在发展中具有不可补偿性。幼儿接受教育机会的多少和质量优劣，对其社会
性、情感、语言、基本认知技能以及身体动作发展等各方面能够产生深刻而长远
的影响，会持续发挥潜移默化的作用并贯穿个体一生的发展，在人生构架中具有
奠定基础的价值。

在个体所接受的各级各类教育中，学前教育是必须在特定时期实施和完
成的，其烙印最深刻，影响最长远。对于个体而言，学前教育是终身教育的
起点，要充分认识生活和游戏对幼儿成长的教育价值，把握蕴含其中的教育
契机，让幼儿在一日生活中，在与同伴和成人的交往中感知体验、分享合作、
享受快乐。

3. 正确的教育价值观是学前教育的灵魂

（1）尊重幼儿的学习方式和学习特点。要最大限度地满足和支持幼儿通过

① 李季湄，冯晓霞.《3—6岁儿童学习与发展指南》解读 [M]. 北京：人民教育出版社，2013：32-34.

直接感知、实际操作和亲身体验获取经验的需要，严禁超前教育和强化训练。教育部明确规定，地方各级教育行政部门要制定相关配套政策，采取有效措施，严禁幼儿园提前学习小学教育内容，严禁小学举办各种形式的入学选拔考试，严禁小学一年级以任何理由压缩课程或加快课程进度。积极探索幼儿园和小学的双向衔接，为《指南》的全面贯彻落实创造条件。

（2）尊重幼儿发展的个体差异。幼儿的学习方式和发展速度各有不同，在不同学习与发展领域的表现也存在明显差异。成人不应要求幼儿在统一的时间达到相同的水平，应允许幼儿按照自身的速度和方式到达《指南》所呈现的发展"阶梯"，不用一把"尺子"衡量所有幼儿。

（3）重视家园共育。《指南》强调要重视家庭教育对幼儿终身学习和发展的重要影响，倡导建立良好的亲子关系，创设平等、温馨的家庭环境，注重家长对孩子言传身教和潜移默化的影响。只有家长和幼儿园共同努力，才能有效地促进幼儿身心健康成长，否则就会事倍功半。

▶【案例 10-3】

　　星期一，李老师埋怨说："乐乐在家过了一个双休日，再回到幼儿园后，许多良好的行为习惯就消失了，不认真吃饭，乱扔东西，活动时喜欢说话，真不知道孩子在家时，家长是怎么教育的。"站在一旁的张老师颇有同感地说："是啊，如果家长都能按我们的要求去教育孩子，我们的工作就好做多了！"李老师接着说："可这些家长不按我们的要求去做倒也罢了，还经常给我们提这样那样的意见，好像我们当老师的还不如他们懂得多，真拿这些家长没有办法。"

案例分析：现代教育理论认为，幼儿园与家庭是合作关系，家长和教师是平等的教育主体。在幼儿园与家庭的相互配合中，教师要坚持尊重家长、确立家长主体地位的原则，和家长相互支持、相互配合，从而达到幼儿园教育和家庭教育的一致性。从案例中两位教师的对话中不难看出其对家长和教师地位的理解，即教师是教育的权威，家长则是幼儿园命令的接受者和执行者，其实质是否定了幼儿园与家庭的合作关系，否定了家长和教师是平等的教育主体。

（五）《指南》与《纲要》的关系

《纲要》自 2001 年颁布以来，一直是指导我国学前教育的纲领性法规文件，《指南》和《纲要》的关系如下：

《指南》是指导 3—6 岁儿童学习和发展的导向性文件，反映国家对 3—6 岁儿童学习与发展的方向与应达水平的合理期望，并体现国家对学前教育方向与质量的基本要求。《纲要》是遵循我国宪法和教育基本法的精神，根据我国教育方针和《规程》而制定的对全国学前教育进行宏观管理和指导的单行法规文件，两者有着质的不同。

《纲要》与《指南》不是上下位的关系，它们都是带有指导性的国家文件，有着共同的理念与教育观、儿童观、发展观，共同指导学前教育发展，引导学前教育科学发展。《纲要》相对宏观，《指南》相对微观。《纲要》是《指南》实施方向的重要保证，《指南》是实施《纲要》的有力抓手和《纲要》转化为实践的桥梁。《指南》与《纲要》在对象、层次、内容、功能等方面是不同的，不能相互替代。

四、《3—6岁儿童学习与发展指南》实施原则

（一）关注幼儿学习与发展的整体性

幼儿学习与发展的整体性包括两方面的含义：一是指幼儿的学习与发展是相互联系、密不可分的，是不可分割的整体；二是指幼儿学习与发展的各个领域和目标是一个整体。

> ▶【案例 10-4】
> 　　《指南》颁布后，某幼儿园决定逐个落实《指南》的目标。他们数了一下，一共 32 个目标，于是每周全园一起针对一个目标行动，这样需要 32 周的时间，正好可以制订幼儿园一年的行动计划。

案例分析：《指南》的各领域目标、各年龄段典型表现以及教育建议都相互关联，构成一个整体。该幼儿园的做法与《指南》倡导的价值取向完全背道而驰，将目标当作幼儿园的周计划机械实行，破坏了目标之间的整体性，更不符合幼儿的身心发展特点。《指南》在"说明"部分明确指出："儿童的发展是一个整体，要注重领域之间、目标之间的相互渗透和整合，促进幼儿身心全面协调发展，而不应片面追求某一方面或几方面的发展。"

（二）尊重幼儿发展的个体差异

《指南》的"说明"部分提出："幼儿的发展是一个持续、渐进的过程，同时也表现出一定的阶段性特征。每个幼儿在沿着相似进程发展的过程中，各自的发展速度和到达某一水平的时间不完全相同。要充分理解和尊重幼儿发展进程中的个别差异，支持和引导他们从原有水平向更高水平发展，按照自身的速度和方式到达《指南》所呈现的发展'阶梯'，切忌用一把'尺子'衡量所有幼儿。"

基于此，教师必须耐心地为幼儿创造一个可以让他们从容地从量变发展到质变的环境。"量变"过程绝对不可压缩，否则得不到真正的"质变"。成人不切

实际的要求会对幼儿造成巨大的身心压力。

> **▶【案例 10-5】**
>
> 中班的小红不会用筷子吃饭，当她看见别的小朋友都用筷子吃饭时，非常着急，搞得饭桌上一团糟。于是刘老师在午餐时，想给小红配一把勺子，可是张老师不同意，因为《指南》"健康"领域在动作发展方面，提出了4—5岁幼儿"能用筷子吃饭"，提供了勺子幼儿就不会去用筷子了，她觉得应当训练小红学会用筷子吃饭才对。[①]

案例分析：张老师生搬硬套的教育背离了《指南》实施的原则。实施《指南》时，切忌在幼儿与幼儿之间进行盲目的、简单的攀比。重要的是了解每一个幼儿发展的现状、特点、问题、原因，努力为不同幼儿的发展创造有针对性的环境或条件，帮助他们在自己原有的水平上向更高的水平发展，而不是简单地将幼儿的行为与《指南》的目标之间进行匹配。

（三）理解幼儿发展的规律和学习特点

《指南》的"说明"部分指出："幼儿的学习是以直接经验为基础，在游戏和日常生活中进行的。要珍视游戏和生活的独特价值，创设丰富的教育环境，合理安排一日生活，最大限度地支持和满足幼儿通过直接感知、实际操作和亲身体验获取经验的需要，严禁'拔苗助长'式的超前教育和强化训练。"

超前教育的危害几乎是人所共知的，与超前教育相对应的另一个极端即所谓的"自然教育"，可参看下面的案例。

> **▶【案例 10-6】**
>
> 某幼儿园的王老师认为：幼儿的发展有自己的发展历程，个体存在差异是很正常的。另外，评价会伤害孩子，因此没有必要按《指南》要求每个孩子，何况《指南》不是硬性的规定，那就让孩子自然发展就可以了。[②]

案例分析：王老师片面地理解了《指南》的"导向"作用。理解幼儿的发展规律和学习特点并不意味着放任孩子不管，个体的每个时期都有其身心发展的特点和规律，包括学习和认识世界的方式、方法。儿童是天生的、主动的、开放的学习者，他们身上有着与生俱来的强烈的好奇、求知欲和探索的欲望。幼儿是在

[①] 李季湄，冯晓霞.《3—6岁儿童学习与发展指南》解读［M］. 北京：人民教育出版社，2013：63-64.
[②] 李季湄，冯晓霞.《3—6岁儿童学习与发展指南》解读［M］. 北京：人民教育出版社，2013：24-25.

活动中发展的，幼儿活动的过程正是幼儿与周围环境相互作用的过程，对于幼儿来说，每一次相互作用就是一个潜在的发展机会。

教师和家长应创设适合幼儿的活动环境，为他们营造自由、平等、宽松的氛围，引导幼儿全身心地投入活动，让他们在与周围环境的相互作用中获取知识，提高能力，丰富情感。尊重幼儿的想法和做法，倾听他们的心声，满足他们的好奇心和求知欲。在教育中，把握好幼儿发展的度，既不超前教育，用成人的标准和尺度要求幼儿，强迫幼儿去学习、完成高不可攀的作业；又不因噎废食，无目的地开展各种活动，浪费幼儿宝贵的时间，使幼儿错过最佳发展时机。

（四）重视幼儿的学习品质

《指南》的"说明"部分指出，幼儿在活动过程中表现出的积极态度和良好行为倾向是终身学习与发展所必需的宝贵品质。教师要充分尊重和保护幼儿的好奇心和学习兴趣，帮助幼儿逐步养成积极主动、认真专注、不怕困难、敢于探究和尝试、乐于想象和创造等良好学习品质。

学习品质指能反映幼儿自己以多种方式进行学习的倾向、态度、习惯、风格等。它不是指幼儿所要获得的那些技能，而是幼儿怎样使自己去获得各种各样的技能。

不存在一种脱离具体学习领域的抽象的、孤立的学习品质。学习品质是在健康、语言、社会、科学、艺术等各领域的具体学习活动中表现出来的。学习品质不作为独立的领域，而渗透于各领域之中。美国华盛顿州《儿童早期学习与发展基准》中的"学习品质"包括：好奇心与兴趣、主动性、坚持性与注意力、创造力与发明、反思与解释五个方面的内容。在"遍及全球"项目中，若干发展中国家的儿童学习标准中都列出了"学习品质"领域，尤其强调好奇、主动、坚持、注意、反思、解释、想象、创造等内容。

现代社会竞争激烈，许多家长都担心孩子上小学时起步比别人晚，恨不得自己孩子德智体美劳全面都发展，没有时间谈"学习品质"。幼儿园迎合家长的需求，对幼儿学习品质的培养也很少重视。从幼儿长远发展来看，良好的学习品质的培养远比幼儿一时的良好表现重要得多，学习品质是 21 世纪幼儿终身学习和发展所必须具备的宝贵品质。

第二节 《3—6 岁儿童学习与发展指南》五大领域要点解析

《指南》分别从健康、语言、社会、科学、艺术五个领域描述了幼儿的学习与发展，每个领域按照幼儿学习与发展最基本、最重要的内容划分为若干方面，根据幼儿的学习与发展目标，针对当前学前教育普遍存在的困惑和误区，列举了一些能够有效帮助和促进幼儿学习与发展的教育途径和方法，并指出了错误做法对幼儿终身发展的危害，为广大家长和幼儿园教师提供了具体、可操作的指导与建议。为了更加全面地理解和准确把握《指南》的精神实质，切实把先进的教育理念和科学的教育方法落实到幼儿园保教工作的各个环节中，提高家长的科学育儿能力，有必要对《指南》进行更深入的学习和了解。

一、健康领域

（一）健康领域对幼儿学习与发展的价值

《指南》提出："健康是指人在身体、心理和社会适应方面的良好状态。幼儿阶段是儿童身体发育和机能发展极为迅速的时期，也是形成安全感和乐观态度的重要阶段。发育良好的身体、愉快的情绪、强健的体质、协调的动作、良好的生活习惯和基本生活能力是幼儿身心健康的重要标志，也是其他领域学习与发展的基础。"同时《纲要》也要求"幼儿园必须把保护幼儿的生命和促进幼儿的健康放在工作的首位"。

幼儿期是身体生长发育的关键时期，身体的发展状况不仅影响幼儿身体的发育，还影响其心理发展。健康既是幼儿身心和谐发展的结果，也是幼儿身心全面发展的前提，促进幼儿的健康不仅能提高幼儿的生命质量，也有益于多种疾病的早期预防。

《指南》指出："成人应为幼儿提供合理均衡的营养，保证充足的睡眠和适宜的锻炼，满足幼儿生长发育的需要；创设温馨的人际环境，让幼儿充分感受到亲情和关爱，形成积极稳定的情绪情感；帮助幼儿养成良好的生活与卫生习惯，提高自我保护能力，形成使其终身受益的生活能力和文明生活方式。"在此有必要特别注意幼儿的安全教育问题和"过度保护"现象。

安全问题是幼儿园最重视的问题。近年来，媒体报道了不少幼儿园的安全事故，使得许多幼儿园过度小心谨慎，"少活动，少出事；不活动，不出事"。许多本该幼儿做的事情，教师全部代劳，严格限制幼儿的各种活动，剥夺幼儿通过实践锻炼来提高自我保护能力的机会。结果，反倒因幼儿身体素质差、对危险事物缺乏防范能力发生了许多不该发生的事故。

幼儿身心发育尚未成熟，需要成人的精心呵护和照顾，但不宜过度保护和包办代替，以免剥夺幼儿自主学习的机会，养成过于依赖成人的不良习惯，影响其主动性、独立性的发展。联合国教科文组织认为，新世纪人才必须具备四种基本能力，即学会认知、学会做事、学会共同生活、学会生存，其中"学会生存"是基础。让幼儿自己的事情自己做，不仅有助于培养其责任感、自信心以及处理问题的能力，对幼儿今后的生活也会产生长远的积极影响。

（二）《指南》健康领域的结构、目标与内容

《指南》健康领域从幼儿身心状况、动作发展、生活习惯与生活能力三个方面对幼儿的学习与发展提出了具体的目标，并列出了各年龄段表现和具体的教育建议，见表 10-1。

表 10-1　健康领域目标结构框架

子领域	身心状况	动作发展	生活习惯与生活能力
具体目标	1. 具有健康的体态 2. 情绪安定愉快 3. 具有一定的适应能力	1. 具有一定的平衡能力，动作协调、灵敏 2. 具有一定的力量和耐力 3. 手的动作灵活协调	1. 具有良好的生活与卫生习惯 2. 具有基本的生活自理能力 3. 具备基本的安全知识和自我保护能力

1. 身心状况

目标 1 为"具有健康的体态"。人体的体态与健康息息相关，但在现实生活中，不少幼儿却养成了如低头缩颈、含胸弓背、走路时两肩一高一低、身体左右摇摆等不良习惯。这些不良习惯不但影响幼儿的体态，也会给身体健康带来危害。为此，《指南》教育建议提出："为幼儿提供营养丰富、健康的饮食"，"保证幼儿每天睡 11~12 小时"，"注意幼儿的体态，帮助他们形成正确的姿势"。

目标 2 为"情绪安定愉快"。幼儿情绪易冲动、易外露、易受感染。喜悦、愉快的情绪能明显促进幼儿健康成长。反之，恐惧、悲伤等情绪会危害其身心健康。家长和教师要设法创设温暖、轻松的心理环境，帮助幼儿形成安全感和信赖感，帮助幼儿学会恰当地表达和调控情绪。

目标 3 为"具有一定的适应能力"。幼儿的适应能力包括对自然环境和对社会环境的适应能力。例如，要求 3—4 岁幼儿："能在较热或较冷的户外环境中活动。换新环境时情绪能较快稳定，睡眠、饮食基本正常。在帮助下能较快适应集体生活。"

2. 动作发展

《指南》在幼儿的动作发展方面提出 3 个目标：具有一定的平衡能力，动作协调、灵敏；具有一定的力量和耐力；手的动作灵活协调。

幼儿动作发展包括躯体和四肢的动作发展，其不仅对幼儿身体有影响，对其智力发展也有非常重要的意义。幼儿园可通过丰富多样的健康教育活动来促进幼儿的动作发展。幼儿身体基本活动能力还不完善，需要在活动中不断地加以练习和提高。发展幼儿的基本活动能力，使幼儿的动作灵敏协调、姿势准确，是增强体质的重要内容。另外，幼儿的基本活动能力作为幼儿生活和运动的基础能力，又是增强幼儿体质和增进幼儿健康的重要手段之一。

《纲要》和《指南》都提出，要保证幼儿每天不少于 2 个小时的户外活动时间。幼儿园有规律的体育活动和户外活动、丰富多彩的家庭活动，不仅是提高幼儿动作发展的重要途径，更是促进幼儿身心健康发展的必要途径。

3. 生活习惯与生活能力

《指南》在幼儿的生活习惯与生活能力方面提出 3 个目标：具有良好的生活与卫生习惯；具有基本的生活自理能力；具备基本的安全知识和自我保护能力。当下父母对子女的学习、生活"包办代替"的现象较多，《指南》在幼儿良好生活习惯与生活能力方面的强调，无疑具有很强的现实意义；安全教育是幼儿园健康教育的重要内容，也一直是幼儿园和家庭教育的重中之重。

幼儿良好生活习惯的养成并非一个自发的过程，它离不开个体对待健康的积极情感和态度。幼儿的健康知识相对贫乏，对健康的认识水平尚低，还没有形成对待健康的正确态度和情感，且缺乏有利于保护和增进健康的习惯、能力。因此，教师和家长对幼儿进行健康教育是很有必要的。

近年来，幼儿走失、被拐骗、烧伤、撞伤、溺水等事故时有发生。造成事故的主要原因是幼儿缺乏应有的生活经验及自我保护能力，因此，对幼儿进行安全教育和自我保护教育势在必行。例如，3—4 岁幼儿安全教育的目标是："不吃陌生人给的东西，不跟陌生人走。在提醒下能注意安全，不做危险的事。在公共场所走失时，能向警察或有关人员说出自己和家长的名字、电话号码等简单信息。"

（三）《指南》在幼儿园和家庭健康教育中的运用举例

1. 幼儿的户外运动

▶【案例 10-7】

关注幼儿成长：别错过更别越过

据《中国教育报》2012 年 12 月 9 日的报道，从 2012 年上半年开始，中国福利会和上海宋庆龄儿童发展中心组织研究人员，在上海 10 个区县对 7 347 名 3—6 岁学前儿童进行一对一的调查测试，利用从每名幼儿身上采集到的近 300 项评估数据，对上海幼儿发展状况作出评估。作为国家《3—6 岁儿童学习与发展指南》颁布后发布的首个区域性的大型调查，此项调查的意义重大。研究发现，在幼儿园，往往运动量小、风险小的活动受欢迎，运动量大、风险大的活动受冷落。

上述调查还发现，5 岁 3 个月即大班阶段，是幼儿大动作本该快速发展的关键年龄段，结果却出现两边双脚跳、绕点跑、10 米跑等运动能力发展趋缓的态势。然而美国儿童的相关调查显示，5 岁 3 个月之后，以上三项运动能力呈快速发展趋势。这个奇怪的现象引起了我们的关注。在上海实地采访后了解到，5岁3个月以后的孩子升入大班，进入幼小衔接时期，往往会因为上辅导班、进行知识性学习而坐在课桌前，而户外运动的时间大量减少，直接影响孩子运动能力发展。

案例分析：在中国，家长和幼儿园教师害怕幼儿受伤，从而减少幼儿的运动量，这种出于安全角度的考虑是影响幼儿运动技能发展的一个重要原因。《指南》指出："幼儿身心发育尚未成熟，需要成人的精心呵护和照顾，但不宜过度保护和包办代替，以免剥夺幼儿自主学习的机会，养成过于依赖的不良习惯，影响其主动性、独立性的发展。"与此同时，《指南》对各年龄段幼儿的动作发展提出了具体目标。因此，家长和教师有必要转变自己的教育理念，为幼儿提供充分的户外活动时间和自由玩耍的空间。

（议一议）

如何处理幼儿园健康教育中保护与发展的关系？

2. 幼儿的情绪管理

▶【案例 10-8】

5岁的明明从幼儿园回到家后，高兴地对妈妈说："妈妈，我会用纸折小马了，我给你折一个吧。"然后他就开始折了。可是，他在折的过程中把一个步骤忘了，怎么也折不成。看着情绪渐渐激动的明明，妈妈想去帮忙，却被自尊心极强的明明拒绝。最后，气愤至极的明明把手中的纸撕碎，扔得满地都是，继而放声大哭，并把桌子上的图画书也撕了。①

案例分析：妥善管理情绪是人的一种重要的能力。幼儿尚不能较好地控制自己的情绪。《指南》健康领域"身心状况"的目标2为"情绪安定愉快"。平和稳定的情绪和良好的情绪管理能力能够促进幼儿的心理健康。案例中的妈妈虽发现了孩子的负面情绪，但未及时有效地疏导，因而未能让孩子的心情"由阴转晴"。

生活中，教师和家长往往都能细心地发现幼儿的不良情绪，却不知道如何帮

---

① 莫源秋. 幼儿行为管理的方法与策略：给幼儿教师和家长的教育建议 [M]. 北京：中国轻工业出版社，2020：237.

助幼儿控制不良情绪。《指南》建议我们可以通过如下途径来解决：

（1）成人用恰当的方式表达情绪，为幼儿做出榜样。如生气时不乱发脾气，不迁怒于人。

（2）成人和幼儿一起谈论自己高兴或生气的事，鼓励幼儿与人分享自己的情绪。

（3）允许幼儿表达自己的情绪，并给予适当的引导。如幼儿发脾气时不硬性压制，等其平静后告诉他什么行为是可以接受的。

（4）发现幼儿不高兴时，主动询问情况，帮助他们化解消极情绪。

二、语言领域

（一）语言领域对幼儿学习与发展的价值

《指南》在语言领域部分指出："语言是交流和思维的工具。幼儿期是语言发展，特别是口语发展的重要时期。幼儿语言的发展贯穿于各个领域，也对其他领域的学习与发展有着重要的影响：幼儿在运用语言进行交流的同时，也在发展着人际交往能力、理解他人和判断交往情境的能力、组织自己思想的能力。通过语言获取信息，幼儿的学习逐步超越个体的直接感知。"这段话指明了语言对幼儿全面学习与发展的价值。

学前阶段是口头语言发展的关键期。如果这时抓住语言发展的关键期引导幼儿，便可以促进幼儿语言乃至其他方面的迅速发展。

语言是一个符号系统，个体对语言的获得包括对语音、语义和语法的理解与表达，同时还包括语言运用能力的发展。语言的发展遵循一定的规律，具有阶段性。虽然不同幼儿达到某一阶段水平的时间不同，但发展的基本阶段和先后顺序是一致的。进入幼儿园之前，幼儿已经基本能使用语言与他人进行简单、浅显的交流，开始关注正确使用语法规则。进入幼儿园，教师与家长需要为幼儿创设一个良好的语言学习环境，成人作为支持者和平等的交流者与幼儿交往，《纲要》也指出要"鼓励和支持幼儿与成人、同伴交流，让幼儿想说、敢说、喜欢说并能得到积极回应"。成人与幼儿一起分享和协商学习的过程，允许幼儿通过不同方式探索如何使用语言，在幼儿有需求的时候及时给予指导和帮助。

（二）《指南》语言领域的结构、目标与内容

《指南》明确了幼儿语言学习与发展的目标要求。这些目标要求从幼儿语言运用能力的角度提出了幼儿园阶段幼儿语言学习与发展必须形成和获得的基本能力。从整体来看，《指南》中幼儿语言学习与发展目标可以分为两大类：一是幼儿口头语言的学习与发展目标，二是幼儿书面语言准备的学习与发展目标，如表10-2所示。

表 10-2　语言领域目标结构框架

子领域	倾听与表达	阅读与书写准备
具体 目标	1. 认真听并能听懂常用语言 2. 愿意讲话并能清楚地表达 3. 具有文明的语言习惯	1. 喜欢听故事，看图书 2. 具有初步的阅读理解能力 3. 具有书面表达的愿望和初步技能

1. 倾听与表达

幼儿阶段处于语言发展的关键期，口语交流能力的培养是幼儿语言学习的重中之重。幼儿需要不断学习、倾听、理解交流者的语言，并且学会在不同的社会交往情境中通过语言来表达自己的想法。可以说，幼儿的口语交流经验为其语言符号系统的建立奠定了重要基础。《指南》从倾听与表达的角度提出下列具体的目标要求：

（1）倾听、理解语言的目标要求。倾听是感知语言的行为表现，也是重要的理解语言的途径。只有懂得倾听、乐于倾听并且善于倾听的人，才能真正理解语言的内容。良好倾听习惯的养成是从学前阶段开始的，因此就幼儿语言学习和发展而言，倾听是不可缺少的一种技能。

《指南》"倾听与表达"目标 1 为"认真听并能听懂常用语言"，要求 3—4 岁幼儿能够"别人对自己说话时能注意听并做出回应。能听懂日常会话"，4—5 岁幼儿"在群体中能有意识地听与自己有关的信息。能结合情境感受到不同语气、语调所表达的不同意思。方言地区和少数民族幼儿能基本听懂普通话"，5—6 岁幼儿"在集体中能注意听老师或其他人讲话。听不懂或有疑问时能主动提问。能结合情境理解一些表示因果、假设等相对复杂的句子"。这些目标实际上要求幼儿在语言学习与发展中有意识地倾听别人所说的话，分析性地倾听交流的信息，同时形成理解性的语言倾听能力。

（2）语言表达的目标要求。语言表达是以一定的语言内容、语言形式以及语言运用方式进行交流的行为，是幼儿园语言学习与发展的主要表现之一。儿童语言研究成果表明，只有懂得语言表达的作用，愿意向别人表达自己的见解，并且能够清楚表达的人，才能真正与人进行语言交流。

《指南》"倾听与表达"目标 2 为"愿意讲话并能清楚地表达"。例如，要求 3—4 岁幼儿"愿意在熟悉的人面前说话，能大方地与人打招呼"，"愿意表达自己的需要和想法，必要时能配以手势动作"，"能口齿清楚地说儿歌、童谣或复述简短的故事"。这一目标充分体现了学前阶段幼儿口头语言学习与发展的重点，从积极语言表达的倾向态度，到正确恰当地运用语言表达的能力，循序渐进地提出目标要求。考虑到方言区与少数民族幼儿，目标 2 还特别提出：要求 3—4 岁幼儿"基本会说本民族或本地区的语言"，4—5 岁幼儿"会说本民族或本地区的语言，基本会说普通话。少数民族聚居地区幼儿会用普通话进行日常会话"，5—6 岁幼儿"会说本民族或本地区的语言和普通话，发音正确清晰。少数民族聚居地区幼儿基本会说普通话"。在尊重文化多样性和推行双语教育的大环境下，这些要求对方言区或者少数民族聚居地区幼儿的语言学习与发展是有积极意义的。

（3）语言文明习惯的目标要求。良好的语言习惯是语言交往获得成功的前提，在语言学习与发展过程中，幼儿应根据交往场合、交往对象说话并且使用文明的语言。

《指南》"倾听与表达"目标 3 为"具有文明的语言习惯"。要求 3—4 岁幼儿"与别人讲话时知道眼睛要看着对方。说话自然，声音大小适中。能在成人的提醒下使用恰当的礼貌用语"，要求 4—5 岁幼儿"别人对自己讲话时能回应。能根据场合调节自己说话声音的大小。能主动使用礼貌用语，不说脏话、粗话"。要求 5—6 岁幼儿"别人讲话时能积极主动地回应。能根据谈话对象和需要，调整说话的语气。懂得按次序轮流讲话，不随意打断别人。能依据所处情境使用恰当的语言。如在别人难过时会用恰当的语言表示安慰"。这些语言目标能够引导幼儿在不同社会交往场景中注意文明礼貌。

2. 阅读与书写准备

在着重关注幼儿口语交流能力的同时，《指南》对幼儿早期书面语言准备提出了一系列的目标要求。研究表明：3—8 岁是儿童学习早期阅读和书写的关键期，教育者要切实把握这个发展的时机，在培养幼儿口语交流能力的同时，帮助幼儿做好书面语言学习准备。《指南》提出了三个方面的阅读与书写准备目标要求：

（1）阅读兴趣、习惯的目标要求。"阅读与书写准备"目标 1 为"喜欢听故事，看图书"。在整个学前阶段，图画书都是幼儿阅读的主要材料。教师应引导幼儿养成阅读图书的兴趣与习惯，让幼儿口述自己听到的或者看到的"故事"，让幼儿扮演"讲故事人"的角色来创编和讲述。值得注意的是，对于幼儿而言，最重要的不是掌握知识，而是获得了早期书面语言的学习经验。《指南》要求 3—4 岁幼儿"主动要求成人讲故事、读图书。喜欢跟读韵律感强的儿歌、童谣。爱护图书，不乱撕、乱扔"，要求 4—5 岁幼儿"反复看自己喜欢的图书。喜欢把听过的故事或看过的图书讲给别人听。对生活中常见的标识、符号感兴趣，知道它们表示一定的意义"，要求 5—6 岁幼儿"专注地阅读图书。喜欢与他人一起谈论图书和故事的有关内容。对图书和生活情境中的文字符号感兴趣，知道文字表示一定的意义"。幼儿对书面语言的兴趣和知识，是通过自身的经验建立起来的。幼儿需要有自己随时可以翻阅的图书，需要有人给他们讲述书中的内容。通过这些互动过程，幼儿可以理解书面语言的意义，养成热爱阅读的良好习惯，并为今后成为一个好的阅读者奠定基础。

（2）初步的阅读理解能力的目标要求。"阅读与书写准备"目标 2 为"具有初步的阅读理解能力"。幼儿阅读图画书，可以与图画和文字符号互动，用口头语言来表达他们对图画书内容的理解，获得口头语言与书面语言对应关系的认识，逐渐形成初步的阅读理解能力。《指南》要求 3—4 岁幼儿"能听懂短小的儿歌或故事。会看画面，能根据画面说出图中有什么，发生了什么事等。能理解图书上的文字是和画面对应的，是用来表达画面意义的"，要求 4—5 岁幼儿"能大体讲出所听故事的主要内容。能根据连续画面提供的信息，大致说出故事的情节。能随着作品的展开产生喜悦、担忧等相应的情绪反应，体会作品所表达的情绪情感"，要求 5—6 岁幼儿"能说出所阅读的幼儿文学作品的主要内容。能根据故事的部分情节或图书画面的线索猜想故事情节的发展，或续编、创编故事。对看过的图书、听过的故事能说出自己的看法。能初步感受文学语言的美"。早期掌握的阅读理解经验能为个体阅读理解能力发展奠定扎实的基础。

（3）早期书写行为的目标要求。幼儿在阅读中会萌发初步的书写意愿，他们通过观察周围环境中的文字信息，逐步积累一些初步的书面语言知识，学习握笔、涂画和书写的基本方法。"阅读与书写准备"目标 3 为"具有书面表达的愿望和初步技能"。《指南》要求 3—4 岁幼儿"喜欢用涂涂画画表达一定的意思"，4—5 岁幼儿"愿意用图画和符号表达自己的愿望和想法。在成人提醒下，写写画画时姿势正确"，5—6 岁幼儿"愿意用图画和符号表现事物或故事。会正确书写自己的名字。写画时姿势正确"。这样的目标要求鼓励幼儿积极地与文字互动，乐于"画字"或模仿方块字。使用多种方式表现的"非正规"的文字书写，能够帮助幼儿建立和巩固纸笔互动的经验，感知文字组成的一些基本规律，并熟悉书面文字字形，有效地提高幼儿书面语言准备水平。

（三）《指南》在幼儿园和家庭语言教育中的运用举例

1. 幼儿园语言环境创设

幼儿语言学习与发展的首要任务是帮助幼儿成为积极的语言运用者，在交往中逐渐学习理解和表达。《指南》指出："应为幼儿创设自由、宽松的语言交往环境，鼓励和支持幼儿与成人、同伴交流，让幼儿想说、敢说、喜欢说并能得到积极回应。"

▶【案例 10-9】

幼儿不习惯用语言表达怎么办

凯凯刚上幼儿园，教师发现他不爱讲话，什么事都用动作来表达。

凯凯的妈妈告诉教师：她和凯凯的爸爸工作都比较忙，孩子从小由奶奶带大。奶奶是一位既善解人意又特别勤快的老人。她非常仔细地照顾凯凯，有很多事不需要凯凯说，奶奶就帮他做好了。对此，奶奶非常有成就感。奶奶总是说："我最懂凯凯的心思了！你们不用管，专心干好你们的工作就行。"没想到奶奶的做法反而影响了凯凯语言的正常发展。妈妈说，其实凯凯什么都懂，只是不想说而已。①

案例分析：根据幼儿语言发展阶段理论，案例中的凯凯属于典型的思维与动作链接的幼儿，进而养成了用动作表达的习惯。部分家长，特别是祖辈家长，他们总能很快猜到孩子的想法，在孩子还没有用语言表达要求时，就已经帮孩子把问题解决了。幼儿失去了练习语言表达的机会，久而久之，幼儿的思维与动作建立了链接，养成了用动作表达的习惯，就更少用语言来表达自己的想法了。

《指南》指出，"应为幼儿创设自由、宽松的语言交往环境，鼓励和支持幼儿与成人、同伴交流"。由此，引导幼儿用语言表达应结合日常生活内容进行，这样既能帮幼儿理解和掌握语言，又能引导幼儿在日常生活中想说、敢说，并通过反复练习完成思维与语言建立链接的过程，形成正确的语言表达习惯。

2. 早期阅读教育

"早期阅读"是近些年幼儿园非常热的一个词语。幼儿接触书面语言有助于他们获得高质量的口语词汇，发展口语表达和倾听理解能力，并获得前阅读、前识字和前书写的经验。《指南》指出："为幼儿提供丰富、适宜的低幼读物，经常和幼儿一起看图书、讲故事，丰富其语言表达能力，培养阅读兴趣和良好的阅读习惯，进一步拓展学习经验。"可见早期阅读的教育价值很大。

早期教育面临诸多挑战，例如，缺乏适宜的早期阅读资源，把"早期阅读教育"等同于"早期识字教育"，把"图画书阅读"等同于"图画书故事复述"和"看图说话"，或者脱离生活经验为完成任务而阅读等。

三、社会领域

（一）社会领域对幼儿学习与发展的价值

幼儿期是个体社会性发展的重要时期。幼儿学习怎样与人相处、怎样看待自己、怎样对待别人；逐渐认识周围的社会环境；逐渐内化社会行为规范；逐渐形成对所在群体及其文化的认同感和归属感；不断发展适应社会生活的能力。这些都是一个合格的社会成员必须具备的公民素质。

---

① 王普华，王明辉，王爱忠. 幼儿成长揭秘：常见问题分析与家园共育策略［M］. 北京：中国轻工业出版社，2019：158-159.

每个人从出生的那一刻起就处于一定的社会环境和社会关系中。社会环境和社会关系是幼儿身心发展的基本条件，也构成了其身心发展的重要内容。《指南》指出："幼儿社会领域的学习与发展过程是其社会性不断完善并奠定健全人格基础的过程。人际交往和社会适应是幼儿社会学习的主要内容，也是其社会性发展的基本途径。幼儿在与成人和同伴交往的过程中，不仅学习如何与人友好相处，也在学习如何看待自己、对待他人，不断发展适应社会生活的能力。良好的社会性发展对幼儿身心健康和其他各方面的发展都具有重要影响。"

幼儿期也是人的个性初具雏形的时期。这一时期形成的对人、对事、对己的态度，个性品质和行为风格，不仅直接影响个体童年生活的快乐与幸福感，影响其身心健康以及能力和智慧的形成，更可能影响其一生的学习、工作和生活。

（二）《指南》社会领域的结构、目标与内容

《指南》社会学习与发展目标主要包括人际交往、社会适应两个方面，如表10-3所示。

表 10-3　社会领域目标结构框架

子领域	人际交往	社会适应
具体 目标	1. 愿意与人交往 2. 能与同伴友好相处 3. 具有自尊、自信、自主的表现 4. 关心尊重他人	1. 喜欢并适应群体生活 2. 遵守基本的行为规范 3. 具有初步的归属感

"社会"从一定意义上看是一个关系系统，可粗略地分为人与人的关系和人与社会（群体、组织）的关系。人与人的关系通过交往实现，人与社会的关系则是一个认同与适应的过程。

对《指南》社会领域的学习与发展目标及其在各年龄阶段的表现进行分析，其内容大致包括：交往态度和交往技能，对自我和对他人的认知、态度和行为，对群体、群体生活及群我关系的感受、态度和行为。其核心价值在于逐步引导幼儿学会共同生活，建立和谐的社会（包括人际）关系，形成良好的社会性和个性品质。

社会领域学习与发展的实质在于促进幼儿社会化，形成良好的个性品质，而社会化是在社会关系系统中，通过人际交往和对社会生活的主动适应而进行的。人际交往与社会适应既可以说是幼儿社会学习与发展的基本途径，也可以说是基本内容。

1. 人际交往

幼儿期是社会交往态度和交往能力形成的重要时期。美国心理学家马斯洛的需要层次理论中的"归属和爱的需要"，即人际交往和交流情感的需要。

幼儿与父母及他人的交往，有助于形成健康的个性，发展智力，更好地实现社会化。如果幼儿不良的人际交往关系长期存在，将会影响幼儿人格健全发展，造成不可弥补的后果。因此，培养幼儿良好的人际交往能力，是学前教育的重要目标。《指南》中"人际交往"的 4 个目标与人际交往的主要功能是密切相关的。

（1）人际交往可以促进幼儿的交流与沟通。"人际交往"目标 1 为"愿意与人交往"。愿意交往是良好人际关系发展的前提条件。幼儿的学习（包括社会知识的学习）固然主要来自自身的经验，但在交往中运用语言与他人交流和沟通也是一个重要渠道。在交往中幼儿不仅能够分享来自他人的信息，了解他人的想法和感受，解决同伴之间的冲突，也能将自己的经验与他人分享，让别人了解自己的观点。同时，幼儿可以在交流与沟通中更好地感受自己的主体性。

（2）人际交往有助于幼儿组织共同活动。"人际交往"目标 2 为"能与同伴友好相处"，这一目标的实现必须要在共同活动中完成。共同活动往往是多主体为了某个共同目标集合在一起进行的活动。通过人际交往沟通、协调、合作是共同活动必不可缺的条件。幼儿在成长过程中，能够共同游戏是其社会性发展的重大进步，这意味着幼儿的目标意识、合作意识、沟通能力、自我调控能力等都有了一定的进步。同时，通过交往开展游戏或其他活动也会进一步促进幼儿相关能力的提升。

（3）人际交往可以促进幼儿形成和发展人际关系。"人际交往"目标 3 为"具有自尊、自信、自主的表现"。个体从出生时起就处在某种人际关系之中，之后，随着交往对象的增多，人际关系变得更加复杂多样。一般来说，人际关系越丰富，幼儿就越能在广阔的交往空间中得到更大的发展。人际关系良好的幼儿往往表现出积极、乐观、自信的个性特征和更多的亲社会行为，也更可能在交往中获得更丰富的经验。

（4）人际交往有助于幼儿增进对自己、对他人的认识。"人际交往"目标 4 为"关心尊重他人"。在交往中，幼儿不仅通过他人的外显行为了解其特点，形成对他人的评价和态度；也通过他人对自己的态度和评价形成自我认识和自我评价，并在此基础上，学会关心、尊重他人。

2. 社会适应

社会适应，即幼儿与社会环境建立起和谐关系的过程。社会适应能力是一种综合能力，包括对社会情境的判断能力，对自己在群体中的角色地位的认识能力，对规则的理解和接受能力，对自己行为的调控能力，以及融入新的人际关系时所需要的交往能力等。《指南》中"社会适应"目标有以下三个：

（1）喜欢并适应群体生活。适应不同的社会群体或组织的过程是幼儿社会化的重要途径。幼儿从家庭走进幼儿园，从幼儿园走进小学，所经历的不仅是生活空间的转换，更是生活方式、角色身份、人际关系、行为准则等诸多方面的变化。

（2）遵守基本的行为规范。社会环境的这些变化要求幼儿从心理到行为都要有所转变，遵守人际交往的基本行为规范，以适应新的社会群体。幼儿只有认识到并理解这种变化，主动变换角色、调节行为，才能与新群体建立和谐关系。因此，每一次社会环境的改变对幼儿都是一次挑战，但也提供了更多的学习与发展机会。

（3）具有初步的归属感。研究发现，个体对某个群体（家庭、班级、学校、家乡、祖国等）的归属感会影响他对这个群体的亲疏度和对群体规则的接受度。一般而言，归属感强的人往往具有主人翁意识和责任感；能自觉接受和遵守群体规则；会自动将个人与群体联系在一起，对自己作为群体的一员感到自豪并愿意和群体荣辱与共。个体如果没有可以归属的群体，就会觉得没有依靠，孤独，缺乏心理安全感。

幼儿的归属感往往来自他们对群体生活的直接感受和体验。家庭是幼儿最早接触的社会群体，父母对孩子无微不至的照顾会使他们对家庭产生一种归属感；如果幼儿园能像家庭一样带给幼儿温暖、关爱、尊重、支持和鼓励，他们也会对这个群体产生归属感。幼儿对社会（家乡、祖国等）的最初看法和感受主要来自父母和其他亲近的成人，如果成人能够用积极的态度看待社会，那么幼儿就会形成同样的态度并由此产生对家乡和祖国的归属感。

在社会适应过程中培养起来的适应能力是幼儿生存发展所需要的基本能力。幼儿生活的社会群体和机构，如家庭、幼儿园、社区等常常具有一定的组织结构、行为规范和文化特征，会通过角色期望、行为规范、习俗传统等方式影响幼儿；幼儿作为一个具有主体性的成员也会有选择地接受，并积极地适应社会。因此，从小培养幼儿的社会适应能力无疑是在为其快乐生活和健康成长奠定基础。

（三）《指南》在幼儿园和家庭社会教育中的运用举例

1. 社会教育环境创设

幼儿社会学习具有潜移默化的特点，尤其是社会态度和社会情感的习得，往往不是教师直接"教"的结果，而是幼儿在实际生活和学习中相关经验的积累。模仿是幼儿社会学习的重要方式，教师和家长的言行举止直接或间接地影响幼儿。《指南》明确指出："幼儿的社会性主要是在日常生活和游戏中通过观察和模仿潜移默化地发展起来的。成人应注重自己言行的榜样作用，避免简单生硬的说教。"

▶【案例 10-10】

幼儿模仿负面行为怎么办

逸逸精力充沛，在幼儿园里，他经常做出酷酷的样子，告诉别的小朋友："我是大哥，你们都得听我的。"早晨一进活动室门，他就做出打枪的姿势，嘴里"突突突"地叫个不停。活泼好动的逸逸让教师非常头疼，因为他爱抢玩具、爱打人。在区域游戏中，经常有小朋友向教师告状："逸逸抢我们的玩具，我们都没有玩具玩了。"

户外活动时，逸逸玩滑梯不排队，直接插到最前面，把其他小朋友推到一边，自己先玩。到游戏结束集合时，教师无论怎么喊，他都要再玩几次滑梯才肯归队。午睡时，逸逸在小床上来回翻滚，用被子蒙住头，发出很大的声音，影响周围的小朋友入睡。

教师多次向逸逸父母反映孩子在幼儿园的情况，逸逸父母非常重视。每天上幼儿园之前，妈妈都会告诉逸逸要听教师的话，和小朋友好好玩，不能打人。他答应得好好的，可就是改不了。爸爸还因此揍过逸逸。

逸逸的爸爸妈妈都是单位里的骨干，工作非常忙，所以经常让逸逸自己看动画片。逸逸非常喜欢看《铠甲勇士》《猫和老鼠》等，这些动画片里都有暴力打人的镜头。逸逸对各种枪支、棍棒、刀剑等武器如数家珍，经常在家里上蹿下跳，玩各种打仗的游戏。爸爸妈妈工作压力大，晚上回到家里也经常要工作，可是逸逸却精力充沛，很晚了也不睡觉，吵着要做这个要做那个。妈妈是暴脾气，哄半天孩子不睡，就冲孩子吼叫发火。爸爸与孩子的沟通方式也很简单粗暴，不听话时会严厉呵斥，再不听话就直接上手打屁股。爸爸妈妈也经常因各种事情吵架，所以，家里经常是孩子哭，大人叫。①

案例分析：这是一个典型的幼儿模仿学习的案例。从案例可以看出，逸逸产生攻击性行为的主要原因是模仿。

逸逸的爸爸妈妈脾气暴躁，对孩子大喊大叫、打骂等行为不仅容易让孩子模仿，还容易让孩子形成"遇到问题可以用打人的方式处理"的错误观念，使孩子觉得"打"是一种正确地制止对方的行为。父母打骂孩子也影响亲子关系，会给孩子造成心理压力，焦虑和压力过大的幼儿也容易出现攻击性行为。此外，研究表明，由于幼儿的思维具有直观形象的特点，动画片中刺激、暴力的画面会在幼儿的头脑中留下清晰、深刻的印象，导致幼儿很容易因为模仿而出现打人等攻击性行为。逸逸喜欢的动画片都有暴力和打斗场面，使他容易受动画片中不良行为的影响。

在社会教育中，"言传"不如"身教"，教师和家长一定要注意自己的言行举止。此外，还应关注幼儿日常生活中接触的动画片和游戏等，防止暴力动画片对幼儿的负面影响。

2. 社会领域教育目标之间的辩证关系

社会领域的某些学习与发展目标具有很强的辩证关系，因为它们往往既指向个人，又与他人密切相关，如在教育幼儿谦让时如何兼顾公平地保护自己的权利，在培养助人行为时如何同时培养被帮助者的自立意识。教育者要特别注意这种辩证关系，不能强调一方面而忽视另一方面。

▶【案例 10-11】

那是我的玩具

佳怡的妈妈最近很困惑：孩子怎么越大越小气了？以前，她很大方，可现在变得很小气，尤其是她喜欢的玩具，别人都不能碰，碰了她就哭。①

案例分析：这是一个"谦让"与"公平"之间的冲突和碰撞。每个幼儿都是一个独立的个体，拥有独特的个性。在进行谦让教育时，成人应考虑幼儿的个体差异，因材施教。对那些个性较强的幼儿，可通过劝慰、协调或补偿的方式引导其谦让，切不可强制要求幼儿谦让，以免他们产生逆反心理，适得其反。家长和教师应当注意，要寻求教育契机，引导幼儿在不知不觉中学会谦让。例如，案例中佳怡的行为是对自己所拥有的物品的一种保护，说明幼儿有了物品所有权的概念，知道什么是"我的"。家长可以给予鼓励和支持，并在尊重孩子的前提下，告诉他小伙伴只是想玩，并不会拿走，建议他们一起玩。当孩子能主动拿出玩具给小伙伴玩或者同意小伙伴玩时，家长应及时给予表扬等积极反馈。

四、科学领域

（一）科学领域对幼儿学习与发展的价值

我国学者张俊认为，科学是人们对客观世界的一种正确认识和知识体系，同时也是人们探索世界、获取知识的过程，还是一种世界观、一种看待世界的

---

① 莫源秋. 幼儿行为管理的方法与策略：给幼儿教师和家长的教育建议［M］. 北京：中国轻工业出版社，2020：222.

方法和态度。幼儿每天都会接触到科学现象，每天都在自发地从事科学探索，在不知不觉中进行着科学学习。只不过他们的科学学习与成人的科学学习在内容和形式上有所不同。幼儿园科学教育需要关注幼儿对科学的理解，关注幼儿科学价值观的形成，让幼儿认识到人与自然和谐相处的必要性与重要性。《指南》指出："幼儿的科学学习是在探究具体事物和解决实际问题中，尝试发现事物间的异同和联系的过程。幼儿在对自然事物的探究和运用数学解决实际生活问题的过程中，不仅获得丰富的感性经验，充分发展形象思维，而且初步尝试归类、排序、判断、推理，逐步发展逻辑思维能力，为其他领域的深入学习奠定基础。"

幼儿学习科学，不仅要学习科学的知识，获得科学的经验，也要学习一种思维方式。科学倡导的是一种实证式的思维方式，摒弃主观臆断，讲究尊重事实。教育者应该引导幼儿从学习观察开始，根据观察得到的信息做出对事物的初步判断，而后设想、筛选解决问题的可行方法，并付诸行动，检验结果，再反思和修正行动方案，进行新一轮的探究，并最终得出可信的结论。《指南》明确提出："幼儿的思维特点是以具体形象思维为主，应注重引导幼儿通过直接感知、亲身体验和实际操作进行科学学习，不应为追求知识和技能的掌握，对幼儿进行灌输和强化训练。"

《指南》还指出："幼儿科学学习的核心是激发探究兴趣，体验探究过程，发展初步的探究能力。成人要善于发现和保护幼儿的好奇心，充分利用自然和实际生活机会，引导幼儿通过观察、比较、操作、实验等方法，学习发现问题、分析问题和解决问题；帮助幼儿不断积累经验，并运用于新的学习活动，形成受益终身的学习态度和能力。"人类崇尚的所有美德，譬如善良、宽容、坚忍、求真等都可以在科学学习中得到培养，科学教育是真善美的统一。它引导幼儿探索真理，同时也鼓励幼儿和同伴友好合作，引导幼儿欣赏自然、敬畏生命。幼儿亲身经历科学活动、体验科学发现和成功的乐趣，这些体验将帮助他们变得更加主动、积极、独立、自信。

幼儿园科学教育，应该给幼儿探索世界、认识世界的机会，让他们尽情地体验学习科学带来的喜悦，从而获得好奇心的满足，促进幼儿形成科学的思维方式，提高解决问题的能力，并通过科学教育培养其良好的个性。

（二）《指南》科学领域的结构、目标与内容

《指南》科学领域根据幼儿学习与发展的特点分为"科学探究"和"数学认知"2个子领域，共6个具体目标，见表10-4。

1. 科学探究

科学探究的目标包括三个维度：情感态度、方法能力和知识经验。三个维度的目标是一个探究过程的不同方面，不能分别学习或单独训练。"亲近自然，喜

表 10-4 科学领域目标结构框架

子领域	科学探究	数学认知
具体目标	1. 亲近自然，喜欢探究 2. 具有初步的探究能力 3. 在探究中认识周围事物和现象	1. 初步感知生活中数学的有用和有趣 2. 感知和理解数、量及数量关系 3. 感知形状与空间关系

欢探究"为前提性目标，"具有初步的探究能力"为关键性目标，"在探究中认识周围事物和现象"是载体性目标。三个目标均明确地体现了一点，即幼儿园科学教育是以"探究"为中心的。

目前学术界对于什么是探究，什么是科学探究没有统一的定义。人们比较认同的是美国国家研究理事会在《美国国家科学教育标准》中提出的定义："科学探究指的是科学家们用以研究自然界并基于此种研究获得的证据提出种种解释的多种不同途径。科学探究也指学生们用以获取知识、领悟科学的思想观念、领悟科学家们研究自然界所用的方法而进行的各种活动。"所以科学探究既包括科学家真正意义上的科学研究活动，也包括学生在学校中运用科学家探索科学所运用的手段、途径所进行的科学学习。但必须明确的是幼儿园科学教育，如果只是引导幼儿学习现成的科学结论，而忽视了对科学探究过程的理解与体验，便无法帮助幼儿很好地理解科学的本质。所以科学探究的学习过程应能有效保持幼儿对自然的好奇心，激发他们的求知欲，使他们体验探究过程的喜悦与艰辛，促进幼儿主动建构具有个人意义的科学知识与技能，习得科学探究思维的方式。

幼儿对世界具有强烈的好奇心与探索欲，所以人们说"幼儿像科学家"。然而，幼儿毕竟不是真正的科学家，他们的探究与科学家的探究具有不同的特点，把握幼儿探究学习的独特性对于我们更好地理解以幼儿的探究学习为核心的科学教育活动有着重要的意义。刘占兰提出幼儿的探究与科学家的探究的相同与不同：第一，幼儿探究的热情与科学家一样强烈；第二，幼儿自由探究的程度低于科学家的探究；第三，幼儿探究的每一环节在程度上都异于科学家的探究。幼儿只是简约地重演科学发现的过程。

以幼儿的探究学习为核心的科学教育并不是单纯灌输一些粗浅的科学知识，而是幼儿科学探究与科学知识建构的有机结合。以幼儿的探究学习为核心的科学教育，是在建构主义学习观与教学观的指导下，在教师的精心引导下，从日常生活中所面临的真实、典型或复杂的科学问题入手，通过幼儿主动探究，通过设计开放性、生活性、游戏性的活动，提供有结构的材料，引导幼儿通过自己的亲身经历，在直接操作、探究物质材料及与人、事、物相互作用中，在不断的感受中，有所获得（科学知识经验），有所体验（体验科学的神奇、伟大，激发好奇、探索及热爱科学之情），有所发现（通过自己的观察、实验、理解并形成一些关键的科学概念），并在此过程中理解科学、热爱科学，实现对传统学科取向的幼儿园科学教育的超越，以及对幼儿主体的尊重，其根本在于承认与强调幼儿的科学独特性。这实质也是幼儿园科学教育过程与结果内在统一实现的前提。

2. 数学认知

目前社会上流行速心算、手指速算等方法，许多家长对这种方式非常感兴趣，甚至还买来加减或乘法口诀让幼儿背诵，有些幼儿园也应家长的要求开设了这样的特长班。学前阶段是否有必要学习数学？应该学习什么样的数学？幼儿应该怎样学习数学？《指南》中的"数学认知"提出了具体建议。例如，"数学认知"目标 2 为"感知和理解数、量及数量关系"，要求 3—4 岁幼儿"能感知和区分物体的大小、多少、高矮长短等量方面的特点，并能用相应的词表示。能通过一一对应的方法比较两组物体的多少。能手口一致地点数 5 个以内的物体，并能说出总数。能按数取物。能用数词描述事物或动作，如我有 4 本图书。"

幼儿学习数学，其意义绝不在于简单的数数和计算。他们所获取的数学知识是有限的，但数学对幼儿思维方式的培养却是其他任何学习所不具备的。由于数学本身就是抽象的过程，学习数学实质上就是训练思维，特别是抽象逻辑思维的过程。同时，数学还能够培养幼儿解决问题的能力，特别是用数学方法解决问题的能力，因此"数学是思维的体操"。学前阶段的数学教育重点是发展幼儿的思维能力和初步运用数学知识解决问题的能力。

幼儿的科学探究和数学认知常常相互关联。两个方面尽管各有其知识体系，但可以相互融合、相互助益。幼儿的数学学习是一个不断建构的过程，是通过对具体事物和事物之间关系的不断抽象概括来实现的。我们要支持幼儿在生活中通过发现和解决问题进行科学探究和数学认知，结合生活经验的数学活动能够让幼儿感受数学的有用和有趣。同时，幼儿的探究经验和数学认知存在着个体差异，不同的幼儿有自己的认知结构和水平，用自己的方法解决问题，所获得的发展也各不相同，因此我们也应尊重个体的独特性，因材施教。

（三）《指南》在幼儿园和家庭科学教育中的运用举例

1. 支持幼儿的科学探究

▶【案例 10—12】

在科学探究活动"你好，太空"前期，我们利用主题调查表收集了一些幼儿感兴趣的问题。幼儿针对这些问题展开了热烈讨论，又提出了一系列问题，例如，太空中有什么？火箭是怎样升空的？星星、月亮、太阳的秘密是什么？宇航员如何在太空生活？真的有黑洞吗？我们可以去太空吗？有外星人吗？他们长什么样？他们都做些什么？

一连串的问号促使幼儿不断地去发现、去探索。因此，在活动预设中，我想借助影视作品和绘本，如纪录片、科学绘本等，来丰富"你好，太空"科学探究活动。这些素材更直观、更真实地让幼儿了解宇宙的奥秘，激发幼儿进一步了解宇宙的兴趣。[1]

案例分析：《指南》中"科学探究"目标 2 为"具有初步的探究能力"。案例中的教师借助主题调查表，鼓励幼儿对太空现象展开讨论与探究，并以此为契机，提供相应的活动材料，帮助幼儿认识太空现象，满足幼儿的探究欲望。

2. 支持幼儿在生活中进行科学探究和数学认知

▶【案例 10-13】

大班数学活动"生活中的数字"从幼儿熟悉的学号入手，引导幼儿通过观察数字线段，了解数字间的排列规律，并通过"听指令猜数字"游戏，让幼儿在理解的基础上得以运用，形成思维的可逆性。

打擂游戏"说说生活中的数字"，调动幼儿已有经验，使幼儿理解生活中的数字无处不在。例如，鞋码、挂历、闹钟、尺子、保质期等。充满生活气息的数学活动和具有挑战性的游戏让幼儿始终处于积极的学习状态中。[2]

案例分析：数学的重要特点之一在于它的应用性。《指南》中"数学认知"目标 1 为"初步感知生活中数学的有用和有趣"。案例中的活动和游戏关注到了生活中数学教育的价值，发掘了数学教育的趣味性、操作性和实用性。在实践中，教师可以抓住教育契机，将数学启蒙教育密切联系幼儿的实际生活，将身边的事物与现象作为幼儿数学学习的对象。

五、艺术领域

（一）艺术领域对幼儿学习与发展的价值

《指南》指出："艺术是人类感受美、表现美和创造美的重要形式，也是表达自己对周围世界的认识和情绪态度的独特方式。"

---

[1] 汪秀宏，王微丽，霍力岩. 支架儿童的主动探究：STEM 与个别化学习 [M]. 北京：北京师范大学出版社，2019：47.
[2] 方萍. 课改背景下幼儿园数学活动的设计与组织 [J]. 宁波教育学院学报，2021，23（6）：18-20.

　　艺术教育的特点是通过美的事物具体、鲜明的形象来感染人，激发人们的情感，以美感人、以情感人，使人在潜移默化中受到陶冶。美术有鲜艳的色彩、各种各样的线条、形体，舞蹈有多变的动作，音乐有美妙的音符，符合幼儿思维具体形象、活泼好动的特点，容易引起幼儿的兴趣，易被他们理解和接受。

　　1. 艺术教育能促进幼儿感知能力的发展

　　艺术活动是一种手、眼、脑等并用的活动，它需要幼儿用多种感官去感知审美对象，仔细去观察对象，再去想象、理解、加工审美意象，然后用动作、语言或其他非语言的方式表达自己的审美感受，用手对工具和材料的操作表现自己的思想情感和所见所闻。艺术活动是一种生理机能运动和感官协调的活动。幼儿在艺术活动中所呈现出来的反应模式是最为原始、最为本真的一种生命活动。

　　2. 艺术教育能促进幼儿创造能力的发展

　　想象是思维的花朵，创造是艺术的灵魂。艺术活动不是靠概念、判断、推理来进行的，而是靠想象来进行的，而创造性活动是人的潜在能力的表现。幼儿天生就具有创造的潜能，他们总是带着高度的好奇心去对待周围的事物，并以自己特有的方式去探索，去发挥想象，去创造。教师应该充分挖掘他们的创造潜能，为幼儿提供多种工具、材料和不同的创造形式。每个幼儿都有创造潜能，关键是教师如何挖掘，激发他们的创造欲。

　　3. 艺术教育能促进幼儿人格的健全完善

　　在艺术活动中，幼儿聚精会神地展开丰富的想象和创造，同时他们沉浸在艺术所带来的愉悦之中。除了用语言来描述这种愉悦之外，幼儿还会用动作、表情等来表达这种自然和真实的感受。他们会用唱歌、跳舞、绘画或手工等外在的符号形式尽情地、自由地表达自己的观点，抒发内心的情感，感受到用艺术与他人交流的喜悦，从而获得一种精神上的满足，一种因自我肯定而产生的愉悦感，并由艺术这种符号化的人类情感形式泛化到生活的其他领域，丰富和发展情感世界，使人格得到健全完善的发展。

　　(二)《指南》艺术领域的结构、目标与内容

　　《指南》指出："每个幼儿心里都有一颗美的种子。幼儿艺术领域学习的关键在于充分创造条件和机会，在大自然和社会文化生活中萌发幼儿对美的感受和体验，丰富其想象力和创造力，引导幼儿学会用心灵去感受和发现美，用自己的方式去表现和创造美。"《指南》艺术领域分为"感受与欣赏""表现与创造"2个子领域，如表 10-5 所示。

　　1. 感受与欣赏

　　美育的一个很重要的内容是培养幼儿对美的感受力。从某种意义上来说，美的欣赏能力比美的创造能力更为重要，一个不会感受美、不会欣赏美的人，很难

表 10-5　艺术领域目标结构框架

子领域	感受与欣赏	表现与创造
具体 目标	1. 喜欢自然界与生活中美的事物 2. 喜欢欣赏多种多样的艺术形式和作品	1. 喜欢进行艺术活动并大胆表现 2. 具有初步的艺术表现与创造能力

想象他能创造出美的事物来。《指南》中"感受与欣赏"包括 2 个目标：喜欢自然界与生活中美的事物、喜欢欣赏多种多样的艺术形式和作品。

从感受美入手，让幼儿走出活动室、走出园门去感受大自然的美，让幼儿用眼、耳、鼻、手看一看、听一听、闻一闻、摸一摸。百花争艳，百鸟争鸣，小溪流水，高山怪石等都能激发幼儿对美的意识，但从感觉美到意识美都需要教师及时引导。例如，教师发现幼儿饭后散步时常常被一群小蚂蚁吸引，于是抓住这一瞬间引导幼儿观察蚂蚁排队、抬食物。有趣的情境能让幼儿产生愉悦的情感体验和对美的意识。

借助自然帮助幼儿理解、欣赏艺术作品，提高幼儿美的欣赏力。例如，在画风景画时，如果幼儿难以理解远近不同的山水美，教师可以选择带幼儿到活动室外走走，或者参观公园。在春天，教师可以带幼儿到郊外去春游，让他们在大自然中寻找春天的特征，感受春的气息，让自然美净化他们的心灵。在这样的活动里，幼儿不仅感受到了自然形态的美，同时也为绘画积累了素材。

2. 表现与创造

《指南》中"表现与创造"目标包括：喜欢进行艺术活动并大胆表现，具有初步的艺术表现与创造能力。

《指南》艺术领域明确提出："幼儿对事物的感受和理解不同于成人，他们表达自己认识和情感的方式也有别于成人。幼儿独特的笔触、动作和语言往往蕴含着丰富的想象和情感，成人应对幼儿的艺术表现给予充分的理解和尊重，不能用自己的审美标准去评判幼儿，更不能为追求结果的'完美'而对幼儿进行千篇一律的训练，以免扼杀其想象与创造的萌芽。"家长和教师所要做的是保护幼儿创作的兴趣。以美术教育为例，教师要做的不是教幼儿画得像，而是让他们大胆地画，即使把太阳画成彩色的，树叶画成红色的都没有关系，因为这正是幼儿感知色彩的阶段，之后，他们会注意到事物真正的色彩。

在教学中如果教师向幼儿灌输一些艺术上规律性的知识或强加一些成人认可的观点，就会束缚幼儿的想象力与创造力，抑制他们个性的发展，使幼儿的画变成成人的"矫形"和"影子"，缺乏童趣。艺术活动是幼儿最喜欢的活动之一，也是发展幼儿想象力、创造力，促进幼儿个性全面发展的有效手段。在艺术活动中充分发挥幼儿的想象力，培养幼儿的思维能力，提高其艺术修养，是一件意义重大的工作。

艺术教育要培养幼儿对艺术的兴趣和爱好，陶冶他们的性情，提高他们对艺术的欣赏能力以及艺术兴趣，培养他们对艺术的感受和理解，创造性表达自己的情感和感受艺术。模仿成人开展超越幼儿能力的艺术教育，会伤害幼儿的身体，更不利于幼儿的长远发展。

（三）《指南》在幼儿园和家庭艺术教育中的运用举例

1. 保护幼儿的想象力和创造力

毕加索说："我用很短的时间就画得像一位大师，但我要用一生去学习画得像一个儿童。"幼儿有着惊人的想象力和创造力，需要成人创造机会和条件，支持幼儿自发的艺术表现和创造。

▶【案例 10-14】

颠倒的世界

小海是个实习生，听说学校的实习指导教师要来观摩她的教学活动，就特别准备了一个语言和美术相结合的教学活动。为了使实习指导教师满意，小海不仅精心准备，还进行了试教。

活动过程大致是先讲一个故事，叫《颠倒的世界》，故事内容说的是在一个颠倒的世界里，所有事情都反了，比如长颈鹿变短颈鹿了，乌龟跑得飞快，小兔子挪动身子很慢，房子会走……故事很好玩，幼儿听得"哈哈"大笑。然后，小海让幼儿自己想象，在你的颠倒世界里，还有什么事情反过来了，把它画下来以后进行交流。

令小海老师没有想到的是，事情真的颠倒了。试教时，她找来的幼儿，都是平时被认为画画不好的，而留下准备正式上课的那些幼儿，都在外面学画画，有的还得过奖。但遗憾的是，试教很成功，而正式教学很失败。试教时的那些幼儿想象力丰富，讲了很多稀奇古怪的相反事，笑得前仰后合的，比如在我的颠倒世界里，我变成了妈妈，妈妈变成了孩子；我看电视，命令妈妈写字。而在正式教学中，那些很会画画的孩子却抓耳挠腮，想不出要画什么，总有幼儿说这个东西不会画，那个东西不会画，还有相互模仿的。最不可思议的是，他们的绘画水平一点也不显得比试教时的那些幼儿好，也不比自己平时绘画课上画得好。

小海老师陷入了深深的沉思。[1]

---

[1] 李季湄，冯晓霞.《3—6 岁儿童学习与发展指南》解读 [M]. 北京：人民教育出版社，2013：152-153.

案例分析:《指南》艺术领域始终贯穿着保护幼儿想象力和创造力的理念，而我们现实生活中所谓的美术教育，主要是教授物体的形象怎么画以及一些线条、构图等方面的技巧，幼儿学得越多，其想象力和创造力反而越受限制，故出现了小海老师公开课上的一幕。

2. 支持幼儿用自己的方式表现和创造

《指南》提出:"在幼儿自主表达创作过程中，不做过多干预或把自己的意愿强加给幼儿，在幼儿需要时再给予具体的帮助。了解并倾听幼儿艺术表现的想法或感受，领会并尊重幼儿的创作意图，不简单用'像不像''好不好'等成人标准来评价。"

▶【案例 10-15】

　　在音乐活动"快乐的小蜗牛"中，教师引导幼儿熟悉节奏，让幼儿观察模仿教师的动作并参与体验，让幼儿产生对音乐的审美表象。教师通过引导性提问"你想怎样爬树?""你想和哪些小伙伴一起摘葡萄?"，让幼儿运用前期积累的经验，自由想象，自主创编爬树的动作，并以小组的形式即兴创编融动作、语言、器乐和表演于一体的音乐故事，幼儿从即兴表演中获得了极大的愉悦感和满足感。同时，教师通过"我们来跟着××小朋友学一学"，给予每个幼儿更多即兴表现的机会。教师尊重幼儿的情感体验，幼儿能主动地在教师和同伴面前表现自己。教师根据每位幼儿即兴创编的动作进行全体幼儿的接龙游戏，幼儿的积极性很高，每个幼儿都举起小手争先恐后地表达自己的想法。在活动中教师逐渐"退位"，让幼儿抓住机会自由地即兴表现，并尊重幼儿的表现。这是一种尊重幼儿的自主建构与个性创造的过程，在这个过程中，幼儿把想象与设想变为现实创造，获得"完满"的心理体验。在活动过程中，幼儿不仅是主动学习的"参与者"，更是学习的"创造者"。[①]

案例分析: 本案例中，教师在引导幼儿将自己对音乐的想法用动作表现出来后，逐步"退位"，支持幼儿用自己的方式自由地即兴表现，并充分尊重幼儿的想法。这种方式激发了幼儿参与活动的积极性，彰显了幼儿在表现与创造中的主体性，进而提升了幼儿的整体经验。

---

① 彭荣, 王思怡.奥尔夫教学法在幼儿园音乐活动中的应用与启示：以大班音乐活动"快乐的小蜗牛"为例 [J].陕西学前师范学院学报，2021, 37 (10): 84-89.

【理解·反思·探究】

1.《指南》的基本理念是什么?

2.《指南》的实施原则是什么?

3. 谈谈《指南》对促进我国学前教育事业发展的意义。

【拓展阅读导航】

● 相关政策法规

《3—6 岁儿童学习与发展指南》

● 相关文献

1. 刘晓东.解放儿童［M］.2 版.南京：江苏教育出版社，2008.

该书倡导发现儿童的世界，尊重儿童的生活，建设儿童本位、儿童中心的教育观念，走出儿童教育的种种误区，实现儿童教育现代化。

2. 艾希.扩展幼儿的思维：父母与教师的合作：第 2 版［M］.潘月娟，刘焱，译.北京：北京师范大学出版社，2010.

该书将幼儿内在的、抽象的认知结构转化为外在的、可观察的行为，分析了图式与概念之间的关系，探讨了扩展图式的经验。

第十一章 《托儿所幼儿园卫生保健工作规范》

【导语】

学前期是对个体的一生产生重要影响的时期，是一个既蕴藏着巨大发展潜力又十分脆弱的时期，是一个既需要成人精心照顾和保护又需要发展自身好奇心、探求欲的时期。健康是教育的必要前提，幼儿园作为学前教育机构，必然要担负艰巨而又重要的职责——为幼儿的发展提供健康的环境。

本章主要介绍《托儿所幼儿园卫生保健工作规范》（本章可简称《卫生保健工作规范》），帮助学习者深入理解《卫生保健工作规范》的具体内容，以便幼儿园能够更科学地开展卫生保健工作。

【学习目标】

● 了解《卫生保健工作规范》颁布的背景及意义。
● 理解《卫生保健工作规范》的主要内容。
● 运用《卫生保健工作规范》指导幼儿园的卫生保健工作。

2021 年 10 月，牡丹江市卫生健康委开展了全市托幼机构卫生保健业务指导及监督检查工作，进一步加强全市托幼机构卫生保健指导及监督管理，提高托幼机构卫生保健工作水平，保障儿童健康和安全。

督导检查期间，按照《托儿所幼儿园卫生保健管理办法》及《托儿所幼儿园卫生保健工作规范》，牡丹江市卫生健康委抽调市卫生健康综合监督执法局、市妇幼保健院相关人员组成督导组，对城区托幼机构进行了抽检，每城区抽检 2 家，共抽检公立幼儿园 3 家、私立幼儿园 5 家。

此次，通过采取实地查看、查阅资料、现场提问等方式对托幼机构卫生保健合格证、保健室设置及设施配备、从业人员及资质、托幼机构卫生保健工作制度建立与落实、入园和在园幼儿体检、生活饮用水卫生（桶装水）、食堂食品留样及记录、传染病、物资储备、突发公共卫生事件应急处置等内容进行了业务指导及监督检查。针对检查中发现的问题，督导组下达了《托幼机构指导意见书》和《监督意见书》，当场提出整改意见，责令其立即整改，并将进行追踪复查，对拒不整改或整改不到位的托幼机构，按照法律法规规范要求进行处罚，并将在全市范围内予以通报。

在市级抽查的同时，各县（市）、区卫生健康局也分别组织了辖区妇幼保健机构和监督执法机构，进行本辖区托幼机构卫生保健业务指导及监督检查。通过全市托幼机构卫生保健业务指导及监督检查工作，进一步规范了全市托幼机构卫生保健室的设置管理水平，增强了从业人员卫生保健意识，促进了托幼机构各项卫生保健工作，为保障幼儿身心健康起到积极的促进作用。[①]

上述检查结果表明政府机关对托幼机构卫生保健工作的重视，强调了规范托幼机构卫生保健工作对保障幼儿身心健康发展的重要作用。但抽检中，仍有部分托幼机构的卫生保健工作存在一定问题，亟须进一步规范。因此，我们仍要继续加强对《托儿所幼儿园卫生保健工作规范》的学习，了解我国对托幼机构卫生保健工作的具体要求，并以此为依据开展卫生保健工作，以保障幼儿安全、健康地成长。

第一节　《托儿所幼儿园卫生保健工作规范》概述

为贯彻落实《托儿所幼儿园卫生保健管理办法》，规范托儿所、幼儿园卫生保健工作，切实提高托幼机构卫生保健工作质量，卫生部组织专家对 1985 年颁

---

① 来源：牡丹江新闻网发布的《我市开展托幼机构卫生保健业务指导监督检查》（2021-10-29 发布），有修改。

布的《托儿所、幼儿园卫生保健制度》进行修订，2012 年 5 月 9 日，《托儿所幼儿园卫生保健工作规范》颁布。《卫生保健工作规范》明确了"托幼机构卫生保健工作的主要任务是贯彻预防为主、保教结合的工作方针，为集体儿童创造良好的生活环境，预防控制传染病，降低常见病的发病率，培养健康的生活习惯，保障儿童的身心健康"。

一、《托儿所幼儿园卫生保健工作规范》颁布的背景

托幼机构卫生保健工作是公共卫生的一个领域，是我国儿童保健服务的重要内容。为了规范各地托幼机构卫生保健工作，1985 年 12 月，卫生部颁布《托儿所、幼儿园卫生保健制度》；1994 年 12 月 1 日，卫生部、国家教育委员会联合发布《托儿所、幼儿园卫生保健管理办法》。这两份文件为保障儿童的健康发挥了积极的作用。此后，卫生部、教育部及相关部门颁布了《学校食堂与学生集体用餐卫生管理规定》《餐饮业和集体用餐配送单位卫生规范》《托儿所、幼儿园建筑设计规范》等一系列规范和规章制度，这些规范和规章制度对托幼机构的卫生保健工作也进行了相应的规定。

随着社会的进步，托幼机构卫生保健工作也有了新的理念和发展，卫生部、教育部对《托儿所、幼儿园卫生保健管理办法》进行了修订，自 2010 年 11 月 1 日起施行。

☞链接：《托儿所幼儿园卫生保健管理办法》（2010 年）

2012 年对 31 个省（自治区、直辖市）8 966 所托幼机构卫生保健工作现状的调查结果显示：

（1）80% 以上的托幼机构有定期健康检查、卫生消毒、安全和卫生保健登记制度；托幼机构的儿童入园体检率和工作人员体检率分别为 67.0%、82.6%；保健室设立率仅为 47.5%，保健医生配备率为 58.5%。

（2）托幼机构卫生保健工作存在地区差异；各项指标随省市级、县级、乡级、村级有逐渐降低趋势；西南、西北地区的各项卫生保健指标较低。

（3）托幼机构卫生保健工作在不同类别的托幼机构中存在差异，私人办园和乡镇办园的卫生保健指标较低。

从以上调查结果不难看出，我国托幼机构的各项指标与 2010 年发布的《托儿所幼儿园卫生保健管理办法》的要求都存在一定的差距，加强托幼机构卫生保健工作迫在眉睫。为了更好地贯彻落实该管理办法，加强托儿所、幼儿园卫生保健工作，切实提高托幼机构卫生保健工作质量，2012 年 5 月 9 日，以《托儿所幼儿园卫生保健管理办法》为指导思想，以《托儿所、幼儿园卫生保健制度》的基本内容为依据，卫生部颁布《托儿所幼儿园卫生保健工作规范》，目的是能更好地适应现阶段托幼机构卫生保健工作的开展，规范全国托幼机构卫生保健技术服务和管理工作，指明今后托幼机构卫生保健工作发展

的趋势和方向；使托幼机构卫生保健工作常规化、制度化，提高各级妇幼保健机构对托幼机构卫生保健工作的指导水平，保障幼儿的身心健康，促进幼儿全面发展。

二、《托儿所幼儿园卫生保健工作规范》的意义

托幼机构卫生保健工作是一项任重道远的事业，涉及多部门、多系统、多专业。《卫生保健工作规范》明确了各部门的卫生保健工作职责和具体责任，规定了各项健康和环境设施的指标和卫生评价流程，并列出多项表格供教师和工作人员使用，对建立健全配套法律法规及监督管理机制，开展预防性卫生监督，加强从业人员的专业培训，增强法律意识，促进托幼机构卫生保健水平及人员素质整体提高有重大意义，也为今后托幼机构工作的顺利开展指明方向。

第二节　《托儿所幼儿园卫生保健工作规范》的主要内容

☞链接:《托儿所幼儿园卫生保健工作规范》

《卫生保健工作规范》分为卫生保健工作职责、卫生保健工作内容与要求、新设立托幼机构招生前卫生评价、附件四个部分，下面对这四部分内容加以介绍。

一、卫生保健工作职责

《卫生保健工作规范》明确了托幼机构、妇幼保健机构以及相关职能部门的工作职责。

（一）托幼机构

《卫生保健工作规范》从保健室设置、托幼机构的设计和建设、卫生保健工作制度和计划、工作人员和儿童健康检查制度、传染病预防控制工作、伤害预防控制工作、一日生活制度和体格锻炼计划、食品安全工作、工作人员培训指导、数据统计十个方面明确规定了托幼机构的职责，将托幼机构在卫生保健工作中的职责进一步细化，对规范各级各类托幼机构卫生保健工作的实施和促进群体儿童卫生保健工作的开展具有重要作用。

如保健室设置，《卫生保健工作规范》托幼机构职责的第一条明确提出"设立保健室或卫生室，其设置应当符合本《规范》保健室设置基本要求。根据接收儿童数量配备符合相关资质的卫生保健人员"。

如托幼机构的设计和建设，《卫生保健工作规范》指出："新设立的托幼机构，应当按照本《规范》卫生评价的要求进行设计和建设，招生前应当取得县级以上卫生行政部门指定的医疗卫生机构出具的符合本《规范》的卫生评价报告。"

（二）妇幼保健机构

妇幼保健机构是由政府举办，不以营利为目的，具有公共卫生性质的公益性事业单位，是为妇女儿童提供公共卫生和基本医疗服务的专业机构，包括妇幼保健院和妇幼保健所。《卫生保健工作规范》将妇幼保健机构在托幼机构卫生保健工作管理方面的职责明确细化，方便各级妇幼保健机构和托幼机构在实际工作中操作。

妇幼卫生体系是我国最早建立的一个公共卫生体系，各级妇幼保健机构是我国妇幼卫生服务体系的主体，承担着保护妇女儿童健康的特殊职责。妇幼保健机构实行"以保健为中心，以保障生殖健康为目的，实行保健与临床相结合，面向群体、面向基层和预防为主"的妇幼卫生工作方针。

由于我国地区差异较大，虽然各地政府高度重视，采取一系列措施努力提高妇幼卫生服务能力，但是我国整体妇幼卫生事业的发展仍显不足，要很好地完成这些基本的及重大的公共卫生服务项目内容，也面临着很多问题和困难。妇幼保健机构的建设规模、技术水平、服务能力和经费保障等尚未达到卫生部的有关标准；妇幼保健服务内容比较陈旧，妇幼保健覆盖率还较低。妇幼卫生作为公共卫生的重要组成部分，与人民群众日益增长的保健需求不相适应，地区间发展还存在明显的差异。落实《卫生保健工作规范》中妇幼保健机构职责是解决这些问题的主要途径之一。

（三）相关机构

《卫生保健工作规范》涉及的主要相关机构为疾病预防控制机构、卫生监督执法机构、食品药品监督管理机构、乡镇卫生院、村卫生室和社区卫生服务中心（站）。各机构相互合作，共同促进托幼机构卫生保健质量的提高。《卫生保健工作规范》明确指出："疾病预防控制机构负责定期为托幼机构提供疾病预防控制的宣传、咨询服务和指导。卫生监督执法机构依法对托幼机构的饮用水卫生、传染病预防和控制等工作进行监督检查。食品药品监督管理机构中负责餐饮服务监督管理的部门依法加强对托幼机构食品安全的指导与监督检查。乡镇卫生院、村卫生室和社区卫生服务中心（站）应通过妇幼卫生网络、预防接种系统以及日常医疗卫生服务等多种途径掌握辖区中的适龄儿童数，并加强与托幼机构的联系，取得配合，做好儿童的健康管理。"

二、卫生保健工作内容与要求

《卫生保健工作规范》包括十项内容：一日生活安排、儿童膳食、体格锻炼、健康检查、卫生与消毒、传染病预防与控制、常见病预防与管理、伤害预防、健康教育、信息收集。

☞链接:《长沙市幼儿园一日活动常规》

（一）一日生活安排

1. 制订合理的生活制度

托幼机构的生活制度指按科学的依据把儿童每日在园内的主要活动，如入园、进餐、睡眠、游戏、户外活动、教育活动、离园等在时间和顺序上合理地固定下来，并形成一种制度。《卫生保健工作规范》指出："托幼机构应当根据各年龄段儿童的生理、心理特点，结合本地区的季节变化和本托幼机构的实际情况，制订合理的生活制度。"

托幼机构的生活制度必须首先考虑儿童的年龄特点，儿童年龄越小，其进餐的次数就越多，睡眠的时间就越长，而每次游戏活动或教育活动的时间则越短。随着儿童年龄的增长，其进餐的次数以及睡眠时间可以逐渐减少，而每次游戏活动或教育活动的时间则可以逐渐延长。

制订生活制度还应该考虑人体生理活动以及高级神经系统活动的规律。托幼机构在制订生活制度时，应考虑到不同性质的活动轮换进行，做到劳逸结合、动静交替。

我国地域辽阔，南北气候差异较大，各园所应根据本地区的具体地理特征以及本园的实际情况，制订相应的生活制度。同时，在制订生活制度时，还应考虑到不同季节的特点，对生活制度中的部分环节进行适当的调整。例如，夏季昼长夜短，幼儿入园的时间可适当提前，寄宿制幼儿园早晨起床的时间可以适当提前，而幼儿晚上睡觉的时间也可以适当推迟。为了保证幼儿每天有足够的睡眠时间，可适当延长幼儿午睡的时间等。

幼儿的年龄特点决定了幼儿入园以及离园都必须由家长亲自接送，因此，托幼机构在制订生活制度时，还应该考虑家长的实际情况和需要，更好地为家长服务。例如，幼儿入园的时间，可以根据家长的需要适当地提前，离园的时间也可以适当地推迟；托幼机构为幼儿提供的膳食，可以由"一餐两点"增加到"三餐一点"或"三餐两点"等。

2. 合理安排儿童作息时间和生活环节

《卫生保健工作规范》指出："合理安排儿童作息时间和睡眠、进餐、大小便、活动、游戏等各个生活环节的时间、顺序和次数，注意动静结合、集体活动与自由活动结合、室内活动与室外活动结合，不同形式的活动交替进行。"合理的作息时间可以使儿童在园所内的生活既丰富多彩又有规律性。劳逸结合、动静交替不仅有利于促进儿童的生长发育，还有助于培养儿童有规律的生活习惯，同时，也为保教人员顺利地做好保育和教育工作提供了重要的条件。

3. 保证儿童每日充足的户外活动时间

《卫生保健工作规范》指出："保证儿童每日充足的户外活动时间。全日制儿童每日不少于 2 小时，寄宿制儿童不少于 3 小时，寒冷、炎热季节可酌情调整。"

合理地安排组织户外活动，引导儿童在一天生活中动静交替地参与不同性质的活动，能帮助儿童预防神经系统的疲劳，保持愉快的情绪，从而促进其身心全面和谐发展。

4. 根据儿童年龄特点和托幼机构服务形式合理安排每日进餐和睡眠时间

《卫生保健工作规范》指出："根据儿童年龄特点和托幼机构服务形式合理安排每日进餐和睡眠时间。制订餐、点数，儿童正餐间隔时间 3.5~4 小时，进餐时间 20~30 分钟 / 餐，餐后安静活动或散步时间 10~15 分钟。3—6 岁儿童午睡时间根据季节以 2~2.5 小时 / 日为宜，3 岁以下儿童日间睡眠时间可适当延长。"

儿童时期消化系统功能尚不完善，消化能力弱，胃容量小，但由于生长发育迅速，每日所需热量较高，所以应制订合理的进餐次数和间隔时间，才能保障儿童消化系统的正常功能并满足儿童营养的摄入需求。

托幼机构应根据儿童身心发展特点以及气候、季节具体安排睡眠时间。为培养儿童良好的生活作息习惯，托幼机构应制订合理的游戏、学习和睡眠等活动的时间安排表，并根据具体情况及时调整。

5. 严格执行一日生活制度

一日生活制度建立以后，应该严格地实施，以保证儿童生活的规律性。但由于托幼机构的活动类型并不是一成不变的，有时会举办一些特殊的活动，如开运动会、组织儿童外出远足、进行健康检查等。因此，托幼机构一日生活的安排，既应该保证一定的稳定性和规律性，同时又应该具有相对的灵活性。

由于儿童之间存在着较大的差异性，如有的儿童精力十分旺盛、睡眠较少而有的儿童由于体质较弱等原因，往往需要更多的睡眠时间。因此，生活制度在具体实施的过程中，还应该兼顾到儿童的个别差异，以适应不同儿童的特点，满足儿童的不同需要。

在实施《卫生保健工作规范》一日生活内容时，园长和卫生保健人员应当定期观察生活作息制度的执行情况，发现问题及时予以纠正，以保证儿童在托幼机构内生活的规律性和稳定性。通过一日生活的各个环节，对儿童进行生活护理，有效地开展卫生保健及教育工作。工作人员要合理分工，严格执行工作程序及实行岗位责任制，以保证一日生活制度的贯彻落实。

（二）儿童膳食

1. 膳食管理

膳食管理是托幼机构管理的重要内容，只有做好这项工作才能保证儿童获得足够的营养，保障其健康成长。

（1）规范膳食管理制度

要做好托幼机构的膳食管理工作首先要制定一个完善的制度。《卫生保健工作规范》中"膳食管理"的第一条指出："托幼机构食堂应当按照《食品安全法》、《食品安全法实施条例》以及《餐饮服务许可管理办法》、《餐饮服务食品安全监督管理办法》、《学校食堂与学生集体用餐卫生管理规定》等有关法律法规和规章的要求，取得《餐饮服务许可证》，建立健全各项食品安全管理制度。"

（2）严把儿童膳食质量关

托幼机构的膳食安全是膳食管理工作的重中之重，不仅关系着儿童的生命健康，也关系着社会稳定。严格的食品操作制度，从原料到成品都应该做到责任到人、措施到位。《卫生保健工作规范》"膳食管理"的七个条目中有五条均提到了膳食的质量要求。如"托幼机构应当为儿童提供符合国家《生活饮用水卫生标准》的生活饮用水"，"儿童膳食应当专人负责"，"儿童膳食费专款专用"，"儿童食品应当在具有《食品生产许可证》或《食品流通许可证》的单位采购"，"禁止加工变质、有毒、不洁、超过保质期的食物，不得制作和提供冷荤凉菜"。

（3）创设良好的就餐环境，培养儿童良好的进餐习惯

创设良好的进餐环境，有利于培养儿童良好的饮食习惯。《卫生保健工作规范》指出："进餐环境应当卫生、整洁、舒适。餐前做好充分准备，按时进餐，保证儿童情绪愉快，培养儿童良好的饮食行为和卫生习惯。"

就餐时，首先应该为儿童提供一个干净整洁、秩序良好和令人愉悦的进餐环境，如餐前可播放一些轻音乐，良好的气氛有助于引起儿童食欲和促进消化。其次，保育员要做好各个环节的卫生消毒工作，为儿童提供健康的集体进餐环境。教师和保育员要通力合作，如餐前保育员负责送饭、桌面消毒。教师组织、指导幼儿洗手后，做一些安静的游戏。

2. 膳食营养

（1）制订科学、合理、平衡的膳食计划，科学制订带量食谱

合理营养是健康膳食的主要目标，是促进儿童生长发育和物质能量代谢的必要条件。合理营养体现在膳食上就是平衡膳食。任何一种食物都不可能包含所有的营养素，任何一种营养素也不可能具备全部营养功能。托幼机构需要把各种食物合理调配，使具有不同营养特点的食物在膳食中占有适当比例，从而保证儿童的营养需要。《卫生保健工作规范》指出："根据膳食计划制订带量食谱，1~2周更换1次。食物品种要多样化且合理搭配。"

科学制订带量食谱，是保证儿童健康成长的关键。根据需要，托幼机构可以成立有家长参与的食谱制订小组，促进家园合作，共同参与儿童带量食谱的制订。成立伙食管理委员会，听取各方意见，及时改进，不断提高膳食质量。另外，保健医生定期计算每日膳食中各种营养素的供给量，据此制订营养均衡的食谱。

（2）科学烹调是保证膳食质量和保存食物营养成分的重要环节

科学烹调对食物的消化、吸收、利用和提高其营养价值均有重要作用。

《卫生保健工作规范》指出："在主副食的选料、洗涤、切配、烹调的过程中，方法应当科学合理，减少营养素的损失，符合儿童清淡口味，达到营养膳食的要求。"儿童营养是否充分，不仅与膳食结构、原材料质量有关，也与烹调过程及技巧有关。不科学的烹调技术和方法会导致营养物质流失或破坏，从而降低食物营养价值。

（3）根据儿童的膳食心理特点调配和烹饪食物

《卫生保健工作规范》指出，"食物品种要多样化且合理搭配"，"烹调食物注意色、香、味、形，提高儿童的进食兴趣"。托幼机构可以根据儿童的心理特点，将儿童平时可能不爱吃但营养丰富的菜变换着花样做出来。如将猪肝、胡萝卜制成馅，做成包子，帮助他们接受各类食物。有条件的托幼机构可为贫血、营养不良、食物过敏等儿童提供特殊膳食。

（4）膳食调查和营养评估

膳食调查和营养评估是托幼机构膳食质量的重要保证。《卫生保健工作规范》明确规定："托幼机构至少每季度进行 1 次膳食调查和营养评估。"儿童热量和各种营养素的摄入量均应达到规定的量。

（三）体格锻炼

锻炼是促进身体发育，增强体质的最重要因素之一。运动能促进体内的新陈代谢过程，促进儿童生长发育。

1. 积极开展体格锻炼，掌握运动强度

《卫生保健工作规范》指出："托幼机构应当根据儿童的年龄及生理特点，每日有组织地开展各种形式的体格锻炼，掌握适宜的运动强度，保证运动量，提高儿童身体素质。"儿童体格锻炼的运动量首先要根据儿童的体质状况来安排。如肥胖儿童的运动量适当大一些，生病儿童不宜参加强度大的活动，对能力弱的儿童提的要求不能太高，要鼓励其循序渐进地完成。其次要根据季节、气候安排。夏天炎热，安排的活动强度、密度要小一些；冬天天气比较寒冷，安排的活动量适当大一些，如跑步、跳绳。为了使走、跑、跳、钻、平衡、投掷等基本动作都能得到发展，教师应每天都安排不同的游戏，并帮助儿童在游戏中提升反应灵敏性和动作协调性。

2. 排查儿童运动中的安全隐患

随着托幼机构环境的不断改善，儿童户外活动逐渐增加，活动场所面积逐渐增大，户外活动中，大型玩具较容易发生意外伤害事故。《卫生保健工作规范》指出："保证儿童室内外运动场地和运动器械的清洁、卫生、安全，做好场地布置和运动器械的准备。定期进行室内外安全隐患排查。"活动前教师应检查运动器械是否安全，活动场地是否平整、有无不安全障碍物；检查儿童的衣着、鞋带是否适合运动环境；活动前后及时清点幼儿人数等。

3. 及时观察儿童运动前后的反应

任何运动都应该有一个循序渐进的过程。以体育活动为例，开始时应该做适当的准备活动，使心血管系统有足够时间提高其活动水平，同时消除肌肉、关节的僵硬状态，以减少外伤的发生。锻炼后的整理活动可以防止"运动性休克"的发生。《卫生保健工作规范》指出："做好运动前的准备工作。运动中注意观察儿童面色、精神状态、呼吸、出汗量和儿童对锻炼的反应，若有不良反应要及时采取措施或停止锻炼；加强运动中的保护，避免运动伤害。运动后注意观察儿童的精神、食欲、睡眠等状况。"当发现幼儿出现脸色粉红或苍白，身体大量出汗（尤其是躯干），呼吸急促表浅、节律紊乱，动作失调，步态不稳，反应迟钝等情况时，必须及时停止活动。

4. 全面了解儿童健康状况

体格锻炼时应根据儿童的不同情况制订不同的锻炼计划。《卫生保健工作规范》指出："全面了解儿童健康状况，患病儿童停止锻炼；病愈恢复期的儿童运动量要根据身体状况予以调整；体弱儿童的体格锻炼进程应当较健康儿童缓慢，时间缩短，并要对儿童运动反应进行仔细的观察。"

（四）健康检查

1. 儿童健康检查

儿童健康检查包括入园（所）健康检查、定期健康检查、晨午检及全日健康观察三个方面。

（1）入园（所）健康检查

《卫生保健工作规范》对儿童入园（所）做了具体要求。强调儿童入园（所）前应在医疗卫生机构，按照《托儿所幼儿园卫生保健管理办法》制订的项目开展健康检查，不得违反规定擅自改变健康检查项目。儿童入园（所）时，托幼机构应当查验"儿童入园（所）健康检查表""0—6岁儿童保健手册""预防接种证"。

（2）定期健康检查

《卫生保健工作规范》明确了儿童定期健康检查的内容，具体规定了儿童定期检查的项目、每年检查的次数，以及离园和转园儿童健康检查的要求。

（3）晨午检及全日健康观察

托幼机构的晨午检要做到"一问""二摸""三看""四查"。"一问"，即询问家长，了解儿童离家时的健康状况，内容包括：精神、食欲、睡眠、大小便、有无咳嗽和流鼻涕等症状。"二摸"，指通过手摸儿童额部及手心，判断儿童是否发热，对可疑发热的儿童测量体温。"三看"，即看儿童精神是否活泼、面色是否正常，看有无流泪和结膜充血、有无流鼻涕，看皮肤有无皮疹（面、额、耳后、颈部）等。"四查"，指根据当地儿童传染病流行情况对易感儿童进行重点检查；检查儿童是否携带危险性的玩具或用品（石子、小刀、玻璃片等）。托幼机构应将所有的情况进行分析，判断是否正常，认真填写检查记录，如果发现有传染病或疑似传染病的儿童，由家长带到医疗机构就诊。

《卫生保健工作规范》对托幼机构的药品管理提出了明确要求："患病儿童应当离园（所）休息治疗。如果接受家长委托喂药时，应当做好药品交接和登记，并请家长签字确认。"《卫生保健工作规范》对保健人员也提出了明确要求："卫生保健人员每日深入班级巡视 2 次，发现患病、疑似传染病儿童应当尽快隔离并与家长联系，及时到医院诊治，并追访诊治结果。"

2. 工作人员健康检查

（1）上岗前健康检查

托幼机构工作人员上岗前必须到县级以上人民政府卫生行政部门指定的医疗卫生机构进行健康检查，取得《托幼机构工作人员健康合格证》后方可上岗，精神病患者或者有精神病史者不得在托幼机构工作。

（2）定期健康检查

定期健康检查是保障托幼机构工作人员健康的必要途径。托幼机构在岗工作人员必须按照《托儿所幼儿园卫生保健管理办法》规定的项目每年进行 1 次健康检查。在岗工作人员患有精神病者，应当立即调离托幼机构。患有发热、腹泻、流感、活动性肺结核等症状或疾病者须离岗，治愈后须持县级以上人民政府卫生行政部门指定的医疗卫生机构出具的诊断证明，并取得'托幼机构工作人员健康合格证'后，方可回园（所）工作。体检过程中发现异常者，由体检的医疗卫生机构通知托幼机构的患病工作人员到相关专科进行复查和确诊，并追访诊治结果。

（五）卫生与消毒

《卫生保健工作规范》从环境卫生、个人卫生、预防性消毒三个方面对卫生与消毒提出详细的要求。

1. 环境卫生

整洁、安全、舒适是托幼机构对环境最基本的要求。《卫生保健工作规范》指出："托幼机构应当建立室内外环境卫生清扫和检查制度，每周全面检查 1 次并记录，为儿童提供整洁、安全、舒适的环境。"

从整洁方面来说，《卫生保健工作规范》规定，"采取湿式清扫方式清洁地面。厕所做到清洁通风、无异味，每日定时打扫，保持地面干燥。便器每次用后及时清洗干净"，"卫生洁具各班专用专放并有标记。抹布用后及时清洗干净，晾晒、干燥后存放；拖布清洗后应当晾晒或控干后存放"。从安全方面来说，"室内应当有防蚊、蝇、鼠、虫及防暑和防寒设备，并放置在儿童接触不到的地方，集中消毒应在儿童离园（所）后进行"，"保持玩具、图书表面的清洁卫生，每周至少进行 1 次玩具清洗，每 2 周图书翻晒 1 次"。从舒适方面来说，"保持室内空气清新、阳光充足"，"枕席、凉席每日用温水擦拭，被褥每月曝晒 1~2 次，床上用品每月清洗 1~2 次"。

2. 个人卫生

托幼机构的个人卫生包括儿童的个人卫生和工作人员的个人卫生。培养儿童良好的卫生习惯是托幼机构的职责所在。《卫生保健工作规范》指出，"儿童日常生活用品要求专人专用，保持清洁。要求每人每日 1 巾 1 杯专用，每人 1 床位 1 被"，"饭前便后应当用肥皂、流动水洗手，早晚洗脸、刷牙，饭后漱口，并做到勤洗头洗澡换衣、勤剪指（趾）甲，保持服装整洁"。

托幼机构的工作人员也要注意保持个人卫生，给儿童树立一个良好的学习榜样。《卫生保健工作规范》明确要求"工作人员应当保持仪表整洁，注意个人卫生。饭前便后和护理儿童前应用肥皂、流动水洗手；上班时不戴戒指，不留长指甲；不在园（所）内吸烟"。

3. 预防性消毒

托幼机构是儿童集体游戏和生活的场所，必须做好卫生消毒工作，而消毒工作中，尤以预防性消毒最为关键，它是托幼机构预防传染病的重要途径。《卫生保健工作规范》详细指出托幼机构预防性消毒的要求：

（1）儿童活动室、卧室应当经常开窗通风，保持室内空气清新。每日至少开窗通风 2 次，每次至少 10~15 分钟。在不适宜开窗通风时，每日应当采取其他方法对室内空气消毒 2 次。（2）餐桌每餐使用前消毒。水杯每日清洗消毒，用水杯喝豆浆、牛奶等易附着于杯壁的饮品后，应当及时清洗消毒。反复使用的餐巾每次使用后消毒。擦手毛巾每日消毒 1 次。（3）门把手、水龙头、床围栏等儿童易触摸的物体表面每日消毒 1 次。坐便器每次使用后及时冲洗，接触皮肤部位及时消毒。（4）使用符合国家标准或规定的消毒器械和消毒剂。环境和物品的预防性消毒方法应当符合要求。

（六）传染病预防与控制

托幼机构是呼吸道、肠道等传染病易感人群聚集场所，一旦传染源引入，极易引起局部暴发流行。传染病包括传染源、传播途径和易感人群三个环节。

1. 控制传染源

首先，托幼机构有责任督促家长按免疫程序和要求完成儿童预防接种，并配合疾病预防控制机构做好托幼机构儿童常规接种、群体性接种或应急接种工作。其次，托幼机构应当建立传染病管理制度。托幼机构内发现传染病疫情或疑似病例后，应当立即向属地疾病预防控制机构（农村乡镇卫生院防保组）报告。另外，班级老师要每日登记本班儿童的出勤情况。应当了解因病缺勤儿童的患病情况和可能的原因，如果有疑似患传染病的儿童，要及时报告给园（所）疫情报告

☞链接:《湖南省人民政府直属机关第一幼儿园物品预防性消毒表》

人。园（所）疫情报告人接到报告后应当及时追查儿童的患病情况和可能的病因，以做到对传染病人的早发现。在传染病多发期间，托幼机构要加强入园的体检，加强晨、午、晚检查和全日观察。

2. 切断传播途径

根据《卫生保健工作规范》要求，托幼机构内发现疑似传染病例时，应当及时设立临时隔离室，对患儿采取有效的隔离控制措施。临时隔离室内环境、物品应当便于实施随时性消毒与终末消毒，控制传染病在园（所）内暴发和续发。托幼机构应当配合当地疾病预防控制机构对被传染病病原体污染（或可疑污染）的物品和环境实施随时性消毒与终末消毒。

3. 保护易感人群

预防和控制传染病最有效、最经济的方法是保护易感人群。首先，发生传染病期间，托幼机构应当加强晨午检和全日健康观察，并采取必要的预防措施，保护易感儿童。对发生传染病的班级按要求进行医学观察，医学观察期间该班与其他班相对隔离，不办理入托和转园（所）手续。其次，卫生保健人员应当定期对儿童及其家长开展预防接种和传染病防治知识的健康教育，提高其防护能力和意识。传染病流行期间，加强对家长的宣传工作。另外，患传染病的儿童隔离期满后，要凭医疗卫生机构出具的痊愈证明方可返回园（所）。根据需要，来自疫区或有传染病接触史的儿童，检疫期过后方可入园（所）。

（七）常见病预防与管理

《卫生保健工作规范》指出："托幼机构应当通过健康教育普及卫生知识，培养儿童良好的卫生习惯；提供合理平衡膳食；加强体格锻炼，增强儿童体质，提高对疾病的抵抗能力。"

在儿童入园（所）之初，托幼机构应对患先天性心脏病、哮喘、癫痫等疾病的儿童和对有药物过敏史或食物过敏史的儿童进行登记，加强日常健康观察和保育护理工作。在托幼机构的日常管理工作中，要定期开展卫生保健的各项检查，发现视力低常、听力异常、龋齿、贫血、营养不良、肥胖等问题应及时进行登记管理，情况严重的儿童要督促家长及时带患病儿童到医疗卫生机构进行诊断及矫治。《卫生保健工作规范》还特别指出："重视儿童心理行为保健，开展儿童心理卫生知识的宣传教育，发现心理行为问题的儿童及时告知家长到医疗保健机构进行诊疗。"

（八）伤害预防

托幼机构的安全工作是托幼机构工作的重中之重，由于学前儿童认知能力尚在启蒙阶段，对自我和社会的认识水平比较低，难以进行自我保护，再加上身体发育不完全，避免和承受伤害的能力较差，规则意识尚未建立，在生活中极易受到伤害。强调托幼机构卫生保健工作中安全管理的目的是预防和控制儿童伤害的发生。《卫生保健工作规范》指出："托幼机构的各项活动应当以儿童安全为前提，建立定期全园（所）安全排查制度，落实预防儿童伤害的各项措施。"

在房屋设施上，托幼机构的房屋、场地、家具、玩教具、生活设施等应当符合国家相关安全标准和规定。

在制度保障上，托幼机构应当建立重大自然灾害、食物中毒、踩踏、火灾、暴力等突发事件的应急预案。如果发生重大伤害时应当立即采取有效措施，并及时向上级有关部门报告。

> ▶【案例 11-1】
>
> 某幼儿园意外事故的应急处理预案
>
> 　　为使幼儿在发生意外事故后能在最短的时间内得到救治，特制订此应急处理预案。
>
> 　　一、组织机构
>
> 　　组　长：园长。
>
> 　　副组长：保教主任、保健医生。
>
> 　　组　员：副园长、保教主任、各班班长及保育老师。
>
> 　　二、分工实施方案
>
> 　　（1）由当班保育老师负责将受伤幼儿送至保健室，由保健医生作紧急处理。
>
> 　　（2）由保教主任负责联系交通工具。
>
> 　　（3）由保健医生及该班班长送医院救治，并由班长负责通知家长，将孩子受伤部位、原因及送往医院的地点详细告诉家长，并做好家长及孩子的安抚工作。
>
> 　　（4）由该班其他工作人员组织好其他幼儿。
>
> 　　（5）较大事故 1 小时内由园长上报上级主管部门。
>
> 　　（6）当天晚上，该班组成员上门看望受伤幼儿，并进行慰问。

> ▶【案例 11-2】
>
> 某幼儿园食物中毒事故的应急处理预案
>
> 　　为了及时防止幼儿园食物中毒或疑似食物中毒事故的发生，特制订食物中毒突发事件的应急处理预案。
>
> 　　一、组织机构
>
> 　　组　长：园长。
>
> 　　副组长：副园长、保教主任。

组　员：保健医生、食堂班长、帮厨、各班保教人员。

二、分工实施方案

（1）由后勤副园长负责联系交通工具。

（2）由业务副园长、保教主任、保健医生及各班保教人员负责组织中毒者有序地去医院救治。由保教主任负责统计中毒总人数，由各班班长负责通知家长。

（3）由食堂班长、帮厨负责封存24小时留样的所有食物、饮用水等，以便检测。

（4）1小时内由园长向上级部门——区卫生局、区教育局报告。报告内容为：本单位名称、地址、时间、中毒人数、可疑食物、救治医院等。

在人员培训上，托幼机构应当加强对工作人员、儿童及监护人的安全教育以及突发事件应急处理能力的培训，定期进行安全演练，普及安全知识，提高自我保护和自救的能力。保教人员应当定期接受预防儿童伤害相关知识和急救技能的培训，做好儿童安全工作，消除安全隐患，预防跌落、溺水、交通事故、烧（烫）伤、中毒、动物致伤等伤害的发生。

☞链接:《儿童意外伤害的急救措施》

（九）健康教育

随着社会的进步和发展，健康教育越来越受到人们的重视，尤其是对学前儿童进行的健康教育，将为儿童一生的健康生活奠定良好的基础。

根据《卫生保健工作规范》要求，托幼机构应当根据不同季节、疾病流行等情况制订全年健康教育工作计划，并组织实施。健康教育的内容包括膳食营养、心理卫生、疾病预防、儿童安全以及良好行为习惯的培养等。健康教育的形式包括举办健康教育课堂、发放健康教育资料、宣传专栏、咨询指导、家长开放日等。

托幼机构可以根据实际情况采取多种途径开展健康教育宣传，托幼机构的各个班都应该有健康教育图书，教师和保育工作人员要组织儿童开展各类健康教育活动，并做好健康教育记录，定期评估良好生活卫生习惯养成、儿童健康状况等健康教育效果等。

（十）信息收集

《卫生保健工作规范》根据现阶段托幼机构卫生保健工作要求，细化了卫生保健资料的登记、记录和统计分析，包括出勤、晨午检及全日健康观察、膳食管理、卫生消毒、营养性疾病、常见病、传染病、伤害和健康教育等记录；指出托幼机构应当建立健康档案，包括托幼机构工作人员健康合格证、儿童入园（所）

健康检查表、儿童健康检查表或手册、儿童转园（所）健康证明。

《卫生保健工作规范》进一步明确了进行统计分析的指标内容，更加便于卫生保健人员工作时使用。如"工作记录和健康档案应当真实、完整、字迹清晰。工作记录应当及时归档，至少保存 3 年"。"定期对儿童出勤、健康检查、膳食营养、常见病和传染病等进行统计分析，掌握儿童健康及营养状况"。《卫生保健工作规范》还指出"有条件的托幼机构可应用计算机软件对儿童体格发育评价、膳食营养评估等卫生保健工作进行管理"。

三、新设立托幼机构招生前卫生评价

（一）卫生评价流程

《卫生保健工作规范》明确了新设立的托幼机构在招生开始前的卫生评价流程"（1）新设立的托幼机构，应当按照本《规范》卫生评价的标准进行设计和建设，招生前须向县级以上地方人民政府卫生行政部门指定的医疗卫生机构提交'托幼机构卫生评价申请书'。（2）由县级以上地方人民政府卫生行政部门指定的医疗卫生机构负责组织专业人员，根据'新设立托幼机构招生前卫生评价表'的要求，在 20 个工作日内对提交申请的托幼机构进行卫生评价。根据检查结果出具'托幼机构卫生评价报告'。（3）凡卫生评价结果为'合格'的托幼机构，即可向教育部门申请注册；凡卫生评价为'不合格'的托幼机构，整改后方可重新申请评价。"

（二）卫生评价标准

《卫生保健工作规范》将新设托幼机构的卫生评价标准分为环境卫生、个人卫生、食堂卫生、保健室或卫生室设置、卫生保健人员配备、工作人员健康检查、卫生保健制度，详细地规定了每个领域的具体细节，使新设托幼机构有了明确的评价标准，有利于保证托幼机构的教育质量。

1. 环境卫生

托幼机构整洁、舒适的环境卫生，是幼儿健康生活和学习的基本保障。《卫生保健工作规范》在托幼机构环境卫生方面提出了 7 条具体要求：

（1）园（所）内建筑物、户外场地、绿化用地及杂物堆放场地等总体布局合理，有明确功能分区。

（2）室外活动场地地面应平整、防滑，无障碍，无尖锐突出物。

（3）活动器材安全性符合国家相关规定。园（所）内严禁种植有毒、带刺的植物。

（4）室内环境的甲醛、苯及苯系物等检测结果符合国家要求。

（5）室内空气清新、光线明亮，安装防蚊蝇等有害昆虫的设施。

（6）每班有独立的厕所、盥洗室。每班厕所内设有污水池，盥洗室内有洗

涤池。

（7）盥洗室内有流动水洗手装置，水龙头数量和间距设置合理。

2. 个人卫生

《卫生保健工作规范》规定了儿童个人卫生的基本要求，即托幼机构要保证儿童每人每日1巾1杯专用，并有相应消毒设施。寄宿制儿童每人有专用洗漱用品。每班应当有专用的儿童水杯架、饮水设施及毛巾架，标志清楚，毛巾间距合理。儿童有安全、卫生、独自使用的床位和被褥。

3. 食堂卫生

托幼机构的食堂卫生是保证儿童饮食安全的重要环节，必须符合国家餐饮业的基本要求。《卫生保健工作规范》指出，托幼机构的食堂按照《餐饮服务许可审查规范》建设，必须获得《餐饮服务许可证》。园（所）内应设置区域性餐饮具集中清洗消毒间，消毒后有保洁存放设施。应当配有食物留样专用冰箱，并有专人管理。炊事人员与儿童配备比例：提供每日三餐一点的托幼机构应当达到1∶50，提供每日一餐二点或二餐一点的1∶80。

4. 保健室或卫生室设置

根据《卫生保健工作规范》要求，保健室或卫生室设置的具体要求如下：

（1）根据《托儿所幼儿园卫生保健管理办法》要求，设立保健室或卫生室。卫生室须有《医疗机构执业许可证》。

（2）保健室面积不少于12 m²，设有儿童观察床、桌椅、药品柜、资料柜、流动水或代用流动水等设施。

（3）保健室应配备儿童杠杆式体重秤、身高计（供2岁以上儿童使用）、量床（供2岁及以下儿童使用）、国际标准视力表或标准对数视力表灯箱、体围测量软尺等设备，以及消毒压舌板、体温计、手电筒等晨检用品。

（4）保健室应配备消毒剂、紫外线消毒灯或其他空气消毒装置。

5. 卫生保健人员配备

根据《卫生保健工作规范》，托幼机构的法定代表人或者负责人是本机构卫生保健工作的第一责任人。托幼机构应根据预招收儿童的数量配备符合国家规定的卫生保健人员。按照收托150名儿童至少设1名专职卫生保健人员的比例配备卫生保健人员，收托150名以下儿童的可配备兼职卫生保健人员。卫生保健人员上岗前应当接受当地妇幼保健机构组织的卫生保健专业知识培训并考核合格。

6. 工作人员健康检查

评价托幼机构是否符合标准的一个重要指标即工作人员的健康检查情况，因为工作人员的健康直接关系着儿童的生命健康安全。《卫生保健工作规范》明确要求托幼机构工作人员上岗前应当经县级以上卫生行政部门指定的医疗卫生机构进行健康检查，并取得《托幼机构工作人员健康合格证》。炊事人员上岗前须取得《食品从业人员健康证》。

7. 卫生保健制度

托幼机构应根据实际情况建立健全卫生保健制度，并具有可操作性。卫生保健制度包括一日生活安排、膳食管理、体格锻炼、卫生与消毒、入园（所）及定期健康检查、传染病预防与控制、常见疾病预防与管理、伤害预防、健康教育、卫生保健信息收集的制度。

《卫生保健工作规范》完善了托儿所幼儿园卫生保健工作内容，明确了托幼机构卫生保健服务范围和技术要求，规范了各级各类托幼机构卫生保健工作人员的服务和管理要求，具有科学性、可行性和可操作性，有利于提高托幼机构卫生保健工作质量。

【理解·反思·探究】

1. 《卫生保健工作规范》中卫生保健工作的内容与要求是什么？

2. 谈谈幼儿园如何为幼儿一日生活制订合理的生活制度。

3. 结合幼儿园的实际，谈谈如何保证幼儿的膳食营养。

4. 参观一所幼儿园，对其卫生保健工作的开展情况进行分析和评价。

【拓展阅读导航】

● 相关法律法规

1. 《中华人民共和国母婴保健法》

2. 《中华人民共和国食品安全法》

3. 《托儿所幼儿园卫生保健管理办法》

4. 《托儿所幼儿园卫生保健工作规范》

● 相关文献

1. 刘雅娟. 儿童饮食营养全书［M］. 长春：吉林科技出版社，2012.

该书主要针对0—12岁儿童在生长发育日程中出现的异常情况进行全面分析，找出解决方法，并为儿童提供科学的饮食方案。

2. 庞建萍，柳倩. 学前儿童健康教育与活动指导［M］. 3版. 上海：华东师范大学出版社，2023.

该书旨在帮助学生建立科学的健康教育概念，掌握学前儿童健康教育的目标、内容、方法、途径及其评价，学习设计幼儿园健康教育活动，培养学习者渗透的、整合的观念开展幼儿园健康教育活动的能力。

第十二章　《幼儿园保育教育质量评估指南》

【导语】

20 世纪中期以来的相关研究揭示：幼儿园教育能否对幼儿产生积极影响取决于环境质量和教育质量的高低；高质量的幼儿园教育能有效促进幼儿的健康成长和可持续发展。因此，确保幼儿园提供高质量的教育，是我国学前教育深化改革、规范发展的重要任务。《幼儿园保育教育质量评估指南》（本章可简称《评估指南》）的颁布，无疑将成为质量提升的助推器，对推动学前教育高质量发展，早日实现学前教育普惠优质的目标具有重要引导作用。

本章主要介绍《评估指南》颁布的背景、研制的意义、总体要求、评估内容、评估方式和组织实施，使学习者对《幼儿园保育教育质量评估指南》有一个更科学、全面的认识。

【学习目标】

- 了解《评估指南》颁布的背景、研制的意义。
- 理解《评估指南》的主要内容。

今天早上的"娃娃家"特别热闹，大家都在津津有味地品尝着"妈妈"为他们准备的"美味佳肴"。忽然，砰的一声，楠楠将桌上的"美味佳肴"推到了地上，气呼呼地说："你们都不让我来'吃饭'，我生气了！"我来到楠楠身边，摸摸他的头问道："你怎么了呀？为什么把好吃的菜都推到了地上？""他们都不和我玩，我生气了！"楠楠皱着眉头，眼睛里含着泪水，指着坐在餐桌边的同伴说。"哦，原来是这样"，我牵着他的手来到同伴旁边，对他说："我们有好玩的东西要大家一起分享，大家是好朋友，我想大家都欢迎你来'娃娃家'！另外，有什么事情和老师、小朋友商量，像这样乱发脾气可不好哦，'妈妈'辛辛苦苦烧的菜都倒在了地上多浪费呀！快把地上的餐具捡起来吧。"话音刚落，楠楠马上破涕为笑，和同伴们一起把地上的东西捡起来。

在游戏中，楠楠被其他同伴冷落，他就用将桌上的东西推到地上的方式来宣泄自己的情绪，这是小班幼儿较为普遍的行为表现：一方面，幼儿情绪较为外显，冲动性强。另一方面，幼儿情绪的变化开始出现社会性动因，但是又缺乏一定的交往技能，因此楠楠用较偏激的行为来表达自己的不满。另外，这一年龄段的幼儿情绪变化也比较迅速，所以出现了在教师的调解下，楠楠很快就破涕为笑的情形。①

第一节　《幼儿园保育教育质量评估指南》概述

长期以来，保教质量评估都存在"重结果轻过程、重硬件轻内涵、重他评轻自评"等倾向，为解决这些问题，教育部于 2022 年 2 月 10 日颁布《幼儿园保育教育质量评估指南》，这一文件的颁布标志着我国学前教育发展进入一个新的阶段，将进一步推动科学的幼儿园保教质量评估体系的构建。这也意味着幼儿园教育不仅要追求幼儿的快乐成长，也要真实地促进幼儿的全面发展。

一、《幼儿园保育教育质量评估指南》颁布的背景

（一）贯彻党中央决策部署的重要举措

党的十九届五中全会提出建设高质量教育体系。《中共中央　国务院关于学前教育深化改革规范发展的若干意见》（2018 年）和《深化新时代教育评价改革总体方案》（2020 年）都明确要求，国家制定幼儿园保教质量评估指南，各省（区、市）完善幼儿园质量评估标准。随着"十四五"全面开局，我国学前教育进入新的发展阶段，发展的重点从资源供给逐步转向内涵提升。2022 年，教育

---

① 李晓巍. 幼儿行为观察与案例 [M]. 上海：华东师范大学出版社，2017：33-34.

部颁布了《幼儿园保育教育质量评估指南》，这是贯彻全国教育大会精神，加快建立健全教育评价制度，促进学前教育高质量发展的一项重要举措，对找准新时期学前教育发展提升的着力点，更好地满足人民群众日益增长的优质教育需求具有重要意义。

（二）提高学前教育质量的迫切需要

经过连续实施三期学前教育发展行动计划，学前教育实现了基本普及目标，迈入全面普及和高质量发展的新阶段。当前，学前教育为实现有质量的发展，迫切需要加强幼儿园保教质量评估，发挥好质量评估的引领、诊断、改进和激励作用，引导各类幼儿园树立正确的质量观，科学实施保育教育。

（三）深化学前教育评价改革的必然要求

长期以来，各地幼儿园保教质量评估普遍存在"重结果轻过程、重硬件轻内涵、重他评轻自评"等倾向，难以适应学前教育高质量发展的新要求，亟待从国家层面出台指南，强化科学导向，加强规范引导，推动各地健全科学的幼儿园保教质量评估体系。

二、《幼儿园保育教育质量评估指南》研制的意义

建设高质量学前教育体系，离不开质量评估的正确导向与科学指引。《评估指南》对如何完善以促进幼儿身心健康发展为导向的学前教育质量评估体系提出了明确要求。其中，针对当前幼儿园保教质量评估存在的"重结果轻过程、重硬件轻内涵、重他评轻自评"等问题，《评估指南》把关注和聚焦保育教育过程质量作为质量评估的着力点，对过程质量评估应"评什么"和"怎样评"提出明确指引，对推动幼儿园建立科学的评估导向，落实科学保教实践，引导教研为幼儿园实践、教师专业成长服务，全面提升幼儿园保教质量具有重要意义。

（一）聚焦过程质量，是推进学前教育改革与发展的必然选择

各国幼儿园教育质量评价内容和具体规定不可避免地受到本国文化和经济发展等因素的影响。中共中央、国务院颁布的《深化新时代教育评价改革总体方案》指出，"有什么样的评价指挥棒，就有什么样的办学导向"。经过三轮学前教育发展行动计划，我国普惠性学前教育资源得到有效扩充，班级规模、师幼比、师资条件及办园条件等结构性质量均得到有效改善。"十四五"时期，学前教育改革与发展进入全面普及新阶段，《评估指南》的出台，适时将学前教育改革的重点转移到指引幼儿园重视并提高保育教育过程质量上来，体现了新时代我国学前教育高质量发展的必然要求。众多研究亦早已证实，幼儿园教育的结构质量固然重要，但其对幼儿学习与发展的影响主要是通过师幼互动、环境、课程、家庭社区参与等过程质量来实现的，它们对幼儿学习与发展的影响最直接，也最关键。

《评估指南》以科学质量观为指导，聚焦保育教育过程，坚持"儿童为本，

过程导向，持续改进"，推动科学保育教育。儿童为本强调幼儿园关注幼儿发展的整体性和连续性，强调在保育教育实践过程中通过观察和理解幼儿的学习方式、特点和规律，强调班级保教计划制订与调整、一日生活安排与调整等都应建立在对本班幼儿年龄特点、个体差异、活动需要的关注与分析基础上。过程导向强调应注重科学保教理念向实践的转化，在活动组织、师幼互动、家园共育、环境创设等方面加强对幼儿学习与发展过程的关注与研究，引导和促进幼儿园坚持以游戏为基本活动，创设支持幼儿主动探究的环境，提供丰富适宜的活动材料，理解尊重幼儿并支持其有意义学习，强化家园协同育人，推动保育教育从单纯关注"怎样教"向潜心研究"怎样学"转变。持续改进强调充分发挥质量评估的引导、诊断、改进和激励功能，注重将幼儿园常态化的自我评估与督导部门定期的外部评估有机结合，及时评价、及时反馈、持续改进，推动每一所幼儿园不断提升保教质量。

（二）聚焦过程质量，有助于将提升师幼互动质量置于核心地位

研究发现，影响幼儿有效学习的核心因素是师幼互动质量。国际幼儿园教育质量评价标准普遍将师幼互动作为质量评估的核心内容。

《评估指南》对师幼互动质量的强调，首先体现在"儿童为本"理念与原则的贯彻上，注重在观念层面引导教师树立科学保教理念：从关注教师的"教"转向关注幼儿的"学"；树立正确的儿童观，即相信每一个幼儿都是积极主动、有能力的学习者；树立正确的教育观，即遵循幼儿身心发展规律和学前教育规律，尊重个体差异，坚持以游戏为基本活动，珍视生活和游戏的独特价值，最大限度地支持和满足幼儿通过直接感知、实际操作和亲身体验获取经验的需要等。

不仅如此，《评估指南》还为教师将科学保教理念转化为实践、在实践中建立有效师幼关系、开展高质量师幼互动提供具体指引。如何改进与提升师幼互动质量，一直是幼儿园保教实践改革的难点，困惑集中体现在以促进幼儿主动学习为核心的保教实践中，如何正确认识以及有效发挥幼儿和教师在幼儿学习与发展中的作用。对此，《评估指南》专设"师幼互动"关键指标，明晰了高质量师幼互动的行动框架与路径，即师幼互动应将建立平等、尊重、信任的师幼关系置于首位，着力营造利于互动的良好情感氛围；尊重幼儿的主体地位，支持幼儿在游戏中的自主权（材料、同伴和玩法）和决策权（参与一日生活中与自己有关的决策）；观察、记录幼儿在活动中的表现，并通过活动后幼儿的表达表征、教师对幼儿的一对一倾听来深入理解幼儿个性化的学习与发展；识别幼儿主动探究中蕴含的学习价值、教育契机；通过多种方式支持每一个幼儿的学习，不急于介入；理解幼儿在各领域的学习，展开针对性的师幼互动。

（三）聚焦过程质量，有助于加强过程评估与增值评估

长期以来，一些地方的幼儿园质量评估标准在制定及执行层面均不同程度地

出现过度重视结果导向，忽视对保育教育过程的评估，忽视幼儿园提升保教水平的努力程度和改进过程，造成质量评估对保教实践的导向出现偏差，评估自我诊断和改进功能发挥不充分。《深化新时代教育评价改革总体方案》要求评估方式要"坚持科学有效，改进结果评价，强化过程评价，探索增值评价，健全综合评价"。遵循上述要求并结合我国幼儿园质量评估实践中存在的问题，《评估指南》强调要在评估方式优化与综合运用的基础上注重过程评估。

这一导向可从三个方面来理解：首先，秉持"评估为幼儿园保育教育服务"的思想，以改进和提升保教质量为目的，切实将过程评估与持续改进有机结合，在质量评估与保教实践之间搭建桥梁，在科学质量观与科学保教实践之间建立连接，构建评估与保教交融并进、和谐共生的机制，为真正发挥评估的引导、诊断、改进和激励功能提供机制保障和路径指引。

其次，指引幼儿园保教质量评估方式由"外引"向"内生"转变。外引性的质量评估对保教实践质量提升的促进作用终究是辅助性的，内生性的质量评估才是推动幼儿园保教质量持续提升的核心动力。因此，《评估指南》强调幼儿园应建立常态化的自我评估机制，聚焦保育教育过程质量，促进个体、集体的反思与交流，提出改进措施，并通过外部评估提供持续支持与指导，引导幼儿园不断完善自我评估，改进保教实践。

再次，由于过程质量所包含的要素皆是影响幼儿园保教质量的动态因素，其评估难度相比结构性质量要高，量化的评估方式虽能在某种程度上说明过程质量的水平，却无法揭示各要素影响过程质量的路径与机制，也无法为保教质量的改进与提升提供具体的过程信息。鉴于班级观察是真实、客观、全面了解幼儿园保育教育过程的重要方式，也是幼儿园保教质量评估的国际通行做法，《评估指南》强调应采取聚焦班级观察的方式，并对班级观察的目的与范围、内容与抽样进行详细规定，这在国家幼儿园质量评估政策中尚属首次，体现了鲜明的过程质量评估导向。

最后，聚焦过程质量还体现为增值评价的思想。《评估指南》强调，质量评估工作不仅要关注幼儿园保教质量是否达到基本要求，更要重视幼儿园和教职工改进提升保教质量的过程和努力程度，促进每一所幼儿园在原有水平上持续发展。

（四）聚焦过程质量，有助于有效支持教师专业能力提升

园长与教师是幼儿园保教质量改进与提升的关键。在园长和教师配备到位、符合相关资质的前提下，队伍建设中影响幼儿园保教过程质量的核心要素是什么？无疑，是园长和教师的专业能力。这是保教过程质量的重要条件保障，从根本上决定了幼儿园的办园水平及幼儿学习与发展的质量。

《评估指南》明确了指向幼儿园保教过程质量提升的关键专业能力是教师的

保教实践能力和园长的专业领导力。但与专业理念、专业知识不同，作为专业能力的保教实践能力、专业领导力的提升不能依靠"纸上谈兵"和"坐而论道"，而必须在保教实践中借由持续的反思、改进方能实现。对于幼儿园教师而言，增强保教实践能力，须在保育教育过程中深刻践行"儿童为本"的理念与原则，将保教计划的制订与调整建立在理解本班幼儿学习与发展的水平、特点及可能性基础上；基于对幼儿及其学习与发展的专业理解展开高质量的师幼互动；认同家长及社区的教育主体价值，致力于家庭、幼儿园、社区伙伴关系的建立，形成共促幼儿有效学习、健康发展的合力。

教师保教实践能力的提升离不开园长的专业引领与持续支持。根据《幼儿园园长专业标准》，领导保育教育的能力作为一种专业领导力，是园长专业能力的核心。针对培养与提升园长的专业领导力，《评估指南》从"如何为教师提供专业支持"角度明确了一系列关键策略，如：与教职工共同研究制订符合其特点的专业发展规划并助其有计划地达成专业发展目标；制订并执行实践导向、问题导向的园本教研制度，激发教师主动反思的积极性，助其提高反思性实践能力，增强专业自信；完善幼儿园激励机制，发挥园内评价的正确导向作用，突出教师日常保教实践成效，引导和支持教师潜心育人。

不能忽视的是，教师保教实践能力的提升不仅需要技术支持，更需要情感动力。因此，提升园长专业领导力，还应注重加强幼儿园组织氛围建设与情感管理。《评估指南》指出，园长的师德应浸润在与教职工日常相处的点滴之间，注重构建温暖支持的幼儿园人文氛围，关心教职工思想状况，加强人文关怀，帮助解决教职工思想问题与实际困难；应善于倾听、理解教职工的所思所做，发现和肯定每一名教职工的闪光点和成长进步，使其感受到来自园长和同事的关心与支持，增强职业幸福感和归属感；应经常深入班级了解一日活动和师幼互动过程，与教师共同研究保教实践问题，形成协同学习、相互支持的良好氛围。

第二节　《幼儿园保育教育质量评估指南》的主要内容

☞链接:《幼儿园保育教育质量评估指南》

《评估指南》以促进幼儿身心健康发展为导向，聚焦幼儿园保育教育过程质量，围绕办园方向、保育与安全、教育过程、环境创设、教师队伍等5个方面提出15项关键指标和48个考查要点。

一、总体要求

（一）指导思想

以习近平新时代中国特色社会主义思想为指导，全面贯彻党的教育方针，落实立德树人根本任务，遵循幼儿发展规律和教育规律，完善以促进幼儿身心健康发展为导向的学前教育质量评估体系，切实扭转不科学的评估导向，强化评估结果运用，推动树立科学保育教育理念，全面提高幼儿园保育教育水平，为培养德智体美劳全面发展的社会主义建设者和接班人奠定坚实基础。

（二）基本原则

（1）坚持正确方向。坚持社会主义办园方向，践行为党育人、为国育才使命，树立科学评价导向，推动构建科学保育教育体系，整体提升幼儿园办园水平和保育教育质量。

（2）坚持儿童为本。尊重幼儿年龄特点和成长规律，注重幼儿发展的整体性和连续性，坚持保教结合，以游戏为基本活动，有效促进幼儿身心健康发展。

（3）坚持科学评估。完善评估内容，突出评估重点，改进评估方式，切实扭转"重结果轻过程、重硬件轻内涵、重他评轻自评"等倾向。

（4）坚持以评促建。充分发挥评估的引导、诊断、改进和激励功能，注重过程性、发展性评估，引导办好每一所幼儿园，促进幼儿园安全优质发展。

二、评估内容

幼儿园保育教育质量评估坚持以促进幼儿身心健康发展为导向，聚焦幼儿园保育教育过程质量，评估内容主要包括办园方向、保育与安全、教育过程、环境创设、教师队伍等5个方面，共15项关键指标和48个考查要点。幼儿园保育教育质量评估指标的主要内容为：在办园方向方面，围绕党建工作、品德启蒙、科学理念提出3项关键指标和7个考查要点，旨在加强党对学前教育的全面领导，促进幼儿园全面贯彻党的教育方针，确保社会主义办园方向；在保育与安全方面，围绕卫生保健、生活照料、安全防护提出3项关键指标和11个考查要点，旨在促进幼儿园加强卫生保健与安全防护工作，确保幼儿生命安全和身心健康；在教育过程方面，围绕活动组织、师幼互动、家园共育提出3项关键指标和17个考查要点，旨在落实以游戏为基本活动要求，促进师幼有效互动，构建家园共育机制，促进幼儿身心全面发展；在环境创设方面，围绕空间设施、玩具材料提出2项关键指标和4个考查要点，旨在促进幼儿园创设丰富适宜、富有童趣、有利于支持幼儿学习探索的教育环境；在教师队伍方面，围绕师德师风、人员配备、专业发展、激励机制提出4项关键指标和9个考查要点，旨在加强教师队伍建设，采取有效措施激励教师爱岗敬业、潜心育人。

（一）办园方向

办园方向包括3项关键指标，7个考查要点。

1. 党建工作

（1）健全党组织对幼儿园工作领导的制度机制，以政治建设为统领，加强幼儿园领导班子建设，推进党的工作与保育教育工作紧密融合。

（2）落实幼儿园党的组织和党的工作全覆盖，加强教师思想政治工作，落实党风廉政建设责任制和意识形态工作责任制，坚持党建带团建，充分发挥工会、共青团等群团组织的作用。

（3）坚持社会主义办园方向，积极研究制定幼儿园发展规划和年度工作计划。

2. 品德启蒙

（1）全面贯彻党的教育方针，落实立德树人根本任务，坚持保育教育结合，将培育和践行社会主义核心价值观融入保育教育全过程，注重从小做起、从点滴做起，为培养德智体美劳全面发展的社会主义建设者和接班人奠基。

（2）注重幼儿良好品德和行为习惯养成，潜移默化贯穿于一日生活和各项活动，创设温暖、关爱、平等的集体生活氛围，建立积极和谐的同伴关系；帮助幼儿学会生活，养成自己的事情自己做的习惯，培育幼儿爱父母长辈、爱老师同伴、爱集体、爱家乡、爱党爱国的情感。

3. 科学理念

（1）遵循幼儿身心发展规律和学前教育规律，尊重幼儿个体差异，坚持以游戏为基本活动，珍视生活和游戏的独特教育价值。

（2）充分尊重和保护幼儿的好奇心和探究兴趣，相信每一个幼儿都是积极主动、有能力的学习者，最大限度地支持和满足幼儿通过直接感知、实际操作和亲身体验获取经验的需要。不提前教授小学阶段的课程内容，不搞不切实际的特色课程。

▶【案例 12-1】

　　观察背景：在区域活动中，我发现许多男孩热衷玩陀螺。于是，我在科学区提供了各种各样的纸片，让幼儿制作陀螺并展开探究活动。通过观察，我发现幼儿一般都会选择圆形的纸片制作陀螺，很少选择其他形状的纸片。为了使幼儿获得有关转动的感性经验，我组织幼儿开展了一次关于陀螺的探究活动，让幼儿在探索中发现陀螺的奥秘。

　　一、做一做

　　为了保证活动的顺利开展，前一天晚上，我在班级 QQ 群布置了一个任务，请家长和孩子用硬纸片制作不同形状的陀螺，圆形、正方形、三角形、椭圆形均可。第二天一早，孩子们带来了各种各样的陀螺。

　　二、玩一玩

　　终于到了大展身手的时候，孩子们激动万分。但在行动之前，我提出要求，让幼儿仔细观察陀螺转动时是什么形状的。孩子们饶有兴致地玩了起来。总结交流时，孩子们兴奋地讲述着自己的发现，最终发现这些陀螺转动起来都是圆形的。[①]

案例分析：喜欢探究是幼儿的天性，他们常常通过摆弄物品来认识世界。因此，我们在教育中要最大限度地发挥幼儿的主体性，设法向幼儿呈现一些能够引起他们兴趣、具有挑战性的材料，并鼓励他们依靠自己的能力解决问题，从而获得能力的提高和思维的锻炼。

《评估指南》将"坚持正确方向"作为首要基本原则，要求全面贯彻党的教育方针，落实立德树人根本任务，坚持社会主义办园方向，践行为党育人、为国育才使命。评估内容将"办园方向"作为五项重要内容之首，并确定了党建工作、品德启蒙和科学理念 3 项关键指标和 7 项考查要点，对幼儿园落实党的组织建设、制度建设和工作机制提出了具体的要求；对幼儿园落实五育并举和五爱教育、培育和践行社会主义核心价值观提出了基本方向；对幼儿园遵循幼儿身心发展和学前教育的科学规律提出了明确要求，并把这些要求作为考查要点；重申了尊重幼儿个体差异、坚持以游戏为基本活动，珍视幼儿生活和游戏的独特价值等重要理念。

（二）保育与安全

保育与安全包括 3 项关键指标，11 个考查要点。

1. 卫生保健

（1）膳食营养、卫生消毒、疾病预防、健康检查等工作制度和岗位职责健全，并认真抓好落实。

（2）科学制定带量食谱，确保幼儿膳食营养均衡，引导幼儿养成良好饮食习惯。

（3）教职工具有传染病防控常识，认真落实传染病报告制度，具备快速应对和防控处置能力。

（4）按资质要求配备专（兼）职卫生保健人员，认真做好幼儿膳食指导、晨午检和健康观察、疾病预防、幼儿生长发育监测等工作。

2. 生活照料

（1）帮助幼儿建立合理生活常规，引导幼儿根据需要自主饮水、盥洗、如厕、增减衣物等，养成良好的生活卫生习惯。

（2）指导幼儿进行餐前准备、餐后清洁、图画书与玩具整理等自我服务，

[①] 朱春花. 在探究中进步，在创造中成长：中班幼儿科学游戏案例解读 [J]. 启迪与智慧（教育），2018（8）：12.

引导幼儿养成劳动习惯，增强环保意识、集体责任感。

（3）制定并实施与幼儿身体发展相适应的体格锻炼计划，保证每天户外活动时间不少于 2 小时，体育活动时间不少于 1 小时。

（4）重视有特殊需要的幼儿，尽可能创造条件让幼儿参与班级的各项活动，同时给予必要的照料。根据需要及时与家长沟通，帮助幼儿获得专业的康复指导与治疗。

3. 安全防护

（1）认真落实幼儿园各项安全管理制度和措施，每学期开学前分析研判潜在的安全风险，有针对性地完善安全管理措施。

（2）保教人员具有安全保护意识，做好环境、设施设备、玩具材料等方面的日常检查维护，及时消除安全隐患。发生意外时，优先保护幼儿的安全。

（3）幼儿园切实把安全教育融入幼儿一日生活，帮助幼儿学习判断环境、设施设备和玩具材料可能出现的安全风险，增强安全防范意识，提高自我保护能力。

教育的根本目的是促进人的发展，决定幼儿园保教质量优劣的关键是人，即教育者和教育对象。《评估指南》强调"坚持以促进幼儿身心健康发展为导向"，将"坚持儿童为本"作为基本原则，再次重申"尊重幼儿年龄特点和成长规律，注重幼儿发展的整体性和连续性，坚持保教结合，以游戏为基本活动"等基本理念和教育原则，将卫生保健、生活照料和安全防护的重要方面列为考查要点，还特别关注幼儿个体发展和满足特殊幼儿的个体需要。

（三）教育过程

教育过程包括 3 项关键指标，17 个考查要点。

1. 活动组织

（1）认真按照《幼儿园教育指导纲要（试行）》《3—6 岁儿童学习与发展指南》要求，结合本园、班实际，每学期、每周制订科学合理的班级保教计划。

（2）一日活动安排相对稳定合理，并能根据幼儿的年龄特点、个体差异和活动需要做出灵活调整，避免活动安排频繁转换、幼儿消极等待。

（3）以游戏为基本活动，确保幼儿每天有充分的自主游戏时间，因地制宜为幼儿创设游戏环境，提供丰富适宜的游戏材料，支持幼儿探究、试错、重复等行为，与幼儿一起分享游戏经验。

（4）发现和支持幼儿有意义的学习，采用小组或集体的形式讨论幼儿感兴趣的话题，鼓励幼儿表达自己的观点，提出问题、分析解决问题，拓展提升幼儿日常生活和游戏中的经验。

（5）关注幼儿学习与发展的整体性，注重健康、语言、社会、科学、艺术等各领域有机整合，促进幼儿智力和非智力因素协调发展，寓教育于生活和游戏中。

（6）关注幼儿发展的连续性，注重幼小科学衔接。大班下学期采取多种形式，有针对性地帮助幼儿做好身心、生活、社会和学习等多方面的准备，建立对小学的积极期待和向往，促进幼儿顺利过渡。

2. 师幼互动

（1）教师保持积极乐观愉快的情绪状态，以亲切和蔼、支持性的态度和行为与幼儿互动，平等对待每一名幼儿。幼儿在一日活动中是自信、从容的，能放心大胆地表达真实情绪和不同观点。

（2）支持幼儿自主选择游戏材料、同伴和玩法，支持幼儿参与一日生活中与自己有关的决策。

（3）认真观察幼儿在各类活动中的行为表现并做必要记录，根据一段时间的持续观察，对幼儿的发展情况和需要做出客观全面的分析，提供有针对性的支持。不急于介入或干扰幼儿的活动。

（4）重视幼儿通过绘画、讲述等方式对自己经历过的游戏、阅读图画书、观察等活动进行表达表征，教师能一对一倾听并真实记录幼儿的想法和体验。

（5）善于发现各种偶发的教育契机，能抓住活动中幼儿感兴趣或有意义的问题和情境，能识别幼儿以新的方式主动学习，及时给予有效支持。

（6）尊重并回应幼儿的想法与问题，通过开放性提问、推测、讨论等方式，支持和拓展每一个幼儿的学习。

（7）理解幼儿在健康、语言、社会、科学、艺术等各领域的学习方式，尊重幼儿发展的个体差异，发现每个幼儿的优势和长处，促进幼儿在原有水平上的发展。不片面追求某一领域、某一方面的学习和发展。

3. 家园共育

（1）幼儿园与家长建立平等互信关系，教师及时与家长分享幼儿的成长和进步，了解幼儿在家庭中的表现，认真倾听家长的意见建议。

（2）家长有机会体验幼儿园的生活，参与幼儿园管理，引导家长理解教师工作对幼儿成长的价值，尊重教师的专业性，积极参与并支持幼儿园的工作，成为幼儿园的合作伙伴。

（3）幼儿园通过家长会、家长开放日等多种途径，向家长宣传科学育儿理念和知识，为家长提供分享交流育儿经验的机会，帮助家长解决育儿困惑。

（4）幼儿园与家庭、社区密切合作，积极构建协同育人机制，充分利用自然、社会和文化资源，共同创设良好的育人环境。

研究证实，教育过程质量是幼儿园保教质量的关键因素，而师幼互动质量又在很大程度上决定着教育过程质量。教育过程质量和师幼互动质量与幼儿园教师专业能力直接相关。长期以来，教育过程质量特别是师幼互动质量一直是幼儿园教育实践和教师专业发展的短板，也是制约保教质量提升的重点和难点。《评估指南》不仅将"教育过程"作为评估的重要方面，设置的考查要点最多，占到三分之一的比例，也将不少于半日的连续性班级自然观察作为了解师幼互动的基本评估方法，凸显了评价的循证性和保教工作的专业性特点。评估指标体系中给出的考查要点，直击当前的突出问题，指出了发展、改进的方向。

（四）环境创设

环境创设包括 2 个关键指标，4 个考查要点。

1. 空间设施

（1）幼儿园规模与班额符合国家和地方相关规定，合理规划并灵活调整室内外空间布局，最大限度地满足幼儿游戏活动的需要。除综合活动室外，不追求设置专门的功能室，避免奢华浪费和形式主义。

（2）各类设施设备安全、环保，符合幼儿的年龄特点，方便幼儿使用和取放，满足幼儿逐步增长的独立活动需要。提供必要的遮阳遮雨设施设备，确保特殊天气条件下幼儿必要的户外活动能正常开展。

2. 玩具材料

（1）玩具材料种类丰富，数量充足，以低结构材料为主，能够保证多名幼儿同时游戏的需要。尽可能减少幼儿使用电子设备。

（2）幼儿园配备的图画书应符合幼儿年龄特点和认知水平，注重体现中华优秀传统文化和现代生活特色，富有教育意义。人均数量不少于 10 册，每班复本量不超过 5 册，并根据需要及时调整更新。幼儿园不得使用幼儿教材和境外课程，防止存在意识形态和宗教等渗透的图画书进入幼儿园。

▶【案例 12-2】

　　教师在活动室的艺术区和玩具区投放了扣子，目的是让艺术区的幼儿用扣子做装饰材料，让玩具区的幼儿用扣子进行比较大小、分类、排序，通过操作学习相关的数学内容。

　　在区域活动前，教师有意识地请幼儿到区角中观察，幼儿一下子就发现了投放的新材料。桐桐来到玩具区，他拿起一辆小汽车在桌子上围着玩具筐转来转去，接着又拿起扣子自言自语："这个怎么玩呀？"我认为这是一个介入的好时机，就坐到他跟前，也拿起扣子说："这个怎么玩呢？"后来，我看到他拿起毛根往扣眼里穿，就问他："我看到你用一根毛根穿了两个扣子，我很好奇你做的是什么。"桐桐说："我穿的是枪。"桐桐用刚才做的枪套住小玩偶，又把扣子堆到小玩偶的四周，再把小汽车一辆一辆地围到扣子的四周，在每辆小汽车缝隙之间，又摆放上小玩偶，说："这个是阿姨，这个是医生……"接下来，桐桐用毛根围成一个圈，套住一个小玩偶，在圈的四周堆满扣子。他一边用手将扣子往中间拢，一边说："抓住你，抓住你。"胜彤也发现了扣子，也参与到游戏中，她用毛根穿扣子，做成气球形状。一会儿又拆开，继续穿扣子，说："这是项链。"说完她把项链放在脖子处，做戴项链的动作。两个孩子之间有了交流，桐桐也模仿胜彤，用扣子做了一个气球对她说："我的气球做好了，这个气球还可以蘸水吹泡泡。"他边说边做蘸水吹泡泡的动作。①

案例分析：在幼儿园中，幼儿与幼儿、教师与幼儿无时无刻不发生着对话。幼儿的对话看似漫不经心，但其中蕴藏着他们对生活经验的审思、对生命意识的表达。让幼儿积极地表达，是环境创设特别重要的部分。教育从来都不是围绕着一个建筑或一个场所而开展的社会活动，学前教育更是如此。在环境创设的过程中，教师要时刻关注人与人之间的关系。良好的心理环境可以让每一处物质环境更好地发挥其应有的作用。

《评估指南》将"因地制宜为幼儿创设游戏环境，提供丰富适宜的游戏材料"，"充分利用自然、社会和文化资源，共同创设良好的育人环境"等作为考查要点，引导幼儿园将幼儿的发展实际作为教育改革的根本出发点，立足本园、本地域资源，尊重本园幼儿的兴趣和发展需要，探索适宜的教育。这对进一步纠正当前部分幼儿园不加选择、盲目照搬国外或其他幼儿园的各种主题课程等问题，扎扎实实地走中国化和适合本园的发展之路具有指导意义。

（五）教师队伍

教师队伍包括4项关键指标，9个考查要点。

1. 师德师风

（1）教职工有坚定的政治信仰，按照"四有"好教师标准履行幼儿园教师职业道德规范，爱岗敬业，关爱幼儿，严格自律，没有歧视、侮辱、体罚或变相体罚等有损幼儿身心健康的行为。

（2）关心教职工思想状况，加强人文关怀，帮助解决教职工思想问题与实际困难，促进教职工身心健康。

2. 人员配备

（1）幼儿园教职工按国家和地方相关要求配备到位，并做到持证上岗，无

---

① 尹双琴，陈宇华.玩具区的扣子：低结构材料如何促进幼儿主动学习［J］.学前教育，2015（Z1）：36-38.

岗位空缺和无证上岗情况。

（2）幼儿园教师符合专业标准要求，保育员受过幼儿保育职业培训，保教人员熟知学前儿童身心发展规律，具有较强的保育教育实践能力。园长应具有五年以上幼儿园教师或者幼儿园管理工作经历，具有较强的专业领导力。

3. 专业发展

（1）园长能与教职工共同研究制订符合教职工自身特点的专业发展规划，提供发展空间，支持他们有计划地达成专业发展目标。

（2）制订合理的教研制度并有效落实，教研工作聚焦解决保育教育实践中的困惑和问题，注重激发教师积极主动反思，提高教师实践能力，增强教师专业自信。

（3）园长能深入班级了解一日活动和师幼互动过程，共同研究保育教育实践问题，形成协同学习、相互支持的良好氛围。

4. 激励机制

（1）树立正确激励导向，突出日常保育教育实践成效，克服唯课题、唯论文等倾向，注重通过表彰奖励、薪酬待遇、职称评定、岗位晋升、专业支持等多种方式，激励教师爱岗敬业、潜心育人。

（2）善于倾听、理解教职工的所思所做，发现和肯定每一名教职工的闪光点和成长进步，教职工能够感受到来自园长和同事的关心与支持，有归属感和幸福感。

教师队伍是提高保教质量的关键，幼儿园保教质量评估工作应在这一问题上把好教师关，引导幼儿园管理者俯下身子，走潜心育人的师资队伍建设之路。《评估指南》充分尊重教师的成长规律，把准教师专业发展的难点问题，从师德师风、人员配备、专业发展和激励机制等方面提出了幼儿园应有的规范性要求和人文关怀，通过具体可操作的指标实实在在地引领教师队伍专业发展。

三、评估方式

（一）注重过程评估

《评估指南》明确提出："重点关注保育教育过程质量，关注幼儿园提升保教水平的努力程度和改进过程，严禁用直接测查幼儿能力和发展水平的方式评估幼儿园保育教育质量。"一直以来，幼儿园教师和家长过度关注结果评估，弱化了对教育过程动态发展的追求。之所以严禁用直接测查来替代评估的结果，是因为保教质量是由幼儿的发展质量、结构性质量和过程质量等多元要素构成的。

（二）强化自我评估

《评估指南》明确提出："幼儿园应建立常态化的自我评估机制，促进教职工主动参与，通过集体诊断，反思自身教育行为，提出改进措施。同时，有效发挥外部评估的导向、激励作用，有针对性地引导幼儿园不断完善自我评估，改进保育教育工作。"

首先，幼儿园要树立一种科学的评估意识和观念，深刻理解评估的目的不是评级，评估的目的在于改进教育质量，在于帮助教师通过评估发现问题、改进问题，以促进教师在教育过程中更好地开展教育教学工作。

其次，幼儿园需要思考每个岗位人员自我评估的目标、内容、周期，在共同探索、研讨过程中，将自评机制建立起来。如引导教师理解并掌握《评估指南》的评价标准，形成本园的自评工作手册；探索班级内部观察和督评方式，鼓励教师间根据标准对照自己班级的工作，形成良性的"诊断—改进—诊断—改进"的内部评估方式；基于园本教研等方式，进行集体研讨，诊断问题、找出解决策略，改进教育实践。

（三）聚焦班级观察

《评估指南》明确提出："通过不少于半日的连续自然观察，了解教师与幼儿互动情况，准确判断教师对促进幼儿学习与发展所做的努力与支持，全面、客观、真实地了解幼儿园保育教育过程和质量。外部评估的班级观察采取随机抽取的方式，覆盖面不少于各年龄班级总数的三分之一。"

《评估指南》明确了实施评估的方法，聚焦于班级观察，通过自评和他评相结合、随机抽取的方式落实评估工作，采用不少于半日的连续自然观察，了解教师与幼儿互动情况，力争做到全面、客观、真实地了解幼儿园保育教育过程与质量，并鼓励教师在自我评价与反思中持续改进，提升质量水平。

对保教过程的评估，不能仅凭走马观花、阅读资料来完成，而是需要实地观察师幼真实的互动状态，发现和思考这种互动能否实现相互尊重的要求，能否体现基于幼儿经验为他们搭建鹰架的要求等，因此《评估指南》在评估方式上提出了"聚焦班级观察"的方法，而且要求连续观察的时间不能少于半日，这样就保证了评估人员能够从幼儿园一日活动的各环节中看到全面的师幼互动情况，有利于全面评估幼儿园教育的过程质量。

议一议

下面案例中的幼儿园采用的评估方式是否合理？

学期即将进入尾声，为了了解幼儿的能力发展水平，顺利开展下一阶段的教学，××幼儿园于期末对幼儿进行了能力发展测评。本次测评以《幼儿园教育指导纲要（试行）》为指导，以《3—6岁儿童学习与发展指南》中的发展指标为依据设计评估指标；测评分小、中、大班三个年级组进行，采用抽测的形式，对幼儿在五大领域的表现进行综合测评。此次测评采用在各班随机抽取幼儿的方式：小班6名幼儿（3名女孩和3名男孩），中、大班8名幼儿（4名女孩和4名男孩）。采用操作、问答等方式对幼儿进行五大领域的综合测评。此次测评让我们清楚地了解各班幼儿各方面的能力发展情况，我们及时地与各班教师进行了测评情况反馈，让教师了解本班幼儿在同年龄段幼儿中的发展水平，从而提高教育工作的有效性。测评也能找出平时教学中存在的问题，为下学期更好地开展教学奠定坚实的基础。

四、组织实施

《评估指南》第四部分是组织实施。包括加强组织领导、明确评估周期、强化评估保障、注重激励引导、营造良好氛围五个方面，对进一步建立推进有效实施的工作模式，建设基于评估应用导向的激励引导机制，并营造可持续发展氛围提供了明确指示，让各级各类评估人员和广大一线教师有方向、有目标、有抓手，能切实有效地推动《评估指南》落地实施。

（一）加强组织领导

各地要高度重视幼儿园保育教育质量评估工作，将其作为促进学前教育高质量发展、办好人民满意教育的重要举措，纳入本地深化教育评价改革重要内容，建立党委领导、政府教育督导部门牵头、部门协同、多方参与的组织实施机制。各省（区、市）要结合实际，完善本地质量评估具体标准，编制幼儿园保育教育质量自评指导手册，增强质量评估的操作性，确保评估工作有效实施。要逐步将幼儿园保育教育质量评估工作与已经开展的对地方政府履行教育职责评价、学前教育普及普惠督导评估、幼儿园办园行为督导评估等工作统筹实施，避免重复评估，切实减轻基层和幼儿园迎检负担。

加强组织领导，引导幼儿园坚决把准方向，践行为党育人、为国育才使命，为培养德智体美劳全面发展的社会主义建设者和接班人奠基。正确理解和运用《评估指南》，发挥好评估的诊断、导向和激励作用，引导各类幼儿园持续提升保育教育实践水平，才能走出学前教育高质量发展的中国道路。

（二）明确评估周期

幼儿园每学期开展一次自我评估，教育部门要加强对幼儿园保育教育工作和自评的指导。县级督导评估依据所辖园数和工作需要，原则上每3~5年为一个周期，确保每个周期内覆盖所有幼儿园。省、市结合实际适当开展抽查，具体抽查比例由各省（区、市）自行确定。

落实《评估指南》的关键在于坚持幼儿园每学期开展一次自我评估，明确县级每3~5年一个评估周期，各省（区、市）结合实际情况自行确定比例进行抽查。

（三）强化评估保障

各地要为幼儿园保育教育质量评估提供必要的经费保障，支持开展评估研究。要切实加强评估队伍建设，建立一支尊重学前教育规律、熟悉幼儿园保育教育实践、事业心责任感强、相对稳定的专业化评估队伍，评估人员主要由督学、学前教育行政人员、教研人员、园长、骨干教师等组成，强化评估人员专业能力建设。加强对本指南的学习培训，推动幼儿园园长、教师自觉运用本指南自我反思改进，不断提高保育教育水平。

（四）注重激励引导

各地要将幼儿园保育教育质量评估结果作为对幼儿园表彰奖励、政策支持、资源配置、园长考核以及民办园年检、普惠性民办园认定扶持等方面工作的重要依据。对履职不到位、违反有关政策规定、违背幼儿身心发展规律、保教质量持续下滑的幼儿园，要及时督促整改，并视情况依法依规追究责任。要通过幼儿园保育教育质量评估工作，积极推动地方政府履行相应教育职责，为办好学前教育提供充分的条件保障和良好的政策环境。

（五）营造良好氛围

要广泛宣传国家关于学前教育改革发展的政策措施，深入解读幼儿园保育教育质量评估的重要意义、内容要求和指标体系，认真总结推广质量评估工作先进典型经验，有效发挥示范引领作用，积极开展国际交流与合作，营造有利于促进学前教育高质量发展的良好氛围。

《评估指南》将"树立正确激励导向，突出日常保育教育实践成效，克服唯课题、唯论文的倾向"作为考查要点，营造良好氛围，大力支持教师开展基于本班幼儿发展的日常实践研究，使幼儿园认识到管理和评估的目的是促进教师专业成长，应减少与教育教学无直接相关的评比考核、报表填写、接待参观等额外工作，将教师从无效的课题研究、各种名目的论文评比中解放出来，让教师真正有时间深入到保教实践中研究幼儿及其活动，在安心从教、静心从教的良好氛围中增强教师的职业幸福感。

【理解·反思·探究】

1.《评估指南》的指导思想是什么？

2.《评估指南》确定的幼儿园保育教育质量评估内容有哪些？

3.《评估指南》为什么要强调过程评估？

4. 谈谈《评估指南》对促进我国学前教育事业发展的意义。

【拓展阅读导航】

● 相关法律法规

1.《中华人民共和国教育法》

2.《深化新时代教育评价改革总体方案》

3.《幼儿园保育教育质量评估指南》

● 相关文献

李志宇，原燕，席小莉，等. 3—6 岁儿童发展观察评估指导［M］. 北京：北京师范大学出版社，2022.

该书介绍了 3—6 岁儿童发展观察评估的基本理论，阐释了《3—6 岁儿童发展观察评估工具》中学习品质、健康、语言、社会、科学、数学、艺术 7 个领域的评估项目，并结合大量实例，对评估工具在一日生活不同情境中的使用、观察记录的整理以及评估结果的处理与运用进行了具体解析。

模块四

幼儿园的安全管理

第十三章　　幼儿园安全管理及案例分析

【导语】

对于幼儿园来说，安全工作是最基本的工作，只有在保证幼儿生命安全的基础上，才有可能开展各种教育活动，实现促进幼儿身心全面和谐发展的目标。相比成人和学龄儿童，幼儿年龄小，身心发育不成熟，缺少知识经验，缺乏独立行为能力，同时他们又好动、好探索，在活动中对危险事物难以做出正确判断，不易预见行为后果，面临危险时缺乏自我保护的知识和能力，容易受到伤害，因此幼儿园的安全工作显得尤为重要。

本章主要介绍《中小学幼儿园安全管理办法》（本章可简称《安全管理办法》）及相关案例，帮助学习者了解我国对中小学幼儿园安全管理的基本方针和具体规定，明确相关部门和主体的安全职责，引导学习者依法照章开展幼儿园安全工作。

【学习目标】

● 理解《安全管理办法》颁布的背景、主要内容及基本特点。
● 运用相关法律知识，结合实际案例分析幼儿园常见安全事故的法律责任。

2021 年 4 月 12 日，某幼儿园的一名幼儿在就餐时突然发生抽搐意外，尽管教师及时急救，但该幼儿仍抢救无效死亡。

2021 年 4 月 28 日，广西壮族自治区北流市某幼儿园突然被一男子闯入，该男子在幼儿园内持刀行凶，导致 2 人死亡，16 人受伤。

上述安全事故的发生反映出幼儿园在安全管理方面的漏洞和不足，也表明安全工作在幼儿园各项工作中的重要地位。因此，我们需要了解幼儿园安全管理的相关规定，依法照章开展园所安全保卫工作。

第一节 《中小学幼儿园安全管理办法》概述

为了加强中小学、幼儿园安全管理，保障学校学生和教职工的人身、财产安全，维护中小学、幼儿园正常的教育教学秩序，根据《中华人民共和国教育法》等法律法规，2006 年 6 月 30 日，教育部、公安部、司法部等 10 部委联合颁布了《中小学幼儿园安全管理办法》。《安全管理办法》是对我国中小学、幼儿园安全工作实践经验的科学总结，是对做好新形势下中小学、幼儿园安全工作的积极探索。《安全管理办法》的实施对加强中小学、幼儿园安全管理制度建设，规范中小学、幼儿园的安全管理，保障中小学、幼儿园安全工作有序开展起到了积极的督促和推进作用。

一、《中小学幼儿园安全管理办法》颁布的背景

（一）加强中小学幼儿园安全工作的需要

教育部《2006 年全国中小学安全事故总体形势分析报告》显示：2006 年，全国各地上报的各类安全事故中，事故灾难（溺水、交通、踩踏、一氧化碳中毒、房屋倒塌、意外事故）占 59%；社会安全事故（斗殴、校园伤害、自杀、住宅火灾）占 31%；自然灾害（洪水、地震、暴雨、塌方）占 10%。为了保障儿童的人身安全，地方各级教育行政部门和学校都在呼吁能够就学校安全管理进行立法，以使学校安全管理工作有章可循、有法可依，从制度层面保障中小学、幼儿园安全工作的顺利开展。制定《中小学幼儿园安全管理办法》，对形成适应新形势的校园安全管理协作与运行机制、加强突发事件的应急能力是十分必要的。

（二）健全、巩固各有关部门齐抓共管长效工作机制的需要

2004 年，国务院办公厅专门印发了《关于切实加强中小学幼儿园及少年儿童安全管理工作和开展专项整治行动的意见》，对学校安全工作进行全面部署。2004 年 10 月至 12 月，根据国务院的统一部署，教育部、公安部等八个部门联合在全国范围内组织开展了中小学幼儿园安全管理专项整治行动，取得了显著成

效。在整治行动中初步建立了各部门"各负其责、齐抓共管"工作机制。实践表明，中小学幼儿园安全工作迫切需要全社会的参与和有关部门的支持。在前期工作的基础上，制定安全管理办法有利于健全和巩固全社会积极参与、各部门通力合作的学校安全工作的新机制。

（三）完善和推进安全工作、加强依法管理的需要

长期以来，教育部对学校和学生安全工作非常重视。教育部先后多次发布有关通知与文件，提出工作要求，但还需进一步完善；其他有关部门虽发布了相关法规与文件等，但其中也只是部分条款或者内容涉及学校安全管理工作。因而，有必要制定一部统一全面的关于学校安全工作的法规。

基于上述需要，2006年6月30日，《中小学幼儿园安全管理办法》正式出台，自2006年9月1日起施行。

二、《中小学幼儿园安全管理办法》的主要内容

☞链接：《中小学幼儿园安全管理办法》

《安全管理办法》共66条，分为九章：总则、安全管理职责、校内安全管理制度、日常安全管理、安全教育、校园周边安全管理、安全事故处理、奖励与责任、附则。

（一）学校安全管理的方针

《安全管理办法》的总则部分明确了制定本办法的目的及适用范围，明确了学校安全管理应遵循的方针。

中小学幼儿园安全工作最重要的目的是预防各类安全事故的发生，即"安全第一，预防为主"，为此，《安全管理办法》确定了"积极预防、依法管理、社会参与、各负其责"的安全管理方针。

积极预防就是要求学校和各有关单位要通过调研摸清学生易发生事故的环节、地点和时段，积极预防、科学预防。同时，有针对性地健全安全制度，消除安全隐患，确保学生生命安全。依法管理就是要求各有关部门和学校要按照教育和其他有关方面的法律、法规以及本办法，实施学校安全管理，保证学校和师生安全。社会参与就是要求社会团体、企事业单位、其他社会组织和个人应当参与和支持学校安全工作。各负其责就是要求建立健全安全工作责任制和事故责任追究制，保证安全管理职责落实到位。

（二）学校安全管理的相关责任主体及职责

1. 举办者的职责

根据学校性质的不同，中小学幼儿园的举办者有地方人民政府、企业事业组织、社会团体和公民个人。作为举办者的组织或个人应当履行以下职责：

（1）保证学校符合基本办学标准，保证学校围墙、校舍、场地、教学设施、教学用具、生活设施和饮用水源等办学条件符合国家安全质量标准。

（2）配置紧急照明装置和消防设施与器材，保证学校教学楼、图书馆、实验室、师生宿舍等场所的照明、消防条件符合国家安全规定。

（3）定期对校舍安全进行检查，对需要维修的，及时予以维修；对确认的危房，及时予以改造。举办学校的地方人民政府应当依法维护学校周边秩序，保障师生和学校的合法权益，为学校提供安全保障。有条件的，学校举办者应当为学校购买责任保险。

2. 相关部门的职责

依据"社会参与、各负其责"的方针，《安全管理办法》的第二章明确地指出地方各级人民政府及其教育、公安、司法行政、建设、交通、文化、卫生、工商、质检、新闻出版等部门应当按照职责分工，依法负责学校安全工作，履行学校安全管理职责。

教育行政部门在中小学幼儿园的安全工作方面主要起检查、指导和监督作用，其具体职责包括：全面掌握学校安全工作状况，制定学校安全工作考核目标，加强对学校安全工作的检查指导，督促学校建立健全并落实安全管理制度；建立安全工作责任制和事故责任追究制，及时消除安全隐患，指导学校妥善处理学生伤害事故；及时了解学校安全教育情况，组织学校有针对性地开展学生安全教育，不断提高教育实效；制定校园安全的应急预案，指导、监督下级教育行政部门和学校开展安全工作；协调政府其他相关职能部门共同做好学校安全管理工作，协助当地人民政府组织对学校安全事故的救援和调查处理。教育督导机构应当组织学校安全工作的专项督导。

公安机关主要负责了解掌握学校及周边治安状况，指导学校做好校园保卫工作，及时依法查处扰乱校园秩序、侵害师生人身、财产安全的案件；指导和监督学校做好消防安全工作；协助学校处理校园突发事件。

卫生部门负责检查、指导学校卫生防疫和卫生保健工作，落实疾病预防控制措施；监督、检查学校食堂、学校饮用水和游泳池的卫生状况。

建设部门负责加强对学校建筑、燃气设施设备安全状况的监管，发现安全事故隐患的，应当依法责令立即排除；指导校舍安全检查鉴定工作；加强对学校工程建设各环节的监督管理，发现校舍、楼梯护栏及其他教学、生活设施违反工程建设强制性标准的，应责令纠正；依法督促学校定期检验、维修和更新学校相关设施设备。

质量技术监督部门应当定期检查学校特种设备及相关设施的安全状况。公安、卫生、交通、建设等部门应当定期向教育行政部门和学校通报与学校安全管理相关的社会治安、疾病防治、交通等情况，提出具体预防要求。文化、新闻出版、工商等部门应当对校园周边的有关经营服务场所加强管理和监督，依法查处违法经营者，维护有利于青少年成长的良好环境。司法行政、公安等部门应当按照有关规定履行学校安全教育职责。

各个部门要在本级人民政府领导下，依法履行学校安全管理职责。同时，教育部门应主动协调，积极配合，推动联席会议制度的建立，定期研究部署学校安全管理工作，努力形成各部门"齐抓共管"的良好机制，提高快速反应应急能力。另外，还要协调政府其他相关职能部门共同做好学校安全管理工作，协助当地人民政府组织对学校安全事故的救援和调查处理等。

（三）校内安全管理制度

《安全管理办法》第三章明确指出："学校应当遵守有关安全工作的法律、法规和规章，建立健全校内各项安全管理制度和安全应急机制，及时消除隐患，预防发生事故。"

1. 加强领导，建立机构

《安全管理办法》第十六条指出："学校应当建立校内安全工作领导机构，实行校长负责制；应当设立保卫机构，配备专职或者兼职安全保卫人员，明确其安全保卫职责。"这一规定是对"校长负责制""园长负责制"的进一步落实，明确了学校或幼儿园应在校长或园长的领导下，依据本校（园）的实际情况，根据《安全管理办法》健全安全管理的组织机构，加强安全工作的管理。

▶【案例 13-1】

某幼儿园安全保卫制度

1. 幼儿园成立安全领导小组，小组成员由园长、业务副园长、后勤副园长、保教主任组成，园长任领导小组组长。

2. 园长全面负责幼儿园的安全保卫工作，是安全第一责任人；后勤副园长主要分管幼儿园的安全保卫工作，负责幼儿园消防工作和园舍设施设备的检查维修工作；各班班长是班级安全工作的负责人。

3. 全体工作人员要有高度的安全保卫防范意识，个人的贵重物品、有价证券、现金、衣物要妥善保管，如有丢失由自己负责。

4. 下班前要做好水、电、气、药品、门窗的安全检查工作后方可离园，如因工作失误造成损失，相关当事人负主要责任。

5. 门卫值班人员要按时关锁大门，坚守岗位，不得擅离职守，做好外来人员的访问登记手续，不得留宿客人，防止陌生人入园。晚上做好安全巡视检查工作，及时打开报警装置，发现问题及时汇报。

6. 平时加强安全检查工作和安全教育，每年进行一次消防知识教育和消防救护学习活动，不断强化安全意识和自救能力。

7. 后勤副园长每周全面检查一次室内外房舍、设施设备，消除安全隐患。

8. 每学期初园长与各班组签订安全责任书。

案例分析：该幼儿园制订的安全保卫制度明确了安全工作的负责人，并将安全工作落实到与之相关的每一名工作人员身上，是"岗位责任制"在安全工作方面的体现。该幼儿园的安全保卫制度较好地贯彻了《安全管理办法》的要求。

2. 健全制度，落实责任

《安全管理办法》第十七条至第二十七条规定了中小学、幼儿园应该建立的各项校内安全管理制度及各项制度的主要内容。这些制度主要包括：

（1）学校应当健全门卫制度，建立校外人员入校的登记或者验证制度，禁止无关人员和校外机动车入内，禁止将非教学用易燃易爆物品、有毒物品、动物和管制器具等危险物品带入校园。学校门卫应当由专职保安或者其他能够切实履行职责的人员担任。

（2）学校应当建立校内安全定期检查制度和危房报告制度，及时排除安全隐患或者采取必要的防护措施。

（3）学校应当落实消防安全制度和消防工作责任制，保证消防设施和器材能够有效使用。

（4）学校应当建立用水、用电、用气等相关设施设备的安全管理制度，定期进行检查、维修和更换。

（5）学校应当严格执行《学校食堂与学生集体用餐卫生管理规定》《餐饮业和学生集体用餐配送单位卫生规范》等国家关于饮食卫生的规定，保证师生饮食卫生安全。

（6）学校应当建立实验室安全管理制度，严格建立危险化学品、放射物质的购买、保管、使用、登记、注销等制度。

（7）学校应当按照国家有关规定配备具有从业资格的专职医务（保健）人员或者兼职卫生保健教师，购置必需的急救器材和药品，保障对学生常见病的治疗，并负责学校传染病疫情及其他突发公共卫生事件的报告。

（8）学校应当建立学生安全信息通报制度，将学校规定的学生到校和放学时间、学生非正常缺席或者擅自离校情况以及学生身体和心理的异常状况等关系学生安全的信息，及时告知其监护人。

（9）有寄宿生的学校应当建立住宿学生安全管理制度，配备专人负责住宿学生的生活管理和安全保卫工作。

（10）学校购买或者租用机动车专门用于接送学生的，应当建立车辆管理制度，并及时到公安机关交通管理部门备案。

（11）学校应当建立安全工作档案，作为实施安全工作目标考核、责任追究和事故处理的重要依据。

上述制度涵盖了学生（幼儿）在校（园）内学习、生活的各个方面，通过建

☞链接:《校车安全管理条例》

立健全相关制度，能够明确规定各个岗位、各项工作的具体内容以及各个环节需要注意的问题，如场地设施的安全维护、膳食安全等，防患于未然。

（四）日常安全管理

《安全管理办法》第四章第二十八条规定：学校在日常的教育教学活动中应当遵循教学规范，落实安全管理要求，合理预见、积极防范可能发生的危险。学校组织学生参加的集体劳动、教学实习或者社会实践活动，应当符合学生的心理、生理特点和身体健康状况。学校以及接受学生参加教育教学活动的单位必须采取有效措施，为学生活动提供安全保障。

1. 大型集体活动的安全管理

学校应针对大型集体活动采取专门的安全措施：成立临时的安全管理组织机构；有针对性地对学生进行安全教育；安排必要的管理人员，明确所承担的安全职责；制定安全应急预案，配备相应设施。

▶【案例 13-2】

某幼儿园各项大型活动安全应急预案

幼儿园大型活动包括春游、秋游、亲子活动、幼儿运动会及其他各项比赛活动等。为了保障大型活动的顺利进行，防止在各项大型活动中出现安全事故，特制订此应急处理预案。

一、组织机构

组　　长：园长。

副组长：副园长、保教主任。

组　　员：园务管理中心主任、各班教师、保卫人员及其他工作人员。

二、分工实施方案

每次大型活动前：

（1）由副园长制订详细活动方案，并由园长审批，审批之后必要时可进行演练。

（2）安排人员勘察活动场地（安全出口、行动路线等）。

（3）明确各岗位工作职责，确保贯彻执行。

开展活动时：

应严格按照计划实施，做到责任到人并抽查各岗履行职责的情况，一旦发现问题及时提出，立刻处理，防患于未然。

出现紧急情况时：

以保护幼儿安全为第一要务，并服从园长的统一指挥。

（1）由保教主任负责指挥各班教师，稳定幼儿情绪。视具体事故（火灾、意外、食物中毒、疫病、交通等）采取相应的紧急施救措施。

（2）由园长、副园长迅速报警（110、120，视情况拨打119），及时向主管部门区教育局汇报，请求增援及相应的帮助。

（3）由保健医生负责成立临时救护站，对伤者进行现场救护，等待专业救助。由副园长及其他后勤人员排除路障，及时将伤者送到临时救护站或医院，协助医护人员对伤者进行救助。由厨房班长负责食品的卫生及安全。

（4）各级人员应保持冷静，稳定现场秩序，组织幼儿有序疏散，随时与园长保持联系，听从指挥。

2. 体育活动的安全管理

学校应当按照《学校体育工作条例》和教学计划组织体育教学和体育活动，并根据教学要求采取必要的保护和帮助措施。

学校组织学生开展体育活动，应当避开主要街道和交通要道；开展大型体育活动以及其他大型学生活动，必须经过主要街道和交通要道的，应当事先与公安机关交通管理部门共同研究并落实安全措施。

议一议

幼儿园的大型集体活动可能会发生哪些安全事故？如何预防？

3. 建立交接制度

考虑到小学低年级学生和幼儿自我保护意识和能力都较为缺乏，为了避免其在上下学期间出现安全事故，《安全管理办法》第三十一条明确规定："小学、幼儿园应当建立低年级学生、幼儿上下学时接送的交接制度，不得将晚离学校的低年级学生、幼儿交与无关人员。"

▶【案例13-3】

某幼儿园幼儿接送制度

1. 幼儿入园时间为早上7：30—8：30；下午离园时间为4：30—5：00。为了不影响幼儿园各项活动的正常开展，请家长在规定时间内接送幼儿，依次入园，若有特殊情况，请及时与本班教师联系。

2. 家长接送幼儿应持幼儿接送卡接送。家长应将幼儿送到班上交给教师。

3. 原则上接送人员应尽量固定。如有特殊情况，需委托他人接幼儿时，家长应事先与本班教师联系。被委托人必须凭幼儿接送卡接幼儿。

4. 家长接送孩子时，请将车辆停靠在幼儿园外的停车位上。

5. 开展保教活动期间，请家长不要随意进园参观，如有特殊情况，家长可交传达室工作人员帮忙处理。若必须入园处理，家长应与园长或本班教师联系，出示接送卡，并在门卫处登记。

6. 禁止带未入园的幼儿和学生来园玩耍。

7. 身份不明者和未成年人不能接送幼儿。

4. 场地和人员保障

为了保证学生和幼儿日常活动的安全，《安全管理办法》第三十四条明确规定：“学校不得将场地出租给他人从事易燃、易爆、有毒、有害等危险品的生产、经营活动。学校不得出租校园内场地停放校外机动车辆；不得利用学校用地建设对社会开放的停车场。”在人员方面，《安全管理办法》第三十五条指出学校教职工应当符合相应任职资格和条件要求。学校不得聘用因故意犯罪而受到刑事处罚的人，或者有精神病史的人担任教职工。学校教师应当遵守职业道德规范和工作纪律，不得侮辱、殴打、体罚或者变相体罚学生；发现学生行为具有危险性的，应当及时告诫、制止，并与学生监护人沟通。

（五）安全教育

中小学、幼儿园安全工作的开展不仅在于为学生营造一个健康安全的环境，还在于将安全教育纳入教学内容，对学生开展安全教育，培养学生的安全意识，提高学生的自我防护能力。因此，《安全管理办法》第五章对安全教育专门作出详细规定。

1. 面向学生开展的安全教育

《安全管理办法》规定，学校应当按照国家课程标准和地方课程设置要求，将安全教育纳入教学内容，并在开学初、放假前，有针对性地对学生集中开展安全教育。安全教育的内容包括：了解学校安全制度和安全规定；实验用品的防毒、防爆、防辐射、防污染等的安全防护教育；用水、用电的安全教育；对寄宿学生进行防火、防盗和人身防护等方面的安全教育；交通安全教育；消防安全教育；到江河湖海、水库等地方戏水、游泳的安全卫生教育；每学期至少开展一次针对洪水、地震、火灾等灾害事故的应急疏散演练，使师生掌握避险、逃生、自救的方法。

2. 面向教职工开展的安全教育

除了面向学生开展的安全教育之外，《安全管理办法》还规定了面向教职工开展的安全教育，以提高教职工的安全意识和安全防护能力，更好地保护学生的人身安全。具体内容包括：教育行政部门应当组织负责安全管理的主管人员、学校校长、幼儿园园长和学校负责安全保卫工作的人员，定期接受有关安全管理培训；学校应当制订教职工安全教育培训计划，通过多种途径和方法，使教职工熟悉安全规章制度、掌握安全救护常识，学会指导学生预防事故、自救、逃生、紧急避险的方法和手段。

（六）校园周边安全管理

为了维护学校和幼儿园周边秩序，《安全管理办法》第六章对校园周边安全管理进行专门规定，明确相关部门的职责。例如，建设、公安等部门应当加强对学校周边建设工程的执法检查，禁止任何单位或者个人违反有关法律、法规、规章、标准，在学校围墙或者建筑物边建设工程，在校园周边设立易燃易爆、剧毒、放射性、腐蚀性等危险物品的生产、经营、储存、使用场所或者设施以及其他可能影响学校安全的场所或者设施。公安机关应当把学校周边地区作为重点治安巡逻区域，在治安情况复杂的学校周边地区增设治安岗亭和报警点，及时发现和消除各类安全隐患，处置扰乱学校秩序和侵害学生人身、财产安全的违法犯罪行为。文化部门依法禁止在中学、小学校园周围 200 m 范围内设立互联网上网服务营业场所，并依法查处接纳未成年人进入的互联网上网服务营业场所。工商行政管理部门依法查处取缔擅自设立的互联网上网服务营业场所。卫生、工商行政管理部门应当对校园周边饮食单位的卫生状况进行监督，取缔非法经营的小卖部、饮食摊点。

（七）安全事故处理

《安全管理办法》第七章对安全事故的处理进行了规定。

1. 建立安全事故应急预案，及时救助

《安全管理办法》第五十五条规定："在发生地震、洪水、泥石流、台风等自然灾害和重大治安、公共卫生突发事件时，教育等部门应当立即启动应急预案，及时转移、疏散学生，或者采取其他必要防护措施，保障学校安全和师生人身财产安全。"第五十六条规定："校园内发生火灾、食物中毒、重大治安等突发安全事故以及自然灾害时，学校应当启动应急预案，及时组织教职工参与抢险、救助和防护，保障学生身体健康和人身、财产安全。"

☞链接:《中小学幼儿园应急疏散演练指南》

▶【案例 13-4】

某幼儿园自然灾害应急处理预案

为了应对本地区常见的自然灾害对幼儿园的侵袭，特制订此应急处理预案。

一、组织机构

组　长：园长。

副组长：副园长、保教主任。

组　员：保健医生、后勤人员、各班保教人员。

二、分工实施方案

1. 雷电

当雷电造成幼儿园房屋毁坏、电路起火，或者危害幼儿生命、健康时，由园长统一指挥，做好如下工作：

（1）由后勤副园长迅速拉下电闸。

（2）由业务副园长、保教主任巡视各班幼儿，及时掌握幼儿情况，向园长汇报，各班保教人员负责稳定幼儿情绪，有序撤离到安全地带。

（3）由保健医生负责成立临时救护站，紧急救助受伤幼儿。

（4）保教主任负责联系"120"等。

（5）园长负责向上级主管部门区教育局汇报受灾情况，请上级主管部门派人增援。

2. 暴风雨、洪水

（1）各班保教人员稳定幼儿情绪，做到忙而不乱，将一楼幼儿撤至二楼。

（2）由后勤副园长、保教主任带领后勤人员巡视园内的屋顶、阳台、低洼地带的积水情况，及时疏通下水道。观察室内外设备情况，随时汇报暴风雨等造成的损坏程度及安全隐患。

（3）由园长负责向上级主管部门区教育局报告园内的受灾情况，并请求增援。

（4）由保健医生负责成立临时救护站，紧急救治受伤幼儿，对伤势严重的幼儿联系"120"紧急处理。

☞链接:《学生伤害事故处理办法》

2. 学生伤亡事故的处理

《安全管理办法》规定：发生学生伤亡事故时，学校应当按照《学生伤害事故处理办法》规定的原则和程序等，及时实施救助，并进行妥善处理。发生教职工和学生伤亡等安全事故的，学校应当及时报告主管教育行政部门和政府有关部门；属于重大事故的，教育行政部门应当按照有关规定及时逐级上报。省级教育行政部门应当在每年1月31日前向国务院教育行政部门书面报告上一年度学校安全工作和学生伤亡事故情况。

（八）奖励与责任

《安全管理办法》第八章明确了对幼儿园、中小学安全管理工作的奖励和责任。《安全管理办法》规定，对在学校安全工作中成绩显著或做出突出贡献的单位和个人，相关部门应当视情况联合或分别给予表彰、奖励。《安全管理办法》

同时规定，对以下几种情况将追究责任并做出相应处罚：不依法履行学校安全监督与管理职责；学校不履行安全管理和安全教育职责，对重大安全隐患未及时采取措施；校外单位或人员违反治安管理规定，引发学校安全事故，或者在学校安全事故处理过程中，扰乱学校正常教育教学秩序，违反治安管理规定。对于上述行为可采取批评教育、行政处分和追究刑事责任等处罚方式。另外，《安全管理办法》还指出，学生人身伤害事故的赔偿，依据有关法律法规、国家有关规定以及《学生伤害事故处理办法》处理。

综上所述，《安全管理办法》从以下五个方面对中小学幼儿园安全工作进行规定：

（1）构建学校安全工作保障体系，全面落实安全工作责任制和事故责任追究制，保障学校安全工作规范、有序进行。

（2）健全学校安全预警机制，制定突发事件应急预案，完善事故预防措施，及时排除安全隐患，不断提高学校安全工作管理水平。

（3）建立校园周边整治协调工作机制，维护校园及周边环境安全；

（4）加强安全宣传教育培训，提高师生安全意识和防护能力。

（5）事故发生后启动应急预案、对伤亡人员实施救治和责任追究。

三、《中小学幼儿园安全管理办法》的基本特点

《安全管理办法》是我国第一个专门关于中小学、幼儿园安全管理的法规性文件，是第一个以十部委部长令的形式发布的有关中小学、幼儿园安全管理工作的文件，是第一个与新修订的《中华人民共和国义务教育法》配套的法规性文件。它的基本特点如下：

（一）内容全面

《安全管理办法》内容比较全面，涵盖了中小学、幼儿园安全工作的各个方面：既规定了校内安全管理制度与管理要求，也规定了校园周边安全管理职责与管理要求；既规定了教育部门与学校的安全管理职责，也规定了其他部门的安全管理责任。

（二）注重制度建设

《安全管理办法》规定了有关部门关于学校安全管理的联席会议制度，作为负有学校安全管理职责的有关部门加强工作沟通与协作的重要方式，力求推进建立规范的工作机制。《安全管理办法》设专章规定了校内安全管理制度，包括校长负责制、门卫制度、校外人员的登记或者验证制度、危房报告制度、安全隐患排查制度、消防安全制度、实验室安全管理制度、安全信息通报制度、宿舍安全管理制度、校车管理制度等。

（三）针对性强

《安全管理办法》认真总结近年来新出现的学生安全事故的原因和特点，力求进行有针对性的规范。比如，针对一些地方频发学生溺水死亡事件，要求学校应当根据当地实际情况，有针对性地开展戏水、游泳的安全教育；针对学生校外体育运动易发生危险的情况，规定应当避开主要街道和交通要道；针对当前校车良莠不齐、管理混乱的情况，特别对校车安全管理作出统一规定；在规定加强宿舍安全管理的同时，特别提出应当针对女生宿舍安全工作的特点加强管理；等等。

（四）规定具体，可操作性强

《安全管理办法》对学校的安全管理措施作出具体规定，比如，针对集中上下楼梯时易造成学生踩踏事故，《安全管理办法》提出"学校应当合理安排学生疏散时间和楼道上下顺序，同时安排人员巡查"，有很强的操作性。

第二节　幼儿园常见安全事故类型及案例处理

幼儿园安全工作是幼儿园工作的重要内容之一，安全事故轻则扰乱幼儿园的正常工作，重则危及幼儿的人身安全，因此要切实加强幼儿园安全工作，做到安全工作常抓不懈。本节将对幼儿园常见安全事故类型进行举例并分析其中相关法律关系主体的合法权益或法律责任，以便加深人们对安全工作内容的理解。同时鞭策幼儿园、教师、家长和其他社会人员及组织机构加强安全措施，对幼儿安全予以保护。

一、幼儿同伴嬉闹致伤的处理及案例分析

这种情况一般都是意外事故引起的，幼儿在活动中很难对自己的行为进行有效的控制，活动时不小心绊倒、相互之间碰撞以及其他的伤害较难完全避免。但幼儿园监管不到位，也应承担部分责任。

▶【案例 13-5】

某幼儿园大一班 5 岁幼儿周某的母亲方某系该幼儿园教师。2021年 1 月 15 日，在准备午睡的过程中，由于幼儿园教育管理不严，周某被同伴拉扯衣服，摔倒在地，导致头部受伤并出现昏迷、呕吐现象，后带班教师安抚周某躺下。周某母亲方某是当天的校车跟车教师，下午离园时，方某看到周某眼睛闭着，精神状态不好，就问带班教师周某是不是曾摔倒，带班教师说没有。方某同校车司机将所有孩子都送回家后，看到周某精神状态仍然不好，将周某送到医院进行治疗。

案例分析：依照《中华人民共和国民法典》第一千一百九十九条规定："无民事行为能力人在幼儿园、学校或者其他教育机构学习、生活期间受到人身损害的，幼儿园、学校或者其他教育机构应当承担侵权责任；但是，能够证明尽到教育、管理职责的，不承担侵权责任。"本案例中，5岁的周某系无民事行为能力人，在幼儿园准备午睡时摔伤，该幼儿园没有尽到教育、管理、保护职责，应对周某的损失承担全部责任。

二、教学、游戏设施致伤的处理及案例分析

幼儿园教学、游戏设施如滑梯、攀登架、秋千等玩具或楼道、走廊等因为年久失修或没有安全措施，存在安全隐患，一旦发生事故，幼儿园必须承担相应的责任。

> ▶【案例13-6】
>
> 　　在户外活动时间，4岁幼儿韩某不小心从娱乐设施高处坠落并摔伤。事发时教师一直在看护活动中的幼儿并及时制止幼儿出现的危险行为，但韩某仍旧从高处掉下摔伤，应该说幼儿园尽的管理职责是不全面、不充分的。现实生活中，幼儿园对危害幼儿安全的设施一般都会采取相应措施，对安全问题也会进行强调和教育，关键是采取的措施是否足以防止危害事件的发生；如果采取的措施不充分，发生危害事件时，仍然需要承担相应责任。韩某尚不具备相应的安全和危险防范意识，且其自身抵御危险的能力非常低。作为其受教育场所的幼儿园需要高度重视幼儿的安全问题，消除安全隐患。

案例分析：根据《中华人民共和国侵权责任法》第三十八条规定："无民事行为能力人在幼儿园、学校或者其他教育机构学习、生活期间受到人身损害的，幼儿园、学校或者其他教育机构应当承担责任，但能够证明尽到教育、管理职责的，不承担责任。"无民事行为能力人在幼儿园期间受伤的，对幼儿园适用过错推定原则，幼儿园只有证实尽到了管理职责，才能够免于承担责任；如果未完全尽到管理职责，则要根据过错程度承担适当的责任。

三、幼儿被砸伤的处理及案例分析

幼儿在幼儿园内或园外活动，如果组织不够严密，教师疏忽大意，极易造成偶发事件。

▶【案例 13-7】

　　陈某于 2015 年 9 月入读某幼儿园。2016 年 3 月 4 日，翁某在幼儿园五楼天台上的沙堆玩耍时，扔下大小约 10 cm×5 cm 的沙砖块，将陈某头部砸伤。事故发生后，陈某被送至医院治疗。

　　案例分析：根据《中华人民共和国侵权责任法》第三十八条"无民事行为能力人在幼儿园、学校或者其他教育机构学习、生活期间受到人身损害的，幼儿园、学校或者其他教育机构应当承担责任，但能够证明尽到教育、管理职责的，不承担责任。"，以及《最高人民法院关于审理人身损害赔偿案件适用法律若干问题的解释》第七条第一款"对未成年人依法负有教育、管理、保护义务的学校、幼儿园或者其他教育机构，未尽职责范围内的相关义务致使未成年人遭受人身损害，或者未成年人致他人人身损害的，应当承担与其过错相应的赔偿责任。"的规定，陈某和翁某均为幼儿，属无民事行为能力人，幼儿园对他们应做到更为严格、周到的管理和保护，本案事故发生时，幼儿园没有及时发现排查沙堆里的沙砖块，使幼儿有机会接触到沙砖块而导致危险发生，且幼儿园没有设置一定的防护措施防止高空坠物。可见，幼儿园依法应当承担主要责任。同时，翁某的法定代理人平时疏于对翁某的教导，致使翁某做出高空抛物的危险动作，也应与翁某一起承担一定的责任。

四、幼儿走失的处理及案例分析

　　幼儿走失属幼儿园严重事故。幼儿走失是幼儿园管理的失误，是幼儿园未尽看管之职。幼儿在幼儿园期间（指幼儿从踏入幼儿园门到离开幼儿园这段时间），离园必须经教师同意，或者得到幼儿家长的许可。

▶【案例 13-8】

　　6 岁的林某午睡起床时因想念妈妈，趁教师整理床铺之际，悄悄尾随一名来园办事的家长溜出幼儿园。因当时门卫值班人员误认为是家长来接幼儿，所以没有过多询问，任由林某走出幼儿园门外。当班教师发现林某不见了之后，马上来到门卫室询问，查看监控并报告园领导。幼儿园高度重视，立刻安排多名教师出去寻找，同时电话通知家长。很快，林某在其奶奶家所在小区内被找到。幼儿独自跑出幼儿园，系幼儿园安全管理出现漏洞所致，幼儿园发现问题后积极行动，并主动向家长道歉，领导及教师多次前去家里探望。家长就此事大闹幼儿园，找到当班教师，谩骂滋事。在其后的两个多月时间里，家属以林某母亲受惊吓住院为由，要求幼儿园赔偿治疗费、精神损失费 5 万元，并且提出幼儿园须给林某母亲解决工作等无理要求。在此期间，幼儿园再次主动向林某家长道歉，但家长始终坚持赔偿要求。最终，上级教育主管部门为了尽快解决纠纷，要求幼儿园一次性支付给林某家长医药费、治疗费等费用 8 000 元。

此次事件发生后，根据幼儿园的相关规定，幼儿园对主管副园长、后勤主任、当班教师、门卫等相关责任人给予了相应的经济处罚及全园范围内的通报批评。同时，幼儿园在事件发生后及时整改安全隐患，例如，将门卫室窗台降低，开阔视野；修订、完善各项安全制度，尤其是《门卫安全管理制度》《幼儿园接送园制度》等，组织全体教职工及家长学习，对门卫人员组织专门培训，提高他们的安全责任意识，按照制度，责任到人。[①]

案例分析：

（1）幼儿离园事件的责任承担。根据《学生伤害事故处理办法》的规定，对未成年学生擅自离校等与学生人身安全直接相关的信息，学校发现或者知道，但未及时告知未成年学生的监护人，导致未成年学生因脱离监护人的保护而发生伤害的，学校应当承担责任。幼儿园在管理上（特别是在门卫制度上）存在疏漏，在林某离园时没有及时发现、制止。发生幼儿走失事件，属于较为严重的责任事故，幼儿园对此应承担管理疏漏的责任。林某虽然是无民事行为能力人，但是已经 6 岁，应当能认识到擅自离开幼儿园是违反纪律的错误行为，因此，其对自己的行为应当承担过错责任，由其行为导致的相关民事责任应当由其法定监护人，即父母来承担。

（2）幼儿园无须承担损害赔偿责任。本案中，幼儿擅自离园，但安全抵家，未发生损害后果，所以幼儿园无须承担损害赔偿责任。

（3）幼儿园无须承担对林某母亲的不合理赔偿责任。林某家人没有证据证明致病原因与幼儿离园存在因果关系，幼儿园无须赔偿其治疗费、精神损失费。给林某母亲解决工作的诉求更与本案无关，幼儿园应当坚决予以拒绝。

【理解·反思·探究】

1.《安全管理办法》的主要内容是什么？

2.《安全管理办法》指导学校开展安全管理工作的方针是什么？

[①] 张春炬，尚军，栗艺文. 幼儿园常见法律问题案例及解析 [M]. 北京：北京师范大学出版社，2018：43-45.

3.《安全管理办法》的基本特点是什么?

4. 搜集幼儿园安全事故的相关新闻,思考事故发生的原因,并结合相关法律法规分析相关责任人的法律责任。

【拓展阅读导航】

- 相关政策法规

1.《学生伤害事故处理办法》

2.《校车安全管理条例》

3.《公安机关维护校园及周边治安秩序八条措施》

4.《中小学幼儿园紧急疏散演练指南》

- 相关文献

1. 石连海,马雷军. 中小学幼儿园安全教育教师读本 [M]. 北京:中国轻工业出版社,2007.

该书旨在帮助中小学幼儿园教师更好地开展安全教育工作,全书包括安全教育工作概述、安全教育工作的主要内容、安全事故的预防与处理、典型案例评析等。

2. 陶金玲,许映建. 幼儿园班级安全管理 [M]. 北京:中国轻工业出版社,2014.

该书针对安全管理的不安全因素,如何建构安全的班级环境进行安全教育,制订行之有效的班级活动安全流程,有效预防及规避风险等问题提出行之有效的解决策略。

主要参考文献

［1］杨莉君.学前教育政策法规概论［M］.修订版.长沙：湖南师范大学出版社，2018.

［2］李季湄，冯晓霞.《3—6岁儿童学习与发展指南》解读［M］.北京：人民教育出版社，2013.

［3］教育部教师工作司.《幼儿园教师专业标准（试行）》解读［M］.北京：北京师范大学出版社，2013.

［4］教育部基础教育司.《幼儿园教育指导纲要（试行）》解读［M］.南京：江苏教育出版社，2002.

［5］蔡迎旗.幼儿教育政策法规［M］.北京：高等教育出版社，2014.

［6］唐淑.学前教育史［M］.北京：人民教育出版社，2007.

［7］中国学前教育研究会.百年中国幼教（1903—2003）［M］.北京：教育科学出版社，2003.

［8］庞丽娟.国际学前教育法律研究［M］.北京：北京师范大学出版社，2011.

［9］张乐天.教育政策法规的理论与实践［M］.4版.上海：华东师范大学出版社，2020.

［10］联合国教科文组织总部中文科.教育：财富蕴藏其中［M］.北京：教育科学出版社，2014.

［11］中国学前教育研究会幼儿园课程与教学专业委员会.幼儿园科学探究的教与学［M］.南京：南京师范大学出版社，2006.

［12］黄瑾.学前儿童数学教育与活动指导［M］.4版.上海：华东师范大学出版社，2021.

［13］庞丽娟.教师与儿童发展［M］.北京：北京师范大学出版社，2003.

［14］教育部师范教育司.教师专业化的理论与实践［M］.修订版.北京：人民教育出版社，2003.

［15］王普华，王明辉，王爱忠.幼儿成长揭秘：常见问题分析与家园共育策略［M］.北京：中国轻工业出版社，2019.

［16］管旅华.《3—6岁儿童学习与发展指南》案例式解读［M］.上海：华东师范大学出版社，2013.

［17］甘剑梅. 学前儿童社会教育［M］. 2 版. 北京：高等教育出版社，2021.

［18］王秀萍，吕耀坚. 学前儿童艺术教育［M］. 北京：高等教育出版社，2015.

［19］赵一仑，王春燕. 学前儿童科学教育［M］. 2 版. 北京：高等教育出版社，
2021.

［20］侯莉敏. 幼儿园课程与教学理论［M］. 北京：高等教育出版社，2016.

［21］胡华. 从生活到生活化课程：一位幼儿园园长的教育叙事：上［M］. 北京：
中国轻工业出版社，2021.

［22］莫源秋. 幼儿行为管理的方法与策略：给幼儿教师和家长的教育建议［M］.
北京：中国轻工业出版社，2020.

读者意见反馈

为收集对教材的意见建议，进一步完善教材编写并做好服务工作，读者可将对本教材的意见建议通过如下渠道反馈至我社。

咨询电话　400-810-0598

反馈邮箱　gjdzfwb@pub.hep.cn

通信地址　北京市朝阳区惠新东街 4 号富盛大厦 1 座
　　　　　高等教育出版社总编辑办公室

邮政编码　100029